Jura Studienbuch

Jura

Juristische Ausbildung

W DE G

Studienbuch

herausgegeben von
Prof. Dr. Dagmar Coester-Waltjen, München
Prof. Dr. Hans-Uwe Erichsen, Münster
Prof. Dr. Klaus Geppert, Berlin
Prof. Dr. Philip Kunig, Berlin
Prof. Dr. Harro Otto, Bayreuth
Prof. Dr. Klaus Schreiber, Bochum

Walter de Gruyter · Berlin · New York

BGB Allgemeiner Teil: Rechtsgeschäftslehre

von

Dieter Giesen

Walter de Gruyter · Berlin · New York · 1991

Dr. *Dieter Giesen*,
o. Professor für Bürgerliches Recht und Rechtsvergleichung
an der Freien Universität Berlin.

⊗ Gedruckt auf säurefreiem Papier,
das die US-ANSI-Norm über Haltbarkeit erfüllt.

Die Deutsche Bibliothek – CIP-Einheitsaufnahme

Giesen, Dieter:
BGB allgemeiner Teil: Rechtsgeschäftslehre / von Dieter Giesen. – Berlin ; New York : de Gruyter, 1991
(Jura : Studienbuch)
ISBN 3-11-012617-6

Printed in Germany
Satz: Knipp Textverarbeitung, Wetter
Druck: Ratzlow Druck, Berlin
Buchbinderische Verarbeitung: Lüderitz & Bauer, Berlin

Vorwort

Aus dem Allgemeinen Teil des Bürgerlichen Gesetzbuchs das für Juristen mit Abstand wichtigste und am meisten ausbildungs- und examensrelevante Gebiet ist die Rechtsgeschäftslehre, mit der sich das hier vorgelegte Studienbuch befaßt. In ihm findet der Jurastudent die Grundlagen der Lehre über die Willenserklärungen und das Zustandekommen von Verträgen, die ihn von Anbeginn seines Studiums bis ins Staatsexamen und darüber hinaus begleiten werden.

Das Buch ist sowohl für Anfangssemester, die sich erstmals in die Grundprinzipien der Voraussetzungen und Wirkungen von Rechtsgeschäften einarbeiten wollen, als auch für Studierende in den Folgesemestern geschrieben, die ihr Anfängerwissen auffrischen oder vertiefen wollen und sich auf die Anforderungen der Zwischenprüfung und der Übungen im BGB vorbereiten müssen. Auch der vorgerückte Student und Examenskandidat findet hier in bündiger Form Orientierung und Rückkoppelung zum ersten Buch des BGB, die er bei der Erarbeitung des zweiten Buchs des BGB, insbesondere im Allgemeinen und Besonderen Schuldrecht bei der Entfaltung der Lehre von den einzelnen Vertragsarten und der Konfliktlösung bei fehlgeschlagenen und fehlerhaften Rechtsverhältnissen und des dritten Buchs des BGB (also im Sachenrecht) immer wieder suchen muß. Besonderer Wert wurde darauf gelegt, den Studierenden auf wichtige höchstrichterliche Rechtsprechung aufmerksam zu machen sowie ihn zum Studium weiterführender Literatur aus dem Ausbildungsbereich anzuregen. Das Buch basiert auf Abhandlungen zur gesamten Rechtsgeschäftslehre, die der Verfasser in den achtziger Jahren in der Zeitschrift „Juristische Ausbildung" (Jura) veröffentlicht hat und nach einer grundlegenden Überarbeitung auf dem Stand vom Frühherbst 1991 hiermit erstmals in der geschlossenen Form eines Jura-Studienbuchs vorlegt.

Mein Dank gilt den Herausgebern der Zeitschrift Jura, die das Werk in ihre Jura-Studienbuchreihe aufgenommen haben, dem Verlag Walter de Gruyter für mustergültigen Einsatz aus Verständnis und Effizienz, und allen meinen Mitarbeitern – einmal *Martina Wiese*, die Manuskript und Buch bis zur Fertigstellung tatkräftig begleitet hat, zum anderen insbesondere den Assessoren *Thomas Heinemann* und *Karsten Kloth*, den Referendaren *Andreas Berg*,

Sophia Ladewig, *Jens Poll*, *Sophie Thomé-Kozmiensky* und *Katrin Walter* sowie last but not least cand. iur. *Philip Hegermann*, die alle in erfreulichem Einsatz die Erfahrungen ihrer eigenen Ausbildung mit den in gegenseitigem Gedankenaustausch gewonnenen Lehren und Erkenntnissen verbunden haben, aus denen dieses Buch entstanden ist. Es bleibt zu hoffen, daß Studierende, die sich auf die vorliegenden Lernanregungen ernsthaft und kritisch einzulassen bereit sind, mit diesem Buch alsbald jene Lernerfahrungen machen werden, die zu den unverzichtbaren Grundlagen des persönlichen Studienerfolgs gehören. Auch in diesem Sinne sind mir kritische Anregungen und Hinweise aus dem Leserkreis willkommen.

Berlin, den 3. Oktober 1991 *Dieter Giesen*

Inhaltsverzeichnis

Zweiter Teil: Grundsätze der Konfliktlösung bei fehlerhaften Rechtsgeschäften

Erstes Kapitel: Nichtigkeit von Rechtsgeschäften

Zweites Kapitel: Anfechtbarkeit von Rechtsgeschäften

1. Abschnitt: Selbstbedingte Willensmängel beim Erklärenden

Viertes Kapitel: Relativ unwirksame Rechtsgeschäfte

Dritter Teil: Grundsätze der Konfliktlösung beim Handeln durch Stellvertreter

Abkürzungsverzeichnis

a.A.	andere(r) Ansicht
aaO.	am angegebenen Ort
AbzG	Gesetz betreffend die Abzahlungsgeschäfte v. 15.5.1894 (RGBl 450) aufgehoben durch das VerbrKrG v. 17.12.1990 (BGBl I.2840)
AcP	Archiv für die civilistische Praxis (1818 - 1944, 1948 -)
a.E.	am Ende
a.F.	alte(r) Fassung
AG	1. Amtsgericht 2. Aktiengesellschaft
AGB	Allgemeine Geschäftsbedingungen
AGBG	Gesetz zur Regelung des Rechts der Allgemeinen Geschäftsbedingungen v. 9.12.1976 (BGBl I.3317)
AktienG	Aktiengesetz v. 6.9.1965 (BGBl I.1089)
Alt.	Alternative
Anm.	Anmerkung(en)
AnfG	Gesetz betreffend die Anfechtung von Rechtshandlungen eines Schuldners außerhalb des Konkursverfahrens v. 21.7.1879 (RGBl 277) i.d.F der Bekanntmachung vom 20.5.1898 (RGBl 709)
AP	Nachschlagewerke des Bundesarbeitsgerichts (bis 1954 Zeitschrift: Arbeitsrechtliche Praxis [Jahrgang, Seite], seit 1954 Gesetzesstelle und Entscheidungsnummer)
arg.	argumentum (aus)
AT	Allgemeiner Teil
Aufl.	Auflage
ausf.	ausführlich
BAG	Bundesarbeitsgericht
BAGE	Entscheidungen des Bundesarbeitsgerichts (1955 -)
BauGB	Baugesetzbuch i.d.F. der Bekanntmachung v. 8.12.1986 (BGBl I.2253)
BauR	Baurecht Zeitschrift für das gesamte öffentliche und zivile Baurecht (1970 -)
BayObLG	Bayerisches Oberstes Landesgericht
BB	(Der) Betriebs-Berater Zeitschrift für Recht und Wirtschaft (1946 -)
bes.	besonders
Betr.	Der Betrieb Wochenschrift für Betriebswirtschaft, Steuerrecht, Wirtschaftsrecht, Arbeitsrecht (1949 -)
BeurkG	Beurkundungsgesetz v. 28.8.1969 (BGBl I.1513)
BGB	Bürgerliches Gesetzbuch v. 18.8.1896 (RGBl 195)
BGBl	Bundesgesetzblatt
BGH	Bundesgerichtshof

BGHZ	Entscheidungen des Bundesgerichtshofs in Zivilsachen (1951 -)
BR	Bundesrat
BT	1. Besonderer Teil 2. Bundestag
BUrlG	Mindesturlaubsgesetz für Arbeitnehmer (Bundesurlaubsgesetz) v. 8.1.1963 (BGBl I.2)
BVerfG	Bundesverfassungsgericht
BVerfGE	Entscheidungen des Bundesverfassungsgerichts (1952 -)
ders.	derselbe
DNotZ	Deutsche Notarzeitschrift (1950 -) früher Zeitschrift des Deutschen Notarvereins (DNotV) (1901 - 1949)
DRiZ	Deutsche Richterzeitung (1909 - 1935, 1950 -)
DVBl	Deutsches Verwalungsblatt (1950 -) (vorher 1879 - 1949: Reichsverwaltungsblatt; seit 1950 vereinigt mit „Die Deutsche Verwaltung")
ebd.	ebenda
EGBGB	Einführungsgesetz zum Bürgerlichen Gesetzbuch v. 18.8.1896 (RGBl 604)
EheG	Ehegesetz v. 20.2.1946 (KRABl 77, berichtigt S. 294)
1. EheRG	Erstes Gesetz zur Reform des Ehe- und Familienrechts v. 14.6.1976 (BGBl I.1421)
Einf. (vor)	Einführung (vor)
Einl. (vor)	Einleitung (vor)
Erg.	Ergebnis
e.V.	eingetragener Verein
FamRZ	Zeitschrift für das gesamte Familienrecht (1954 -)
Fn.	Fußnote(n)
FuR	Familie und Recht (1990 -)
GBO	Grundbuchordnung v. 24.3.1897 (RGBl 139) i.d.F. der Bekanntmachung v. 5.8.1935 (RGBl I.1073)
gem.	gemäß
Ges.	Gesetz
GewStG	Gewerbesteuergesetz i.d.F. der Bekanntmachung v. 14.5.1984 (BGBl I.657)
GG	Grundgesetz für die Bundesrepublik Deutschland v. 23.5.1949 (BGBl 1)
ggf.	gegebenenfalls
GmbH	Gesellschaft mit beschränkter Haftung
GmbHG	Gesetz betreffend die Gesellschaften mit beschränkter Haftung v. 20.4.1892 (RGBl 477) i.d.F. der Bekanntmachung v. 20.5.1898 (RGBl 846)
GWB	Gesetz gegen Wettbewerbsbeschränkungen v. 27.7.1957 (BGBl I.1081) i.d.F. der Bekanntmachung v. 20.2.1990 (BGBl I.235)
h.A.	herrschende Ansicht

HausTWG	Gesetz über den Widerruf von Haustürgeschäften und ähnlichen Geschäften v. 16.1.1986 (BGBl I.122)
HGB	Handelsgesetzbuch v. 10.5.1897 (RGBl 219)
hgg.	herausgegeben
h.L.	herrschende Lehre
h.M.	herrschende Meinung
Hs.	Halbsatz
i.d.F.	in der Fassung
i.d.R.	in der Regel
insbes.	insbesondere
i.S.v.	im Sinne von
i.V.m.	in Verbindung mit
JK	Jura-Kartei
JR	Juristische Rundschau (1925 - 1935, 1947 -)
Jura	Jura/Juristische Ausbildung (1979 -)
JuS	Juristische Schulung (1961 -)
JW	Juristische Wochenschrift (1872 - 1939)
JWG	Gesetz für Jugendwohlfahrt i.d.F. der Bekanntmachung v. 25.4.1977 (BGBl I.633, berichtigt S. 795)
JZ	Juristenzeitung (1951 -)
KG	1. Kammergericht 2. Kommanditgesellschaft
KO	Konkursordnung v. 10.2.1877 (RGBl 351) i.d.F. der Bekanntmachung v. 20.5.1898 (RGBl 612)
KRABl	Amtsblatt des Kontrollrats (1945-1990)
krit.	kritisch
KSchG	Kündigungsschutzgesetz v. 25.8.1969 (BGB. I.1317)
LAG	Landesarbeitsgericht
LG	Landgericht
LM	Nachschlagewerk des Bundesgerichtshofs hrsg. v. F. Lindenmaier, P. Möhring u.a. (Loseblattsammlung) (1951 -)
LS	Leitsatz
m.a.W.	mit anderen Worten
MDR	Monatsschrift für Deutsches Recht (1947 -)
m.E.	meines Erachtens
MHG	Gesetz zur Regelung der Miethöhe v. 18.12.1974 (BGBl I.3603, 3604)
Mot.	Motive zum Bürgerlichen Gesetzbuch
m.w.N.	mit weiteren Nachweisen
Nachw.	Nachweis(e)
n.F.	neue Fassung
NJW	Neue Juristische Wochenschrift (1947 -)
NJW-RR	NJW-Rechtsprechungs-Report Zivilrecht (1986 -)
NZA	Neue Zeitschrift für Arbeits- und Sozialrecht (1984 -)
OHG	Offene Handelsgesellschaft
OLG	Oberlandesgericht

OLGZ	Entscheidungen der Oberlandesgerichte in Zivilsachen einschließlich der freiwilligen Gerichtsbarkeit (1965 -)
Prot.	Protokolle der Kommission für die II. Lesung des Entwurfs des BGB
pVV	positive Vertragsverletzung (positive Forderungsverletzung)
Rdn.	Randnummer(n)
RG	Reichsgericht
RGBl	Reichsgesetzblatt
RGZ	Entscheidungen des Reichsgerichts in Zivilsachen (1880 - 1945)
S.	1. Seite(n) 2. Satz
s.	siehe
s.a.	siehe auch
sog.	sogenannte(r)
StGB	Strafgesetzbuch v. 15.5.1871 (RGBl 127) i.d.F. der Bekanntmachung v. 10.3.1987 (BGBl I.945, berichtigt S. 1160)
str.	streitig
TVG	Tarifvertragsgesetz v. 9.4.1949 (GBl 55) i.d.F. der Bekanntmachung v. 25.8.1969 (BGBl I.1323)
Überbl. (vor)	Überblick (vor)
u.U.	unter Umständen
UWG	Gesetz gegen den unlauteren Wettbewerb v. 7.6.1909 (RGBl 499)
VerbrKrG	Verbraucherkreditgesetz v. 17.12.1990 (BGB. I.2840)
VersR	Versicherungsrecht (1950 -)
Warn. Rspr.	Rechtsprechung des Reichsgerichts, soweit sie nicht in der amtlichen Sammlung der Entscheidungen des Reichsgerichts abgedruckt ist, hgg. v. O. Warneyer (1908 - 1941)
WechselG	Wechselgesetz v. 21.6.1933 (RGBl I.399)
WEG	Gesetz über das Wohnungseigentum und das Dauerwohnrecht (Wohnungseigentumsgesetz) v. 15.3.1951 (BGBl I.175, berichtigt S. 209)
WM	Wertpapier-Mitteilungen (1949 -) Wirtschafts-, Wertpapier- und Bankrecht
ZfA	Zeitschrift für Arbeitsrecht (1970 -)
ZPO	Zivilprozeßordnung v. 30.1.1877 (RGBl 83) i.d.F. der Bekanntmachung v. 12.9.1950 (BGBl 533)
z.T.	zum Teil
zust.	zustimmend
zutr.	zutreffend
ZVG	Gesetz über die Zwangsversteigerung und die Zwangsverwaltung v. 24.3.1897 (RGBl 97) i.d.F. der Bekanntmachung v. 20.5.1898 (RGBl 713)
zw.	zweifelhaft
z.Z.	zur Zeit

Erster Teil: Grundsätze der Konfliktlösung bei fehlgeschlagenen Rechtsgeschäften

I. Einleitung[1]

1. Abgrenzung zur Leistungsstörung

1 *Pacta sunt servanda*: Einmal eingegangene Verpflichtungen müssen grundsätzlich auch eingehalten werden[2], und sie werden in den ungezählten störungsfreien Vorgängen des Alltags meist auch tatsächlich vereinbarungsgemäß eingehalten und zur Zufriedenheit aller Beteiligten erfüllt. Rechtliche Schwierigkeiten können erst entstehen, wenn das Rechtsverhältnis entweder fehlerhaft ist und einer der Beteiligten sich darauf beruft oder aufgrund von Störungsursachen nicht (mehr) vereinbarungsgemäß eingehalten wird. Für solche Fälle hat die Rechtsordnung durch geeignete Vorschriften dafür Vorsorge zu treffen, daß vermeidbare Konflikte vermieden und unvermeidbare Interessengegensätze sachgerecht gelöst und ausgeglichen werden können[3]. Fehler- und Störungsquellen gibt es viele; unser Recht unterscheidet dabei im wesentlichen zwischen von vorneherein fehlgeschlagenen Rechtsgeschäften bzw. von Anfang an fehlerhaften Rechtsgeschäften und deren Folgen (sie sind Gegenstand dieses Buches) sowie Leistungsstörungen, die sich (meist erst) nachträglich bei der Abwicklung eines wirksamen

1 Aus Raumgründen wird auf einen vollständigen wissenschaftlichen Apparat verzichtet. Die jeweils angegebene Ausbildungsliteratur stellt lediglich eine aus der Sicht des Verfassers besonders empfehlenswerte und weiterführende Lektüreauswahl, die mit einem „Baedekersternchen" (*) versehenen Gerichtsentscheidungen stellen darüberhinaus besonders wichtige und unbedingt nachzuarbeitende (zumeist höchstrichterliche) Erkenntnisse dar.

2 Über die allgemeinsten Prinzipien des Rechts und der Ethik vgl. *M. Rehbinder* 167-175 (dort auch zu dem Grundsatz *pacta sunt servanda*).

3 Über die Notwendigkeit der Gesetze und der Justiz vgl. *M. Rehbinder*, Einführung 29-32, über den Staat und die Freiheit seiner Bürger ebd. 123-145, über Geltung und Geltungsgrund des positiven Rechts ebd. 182-188, über das Recht in der sozialen Wirklichkeit ebd. 215-225.

Rechtsgeschäfts herausstellen und dann gleichfalls einer ausgewogenen Konfliktlösung zugeführt werden müssen. Leistungsstörungen sind Gegenstand des allgemeinen Schuldrechts und werden daher in diesem Buch nicht behandelt.

In diesem ersten Teil soll zunächst nur von den von Anfang an *fehlgeschlagenen* Rechtsverhältnissen und ihren Rechtsfolgen die Rede sein; im zweiten Teil (Rdn. 114 ff.) werden dann die (von Anfang an) fehlerhaften Rechtsgeschäfte dargestellt[4].

2. Lösungssystem

2 Eine Rechtsordnung könnte von dem Standpunkt ausgehen, daß von Anfang an mit Fehlern und Mängeln behaftete Rechtsverhältnisse überhaupt keine rechtlich relevanten Wirkungen entfalten dürfen; dafür spräche der Gesichtspunkt der *Rechtssicherheit*: die Beteiligten wüßten sehr schnell, woran sie sind und müßten das Rechtsgeschäft, das sie abschließen wollten, eben noch einmal – dieses Mal fehler- und mängel*frei* – abschließen, um die rechtlich verbindlichen Wirkungen zu erzielen, auf die es ihnen bei Abschluß des Rechtsgeschäfts ankommt. Unsere eigene Rechtsordnung hat sich (wie übrigens die meisten hochentwickelten Rechtsordnungen anderer Länder auch) für ein sehr viel differenzierteres Modell aus nach der Schwere des Mangels abgestuften Graden von rechtlicher Unwirksamkeit und Wirksamkeit jedes Rechtsgeschäfts entschie-

[4] Die hier getroffene Unterscheidung zwischen dem „Zustandekommen“ des Vertrags (oder seinem *Fehlschlagen*) einerseits und der „Wirksamkeit“ des Vertrags (oder seiner *Fehlerhaftigkeit*) andererseits fließt im Schrifttum teilweise häufig zu der alleinigen Frage danach zusammen, ob der Vertrag „wirksam zustande gekommen“ ist oder nicht; jedenfalls insoweit empfiehlt es sich, mit *D. Leenen*, „Abschluß, Zustandekommen und Wirksamkeit des Vertrages. Zugleich ein Beitrag zur Lehre vom Dissens“, AcP 188 (1988) 381-418, beide Fragen auseinander zu halten (aaO. S. 386-387, insbes. Fn. 23): Für die Frage, ob ein Vertrag vorliegt, kommt es also darauf an, ob die tatbestandlichen Merkmale eines Vertrags vorliegen; liegen sie nicht vor, ist der beabsichtigte Vertrag nicht zustande gekommen oder im Sinne der hier verwendeten Terminologie *fehlgeschlagen* (Rdn. 1-113); für die Frage, ob der geschlossenene (und zur rechtlichen Überprüfung im Einzelfall vorliegende) Vertrag auch wirksam ist, kommt es darauf an, ob ihn die Rechtsordnung mit dem vereinbarten Inhalt und den gewünschten Rechtsfolgen akzeptiert; tut sie dies (was die Regel ist), ist der Vertrag wirksam, tut sie dies nicht, ist er jedenfalls in dem von den Vertragspartnern gewollten Sinne unwirksam (bzw. vernichtbar) oder im Sinne der hier verwendeten Terminologie *fehlerhaft* (Rdn. 114 ff.).

den; dafür sprach der Gesichtspunkt der *Einzelfallgerechtigkeit*: je flexibler das Recht auf die unterschiedlichen Mängel eines Rechtsgeschäfts reagieren kann, desto eher kann es auf die Umstände des Einzelfalles eingehen und damit auch auf die schutzwürdigen Interessen der Beteiligten Rücksicht nehmen; nehmen mehrere Personen miteinander geschäftlichen Kontakt auf, so tun sie dies zur Koordinierung ihrer Interessen und zur Erzielung eines Einvernehmens, aufgrund dessen sie dann eine Angelegenheit in bestimmter Art und Weise regeln; das gegenseitige Einvernehmen der Beteiligten ist deshalb auch die eigentliche Grundlage für die Anerkennung der vereinbarten Regelung durch die Rechtsordnung.

a) Daraus folgt, daß die Rechtsordnung den Beteiligten grundsätz- 3
lich soweit wie möglich entgegenkommen möchte und die einvernehmlich angestrebten Rechtswirkungen deshalb in der Regel auch – und zwar *weil* sie gewollt sind und *insoweit* sie gewollt sind – eintreten läßt. Nur ausnahmsweise verneint sie diese Wirkungen dort, wo bestimmte Mindestanforderungen an das Einvernehmen der Beteiligten (noch) nicht erfüllt sind oder sie das einvernehmlich abgeschlossene Rechtsgeschäft aus bestimmten Gründen mißbilligt.

b) Die Rechtsordnung stellt also mit anderen Worten an das 4
Zustandekommen von Rechtsgeschäften, insbesondere von Verträgen, bestimmte *Rahmenanforderungen*. Werden diese Rahmenanforderungen erfüllt, gilt das von den Beteiligten Vereinbarte (Regelfall). Werden die Rahmenanforderungen nicht erfüllt, kommt das angestrebte Rechtsgeschäft entweder schon dem äußeren Tatbestand nach überhaupt nicht zustande (es ist fehlgeschlagen, dazu Rdn. 5-113) oder es ist zwar dem äußeren Tatbestand nach zustande gekommen, aber aufgrund bestimmter Umstände fehlerhaft (Rdn. 115)[5], z.B. entweder im öffentlichen Interesse oder im Interesse der Beteiligten (ohne weiteres) nichtig (vgl. etwa §§ 116-118, 125, 134, 138 BGB). Es kann auch im Interesse eines Beteiligten vernichtbar (vgl. z. B. §§ 119, 123, 142 BGB) oder auf andere Weise (etwa bis zur Zustimmung des Zustimmungsberechtigten [vgl. etwa §§ 107, 108 oder auch 1365, 1366, 1369, 1423 ff., 1450 ff. BGB]) unwirksam sein. Im folgenden geht es zunächst wieder allein um den Problemkreis der an der Entstehung gehinderten Rechtsgeschäfte, also der sogenannten *fehlgeschlagenen* Rechtsgeschäfte.

5 Ausf. dazu *J. v. Staudinger* (– *H. Dilcher*) Rdn. 65-80 vor §§ 104-185 BGB.

II. Das Zustandekommen des Vertrages

5 Das Bürgerliche Recht[6] geht bekanntlich vom Grundsatz der *Privatautonomie* (Rdn. 114, 118) aus[7], die den einzelnen berechtigt, Rechte und Pflichten zu begründen, zu ändern oder aufzuheben, also im Rahmen der Rechtsordnung eigenverantwortlich rechtsverbindliche Regelungen und Festlegungen zu treffen[8]. Das Mittel zur Verwirklichung dieser Privatautonomie ist das *Rechtsgeschäft*[9], das auch als die „zentrale Institution des bürgerlichen Rechts" bezeichnet wird[10]. Es besteht aus mindestens einer Willenserklärung, zumeist aber aus mehreren, die allein oder in Verbindung mit anderen Tatbestandsmerkmalen eine bestimmte Rechtsfolge herbeiführen, weil und insoweit sie gewollt ist.

1. Das Rechtsgeschäft

6 Unverzichtbares Tatbestandsmerkmal jedes Rechtsgeschäfts ist das Vorliegen einer auf die Herbeiführung einer Rechtsfolge gerichteten *Willenserklärung*[11] (Rdn. 14 ff.). Das Rechtsgeschäft erschöpft sich aber in der Regel nicht in bloß einer Willenserklärung; das ist nur bei den sog. *streng einseitigen* Rechtsgeschäften (z.B. Auslobung [§ 657 BGB] oder Testament [§§ 2064, 2229 ff. BGB], Rdn. 31) und bei den *einseitig empfangsbedürftigen* Rechtsgeschäften (z.B. Anfechtung [§ 143 BGB] oder Kündigung [etwa gem. §§ 552 ff., 609, 620 ff. BGB]) der Fall. Im allgemeinen gehören zu einem Rechtsgeschäft aber noch weitere Tatbestandsmerkmale (z.B. weite-

[6] Zur Herkunft und Bedeutung des Begriffs immer noch lesenswert: *G. Boehmer*, Einführung 1-3; zu den römischrechtlichen und deutschrechtlichen Grundlagen des BGB ebd. 60-69.

[7] Grundlegend: *G. Boehmer*, Einführung 83-89; *W. Flume*, AT § 1; *K. Larenz*, AT § 2 II e (S. 40-42); *B. Rüthers*, AT Rdn. 31-40; *D. Schwab*, ZivilR Rdn. 381-384; *J. v. Staudinger* (– *H. Dilcher*) Rdn. 5-11 vor §§ 104-185 BGB; *H.P. Westermann*, Grundbegriffe 43-45.

[8] *M. Rehbinder*, Einführung 26; lesenswert über die Ursprünge der europäischen Rechtskultur, die Rezeption des römischen Rechts in Deutschland und die Fortentwicklung des deutschen Bürgerlichen Rechts seither: *F. Wieacker*, Privatrechtsgeschichte 26-43, 97 ff., 348 ff., 514 ff.

[9] *D. Medicus*, AT §§ 17-19.

[10] *J. v. Staudinger* (– *H. Dilcher*) Rdn. 1 vor §§ 116-144 BGB.

[11] *H. Brox*, AT Rdn. 80-93; *D. Schwab*, ZivilR Rdn. 424-435; *J. v. Staudinger* (– *H. Dilcher*) Rdn. 12-15 vor §§ 104-185 BGB, 1 vor §§ 116-144 BGB; *H.P. Westermann*, Grundbegriffe 37-39.

re Willenserklärungen oder Realakte oder etwa auch eine behördliche Mitwirkung). Bei *zweiseitigen* Rechtsgeschäften, insbesondere Verträgen, muß etwa zur zeitlich ersten Willenserklärung, durch die der eine Teil dem anderen den Abschluß eines Vertrags mit konkretem Inhalt anbietet (Antrag, Offerte, § 145 BGB), noch die zeitlich darauf folgende Willenserklärung des Antragsempfängers hinzutreten, mit der er seine Zustimmung zu dem vorgeschlagenen Vertrag bekundet (Annahme, §§ 146 ff. BGB; Rdn. 59 ff.); bei der Übereignung einer beweglichen Sache muß etwa zum Übereignungsvertrag, der sog. dinglichen Einigung, die Übertragung des Besitzes (§§ 929 S. 1, 854 I BGB)[12], bei der Übereignung eines Grundstücks muß zum Übereignungsvertrag die Eintragung im Grundbuch hinzutreten (§§ 873 BGB, 3, 13 ff. GBO)[13].

2. Das Abstraktionsprinzip

Soeben wurde eine Eigentümlichkeit des deutschen Rechts ange- 7
sprochen: Die Übereignung einer Sache wird im Gegensatz zu den meisten anderen Rechtsordnungen nicht schon durch den Kaufvertrag bewirkt (sog. Einheitsprinzip), sondern durch ein vom Kaufvertrag getrenntes Übereignungsgeschäft, den sog. „abstrakten dinglichen Vertrag“, der ein stiltypisches Merkmal des deutschen Rechtskreises ist[14].

Beispiel: K kauft im Fahrradladen des V eine Fahrradkette für

12 *H.P. Westermann*, Grundbegriffe 108-111.

13 *H.P. Westermann*, Grundbegriffe 120-123; davon streng zu unterscheiden ist das schuldrechtliche Grund- oder Verpflichtungsgeschäft (sog. Abstraktionsprinzip), z.B. der der Übereignung zugrundeliegende und zu ihr verpflichtende Kaufvertrag (§ 433 I BGB), der schon durch zwei übereinstimmende Willenserklärungen, ggf. in der vorgeschriebenen Form (lies § 313 BGB) zustandekommt; vgl. dazu *H. Brox*, AT Rdn. 115-121; *H. Brox*, SchuldR AT Rdn. 6-7; *H. Dilcher*, SachenR 152-153; *W. Fikentscher*, SchuldR §§ 13-14, § 66 III; *D. Medicus*, AT § 20 II; *J. v. Staudinger* (- *H. Dilcher*) Rdn. 43-47, 51-57 vor §§ 104-185 BGB.

14 *K. Zweigert/Hein Kötz*, Einführung in die Rechtsvergleichung auf dem Gebiete des Privatrechts, Band 1: Grundlagen (1. Aufl. Tübingen 1971) 214-227 (nicht in der 2. Aufl. Tübingen 1984); lesenswert: *K. Schreiber* & *K. Kreutz*, „Der Abstraktionsgrundsatz. Eine Einführung“, Jura 1989, 617-622; generell zum Abstraktionsprinzip: *H. Brox*, AT Rdn. 115-121; *H. Brox*, SchuldR AT Rdn. 6-7; *H. Dilcher*, SachenR 152-153; *W. Fikentscher*, SchuldR §§ 13-14, § 66 III; *D. Medicus*, AT § 20 II; *H.P. Westermann*, Grundbegriffe 53-57.

DM 10,--. K gibt dem V einen Zehnmarkschein und erhält dafür von V die Kette. Wie viele Rechtsgeschäfte haben K und V abgeschlossen? K und V haben zunächst einen Kaufvertrag (§ 433 BGB) abgeschlossen: Dadurch ist allerdings weder V Eigentümer des Geldscheins noch K Eigentümer der Fahrradkette geworden. Der Kaufvertrag hat lediglich die Verpflichtung des V begründet, die Kette an K zu übereignen (lies § 433 I BGB). Gleichzeitig wurde K verpflichtet, den vereinbarten Kaufpreis zu zahlen, also, das Geld zu übereignen (lies § 433 II BGB). Die wechselseitigen Eigentumsübergänge vollzogen sich nach § 929 S. 1 BGB durch die jeweilige sog. dingliche Einigung (= Vertrag im Sinne der §§ 145 ff. BGB) und die Übergabe der entsprechenden Sache (Kette bzw. Geldschein, § 854 I BGB). K und V haben also *drei Verträge* geschlossen: einen Kaufvertrag (§ 433 BGB), eine dingliche Einigung bezüglich der Fahrradkette (§ 929 S. 1 BGB) und eine dingliche Einigung bezüglich des Geldscheins (§ 929 S. 1 BGB).

a) Verpflichtungs- und Verfügungsgeschäft

8 Weil der Kaufvertrag über eine Sache deren dingliche Zuordnung (ihre Eigentumslage) nicht ändert, sondern nur die Verpflichtung zur Eigentumsübertragung begründet, wird er als *Verpflichtungsgeschäft* bezeichnet. Dagegen handelt es sich bei der dinglichen Einigung (in Verbindung mit der Übergabe: § 929 S. 1 BGB) um ein sog. *Verfügungsgeschäft*: Verfügungen sind solche Rechtsgeschäfte, die durch Übertragung, Belastung, Inhaltsänderung oder Aufhebung unmittelbar auf ein bestehendes Recht einwirken oder einzuwirken bestimmt sind[15]. Durch Einigung und Übergabe (§ 929 S. 1 BGB) wird das Eigentum an einer beweglichen Sache unmittelbar übertragen, durch Einigung („Auflassung") und Eintragung im Grundbuch (§§ 873, 925 BGB) wird das Eigentum an einer unbeweglichen Sache (z.B. an einem Grundstück) übertragen (die Grundbucheintragung ersetzt dabei die physisch nicht mögliche Übergabe). Alle Verfügungsgeschäfte zeichnen sich dadurch aus, daß der Rechtsgrund für die durch sie erreichte Zuwendung „abstrakt" ist, d.h. der Rechtsgrund läßt sich nicht aus dem Rechtsgeschäft selbst (z.B. einer Übereignung gem. § 929 S. 1 BGB) entnehmen.

Beispiel: Eine Übereignung im Sinne des § 929 S. 1 BGB kann

15 *RG, 7.7.1917 Rep. V 66/17 RGZ 90, 395 (399); BGH, 15.3.1951 IV ZR 9/50 BGHZ 1, 294 [304]).

als Rechtsgrund z.B. einen Kaufvertrag (§ 433 BGB) haben. Genau so gut kann aber auch ein Darlehensvertrag (§ 607 BGB) oder eine Schenkung (§ 516 BGB) zugrunde liegen.

b) Abstraktes und kausales Geschäft

Verfügungen sind demnach *abstrakte* Rechtsgeschäfte. Im Gegen- 9
satz dazu handelt es sich bei den meisten Verpflichtungsgeschäften um sog. *kausale* Geschäfte. Bei kausalen Geschäften ergibt sich der Rechtsgrund für die Zuwendung aus dem (zugrunde liegenden Verpflichtungs-) Geschäft selbst.

Beispiel: Beim Kaufvertrag liegt der Rechtsgrund für die Leistung des einen Teils in der Gegenleistung des anderen Teils und umgekehrt: Der Verkäufer verpflichtet sich zur Übereignung der Kaufsache, gerade weil sich der Käufer im Gegenzug zur Zahlung des vereinbarten Kaufpreises verpflichtet (man spricht in solchen Fällen von einem *do-ut-des*-Vertrag oder einem synallagmatischen Vertragsverhältnis).

c) Wirkung des Abstraktionsprinzips

Das *Abstraktionsprinzip* begründet die rechtliche *Trennung* von 10
abstraktem und kausalem Geschäft: Es besagt, daß der Bestand des abstrakten Verfügungsgeschäfts nicht von der Wirksamkeit des kausalen Verpflichtungsgeschäfts abhängt und umgekehrt[16]. Demnach kann also trotz der Unwirksamkeit des Verfügungsgeschäfts das Verpflichtungsgeschäft wirksam sein. Verpflichtungs- und Verfügungsgeschäft sind also stets streng *getrennt* voneinander zu prüfen[17].

Beispiel: K kauft bei V im Januar einen Gebrauchtwagen. Geliefert und übereignet wird der Wagen jedoch erst im März. Zwischenzeitlich (im Februar) verfällt V in Geisteskrankheit. Hier ist die dingliche Einigung (§ 929 S. 1 BGB) wegen der Geisteskrankheit des V gem. §§ 105 I, 104 Nr. 2 BGB nichtig. K ist folglich nicht Eigentümer des Wagens geworden. Von der Nichtigkeit des dinglichen Rechtsgeschäfts unberührt bleibt allerdings der Kaufvertrag vom Januar. K kann deshalb nach wie vor von V gem.

16 *H. Brox*, AT Rdn. 115-121; *H. Brox*, SchuldR AT Rdn. 6-7; *H. Dilcher*, SachenR 152-153 (Beispiele); *W. Fikentscher*, SchuldR §§ 13-14, 66 III; *D. Medicus*, AT § 20 II; *K. Schreiber & K. Kreutz*, „Der Abstraktionsgrundsatz. Eine Einführung", Jura 1989, 617-622 (617); *H.P. Westermann*, Grundbegriffe 53-57.

17 *O. Jauernig*, Anm. 2 zu § 107 BGB; vgl. auch Rdn. 316 Fn. 22.

§ 433 I BGB die Übereignung des Wagens verlangen. Anstelle des V muß nun dessen Vormund (§ 1793 BGB) mit K die Übereignung vornehmen. Ähnliches gilt derzeit noch für den Fall der Entmündigung wegen Geisteskrankheit (§ 104 Nr. 3 BGB)[18].

11 Umgekehrt bleibt aber auch die Wirksamkeit des Verfügungsgeschäfts – von wichtigen Ausnahmen abgesehen (Rdn. 168, 186, 189, 289, 301, 303) – von der Unwirksamkeit des Verpflichtungsgeschäfts *unberührt*.

Beispiel[19]: V schickt dem Briefmarkensammler K eine seltene Marke zu. V's Schreiben enthält das Angebot an K, die Marke für DM 890,-- käuflich zu erwerben. K nimmt an. Kurze Zeit später bemerkt V, daß er sich verschrieben hatte: Die Marke sollte DM 980,-- statt DM 890,-- kosten. Wegen dieses Irrtums ficht V „das Geschäft" an (§§ 119 I, 142 BGB). Die Zusendung der Briefmarke an K enthielt einerseits das Angebot zum Abschluß eines Kaufvertrags (§ 433 I BGB), andererseits aber auch ein Übereignungsangebot im Sinne des § 929 S. 1 BGB. Beide Verträge hat K durch seine Annahmeerklärung abgeschlossen. Die Anfechtung des V nach § 119 I, 2. Alt. BGB (Erklärungsirrtum: Verschreiben) führt rückwirkend zur Nichtigkeit des Kaufvertrages (§ 142 I BGB). Diese Anfechtung berührt jedoch nicht die Wirksamkeit der dinglichen Einigung, da diesbezüglich mangels eines Irrtums (V wollte übereignen und hat übereignet) kein Anfechtungsgrund besteht. V ist also nicht mehr Eigentümer der Marke, er kann von K nicht gem. § 985 BGB die Herausgabe verlangen. Wohl aber ergibt sich ein entsprechender Herausgabeanspruch des V gegen K aus § 812 I 1, 1. Alt. BGB, weil K durch Leistung des V

18 *Beachte:* Durch das Betreuungsgesetz v. 12.9.1990 (BGBl. I.2002) wird das gesamte Vormundschafts- und Entmündigungsrecht mit Wirkung vom 1.1.1992 geändert, die §§ 6, 104 Nr. 3, 114 und 115 BGB werden gestrichen. Die Entmündigung wird abgeschafft, die bisherige Zustimmungsbedürftigkeit ersetzt durch einen Einwilligungsvorbehalt (§ 1903 BGB n.F.). Für Volljährige gibt es keinen Vormund mehr, sondern einen Betreuer; auf Anordnung des Vormundschaftsgerichts können Willenserklärungen des Betreuten dem Einwilligungsvorbehalt des Betreuers unterliegen, § 1903 BGB n.F.; vgl. dazu ausführlich *M. Coester*, „Von anonymer Verwaltung zu persönlicher Betreuung. Zur Reform des Vormund- und Pflegschaftsrechts für Volljährige", Jura 1991, 1-9; *D. Henrich*, Familienrecht (4., neubearbeitete Aufl. Berlin, New York 1991) 308-309.

19 Dieses Beispiel dient zunächst nur der Illustration des Abstraktionsprinzips; die Einzelheiten zu Angebot, Irrtum, Anfechtung werden in den folgenden Kapiteln noch erläutert.

„etwas“ (nämlich das Eigentum an der Marke) ohne Rechtsgrund (der Kaufvertrag war gem. § 142 I BGB von Anfang an nichtig) erlangt hat. Der Anspruch des V gegen K aus § 812 I 1, 1. Alt. BGB geht dann darauf, daß K ihm das Eigentum (und den Besitz) gem. § 929 S. 1 BGB zurücküberträgt (Rdn. 250-253).

3. Grundvoraussetzungen des Vertragsschlusses

a) Fehlt ein unerläßliches Tatbestandsmerkmal des Rechtsgeschäfts, 12
so kommt das Rechtsgeschäft überhaupt nicht zustande; es verbietet sich in bestimmten Fällen dann schon, überhaupt von einem Rechtsgeschäft zu sprechen (= *Nicht-Rechtsgeschäft*)[20]. So stellen etwa die übereinstimmenden Willenserklärungen der Verlobten, die Ehe miteinander eingehen zu wollen, noch keine Eheschließung dar: eine Ehe kommt vielmehr überhaupt nur zustande, wenn die Eheschließung vor einem Standesbeamten stattgefunden hat (§§ 11 I, 13 I EheG = Grundsatz der obligatorischen Zivilehe). Wirkt kein Standesbeamter (also z.B. „nur“ ein Geistlicher) oder ein erkennbar zur Entgegennahme der Eheschließungserklärungen nicht bereiter Standesbeamter[21] mit, so fehlt ein für das (äußere) Zustandekommen einer Ehe unerläßliches Tatbestandsmerkmal (= Mitwirkung eines Standesbeamten, § 11 EheG); es verbietet sich dann schon, überhaupt von einer Ehe zu sprechen: man spricht in diesem Fall von einer Nicht-Ehe[22] oder von einem Nicht-Akt, Nullum, Nihil, Nichts[23].

b) Handelt es sich um ein *zweiseitiges* Rechtsgeschäft (also um 13
einen Vertrag), so kann wegen Fehlens eines unerläßlichen Tatbestandsmerkmals schon die vertragsanbietende Willenserklärung (Offerte) scheitern; es kann aber auch die Offerte zustandekommen und die Annahme scheitern, sei es, daß sie gar nicht erfolgt, sei es, daß sie zwar erfolgt, sich aber nicht mit dem Angebot deckt (§ 150 II BGB); in diesen Fällen kommt *kein Vertrag* zustande: entweder, weil man eine nicht (mehr) vorhandene Offerte nicht annehmen kann (vgl. auch §§ 147, 150 I BGB) oder weil Offerte und Annahme der Offerte sich nicht decken, die Beteiligten also

20 *O. Jauernig*, Anm. 3 vor § 104 BGB.
21 RG, 23.4.1941 IV B 12/41 RGZ 166, 341.
22 *O. Palandt* (– *U. Diederichsen*) Rdn. 3 und 11 zu § 11 EheG.
23 Vgl. dazu *G. Dürig/F. W. Bosch*, „Der ‚Schein-Standesbeamte‘“, FamRZ 1965, 257.

aneinander vorbeireden oder wichtige Punkte ihrer Abmachung noch offen sind (vgl. §§ 154, 155 BGB).

4. Die Willenserklärung

14 Das Rechtsgeschäft kann schon scheitern, weil die zeitlich erste Willenserklärung (Offerte oder Angebot) nicht wirksam geworden ist. Die Offerte ist nicht wirksam geworden, wenn ein für sie unerläßliches Tatbestandsmerkmal fehlt. Unerläßliches Erfordernis einer Willenserklärung ist zunächst einmal der *objektive* (äußere) Tatbestand der Erklärung (d.h. die Erklärung selbst, die den Rechtsfolgewillen nach außen überhaupt erst erkennen läßt: z.B. Benutzung von Wort oder Schrift, auch konkludentes äußeres Verhalten). Dann ist zusätzlich auch erforderlich der *subjektive* (innere) Tatbestand der Erklärung, d.h. der Wille zu dieser Erklärung[24]. Welche Elemente des subjektiven (inneren) Erklärungstatbestandes konstitutiv sind, ist im einzelnen umstritten (dazu Rdn. 18 ff.).

a) Der objektive Tatbestand einer Willenserklärung

15 Es ist selbstverständlich, daß der *objektive Tatbestand* der Willenserklärung vorliegen muß, wenn ein Angebot zustandekommen soll, also ein „sinnlich wahrnehmbarer Erklärungsakt“[25]. Ein nach außen gar nicht manifest gewordener Wille ist als solcher nicht erkennbar und deshalb auch kein brauchbarer Anknüpfungspunkt für die Rechtsordnung: vielmehr muß bereits die objektive Bedeutung einer Erklärung auf den Rechtsbindungswillen des Erklärenden schließen lassen.

Beispiele: Wer in ein öffentliches Verkehrsmittel oder auf dem Rummel in eine Achterbahn steigt, gibt nach der objektiv erkennbaren Bedeutung seines äußeren Verhaltens zu erkennen, daß er dies gegen Zahlung des üblichen Entgelts tun will.- Schon der äußere Erklärungstatbestand liegt dagegen nicht vor, wenn (auch) für den Erklärungsempfänger ersichtlich ist, daß sich der Erklärende nicht (rechtlich) binden will, wie etwa bei Stellungnahmen Privater zu tagespolitischen Ereignissen oder zum Wetter oder bei bloßen Gefälligkeitszusagen.

[24] Lesenswert: *D. Coester-Waltjen*, „Die fehlerhafte Willenserklärung“, Jura 1990, 362-368.

[25] *J. v. Staudinger* (– *H. Dilcher*) Rdn. 9 vor §§ 116-144 BGB.

aa) Schon am Erfordernis des nach außen auf einen Rechtsbindungswillen hinweisenden *Erklärungsaktes* fehlt es bei der sog. *invitatio ad offerendum*, der Aufforderung zur Abgabe eines Angebots. 16

Beispiel: V hat im Schaufenster ihrer Boutique ein Kleid versehentlich mit DM 460,-- statt mit DM 640,--ausgeschildert. Die Kundin K betritt das Geschäft und erklärt: „Ich kaufe dieses Kleid." Sieht man das Ausstellen von Schaufensterware unter Preisangabe als Angebot an, so kommt man hier zu dem Ergebnis, daß zwischen V und K ein Kaufvertrag (§ 433 I BGB) über das Kleid zu einem Kaufpreis von DM 460,-- zustandegekommen ist. Das Ausstellen von Schaufensterware mit Preisschild stellt aber kein Angebot dar, weil dadurch der Rechtsbindungswille des Geschäftsinhabers noch nicht endgültig zum Ausdruck gebracht wird[26]: ein rechtsgeschäftliches Angebot hat erst die K im Geschäft gemacht. Dieses Angebot wurde nach dem mitgeteilten Sachverhalt aber von V nicht angenommen, folglich besteht kein Kaufvertrag. Diese Bewertung des Ausstellens von Ware unter Preisangabe wird folgendermaßen begründet: Wäre bereits das Ausstellen der Ware ein Vertragsangebot, so könnte sich der Erklärende seine Vertragspartner nicht mehr aussuchen. Außerdem sähe er sich mit Schadenersatzansprüchen konfrontiert, wenn eine Vielzahl von Personen das Angebot annähme, die ihm zur Verfügung stehende Ware aber zur Erfüllung all der damit zustandegekommenen Verträge nicht ausreichte.

bb) Wie die Warenauslagen im Schaufenster sind auch Anzeigen 17
in Zeitungen, auf Plakaten und in Katalogen oder Angebote in Speisekarten oder Weinlisten zu behandeln: auch hier ist objektiv erkennbar, daß sich der Erklärende noch nicht rechtlich endgültig binden will. Er fordert lediglich zur Abgabe von Angeboten auf[27].

b) Der subjektive Tatbestand einer Willenserklärung

Zum *subjektiven Tatbestand* einer Willenserklärung gehören drei 18
Tatbestandselemente: Handlungswille, Erklärungsbewußtsein und Geschäftswille[28].

26 BGH, 16.1.1980 I ZR 25/78 NJW 1980, 1388 (1388 rechts).

27 *O. Palandt* (– *H. Heinrichs*) Rdn. 2 zu § 145 BGB.

28 Es ist empfehlenswert, die Prüfung, ob eine einwandfreie Willenserklärung vorliegt, nach diesen drei Kriterien vorzunehmen; ähnlich auch *B. Rüthers*, AT Rdn. 198.

aa) Der Handlungswille

19 Erstes Tatbestandselement ist also der das beobachtete äußere Verhalten beherrschende *Handlungswille*. Fehlt er, liegt tatbestandlich keine Willenserklärung vor[29]. Ein Verhalten ohne Handlungswillen (Reflexbewegung, Handeln unter Hypnose oder im Schlaf, Handeln unter unmittelbarem körperlichem Zwang [*vis absoluta*]) ist auch dann keine Willenserklärung, wenn es wie die Äußerung eines Rechtsfolgewillens erscheint[30]. Derartige Scheinerklärungen sind entsprechend § 105 II BGB nichtig[31].

Beispiele: Wer unter Hypnosewirkung einen kostspieligen Auftrag erteilt oder Schecks unterschreibt, dem fehlt der für eine Willenserklärung unerläßliche *Handlungswille*. Die Willenserklärung kommt deshalb nicht zustande, ein Angebot, das angenommen werden könnte, infolgedessen ebenfalls nicht.

bb) Das Erklärungsbewußtsein

20 Das zweite subjektive Merkmal einer ordnungsgemäßen („gesunden") Willenserklärung ist das *Erklärungsbewußtsein* (auch: Erklärungswille[32]), also das Bewußtsein, mit der Erklärung überhaupt einen rechtsgeschäftlichen Willen zu äußern (Rechtsbindungswille).

Beispiele: Wer die örtlichen Gebräuche einer Weinversteigerung an der Mosel nicht kennt und deshalb nicht weiß, daß das Heben der Hand als Abgabe eines Kaufangebots angesehen wird (vgl. auch § 156 BGB), dem fehlt das Erklärungsbewußtsein, wenn er seinem gerade eintretenden Freund zuwinkt.- Wer sich anläßlich einer Betriebsversammlung in eine dort herumgereichte Glückwunsch- oder Kondolenzliste eintragen möchte, dem fehlt beim Unterzeichnen einer ihm untergeschobenen Bestelliste oder Bürgschaftserklärung das Erklärungsbewußtsein. Ein ähnliches Beispiel[33] ist das Aufziehen einer Lotsenflagge in Unkenntnis ihrer Bedeutung.

29 *J. v. Staudinger* (– *H. Dilcher*) Rdn. 25 vor §§ 116-144 BGB.

30 *D. Medicus*, AT § 38 I 3 (Rdn. 547) und § 40 III 1 (Rdn. 606); *B. Rüthers*, AT Rdn. 199.

31 *D. Medicus*, AT § 40 III (Rdn. 606).

32 *O. Jauernig*, Anm. 3 vor § 116 BGB; *J. v. Staudinger* (– *H. Dilcher*) Rdn. 18 vor §§ 116-144 BGB.

33 *O. Jauernig*, Anm. 3b vor § 116 BGB.

α) Die Erklärungstheorie

Nach inzwischen wohl h.M. gehört das Erklärungsbewußtsein *nicht* zu den tatbestandlichen Voraussetzungen einer wirksamen Willenserklärung; vielmehr genügt es nach dieser Auffassung[34], daß (1) der „Erklärende" ein Verhalten zeigt, welches nach außen den Anschein einer bewußten Willenserklärung erweckt, daß (2) der Erklärungsempfänger tatsächlich dieses Verhalten als Willenserklärung versteht und es nach Treu und Glauben mit Rücksicht auf die Verkehrssitte (§ 242 BGB) auch so verstehen durfte und daß (3) die so verstandene Erklärung dem Erklärenden normativ zurechenbar ist[35] (*Erklärungstheorie*, mitunter auch Geltungs- oder Zurechnungstheorie genannt). Voraussetzung für diese Zurechnung ist allerdings nach Ansicht der meisten Vertreter dieser Theorie, daß der Erklärende die mögliche Deutung seines Verhaltens als Willenserklärung bei Anwendung pflichtgemäßer Sorgfalt erkennen konnte[36]. Nach Ansicht des BGH kann sogar *schlüssiges Verhalten* ohne Erklärungsbewußtsein unter den hier dargelegten Voraussetzungen als Willenserklärung zu werten und bei Vorliegen eines relevanten Irrtums deshalb anfechtbar sein[37] (anfechtbare „fiktive" Willenserklärung). 21

β) Die Willenstheorie

Eine inzwischen zur Minderheitsauffassung gewordene[38] Ansicht, die sog. *Willenstheorie*[39], hält demgegenüber das Erklärungsbewußt- 22

[34] *BGH, 7.6.1984 IX ZR 66/83 BGHZ 91, 324 (329); 25.1.1989 IVb ZR 44/88 WM 1989, 650 (652); *H. Brox*, AT Rdn. 83; *F. Bydlinski*, „Erklärungsbewußtsein und Rechtsgeschäft", JZ 1975, 1-6; *G. Gudian*, „Fehlen des Erklärungsbewußtseins", AcP 169 (1969) 232-236; *K. Larenz*, AT § 19 III; *O. Palandt* (– *H. Heinrichs*) Rdn. 17 Einf. vor § 116 BGB; *B. Rüthers*, AT Rdn. 204-206.

[35] *BGH, 7.6.1984 IX ZR 66/83 BGHZ 91, 324 (330) (normative Auslegung einer Erklärung als Willenserklärung); 2.11.1989 IX ZR 197/88 BGHZ 109, 171 (177) (normative Auslegung eines Verhaltens als Willenserklärung); zu beidem vgl. vor allem *K. Larenz*, AT § 19 III.

[36] Dazu *O. Werner*, 20 Probleme 25 ff. (4. Problem); vgl. zusätzlich etwa *K. Larenz*, AT § 19 III sowie (auch kritisch) *D. Medicus*, AT § 40 III 2 (Rdn. 608).

[37] *BGH, 2.11.1989 IX 197/88 BGHZ 109, 171 (177).

[38] Dazu *W. Flume*, AT § 4.6 (S. 56).

[39] OLG Düsseldorf, 1.2.1982 5 U 150/81 OLGZ 1982, 240 (242); *D. Giesen*, „Grundsätze der Konfliktlösung bei fehlgeschlagenen Rechtsverhältnissen", Jura 1980, 23-34 (25); *H. Hübner*, AT § 32 II 2 (Rdn. 388); über das

sein für ein unverzichtbares Element der privatautonomen Rechtsgestaltung und damit auch der Willenserklärung: Nach dieser Theorie treten Rechtsfolgen immer nur ein, weil und insoweit sie gewollt sind; ohne Erklärungsbewußtsein kann der Tatbestand der Willenserklärung deshalb nach der Willenstheorie nicht erfüllt sein[40].

γ) Auswirkungen des Meinungsstreits

23 Die beiden Theorien können im Ernstfall unterschiedliche Auswirkungen auf die Konfliktlösung bei leicht möglichen Interessengegensätzen haben.

Beispiele: Der in Trier ortsfremde A betritt wieder wie zuvor (Rdn. 20) eine Weinkellerei, in der gerade eine Weinversteigerung stattfindet. Er winkt einem lange nicht gesehenen Freund zu. Das Winken mit der Hand wird von dem Auktionator als Erhöhung des Gebots um weitere DM 100,-- aufgefaßt. Der Auktionator erteilt daraufhin dem A den Zuschlag (vgl. § 156 BGB).- Auf der schon bemühten Betriebsversammlung zirkuliert gerade eine Bestelliste für Krawatten mit dem Aufdruck des Betriebsemblems. B trägt seinen Namen ein in der Annahme, es handle sich um eine Glückwunschliste anläßlich des Jubiläums eines verdienten Betriebsmitglieds[41]:

24 (1) Nach der Minderheitsauffassung (*Willenstheorie*) kommen Vertragsschlüsse in keinem der Beispielsfälle in Betracht, weil die jeweilige Handlung (Handheben bzw. Eintragung in die Liste) nicht von dem Bewußtsein getragen ist, rechtsgeschäftliche Erklärungen abzugeben; es fehlt eben das Erklärungsbewußtsein. Nach dieser Ansicht kann lediglich ein Anspruch des Erklärungsempfängers auf Ersatz des Vertrauensschadens bestehen, der entweder aus einer analogen Anwendung des § 122 BGB in Verbindung mit § 118

Verhältnis der früher herrschenden und auf Rechtsgelehrte wie *F. C. von Savigny*, *B. Windscheid*, *E. Zitelmann* zurückgehenden und auch nach Inkrafttreten des BGB unter neuen Vorzeichen und Inhalten von *F. Wieacker*, *J. von Staudinger/H. Coing/H. Dilcher*, *L. Enneccerus/H. C. Nipperdey* und *H. Lehmann/H. Hübner* fortgebildeten Willenstheorie vgl. vor allem *W. Flume*, AT §§ 4.6, 23 und *J. v. Staudinger* (– *H. Dilcher*) Rdn. 18-20 vor §§ 116-144 BGB.

40 S. dazu etwa *J. v. Staudinger* (– *H. Dilcher*) Rdn. 26 vor §§ 116-144 BGB.

41 Weitere einprägsame Beispiele bei *D. Medicus*, AT §§ 30 (Rdn. 444-456), 40 III 1 (Rdn. 605); s.a. *H. Köhler* PdW BGB AT Fall 50 (S. 58-59).

BGB hergeleitet wird oder aber, besser[42], aus dem gewohnheitsrechtlichen Institut des Verschuldens bei Vertragsverhandlungen (*culpa in contrahendo*)[43]; dazu auch Rdn. 91.

(2) Nach der h.M. (*Erklärungstheorie*) kommt es für die Frage, ob 25
in den Beispielsfällen Verträge zustandegekommen sind, darauf an, ob die jeweiligen Erklärungen dem Erklärenden *zurechenbar* waren. In beiden Fällen haben die Erklärenden nach dieser Ansicht bei entsprechendem Handlungswillen äußere Erklärungszeichen benutzt, die die jeweiligen Empfänger als Willenserklärung verstehen durften und auch verstanden haben. Die Erklärungen sind den Erklärenden dann zuzurechnen, wenn diese erkennen konnten und hätten vermeiden können, daß ihre Handlungen als rechtsgeschäftliche Erklärungen aufgefaßt werden[44]. Im Trierer Weinversteigerungsfall konnte der ortsfremde A nicht erkennen, daß überhaupt neben dem normalen Lokalbetrieb eine Versteigerung stattfand, daher kann ihm unter diesen Umständen das Heben der Hand nicht als Willenserklärung zugerechnet werden[45]; eine Anfechtung zur Beseitigung der Willenserklärung ist nicht erforderlich. Anders aber im zweiten Beispielsfall, der Bestelliste: wer ein Schriftstück unterschreibt, der kann mit einem geringen Aufwand an Sorgfalt erkennen, ob er eine Glückwunschliste oder eine Bestelliste unterschreibt; wer ein Schriftstück, das ein Vertragsangebot enthält, unterzeichnet, ohne vom Inhalt Kenntnis genommen und auch nur einen Blick darauf geworfen zu haben, der darf sich nach dieser Auffassung eben nicht beklagen, wenn die Rechtsordnung sein

42 *D. Medicus*, AT § 40 III 2 (Rdn. 608).

43 In diesem Sinne auch OLG Düsseldorf, 1.2.1982 5 U 150/81 OLGZ 1982, 240 (245); zur *culpa in contrahendo* grundlegend *RG, 7.12.1911 VI 240/11 RGZ 78, 239 (Linoleumrollenfall) und dazu *D. Medicus*, BürgerlR § 10 II 1 (Rdn. 199); vgl. generell auch *H. Brox*, SchuldR AT Rdn. 55-59; *H. Hübner*, AT § 41 C (Rdn. 560-565); *D. Medicus*, AT § 30 (Rdn. 444-456); *D. Medicus*, SchuldR AT § 14; *D. Schwab*, ZivilR Rdn. 718-723; *H.P. Westermann*, Grundbegriffe 66; im größeren Zusammenhang über Gewohnheits- und Richterrecht vgl. *M. Rehbinder*, Einführung 188-199, 220; Einzelheiten auch in Rdn. 91-93.

44 *BGH, 7.6.1984 IX ZR 66/83 BGHZ 91, 324 (330); *K. Larenz*, AT § 19 III (S. 357).

45 So auch *K. Larenz*, AT § 19 III (S. 356); *B. Rüthers*, AT Rdn. 204; *H. Brox*, AT Rdn. 135 will dagegen etwas enger eine Willenserklärung nur dann ablehnen, wenn der Versteigerer erkennen konnte, daß der „Bieter“ die Ortsbräuche nicht kannte oder offenkundig nur dem Freund zugewinkt hat.

Verhalten als das wertet, was es nach den gegebenen Umständen bedeutete: als eine ihm zuzurechnende Willenserklärung[46]. Es ist dann insoweit gleichgültig, „ob jemand etwas ganz anderes oder ob er gar nichts rechtsgeschäftlich in Geltung setzen wollte“[47], er wird (zunächst) an der Erklärung festgehalten. Allerdings hat der derart Mißverstandene das Recht, seine Willenserklärung analog § 119 I, 2. Alt. BGB anzufechten[48]. Macht er von diesem Gestaltungsrecht der Anfechtung (Rdn. 202 ff.) Gebrauch, so haftet er dem Erklärungsempfänger aber auf Ersatz des Vertrauensschadens (Rdn. 255 ff.) gem. § 122 BGB[49].

26 (3) Im Normalfall unterscheiden sich daher, die Anfechtung vorausgesetzt, h.M. (Erklärungstheorie) und Minderheitsauffassung (Willenstheorie) im Ergebnis zwar nicht voneinander, der „Erklärende“ muß seine Erklärung nach beiden Theorien *nicht* gegen sich gelten lassen. Unterschiede entstehen aber dann, wenn eine Anfechtung nicht oder nicht wirksam vorgenommen wird: so könnte etwa, was selten der Fall sein wird, der Anfechtungsberechtigte Gefallen an dem durch ihn abgeschlossenen Geschäft gefunden haben und deshalb auf eine Anfechtung verzichten wollen (Rdn. 201). Die in der Praxis bedeutsamere Möglichkeit ist, daß eine Anfechtung deshalb ausgeschlossen ist, weil die Anfechtungsfrist (§ 121 BGB) bereits verstrichen ist[50].

27 Festzuhalten bleibt also, daß nach h.M. das Erklärungsbewußtsein *nicht* zu den unerläßlichen Tatbestandserfordernissen einer wirksamen Willenserklärung gehört. *Entscheidend* ist vielmehr, ob eine Handlung oder Erklärung, die im schutzwürdigen Rechtsverkehr als Willenserklärung aufgefaßt werden darf, dem Erklärenden *zurechenbar* ist. Allerdings darf auch nach der Erklärungs- oder Geltungstheorie über den legitimen Interessen des schutzwürdigen Gegners und des Rechtsverkehrs der Schutz des Erklärenden nicht völlig

46 *K. Larenz*, Allgemeiner Teil des deutschen Bürgerlichen Rechts (1. Aufl. München 1967) § 25 I; zur „Willenserklärung kraft Zurechnung“ vgl. auch die neueste Auflage desselben Werks: *K. Larenz*, AT § 19 III (der Vergleich lohnt sich).

47 *F. Bydlinski*, „Erklärungsbewußtsein und Rechtsgeschäft“, JZ 1975, 1-6 (5 links oben).

48 *H. Köhler*, AT § 14 II 2.

49 Vgl. dazu Rdn. 55.

50 Das war der Fall in *BGH, 7.6.1984 IX ZR 66/83 BGHZ 91, 324 (332-333): die Anfechtungserklärung war verspätet (und zudem auch nicht ausreichend); vgl. dazu auch *D. Medicus*, AT § 40 III 2 (Rdn. 608a), § 47 II 1 (Rdn. 717).

vernachlässigt werden[51]. Man darf daher das Zurechenbarkeitskriterium nicht allzu bereitwillig bejahen und damit strapazieren. Dieser Gefahr ist m.E. die folgende Entscheidung des BGH[52] erlegen: Dort hatte die beklagte Sparkasse dem klagenden Gläubiger eines ihrer Kunden irrtümlich geschrieben, sie habe für diesen Kunden eine Bürgschaft übernommen. Erst später bemerkte sie ihren Irrtum und stellte dann klar, daß eine Bürgschaft in Wirklichkeit nicht übernommen worden war. Der BGH gab dem Gläubiger gegen die Sparkasse Recht, obwohl diese gerade nicht geschrieben hatte, hier und jetzt eine Bürgschaft übernehmen zu wollen, sondern nur, eine Bürgschaft seinerzeit übernommen zu haben (was in Wirklichkeit gerade nicht zutraf). Nach Ansicht des BGH hätte die Sparkasse erkennen können, daß ihr Brief als Bürgschaftserklärung aufgefaßt werden würde. In Wirklichkeit hat es im entschiedenen Fall aber gerade am objektiven Anschein einer Bürgschaftserklärung (also schon am objektiven äußeren Tatbestand einer Willenserklärung, Rdn. 15) gefehlt[53].

cc) Der Geschäftswille

Der subjektive Tatbestand einer fehlerfreien Willenserklärung 28
enthält neben dem Handlungswillen und dem Erklärungsbewußtsein als drittes Element noch den sog. *Geschäftswillen*, der sich auf die Herbeiführung gerade *dieser* Rechtsfolge richtet. Im Unterschied zum fehlenden Erklärungsbewußtsein weiß der Erklärende bei lediglich fehlendem Geschäftswillen, daß er eine rechtsgeschäftliche Erklärung abgibt. Er irrt bloß über die Art der Rechtsfolge.

Beispiel: Weinfreund W will eine gute Lage der von ihm bevorzugten Moselweine („Brauneberger Juffer") bestellen. Er rutscht beim Ausfüllen jedoch in die falsche Zeile der Bestelliste und kreuzt statt des Moselweins einen (guten) Rheinpfalzwein („Forster Jesuitengarten") an. W kreuzt hier den Rheinpfälzer durchaus mit Handlungswillen und auch mit Erklärungsbewußtsein an. Allerdings fehlt ihm der Geschäftswille, d.h. der Wille, ein Geschäft gerade über den Wein aus der Rheinpfalz abzuschließen.

Das Fehlen des Geschäftswillens hindert das Zustandekommen der Willenserklärung jedoch nicht, sondern berechtigt den Erklärenden nur zur Anfechtung nach § 119 I BGB: entweder, wie bei

51 Zutr. *H. Köhler*, AT § 14 I (S. 124).
52 *BGH, 7.6.1984 IX ZR 66/83 BGHZ 91, 324.
53 Zutr. *C.-W. Canaris*, Anm. zu *BGH, 7.6.1984 IX ZR 66/83 BGHZ 91, 324, NJW 1984, 2281-2282; *D. Medicus*, AT § 40 III 2 (Rdn. 608a).

Weinfreund W, gem. § 119 I, 2. Alt. BGB wegen Erklärungsirrtums (er hat sich verschrieben, Rdn. 217) oder in anderen Fällen etwa gem. § 119 I, 1. Alt. BGB wegen Inhaltsirrtums (z.B. wenn er den „Forster Jesuitengarten" für einen Moselwein hielt, Rdn. 223).

29 *Merke also:* Eine Willenserklärung kommt nur dann zustande, wenn die unerläßlichen Tatbestandsmerkmale der Willenserklärung vorliegen. Das sind unstreitig der objektive (äußere) Tatbestand einer Willenserklärung sowie vom subjektiven (inneren) Tatbestand nach inzwischen h.M. (Erklärungstheorie) der Handlungswille, nach der Mindermeinung (Willenstheorie) dagegen zusätzlich auch noch das Erklärungsbewußtsein. Nach h.M. reicht auch ohne Erklärungsbewußtsein der objektive Anschein einer Willenserklärung aus, wenn dieser äußere Anschein von dem Erklärenden zurechenbar gesetzt wurde. Das ist der Fall, wenn der Erklärende hätte erkennen müssen, daß seine Äußerung vom schutzwürdigen Gegner (oder auch generell im Rechtsverkehr) als Willenserklärung aufgefaßt werden konnte[54].

c) Wirksamwerden der Willenserklärung

30 Aber auch dann, wenn die wesentlichen Tatbestandsmerkmale einer Willenserklärung vorliegen, kann das mit der Willenserklärung bezweckte Rechtsgeschäft (z.B. das Angebot und über das Angebot der angebotene Vertrag) *fehlschlagen.* Eine Willenserklärung wird für den Rechtsverkehr nämlich erst zu dem Zeitpunkt existent, zu dem sie als *fertige* Willenserklärung vorliegt; dazu gehört mehr als die tatbestandlich komplette Willensäußerung: was zusätzlich dazugehört, hängt davon ab, ob es sich um eine nicht empfangsbedürftige (Rdn. 31) oder eine empfangsbedürftige Willenserklärung (Rdn. 32 ff.) handelt.

aa) Nicht empfangsbedürftige Willenserklärungen

31 Die *nicht empfangsbedürftige* Willenserklärung hat keinen geeigneten Adressaten; sie wird deshalb bereits mit ihrer *Abgabe* wirksam. Sie ist zwar nicht ausdrücklich in § 130 BGB aufgeführt, dennoch folgt das Ergebnis aus der Natur der Sache[55]: eine nicht empfangsbedürftige Willenserklärung ist abgegeben, wenn der Erklärende den Erklärungsvorgang abgeschlossen hat[56].

Beispiele für nicht empfangsbedürftige Willenserklärungen sind

54 *BGH, 7.6.1984 IX ZR 66/83 BGHZ 91, 324 (330).

55 *O. Palandt* (– *H. Heinrichs*) Rdn. 1 zu § 130 BGB.

56 *H. Brox*, AT Rdn. 145; *D. Medicus*, AT § 22 II 1 (Rdn. 264).

die Auslobung (§ 657 BGB), die Eigentumsaufgabe oder auch Dereliktion (§ 959 BGB) und die Errichtung eines Testamentes (§§ 2231, 2247 BGB). Nach dem eben Gesagten ist z.B. die Auslobung (§ 657 BGB) wirksam, wenn der Zettel mit der Mitteilung „Zahle demjenigen, der mir meinen entlaufenen Hund Brutus zurückbringt, 30 DM" mit Namen und Anschrift am Straßenbaum befestigt oder in Form einer Anzeige in der Zeitung erschienen ist. Nicht erforderlich ist, daß irgendjemand den Zettel bemerkt oder die Anzeige liest. Anspruch auf den „Finderlohn" hat deshalb der, der tut, was in der Auslobung erbeten wird, also den Hund zurückbringt (auch, wenn er von dem Finderlohn nichts wußte).

bb) Empfangsbedürftige Willenserklärungen

Demgegenüber wird die *empfangsbedürftige Willenserklärung* erst 32
mit ihrem Zugang wirksam (§ 130 I BGB). Das Gesetz drückt die Empfangsbedürftigkeit in aller Regel durch das Erfordernis einer Erklärung „gegenüber" einem anderen aus: § 143 BGB (Anfechtung), § 146 (Annahme oder Ablehnung einer Offerte), § 167 I BGB (Bevollmächtigung, Rdn. 399), § 182 I (Zustimmung), usw.[57] Voraussetzung für den Zugang der empfangsbedürftigen Willenserklärung bei diesem „Gegenüber" ist allerdings auch hier zunächst eine wirksame *Abgabe* der Willenserklärung (Rdn. 33-36). Sie liegt vor, wenn der Erklärende die Erklärung willentlich derart in den Verkehr bringt, daß mit der Möglichkeit einer Kenntnisnahme durch den Empfänger zu rechnen ist.

α) Eine ohne (oder gar gegen) den Willen des Erklärenden aus 33
dessen Einflußbereich herausgelangte Willenserklärung ist mangels wirksamer Abgabe überhaupt nicht wirksam geworden[58], kann dem Erklärungsempfänger deshalb auch nicht wirksam zugehen: bei einer Willenserklärung, die einem anderen gegenüber abzugeben ist, gilt also: ohne wirksame Abgabe kein Zugang (§ 130 I BGB). Eine nicht wirksam zugegangene Willenserklärung kann dem Erklärungsempfänger gegenüber nicht wirksam werden. Handelte es sich bei dieser Willenserklärung um ein Vertragsangebot, so kann sie der Erklärungsempfänger auch nicht wirksam annehmen; mit anderen Worten: der Vertragsschluß ist auch hier fehlgeschlagen. Der Erklärende muß seine Erklärung gerade an den in Aussicht

57 *D. Medicus*, AT § 22 I 2 (Rdn. 259).
58 BGH, 30.5.1975 V ZR 206/73 BGHZ 65, 13 (14).

genommenen Empfänger richten[59]. Demnach kann die Abgabe unwirksam sein, weil der Erklärende seine Erklärung noch gar nicht in den Verkehr bringen wollte.

Beispiel: K entwirft einen Brief, mit dem er bei V einen Konzertflügel Marke „Steinway" bestellen will, unterzeichnet ihn und adressiert den Briefumschlag; läßt er den Brief auf seinem Schreibtisch liegen (z.B. weil er „die Sache noch einmal überschlafen" will), findet seine Frau den Brief beim Ordnen des Schreibtisches vor, frankiert ihn und wirft ihn in den Briefkasten, so liegt keine wirksame Abgabe der Willenserklärung (Bestellung) vor, da sie nicht mit Wissen und Willen des Erklärenden auf den Postweg gelangt ist; sie kann deshalb nicht wirksam zugehen und von V auch nicht angenommen werden. Eine etwaige Annahmeerklärung ginge ins Leere; ein Kaufvertrag über das Klavier kann deshalb nicht zustandekommen.

34 β) Die Abgabe kann aber auch trotz willentlichen In-Verkehr-Bringens der Erklärung durch den Erklärenden unwirksam sein. Das ist dann der Fall, wenn er seine Erklärung nicht in Richtung auf den in Aussicht genommenen Empfänger in Verkehr bringt.

Beispiel: Eine briefliche Bestellung wird nicht an den vorgesehenen Empfänger, sondern an einen Dritten geschickt, der den Brief unbeauftragt dem Empfänger zuleitet. Auch hier kommt mangels Abgabe keine Willenserklärung zustande; die nur zufällige Kenntniserlangung durch den Erklärungsempfänger ersetzt die zielgerichtete Abgabe nicht[60].

35 γ) Ohne Einfluß auf die Wirksamkeit der Willenserklärung ist es dagegen, wenn der Erklärende nach der Abgabe stirbt oder geschäftsunfähig wird (§ 130 II BGB). Die Erklärung bindet dann die Erben (1. Fall) oder den gesetzlichen Vertreter (2. Fall)[61].

Beispiel: Wird der Besteller eines Versandhausartikels nach dem Absenden der Bestellung, aber noch vor ihrem Zugang, geschäftsunfähig, so ändert das an der Wirksamkeit seiner Bestellung nichts (§ 130 II BGB). Nimmt das Versandhaus seine Bestellung an, so kommt ein Kaufvertrag auch jetzt noch zustande.

36 δ) Der Erklärungsvorgang ist mit der Abgabe vollendet. Deshalb ist der Zeitpunkt der Abgabe immer dann maßgeblich, wenn es um

59 BGH, 11.5.1979 V ZR 177/77 NJW 1979, 2032 (2033 links); *D. Medicus*, AT § 22 II 1 (Rdn. 265).

60 So der Fall in BGH, 11.5.1979 V ZR 177/77 NJW 1979, 2032; wie hier *D. Medicus*, AT § 22 II 1 (Rdn. 265).

61 *D. Medicus*, AT § 22 III 3 (Rdn. 292).

subjektive Voraussetzungen der Willenserklärung geht[62]; so kann z.B. ein Irrtum im Sinne von § 119 BGB nur dann beachtlich sein, wenn er bei der Abgabe vorliegt.

d) Zugang der Willenserklärung

37 Eine Willenserklärung, die einem anderen gegenüber abzugeben ist (= empfangsbedürftige Willenserklärung) wird, wenn sie in dessen Abwesenheit abgegeben wird, in dem Zeitpunkt wirksam, in welchem sie ihm *zugeht* (§ 130 I 1 BGB). § 130 BGB bezieht sich ausdrücklich nur auf Erklärungen gegenüber Abwesenden (Rdn. 38 ff.); die Vorschrift ist jedoch entsprechend auch auf Erklärungen gegenüber Anwesenden (Rdn. 48) anzuwenden[63].

aa) Zugang gegenüber Abwesenden

38 Eine Erklärung geht zu, wenn sie derart in den Machtbereich des Erklärungsempfängers gelangt, daß unter gewöhnlichen Verhältnissen damit zu rechnen ist, dieser könne von ihr Kenntnis nehmen[64]. Damit sind die Risiken zwischen Erklärendem und Erklärungsempfänger gerecht verteilt: solange die Erklärung sich noch nicht im Machtbereich des Empfängers befindet, trägt der Erklärende das Untergangs- oder Verspätungsrisiko (z.B. Verlust bzw. Verirrung eines Briefs auf dem Postwege). Ist die Erklärung hingegen in den Machtbereich des Empfängers gelangt, so geht sie ihm in dem Moment zu, in dem bei Annahme gewöhnlicher Verhältnisse mit der Kenntnisnahme gerechnet werden konnte. Ob der Empfänger tatsächlich Kenntnis genommen hat oder nicht, ist dann unbeachtlich. Im Streit der Theorien, wann eine Willenserklärung wirksam wird, hat sich der Gesetzgeber mit dem in § 130 I 1 BGB für relevant erklärten Zugang für die *Empfangstheorie* entschieden[65].

α) Machtbereich des Empfängers

39 (1) Erstes Erfordernis des Zugangs ist demnach, daß die Erklärung in den Machtbereich des Erklärungsempfängers gelangt. Dazu zählen alle Bereiche, die dem Empfänger die *Möglichkeit der*

62 *H. Brox*, AT Rdn. 151.
63 *B. Rüthers*, AT Rdn. 273.
64 *BGH, 3.11.1976 VIII ZR 140/75 BGHZ 67, 271 (275).
65 Zu den vier Wirksamkeitstheorien (Äußerungs-, Entäußerungs-, Empfangs- und Vernehmenstheorie) vgl. *W. Flume*, AT § 14.1 (S. 223-224); *D. Medicus*, AT § 22 III (Rdn. 268-275).

Kenntnisnahme geben[66], also in erster Linie die Wohnung (Hausbriefkasten), die Geschäfts- oder Diensträume, aber auch z.B. das Post- oder Schließfach und der Anrufbeantworter[67].

40 (2) Aber selbst dann, wenn die Erklärung nicht in den Machtbereich des Empfängers gelangt ist, muß sich dieser unter Umständen nach Treu und Glauben (§ 242 BGB) so behandeln lassen, als sei dies geschehen.

Beispiele: Der Geschäftsmann zeigt die Geschäftsverlegung nicht ordnungsgemäß bei der Post an (Zugangsverzögerung)[68]; der Empfänger, der mit dem Erklärenden in Geschäftsbeziehung steht, holt ein bei der Post für ihn niedergelegtes Schriftstück nicht ab (Zugangsverhinderung)[69]; der Empfänger verweigert grundlos die Annahme eines Einschreibebriefs (Zugangsverhinderung)[70].

Eine solche *Zugangsfiktion* analog § 162 BGB kommt aber nicht in Frage, wenn der Empfänger nicht treuwidrig handelt, etwa weil er die Annahme eines unterfrankierten Briefs verweigert (Strafporto!)[71], oder weil er die eigentliche Erklärung noch gar nicht empfangen hat, etwa wenn bei einem Einschreibebrief der Briefträger den Adressaten nicht antrifft und lediglich einen Benachrichtigungszettel hinterläßt[72]: denn aus dem Benachrichtigungszettel der Post sind weder der Absender noch der Inhalt des Einschreibens ersichtlich.

β) Möglichkeit der Kenntnisnahme unter gewöhnlichen Umständen

41 (1) Die Erklärung ist aber nicht immer schon dann zugegangen, wenn sie in den Machtbereich des Empfängers gelangt ist; vielmehr muß darüber hinaus der Empfänger nach den Gepflogenheiten des Rechtsverkehrs und *unter gewöhnlichen Umständen* auch die Möglichkeit der Kenntnisnahme gehabt haben. Dieses Erfordernis kann für fristgebundene Erklärungen eine entscheidende Rolle spielen.

Beispiele: A wirft am Freitag um 22 Uhr ein Kündigungsschreiben in den Geschäftsbriefkasten seines Vertragspartners B. Dieses

66 *H. Brox*, AT Rdn. 152.
67 *O. Jauernig*, Anm. 2 zu § 130 BGB; B. *Rüthers*, AT Rdn. 268 (Beispiele).
68 *H.Th. Soergel* (– *W. Hefermehl*) Rdn. 25 zu § 130 BGB.
69 *BGH, 3.11.1976 VIII ZR 140/75 BGHZ 67, 271 (278).
70 BGH, 27.10.1982 V ZR 24/82 NJW 1983, 929 (930 rechts).
71 *D. Medicus*, AT § 22 III (Rdn. 280).
72 BGH, 18.12.1970 IV ZR 52/69 VersR 1971, 262 (263 links); OLG Celle, 9.4.1974 11 U 156/73 NJW 1974, 1386 (1386 rechts); *O. Jauernig*, Anm. 2b zu § 130 BGB; *B. Rüthers*, AT Rdn. 270; *H.Th. Soergel* (– *W. Hefermehl*) Rdn. 10 zu § 130 BGB; str., a.A. *W. Flume*, AT § 14.3c (S. 235).

Schreiben geht erst am Morgen des Montags zu, da nach den Gepflogenheiten des Rechtsverkehrs nicht damit gerechnet werden kann, daß B sich noch am Wochenende von dieser („zur Unzeit" eingetroffenen) Erklärung Kenntnis verschafft.- V hat K ein auf den 30.9. befristetes Lieferangebot gemacht. Die schriftliche Annahmeerklärung wirft K am 30.9. um 23 Uhr in den Geschäftsbriefkasten des V. Zweifellos ist hier die Annahmeerklärung des K am 30.9. in den Machtbereich des V (Briefkasten) gelangt. Es ist jedoch Geschäftsleuten nicht zumutbar, Posteingänge noch nach Geschäftsschluß zu kontrollieren: V hatte die Möglichkeit der Kenntnisnahme folglich erst am Vormittag des 1.10.: die Annahmeerklärung des K ist damit verspätet zugegangen, ein Vertragsschluß nicht zustandegekommen.

(2) Eine Ausnahme von dem Grundsatz, daß die Erklärung erst 42
dann zugeht, wenn mit der Kenntnisnahme nach den Gepflogenheiten des Rechtsverkehrs gerechnet und deshalb von dem Empfänger die Kenntnisnahme auch erwartet werden kann[73], ist allerdings dann vertretbar (und geboten), wenn der Empfänger die Erklärung tatsächlich früher zur Kenntnis nimmt.

Beispiel: Arbeitet V im vorangegangenen Beispielsfall (Rdn. 41) am 30.9. ausnahmsweise noch lange nach Geschäftsschluß in seinem Geschäftsräumen und leert er um 23.30 Uhr nochmals den Briefkasten, so erlangt er noch rechtzeitig von der Annahme des K Kenntnis. Hier läßt sich, abweichend von der Grundregel, der Zugang bereits am 30.9. bejahen[74]. Bei der Einlegung in Post- oder Schließfächer geht die Erklärung dem Empfänger nur dann am Tag der Einlegung zu, wenn mit einer Abholung noch an diesem Tag zu rechnen ist[75]. Umstritten ist, ob das Kündigungsschreiben des Arbeitgebers einem Arbeitnehmer, der sich in Urlaub befindet, bereits am Tage der regulären Postzustellung oder erst nach dessen Rückkehr aus dem Urlaub zugeht[76]. Es kann auch in solchen Fällen auf die Möglichkeit der Kenntnisnahme unter gewöhnlichen Umständen abgestellt werden, weil es keine allgemeingültigen Erfahrungswerte über das Urlaubsverhalten von Arbeitnehmern gibt und

[73] *H. Brox*, AT Rdn. 153; *O. Palandt* (– *H. Heinrichs*) Rdn. 5 zu § 130 BGB.

[74] *D. Medicus*, AT § 22 III (Rdn. 276); ihm folgend: *U. John*, „Grundsätzliches zum Wirksamwerden empfangsbedürftiger Willenserklärungen", AcP 184 (1984) 385-412 (409); *K. Larenz*, AT § 21 II (S. 423).

[75] OVG Münster, 21.9.1970 IIA 227/68 NJW 1971, 533 (533 links).

[76] Vgl. dazu *D. Medicus*, AT § 22 III 1 (Rdn. 283).

weil eine Bevorzugung der Arbeitnehmer bezüglich des Zugangs nicht geboten ist: versäumt der Arbeitnehmer urlaubsbedingt die dreiwöchige Frist der Kündigungsschutzklage (§ 4 KSchG), so ist seine verspätete Klage aber gleichwohl gemäß § 5 I KSchG zuzulassen[77].

γ) Einschaltung von Mittelspersonen

43 Bei der Einschaltung von Mittelspersonen in den Erklärungsvorgang ist zu unterscheiden zwischen Empfangsvertretern, Empfangsboten und Erklärungsboten.

44 (1) Erfolgt die Erklärung gegenüber einem *Empfangsvertreter*, so ist damit bereits der Zugang an den Erklärungsempfänger bewirkt (s. § 164 III BGB).

Beispiel: Erklärung gegenüber dem Prokuristen (§ 49 HGB) eines Kaufmanns.

45 (2) Wird gegenüber einem *Empfangsboten* erklärt, so ist die Erklärung damit im Machtbereich des Empfängers. Ein Zugang ist, der allgemeinen Regel folgend, dann anzunehmen, wenn die Weitergabe an den Empfänger zu erwarten ist[78]. Die fehlende, falsche oder verspätete Weitergabe der Erklärung geht dann zu Lasten des Empfängers (Rdn. 222)[79].

Beachte: Weil aber mündliche Erklärungen, um die es bei der Einschaltung von Mittelspersonen in erster Linie geht, in besonderer Weise der Gefahr der fehlerhaften Übermittlung unterliegen, kann als Empfangsbote nur angesehen werden, wer zur Übermittlung als geeignet und ermächtigt anzusehen ist: so je nach Sachlage etwa der Ehegatte, nicht aber kleine Kinder, im Geschäfts- und Dienstbereich die Sekretärin, der kaufmännische Angestellte, aber nicht die Putzfrau oder dort zufällig tätige Handwerker.

46 (3) Alle sonstigen Personen, deren sich der Erklärende zur Übermittlung bedient, sind aber in aller Regel *Erklärungsboten*: der Zugang erfolgt erst durch tatsächliche Übermittlung an den Empfänger; der Erklärende trägt das Übermittlungsrisiko (Beispiel: Rdn. 221). Von falsch übermittelten Erklärungen kann der Erklärende sich daher nur mittels Anfechtung lösen (§ 120 BGB), muß dann

77 BAG, 16.3.1988 7 AZR 587/87 Betr. 1988, 2415 (2416) unter Aufgabe früherer entgegengesetzter Rechtsprechung; a.A. z.B. *W. Flume*, AT § 14.3e (S. 239); *D. Medicus*, AT § 22 III 1 (Rdn. 283).

78 BGH, 15.3.1989 VIII ZR 303/87 NJW-RR 1989, 757 (758: Empfangsbote als „personifizierte Empfangsberechtigung des Geschäftsherrn") *H. Brox*, AT Rdn. 155.

79 *O. Jauernig*, Anm. 2c zu § 130 BGB.

aber u.U. dem Erklärungsempfänger den Vertrauensschaden (Rdn. 255) ersetzen (§ 122 BGB)[80].

δ) Widerruf

Die Willenserklärung wird nicht wirksam, wenn dem Erklärungsempfänger vor oder gleichzeitig mit dem Zugang der Erklärung ein *Widerruf* zugeht (§ 130 I 2 BGB). 47

(1) Bis zum *Zugang* verbleibt die wirksam abgegebene Willenserklärung also noch im Einflußbereich des Erklärenden. Es kommt nach § 130 I 2 BGB auf das zeitliche Verhältnis der Zugänge von Erklärung und Widerruf an, nicht aber auf die tatsächliche Kenntnisnahme.

Beispiele: K bestellt schriftlich ein Zeitungsabonnement für ein Jahr. Am nächsten Tag reut ihn sein Handeln und er ruft um 12 Uhr beim Verlag an, um zu widerrufen. Ist die Bestellkarte bereits um 10 Uhr beim Verlag eingetroffen, hat sie dort aber noch niemand gelesen und bearbeitet, so wäre dennoch der Widerruf verspätet, wenn § 7 I VerbrKrG i.V.m. § 2 Nr. 2 VerbrKrG dem K nicht eine einwöchige Widerrufsfrist gewährte (vgl. auch § 1 HausTWG).- Eine Bestellung des Kunden K geht dem Versandhaus V mit der regulären morgendlichen Postzustellung zu. Am Nachmittag desselben Tages widerruft K seine Bestellung telephonisch; zu diesem Zeitpunkt hatte wegen einer Unregelmäßigkeit der Posteingangsstelle des Versandhauses noch kein Sachbearbeiter die Bestellung zur Kenntnis genommen. In diesen Fällen versagt eine Minderheitsauffassung[81] dem Erklärungsempfänger die Berufung auf die Verspätung des Widerrufs, weil ein Vertrauen auf die Erklärung nicht bestanden habe. Demgegenüber ist mit der h.M.[82] daran festzuhalten, daß allein der Zugang von Erklärung und Widerruf ausschlaggebend ist. Wären im Beispielsfall Erklärung und schriftlicher Widerruf mit derselben Postzustellung zugegangen, so wäre der Widerruf allerdings rechtzeitig erfolgt, und zwar auch dann, wenn man bei V (aus welchen Gründen auch immer) den Widerruf erst Stunden nach der Bestellung zur Kenntnis genommen hätte.

80 Einzelheiten: *D. Medicus*, AT § 22 III 1 (Rdn. 284), § 48 II 4 (Rdn. 747-748).

81 *B. Rüthers*, AT Rdn. 274.

82 BGH, 30.10.1974 IV ZR 172/73 NJW 1975, 382 (384 rechts); *D. Medicus*, AT § 23 I 2 (Rdn. 300); MünchKomm (– *H. Förschler*) Rdn. 9 zu § 130 BGB.

bb) Zugang gegenüber Anwesenden

48 Der Begriff „Anwesenheit" ist nicht schlicht räumlich zu verstehen: auch ein Telephonat ist ein Gespräch unter Anwesenden[83], nicht allerdings das Sprechen auf einen Anrufbeantworter.

α) Eine *schriftliche* Erklärung geht unter Anwesenden mit der Übergabe an den Empfänger zu, denn damit befindet sie sich in dessen Machtbereich; auch die Möglichkeit der Kenntnisnahme besteht sofort. Wird die Erklärung dem Empfänger allerdings heimlich in die Tasche gesteckt, so findet bis zur tatsächlichen Kenntnisnahme kein Zugang statt[84].

β) Eine *mündliche* Erklärung geht unter Anwesenden nach der dafür maßgeblichen Vernehmenstheorie dann zu, wenn der Empfänger die Erklärung akustisch (nicht notwendig dem Sinne nach) richtig verstanden hat[85]. Eine Einschränkung gegenüber der schlichten Vernehmenstheorie ist jedoch geboten, wenn der Erklärende vernünftigerweise keinen Zweifel am Verstehen durch den Empfänger haben konnte, der Empfänger aber gleichwohl aufgrund eines nicht erkennbaren Umstandes am Verstehen gehindert war[86], etwa weil er schwerhörig ist oder weil bei einem Telephongespräch die Leitung schlecht war. In solchen Fällen entspricht es der Regelung des § 130 BGB eher, den Zugang trotz tatsächlichen Nichtverstehens zu bejahen[87].

cc) Zugang gegenüber Minderjährigen

49 Innerhalb der Gruppe der Minderjährigen ist zunächst zwischen beschränkt Geschäftsfähigen (§§ 106 und 114 BGB)[88] und Geschäftsunfähigen (§ 104 BGB) zu unterscheiden[89]. Für beide Gruppen gilt zunächst grundsätzlich, daß eine ihnen gegenüber abgegebe-

[83] Nach *U. John*, „Grundsätzliches zum Wirksamwerden empfangsbedürftiger Willenserklärungen", AcP 184 (1984) 385-412 (393) ergibt sich das aus der Natur der Sache, nach MünchKomm (– *H. Förschler*) Rdn. 21 zu § 130 BGB aus § 147 I 2 BGB.

[84] Man könnte in diesem Fall bereits die Abgabe der Erklärung problematisieren, wird sie aber letztlich zu bejahen haben.

[85] *W. Flume*, AT § 14.3f; MünchKomm (– *H. Förschler*) Rdn. 20 zu § 130 BGB.

[86] *D. Medicus*, AT § 22 III 2 (Rdn. 289); *B. Rüthers*, AT Rdn. 273.

[87] *B. Rüthers*, AT Rdn. 273.

[88] Beachte: Mit Wirkung zum 1.1.1992 wurden §§ 114, 115 BGB durch das Betreuungsgesetz v. 12.9.1990 (BGBl I.2002) gestrichen!

[89] Lesenswert: *K. Schreiber*, „Geschäftsfähigkeit", Jura 1991, 24-30.

ne Willenserklärung erst wirksam wird, wenn sie deren gesetzlichem Vertreter zugeht (§§ 131 I und II 1 BGB).

α) Eine wichtige Ausnahme macht das Gesetz bei *beschränkt Geschäftsfähigen* jedoch dann, wenn die Erklärung dem beschränkt Geschäftsfähigen lediglich einen rechtlichen Vorteil bringt (§ 131 II 2, 1. Alt. BGB; s. auch § 107 BGB und Rdn. 316 ff.), oder wenn der gesetzliche Vertreter seine Einwilligung erteilt hat (§ 131 II 2, 2. Alt. BGB): in diesen beiden Fällen genügt der Zugang beim beschränkt Geschäftsfähigen. 50

Beispiele: Buchhändler V schickt dem minderjährigen M ein Buch zu mit dem Angebot, dieses zum doppelten Ladenpreis zu erwerben. Zugang?- Oder: Ebenfalls durch Zusenden bietet Buchhändler V dem 17jährigen Gymnasiasten M ein Exemplar der Erstausgabe (Amsterdam 1936) von Klaus Manns berühmtem Roman „Mephisto“ (vgl. dazu BGH, 20.3.1968 BGHZ 50, 135) zu einem weit unter dem heutigen Marktwert liegenden „Freundschaftspreis“ antiquarisch an (16 Uhr). Zugang? Als V im zweiten Fall einen Berechnungsfehler bemerkt, widerruft er das vorteilhafte Angebot telegraphisch (Eingang des Widerrufs: 15 Uhr). Zugang? Abends berichtet M den Vorgang seinen Eltern (§ 1626 BGB). Kann M das Angebot des V jetzt noch annehmen?

In beiden Fällen umfaßt das Zusenden des Buchs zwei Angebote: (1) eine Kaufofferte (§ 433 I 1 BGB) und eine Übereignungsofferte (§ 929 S. 1 BGB). Jedes dieser Angebote ist rechtlich lediglich vorteilhaft im Sinne von § 131 II 2 BGB, da sie für den Empfänger (M) keine Pflichten begründen, sondern ihm lediglich die Möglichkeit geben, das Angebot anzunehmen[90], und diese Möglichkeit ist stets ein lediglich rechtlicher Vorteil. Das gilt grundsätzlich auch bei einem Angebot auf Abschluß eines Kaufvertrags. Die Offerte zu einem Vertragsschluß, die einem in der Geschäftsfähigkeit Beschränkten zugeht, ist deshalb immer wirksam[91]. Dagegen ist

[90] *H. Brox*, AT Rdn. 164; *O. Palandt* (– *H. Heinrichs*) Rdn. 3 zu § 131 BGB.

[91] *W. Flume*, AT § 14.3g (S. 242): gleichgültig ist also, ob der Vertrag selbst dem Minderjährigen einen lediglich rechtlichen Vorteil bringt: beim Kaufvertrag ist dies, wie sich aus § 433 II BGB ergibt, nicht der Fall; deshalb kann der Minderjährige das ihm wirksam gemachte Kaufpreisangebot nicht allein annehmen; er bedarf dazu der Zustimmung der gesetzlichen Vertreter (§ 107 BGB). Schließt der Minderjährige ohne sie einen Vertrag ab, der ihm nicht lediglich einen rechtlichen Vorteil bringt, so be-

die *Annahme* der Kaufofferte durch den M (in beiden Fällen) keine lediglich einen rechtlichen Vorteil bringende Willenserklärung (lies § 107 BGB), und zwar selbst dann nicht, wenn V das Buch statt zum doppelten zum halben Ladenpreis (im ersten Fall) anböte oder zum besonders niedrigen „Freundschaftspreis" (wie im zweiten Fall) anbietet, denn durch die Annahme des Angebots des V durch den M käme in beiden Fällen ein Kaufvertrag zustande; als gegenseitiger Vertrag würde er den M verpflichten, die vereinbarte Gegenleistung zu erbringen[92]. Auch das dem M gemachte Übereignungsangebot (§ 929 S. 1 BGB) ist lediglich rechtlich vorteilhaft (es gibt dem M die Möglichkeit, die Offerte des V anzunehmen): es ist dem M im zweiten Fall deshalb ebenfalls um 16 Uhr zugegangen (§ 131 II 2 BGB). Anders aber verhält es sich im zweiten Fall mit dem Widerruf, da dieser, unterstellt, er wäre sofort wirksam, dem M das Recht auf Annahme der Offerte wieder nähme. Der Widerruf ist also nicht bloß rechtlich vorteilhaft: gem. § 131 II 1 BGB geht er erst abends zu, als die Eltern davon erfahren. Gemäß § 130 I 2 BGB ist der Widerruf damit aber verspätet. M kann also in beiden Fällen die Angebote noch annehmen: das Angebot zum Abschluß des Kaufvertrags (§ 433 I BGB: die Annahme ist allerdings nur mit Zustimmung seiner Eltern wirksam, §§ 107, 108 BGB) und das Angebot zur Übereignung des Buchs (§ 929 S. 1 BGB; dies kann der Minderjährige sogar ohne seine Eltern, da ihm aus der Übereignung des Buchs an ihn nur rechtlich vorteilhafte Konsequenzen erwachsen, er wird Eigentümer).

51 β) Gingen die Bücherofferten hingegen unter Beibehaltung aller anderen Tatumstände einem *Geschäftsunfähigen* zu, so folgt aus § 130 I BGB, daß der Widerruf rechtzeitig erfolgt ist und weder der obligatorische noch der dingliche Vertrag noch zustandekommen können[93].

wirkt er einen Vertragsabschluß, der nach § 108 BGB zu beurteilen ist. Meine hiervon noch abweichende Auffassung im Parallelbeispiel des Ausgangsbeitrags zu diesem Kapitel (in: Jura 1980, 26 ff. [27]) gebe ich ausdrücklich auf.

92 *H. Brox*, AT Rdn. 236.

93 Vgl. zum Ganzen *BGH, 10.11.1954 II ZR 165/53 BGHZ 15, 168; *O. Werner*, 20 Probleme 17 ff. (2.), 21 ff. (3. Problem) (Grundstücksschenkung der Eltern an ihr über 7 Jahre altes Kind ist lediglich rechtlich vorteilhaft); anders dagegen für das Wohnungseigentum: *BGH, 9.7.1980 V ZR 16/79 BGHZ 78, 28.

5. Schutz des Erklärungsempfängers

Die bisherigen Erörterungen zeigen, daß es Umstände gibt, die die Entstehung einer wirksamen Willenserklärung hindern und damit auch das Rechtsgeschäft schließlich schon auf der Angebotsseite fehlschlagen lassen. Was in diesen Fällen eines fehlgeschlagenen Angebots dem Empfänger zugeht, ist in Wirklichkeit keine Willenserklärung, also auch kein Angebot, das angenommen werden könnte. Die dennoch erfolgende Annahmeerklärung geht also ins Leere[94]. Davon weiß freilich in der Regel derjenige nichts, dem die Nicht-Willenserklärung, das Nicht-Angebot, ins Haus geflattert ist; wie sollte er der ihm zugehenden Bestellkarte auch ansehen können, daß sie auf der anderen Seite von jemanden unterzeichnet worden ist, der unter Hypnose oder unmittelbarer körperlicher Gewalteinwirkung geschrieben (= fehlender Handlungswille) oder statt einer Bestellkarte ein Glückwunschschreiben oder eine Einladungszusage zu unterschreiben gemeint (= fehlendes Erklärungsbewußtsein) oder schließlich die Bestellkarte gar nicht selbst abgegeben hat oder hat absenden lassen, sondern feststellen mußte, daß sie ohne sein Wissen zur Post gegeben worden war (= unwirksame Abgabe einer deshalb noch nicht existenten Willenserklärung)? Führt der Empfänger der Bestellkarte jetzt die „Bestellung" aus, weil er von ihrer Wirksamkeit (§ 130 I 1 BGB) und rechtlichen Verbindlichkeit (§ 145 BGB) ausgeht, und lehnt die andere Seite Annahme der Sendung und Zahlung ab, weil sie diese nicht bestellt habe, fragt sich, wer schutzwürdiger ist: Der nichtsahnende „Absender" oder derjenige, der auf die Verbindlichkeit der (in Wirklichkeit aber nicht einmal existenten) Willenserklärung des anderen vertraut und dementsprechend gehandelt hat. Geht der Schutz des Empfängers vor, so muß er Ersatz des Schadens verlangen können, den er im Vertrauen auf die rechtliche Verbindlichkeit der „Bestellung" des anderen erlitten hat (§ 122 BGB). Hier sind folgende Fallgestaltungen zu unterscheiden: 52

a) Konfliktlösung bei Fehlen des Handlungswillens

Fehlt schon der *Handlungswille*, so kommt ein Schadenersatzanspruch weder aus dem Gesichtspunkt der Vertrauenshaftung aus (willentlich) veranlaßtem Rechtsschein (§ 122 BGB analog, Rdn. 255) noch aus dem gewohnheitsrechtlich anerkannten Institut der 53

[94] Vgl. *W. Thiele*, BGB Allgemeiner Teil – Allgemeines Schuldrecht (3. Aufl. Frankfurt/M. 1980) Fall 2 (S. 9 ff. [14]).

Haftung für schuldhaftes Verhalten bei Vertragsverhandlungen (Rdn. 91; *culpa in contrahendo*)[95] noch aus irgendeinem anderen Grund in Betracht: konnte nämlich der „Erklärende" sein Verhalten gar nicht steuern, so bestand für ihn auch nicht die Möglichkeit der Selbstbestimmung, selbst wenn nach außen hin der Tatbestand wie die Betätigung eines Rechtsfolgewillens erscheint[96]. Dann ist es auch nicht gerechtfertigt, ihn für irgendwelche Konsequenzen haften zu lassen.

b) Konfliktlösung bei Fehlen des Erklärungswillens

54 Fehlt das *Erklärungsbewußtsein* (nämlich: überhaupt eine rechtsgeschäftliche Erklärung abzugeben), so kommt es darauf an, ob man der Erklärungstheorie, also der h.M., oder der Willenstheorie folgt:

55 aa) Nach der herrschenden *Erklärungstheorie*[97] gehört das Erklärungsbewußtsein nicht (mehr) zu den konstitutiven Wesensbestandteilen einer Willenserklärung. Deshalb ist eine Willenserklärung auch beim Fehlen des Erklärungsbewußtseins zu bejahen, wenn durch die Erklärung der objektive Anschein einer Willenserklärung gesetzt worden ist und der Erklärende hätte erkennen müssen, daß seine Äußerung als rechtsverbindliche Willenserklärung aufgefaßt werden konnte[98]. In diesen Fällen bleibt dem Erklärenden dann nur die Möglichkeit einer Anfechtung (§ 119 I 2. Alt. BGB analog)[99], womit sich aber gleichzeitig die Frage der Anwendbarkeit des § 122 BGB (zum Schutz des Erklärungsempfängers) stellt und somit für den Erklärenden die Gefahr besteht, daß er ohne Rücksicht auf ein Verschulden den Vertrauensschaden ersetzen muß. Kann die ohne Erklärungsbewußtsein abgegebene Erklärung ihrem Urheber aber nicht zugerechnet werden, so ist auch das Vertrauen des Erklärungsempfängers auf die Gültigkeit der Erklärung nicht schutzwürdiger als das Interesse des unbewußt Erklärenden daran, nicht ungewollt verpflichtet zu werden[100]. Deshalb kann in diesem Fall eine Verpflichtung zum Ersatz eines möglichen Vertrauensschadens dem unbewußt Erklärenden nicht auferlegt werden.

[95] Nachweise in Fn. 178.
[96] *O. Palandt* (– *H. Heinrichs*) Rdn. 16 zu § 116 BGB.
[97] Vgl. dazu schon Rdn. 21.
[98] *K. Larenz*, AT § 19 III (S. 356-357).
[99] *H. Köhler*, AT § 14 II 2; *O. Palandt* (– *H. Heinrichs*) Rdn. 17 Einf. vor § 116 BGB.
[100] *G. Gudian*, „Fehlen des Erklärungsbewußtseins", AcP 169 (1969) 232-236 (236).

bb) Nach der *Willenstheorie*[101] fehlt mit dem fehlenden Erklärungsbewußtsein auch der Tatbestand einer Willenserklärung, so daß eine rechtlich verbindliche Erklärung gar nicht abgegeben worden ist. Einige Anhänger der Willenstheorie wollen in solchem Fall denjenigen, der aus seiner Sicht gar keine Willenserklärung abgegeben hat (Vorstellung: Gratulationsliste, Wirklichkeit: Bestellliste), schützen und eine Schadenersatzpflicht nicht aus veranlaßtem Rechtsschein (§ 122 BGB analog), sondern nur aus *culpa in contrahendo* bei *schuldhaftem* Irrtum (eben: *culpa*!) bejahen[102]. Wenn aber schon die gar nicht ernst gemeinte „Willenserklärung" nichtig ist (§ 118 BGB) und den Erklärenden ohne Rücksicht auf Verschulden zum Ersatz des Vertrauensschadens verpflichtet (§ 122 BGB), weil niemand, der auf den Bestand eines Rechtsgeschäfts vertraut hat und vertrauen durfte, dadurch Schaden erleiden soll, daß die „Willenserklärung" aus einem allein beim Erklärenden liegenden Grund unwirksam ist (§ 122 BGB)[103], dann muß dasselbe auch für eine Erklärung gelten, bei der sich der Handelnde nicht bewußt war, überhaupt etwas Rechtserhebliches zu tun, weil ihm das Erklärungsbewußtsein fehlte[104]. Deshalb muß ohne Rücksicht auf Verschulden auch im Rahmen der Willenstheorie derjenige den Vertrauensschaden gem. § 122 BGB analog ersetzen, dem das Erklärungsbewußtsein gefehlt hat[105]. Vertrauensschaden kommt allerdings auch nach dieser Ansicht nur in Betracht, wo Vertrauensschutz geboten ist[106]. Ist das Vertrauen des Erklärungsempfängers auf die Gültigkeit der Erklärung nicht schutzwürdiger als das Interesse des unbewußt Erklärenden daran, nicht ungewollt in Pflicht genommen zu werden, so kann eine Verpflichtung zum Ersatz eines möglichen Vertrauensschadens durch den ohne Erklärungsbewußtsein Auftretenden auch nicht in Frage kommen. 56

101 Vgl. dazu schon Rdn. 22.

102 *H. Hübner*, AT § 32 II 2 (Rdn. 388, 391); vgl. dazu auch *D. Medicus*, AT § 40 III 2 (Rdn. 608); *D. Medicus*, BürgerlR § 10 II 1 (Rdn. 199) und die grundlegende Entscheidung *RG, 7.12.1911 VI 240/11 RGZ 78, 239 (Linoleumrollenfall).

103 Vgl. *O. Palandt* (– *H. Heinrichs*) Rdn. 1 zu § 122 BGB.

104 *P. Bähr*, Grundzüge des Bürgerlichen Rechts (7. Aufl. München 1989) § 5 III 1 (S. 56-57); a.A. *D. Medicus*, AT § 40 III 2 (Rdn. 608).

105 *F. Wieacker*, „Die Methode der Auslegung des Rechtsgeschäfts" JZ 1967, 385-391 (389); vgl. auch *C.-W. Canaris*, Die Vertrauenshaftung im deutschen Privatrecht (München 1971) 427 ff., 548 ff.

106 Über die Grundlagen des Vertrauensschutzes im Rechtsverkehrs vgl. *G. Boehmer*, Einführung 310-344.

c) Konfliktlösung bei Fehlen wirksamer Abgabe

57 Ist schließlich die Erklärung *mangels wirksamer Abgabe* nicht existent geworden[107], dann ist der Vertrauensschaden ebenfalls in Analogie zu § 122 I BGB zu ersetzen[108].

d) Konfliktlösung beim Widerruf

58 Keine Schadenersatzverpflichtungen entstehen schließlich, wenn der Erklärende von seinem Recht Gebrauch macht und die wirksam abgegebene (aber noch nicht wirksam gewordene) Willenserklärung vor oder spätestens gleichzeitig mit ihrem Zugang widerruft (§ 130 I 2 BGB). Ein Schutzbedürfnis des Erklärungsempfängers besteht hier nicht, auch wenn der rechtzeitige Widerruf das Wirksamwerden der Willenserklärung verhindert, denn der Erklärungsempfänger hat zu keinem Zeitpunkt auf die Rechtsverbindlichkeit der Willenserklärung vertrauen können.

6. Angebot und Annahme

59 Ist eine tatbestandsmäßig vollständige, wirksam abgegebene und schließlich mit dem Zugehen beim Erklärungsempfänger auch wirksam gewordene Willenserklärung (§ 130 I 1 BGB) auf die Schließung eines Vertrags gerichtet, handelt es sich also um eine Offerte, so ist der Anbietende an diesen Antrag im Zweifel gebunden (§ 145 BGB). Gleichwohl kann das mit dem Angebot angestrebte Rechtsgeschäft (= der Vertrag) auch jetzt noch fehlschlagen, diesmal auf der Seite des Erklärungsempfängers.

a) Die Annahmeerklärung

60 Das Angebot erlischt, wenn es abgelehnt oder nicht rechtzeitig angenommen wird (§ 146 BGB). Wird es dagegen rechtzeitig angenommen, so kommt der Vertrag im Regelfall mit dem *Zugang der Annahmeerklärung* beim Antragenden (§§ 130 I 1, 147 II BGB) zustande. Wo ein Zugehen dieser Erklärung nicht zu erwarten ist (§ 151 BGB), kommt er zwar grundsätzlich bereits mit der Annahme selbst zustande, doch ist fraglich, was unter *Annahme* im einzelnen zu verstehen ist und wann sie und nach ihr (§§ 130 I 1, 147 II, 151 BGB) der Vertrag auch tatsächlich zustande kommen.

107 BGH, 30.5.1975 V ZR 206/73 BGHZ 65, 13 (14).

108 *H. Köhler*, AT § 13 II 3; *B. Rüthers*, AT Rdn. 267 (Fall 25); *O. Palandt* (– *H. Heinrichs*) Rdn. 2 zu § 122 BGB.

Die *Annahme* eines Angebots kann *ausdrücklich* oder auch *konkludent* durch ein bestimmtes Verhalten erklärt werden. Der Idealfall liegt zweifellos vor, wenn schon das Angebot so formuliert wird, daß sein Empfänger darauf nur noch mit einem klaren „Ja" zu antworten brauchte, um den Vertrag gem. §§ 133, 146 ff., 151 BGB zustande kommen zu lassen. Mit dem Idealfall hat man es aber nicht immer zu tun; insbesondere gibt die Frage, was als konkludente Annahmeerklärung anzusehen ist, Schwierigkeiten auf[109]. 61

Beispiel: Der Lotteriehändler L schickt dem A unverlangt ein Los zum Preis von DM 36,-- zu. Im Begleitbrief heißt es: „Sollten Sie dieses Los nicht binnen der nächsten 8 Tage zurücksenden, gehe ich davon aus, daß Sie es behalten wollen. Den Lospreis werde ich dann rechtzeitig vor der Ziehung per Nachnahme erheben." A kann dieses Angebot ablehnen (§ 146 BGB) oder annehmen (z.B. konkludent dadurch, daß er die Nachnahme einlöst). Wie aber, wenn A nicht reagiert, sondern *schweigt*? Gilt Schweigen als Ablehnung oder als Annahme des Angebots?

aa) Schweigen keine Annahme 62

Schweigen bedeutet in der Regel jedenfalls keine Annahme[110]. Nur unter besonderen Umständen kann das Schweigen einen Erklärungstatbestand bilden und dann als Willenserklärung (d.h. hier: Vertragsannahme) gewertet werden. Dies gilt z.B. dann, wenn der Schweigende verpflichtet gewesen wäre, seinen gegenteiligen Willen zum Ausdruck zu bringen[111], etwa weil dies vorher zwischen den Parteien so vereinbart war[112].

109 Zur Abgrenzung zwischen Schweigen und konkludenter Willenserklärung lesenswert: *E.A. Kramer*, „Schweigen als Annahme eines Antrags", Jura 1984, 235-250.

110 Dazu *H. Th. Soergel* (– *W. Hefermehl*) Rdn. 32 vor § 116 BGB; *O. Palandt* (– *H. Heinrichs*) Rdn. 7 Einf. vor § 116 BGB; *D. Schwab*, ZivilR Rdn. 436-438; *J. v. Staudinger* (– *H. Dilcher*) Rdn. 56 vor §§ 116-144 BGB; lesenswert: *E. A. Kramer*, „Schweigen als Annahme eines Antrags", Jura 1984, 235-250.

111 RG, 26.4.1904 II 27/04 RGZ 58, 66 (69); 6.7.1934 II 73/34 RGZ 145, 87 (94); *BGH, 4.4.1951 II ZR 52/50 BGHZ 1, 353 (355); 1.3.1972 VIII ZR 190/70 NJW 1972, 820; krit. dagegen *D. Medicus*, AT § 26 III 3c (Rdn. 392: einzelne „Mitleidsentscheidungen").

112 Zur Abgrenzung lesenswert: *E.A. Kramer*, „Schweigen als Annahme eines Antrags", Jura 1984, 235-250.

bb) Gesetzlich angeordnete Folgen des Schweigens

63 In einigen Fällen gilt Schweigen auch kraft gesetzlicher Anordnung als Ablehnung (vgl. etwa §§ 108 II 2, 177 II 2 BGB), in anderen als Annahme (vgl. etwa §§ 516 II 2, 1943 BGB, 362 I HGB). In diesen Fällen, in denen schon das Gesetz an das Schweigen die Rechtsfolgen einer Willenserklärung knüpft, kommt es auf das Vorliegen einer tatbestandsmäßigen Willenserklärung nicht mehr an; es braucht hier nicht einmal ein Handlungswille vorzuliegen[113].

cc) Das kaufmännische Bestätigungsschreiben

64 Nach einer im Handelsverkehr und von der Rechtsprechung anerkannten, gewohnheitsrechtlich verfestigten Verkehrssitte gilt z.B. unter *Kaufleuten* Schweigen auf ein Bestätigungsschreiben, in dem der Inhalt mündlich getroffener Abmachungen schriftlich wiederholt wird, als Zustimmung des Empfängers und zwar auch dann, wenn das Schreiben von den mündlichen Abmachungen abweicht, sofern dies nicht arglistig geschieht[114]. Bis zum zulässigen Gegenbeweis[115] ist allein der Inhalt des Schreibens für Umfang, Inhalt und Einzelheiten des Vertrages maßgeblich[116]. Diese Grundsätze zum *kaufmännischen Bestätigungsschreiben* gelten auch, wenn der Bestätigende zwar nicht Kaufmann ist, aber „ähnlich einem Kaufmann am Geschäftsleben teilnimmt und erwarten kann, daß der Empfänger ihm gegenüber nach kaufmännischer Sitte verfährt"[117].

dd) Zusendung unbestellter Waren

65 Von solchen Sondertatbeständen abgesehen, bedeutet *Schweigen* in unserem Recht (auch im kaufmännischen rechtsgeschäftlichen Verkehr)[118] grundsätzlich jedoch keine Zustimmung, sondern viel-

[113] Vgl. *D. Medicus*, BürgerlR § 6 II 3a (Rdn. 129: „bei § 362 HGB wird auch der schlafende Kaufmann Vertragspartner").

[114] BGH, 26.6.1963 VIII ZR 61/62 BGHZ 40, 42 (45); zum kaufmännischen Bestätigungsschreiben vgl. auch *H. Köhler*, PdW BGB AT Fall 102 (S. 142-144).

[115] BGH, 8.12.1976 VIII ZR 108/75 BGHZ 67, 378 (381).

[116] RG, 24.3.1903 II 403/02 RGZ 54, 176 (180); BGH, 24.9.1952 II ZR 305/51 BGHZ 7, 187 (189); 27.10.1953 I ZR 111/52 BGHZ 11, 1 (3); 15.6.1964 II ZR 129/62 NJW 1964, 1951 (1952).

[117] BGH, 26.6.1963 VIII ZR 61/62 BGHZ 40, 42 (LS).

[118] BGH, 26.9.1973 VIII ZR 106/72 BGHZ 61, 282 (285).

mehr regelmäßig *Ablehnung*[119]. Deshalb bedeutet Schweigen auf die Zusendung unbestellter Waren (= Angebot) in der Regel (anders möglicherweise bei der Ausnahmebestimmung des § 362 I HGB) keine Annahme und zwar auch dann nicht, wenn der Zusendende L dem Empfänger A erklärt, der Vertrag gelte bei Nichtablehnung oder Nichtrücksendung der Ware innerhalb einer bestimmten Frist als abgeschlossen[120]; es besteht selbst bei Beifügung von Rückporto keine Pflicht zur Rücksendung. Die Haftung des Empfängers beschränkt sich in diesem Falle (analog § 300 I BGB) auf Vorsatz und grobe Fahrlässigkeit (*diligentia quam in suis rebus*)[121]. Im obigen Beispielsfall (Rdn. 61) kommt ein Kaufvertrag über das Los also grundsätzlich nicht durch Nichtreagieren zustande.

b) Vertragsschluß durch sozialtypisches Verhalten?

aa) Vertragsschluß ohne Willenserklärung?

Eine Sonderform des Zustandekommens von Verträgen behandelt 66 die Lehre vom sozialtypischen Verhalten, die unter Verzicht auf das Erfordernis rechtsgeschäftlicher Willenserklärungen einen Vertragsschluß durch tatsächliche Inanspruchnahme von massenhaft angebotenen Leistungen begründet[122].

α) Unter Berufung auf diese Lehre hat das LG Bremen[123] einen 67 Achtjährigen, der ohne Zustimmung seiner Eltern schwarzgefahren war, zur Zahlung des erhöhten Beförderungsentgelts verurteilt. Anspruchsbegründend war nach der Auffassung des Gerichts allein das sozialtypische Verhalten des Kindes (Besteigen der Bahn); der Minderjährigenschutz der §§ 107 ff. BGB könne wegen des Fehlens von rechtsgeschäftlichen Erklärungen nicht eingreifen[124]. Auch der BGH[125] hat früher die Lehre vom sozialtypischen Verhalten

119 BGH 17.5.1962 VII ZR 232/60 BB 1962, 1056.

120 Anders jedoch, wenn L und A bei Vertragsverhandlungen *vereinbart* hatten, daß Schweigen als Annahme gelten soll.

121 *O. Palandt* (– *H. Heinrichs*) Rdn. 10 zu § 145 BGB; *H. Th. Soergel* (– *W. Hefermehl*) Rdn. 26 zu § 145 BGB.

122 So insbesondere *K. Larenz*, „Die Begründung von Schuldverhältnissen durch sozialtypisches Verhalten“, NJW 1956, 1897-1900; *ders.*, „Sozialtypisches Verhalten als Verpflichtungsgrund“, DRiZ 1958, 245-248; s.a. MünchKomm (– *E.A. Kramer*) Rdn. 55-71 Einl. vor § 241 BGB; *J. v. Staudinger* (– *H. Dilcher*) Rdn. 27-31 vor §§ 104-185 BGB.

123 LG Bremen, 17.8.1966 8 O 512/66 NJW 1966, 2360-2361.

124 LG Bremen, 17.8.1966 8 O 512/66 NJW 1966, 2360 (2361 links).

125 Grundlegend *BGH, 14.7.1956 V ZR 223/54 BGHZ 21, 319-336; außerdem auch BGH, 29.1.1957 VIII ZR 71/56 NJW 1957, 627-628.

verwertet, so z.B. im Hamburger Parkplatz-Fall[126]: Eine Autofahrerin stellte ihren Pkw auf einem als „parkgeldpflichtig und bewacht" gekennzeichneten Parkgelände ab, das durch Sondernutzungserlaubnis einem privaten Bewachungsunternehmer zur Nutzung (entgeltliche Bewachung) überlassen worden war. Sie erklärte dem Unternehmer, sie wolle weder das Bewachungsentgelt zahlen, noch wünsche sie eine Bewachung ihres Fahrzeugs. Der BGH verurteilte die Benutzerin zur Entrichtung des Bewachungsentgelts: der Bewachungsvertrag sei durch das Abstellen des Wagens zustandegekommen, eine Willenserklärung sei dazu nicht erforderlich. Der ausdrücklich erklärte entgegenstehende Wille ändere daran nichts[127].

68 β) Die Lehre vom sozialtypischen Verhalten wird heute nicht mehr vertreten[128], sie ist auch entbehrlich, da die Probleme des modernen Massenverkehrs und der Daseinsvorsorge mit dem Vertragsrecht des BGB gelöst werden können. Es herrscht insbesondere Einigkeit darüber, daß Verträge nur durch übereinstimmende Willenserklärungen (Angebot und Annahme) zustandekommen [129]. Schwierigkeiten können freilich nach wie vor bei der rechtlichen Konstruktion der vertraglichen Leistungsverpflichtung auftreten:

bb) Verwahrung (Protest) gegen den Vertragsschluß *nach* Inanspruchnahme der Leistung

69 Relativ unproblematisch sind zunächst die Fälle, bei denen die Inanspruchnahme einer massenhaft angebotenen Leistung einem Protest gegen den Vertragsschluß zeitlich vorausgeht.

Beispiel: Schwarzfahrer A, der schon einige Zeit zum „Nulltarif" mit der Linie 1 umherfährt, erklärt dem Kontrolleur, er habe keinen Beförderungsvertrag schließen wollen. Das Angebot zum Abschluß eines solchen Vertrags hat A durch Besteigen des Verkehrsmittels

[126] *BGH, 14.7.1956 V ZR 223/54 BGHZ 21, 319.

[127] *BGH, 14.7.1956 V ZR 223/54 BGHZ 21, 319 (335).

[128] Auch *K. Larenz* hat seine bisherige Auffassung aufgegeben: AT § 28 II (S. 536); auch der BGH greift nicht mehr auf sozialtypisches Verhalten zurück: zweifelnd bereits BGH, 16.12.1964 VIII ZR 51/63 NJW 1965, 387-389 (388 links); jetzt eindeutig: BGH, 25.9.1985 IVa ZR 22/84 BGHZ 95, 393 (399).

[129] *H. Brox*, AT Rdn. 200; *U. Eisenhardt*, „Zum subjektiven Tatbestand der Willenserklärung", JZ 1986, 875-881 (876); *H. Th. Soergel* (– *W. Hefermehl*) Rdn. 40 vor § 116 BGB; *H. Kaduk*, „Vertrag und sozialtypisches Verhalten", JR 1968, 1-6 (4).

angenommen. Dieses Besteigen wirkt aber nicht deshalb verpflichtend, weil es sozialtypisch ist, sondern weil es eine schlüssige (konkludente) Willenserklärung darstellt, deren Zugang gemäß § 151 BGB nicht erforderlich ist. Im Nachhinein kann A sich nicht mehr einseitig von der zuvor begründeten Verpflichtung lossagen[130]: er muß das erhöhte Beförderungsentgelt zahlen, das allgemein als Vertragsstrafe[131] für Schwarzfahrer angesehen wird.

cc) Verwahrung (Protest) gegen den Vertragsschluß *vor oder gleichzeitig mit* der Inanspruchnahme der Leistung

Umstritten ist die Rechtslage vor allem in den Fällen, in denen 70
der Protest gegen einen Vertragsschluß vor oder gleichzeitig mit der Inanspruchnahme der Leistung erfolgt.

Beispiele: Schwarzfahrer A erklärt schon beim Besteigen der U-Bahn, er wolle keinen Beförderungsvertrag abschließen; vgl. auch den Hamburger Parkplatz-Fall (Rdn. 67).

α) Die h.M. nimmt hier zu Recht einen Vertragsschluß an. 71
Größtenteils greift sie dabei auf die Regel *protestatio facto contraria non valet* (die Verwahrung gegen das entgegengesetzte Verhalten gilt nicht) zurück[132], nach der das schlüssig Erklärte gilt, während

[130] MünchKomm (– *E.A. Kramer*) Rdn. 38 vor § 116 BGB.

[131] Das erhöhte Beförderungsentgelt beruht größtenteils auf Rechtsverordnungen, z.B. der „Verordnung über Allgemeine Geschäftsbedingungen für den Straßenbahn- und Obusverkehr sowie den Linienverkehr mit Kraftfahrzeugen" (BGBl 1970 I S. 230). Deshalb sehen es einige Autoren nicht als Vertragsstrafe, sondern als privatrechtlichen Anspruch kraft objektiven Rechts an; so z.B. *N. Horn*, in: *M. Wolf/N. Horn/W.F. Lindacher*, AGB-Gesetz. Kommentar (München 1984) Rdn. 115 zu § 23 AGBG; ebenso auch *M. Trittel*, „'Erhöhtes Beförderungsentgelt' bei Schwarzfahrern", BB 1980, 497-502 (498); s. auch *R.B. Stacke*, „Der minderjährige Schwarzfahrer: Sind ihm wirklich Tür und Tor geöffnet?", NJW 1991, 875-878. Doch kann eine Rechtsverordnung nicht die BGB-Regeln über den Vertragsschluß (also die Regeln eines förmlichen Gesetzes) außer Kraft setzen, deshalb ist das erhöhte Beförderungsentgelt als Vertragsstrafe anzusehen: so zu Recht AG Hamburg, 24.4.1986 22b C 708/448 NJW 1987, 448 (rechts); *M. Harder*, „Minderjährige Schwarzfahrer", NJW 1990, 857-864 (860 rechts); *P. Winkler von Mohrenfels*, „Der minderjährige Schwarzfahrer", JuS 1987, 692-695 (693 links). Für Vertragsstrafe auch: *H.-D. Hensen*, „Vertragsstrafen in Beförderungsbedingungen unzulässig?", BB 1979, 499-500 (499 links); *P. Schlosser*, Kommentar zum AGB-Gesetz (Berlin 1980) Rdn. 19 zu § 11 Nr. 6 AGBG.

[132] BGH, 25.9.1985 IVa ZR 22/84 BGHZ 95, 393-401 (399); *H. Brox*, AT Rdn. 200; *U. Eisenhardt*, „Zum subjektiven Tatbestand der Willenserklä-

der gleichzeitig geäußerte Protest unbeachtlich ist. Anderenteils begründet sie die Leistungsverpflichtung in Analogie zu den §§ 612, 632 BGB[133].

72 β) Demgegenüber hält es eine gewichtige Minderheitsauffassung[134] für unzulässig, beim Vorliegen einer ausdrücklichen Erklärung auf die schlüssige Erklärung zurückzugreifen. Der Grundsatz der Privatautonomie (Rdn. 5, 80, 114-115, 118) verlange die Berücksichtigung des ausdrücklich erklärten Willens. Eine Lösung könne nur außerhalb des Vertragsrechts, insbesondere im Deliktsrecht[135] und im Bereicherungsrecht[136], gesucht werden.

73 γ) *Für Vorgerückte:* Diese Auffassung begegnet jedoch trotz ihres dogmatischen Bemühens erheblichen Bedenken. Sie ist insbesondere nicht in der Lage, den Weg zu praktikablen Ergebnissen zu weisen, da weder Deliktsrecht noch Bereicherungsrecht die praktisch wirklich passende Handhabe zur Lösung dieser Fälle bereitstellen[137]: So könnte das erhöhte Beförderungsentgelt für Schwarzfahrer (Vertragsstrafe!) wohl weder als Schaden nach § 823 II i.V.m. § 265a StGB noch als erlangte Bereicherung bzw. deren Wertersatz nach den §§ 812 I 1 1. Alt., 818 II BGB angesehen werden. Im Parkplatz-Fall (Rdn. 67) hätte der Unternehmer nur dann einen Schadenersatzanspruch, wenn ihm der Nachweis gelänge, daß er infolge der Parkplatzbelegung gezwungen war, andere Kunden abzuweisen[138]. Auch die bereicherungsrechtliche Lösung hätte große Schwierigkeiten bezüglich des „Erlangten" einerseits sowie der Höhe der Bereicherung andererseits zu gewärtigen: „Erlangt" ist die Abstellmöglichkeit; die Höhe der Bereicherung ist u.a. davon abhängig, wieviel Treibstoff und Zeit hätten aufgewendet werden

rung", JZ 1986, 875-881 (876); *W. Flume*, AT § 5.5; *B. Rüthers*, AT Rdn. 454.

133 *D. Medicus*, AT § 21 II 2 (Rdn. 250); *K. Schreiber*, „Sozialtypisches Verhalten", Jura 1988, 219-220 (220 rechts).

134 *O. Jauernig*, Anm. 5c vor § 145 BGB; *Ch. Kellmann*, „Schuldverhältnisse aus sozialtypischem Verhalten", NJW 1971, 265-269 (268); *H. Köhler*, „Kritik der Regel ‚protestatio facto contraria non valet'", JZ 1981, 464-469 (467); *ders.*, AT § 15 III 3; im Ergebnis ähnlich, aber differenzierter: *W. Fikentscher*, Schuldrecht (7. Aufl. Berlin, New York 1985) § 18 III 4 d-e S. 56-59).

135 *H.P. Westermann*, Grundbegriffe 90-96.

136 *H.P. Westermann*, Grundbegriffe 84-89.

137 Teilweise a.A. *D. Schwab*, ZivilR Rdn. 446.

138 *BGH, 14.7.1956 V ZR 223/54 BGHZ 21, 319 (335).

müssen, um einen geeigneten Parkplatz außerhalb dieser Fläche zu suchen[139].

dd) Im Interesse der problemorientierten Abwicklung des modernen Massenverkehrs ist daher die *vertragliche* Lösung der h.M. vorzuziehen. Diese vertragliche Lösung erfordert aber die strikte Berücksichtigung der Vorschriften zum Schutz der beschränkt Geschäftsfähigen (§§ 107 ff. BGB[140]), so daß ein erhöhtes Beförderungsentgelt von einem minderjährigen Schwarzfahrer nur unter der Voraussetzung gefordert werden kann, daß seine gesetzlichen Vertreter dem Abschluß eines Beförderungsvertrages zugestimmt haben[141]. Deshalb ist bei *minderjährigen* Schwarzfahrern die Zustimmung der gesetzlichen Vertreter zum Abschluß des Beförderungsvertrags ausschlaggebend; liegen Einwilligung (§ 107 BGB) oder Genehmigung (§ 108 I BGB) vor, kommt also ein Vertrag zustande, so kann das erhöhte Beförderungsentgelt verlangt werden[142]. Andernfalls[143] kommt nur die Kondiktion des normalen Beförderungsentgelts über das Bereicherungsrecht (§§ 812 I 1, 1. Alt., 818 II BGB) in Betracht. 74

c) Übereinstimmung von Angebot und Annahme

Eine gewisse (wenigstens konkludente) positive Reaktion auf das Angebot muß in der Regel schon gefordert werden, wenn vom Zustandekommen des angebotenen Vertrags gesprochen werden soll[144]. Ein Vertrag setzt also schon begrifflich eine gewisse Übereinstimmung der Willenserklärungen des Anbietenden und des Erklärungsempfängers, d.h. *Konsens* voraus; er kommt deshalb nicht zustande, wenn Angebot und Annahmeerklärung inhaltlich einander nicht entsprechen (*Dissens*). Die Wirkungen des angebotenen Rechtsgeschäfts (Vertrags) können danach nur eintreten, wenn sich 75

139 *BGH, 14.7.1956 V ZR 223/54 BGHZ 21, 319 (336).

140 Vgl. dazu Rdn. 310 ff.

141 In der großstädtischen Praxis sind einige Verkehrsbetriebe mitunter dazu übergegangen, die Personalien mehrfach als Schwarzfahrer auffällig gewordener Minderjähriger, deren Eltern eine Genehmigung des von ihren Sprößlingen abgeschlossenen Beförderungsvertrags ablehnen, feststellen zu lassen.

142 AG Köln, 9.7.1986 119 C 68/86 NJW 1987, 447-448 (447 links).

143 AG Hamburg, 24.4.1986 22b C 708/85 NJW 1987, 448 (links); ebenso *D. Schwab*, ZivilR Rdn. 446; a.A. *R.B. Stacke*, „Der minderjährige Schwarzfahrer: Sind ihm wirklich Tür und Tor geöffnet?", NJW 1991, 875-878.

144 Lesenswert *E.A. Kramer*, „Schweigen als Annahme eines Antrags", Jura 1984, 235-250.

die Beteiligten (Anbietender und Angebotsempfänger) über das Rechtsgeschäft auch tatsächlich in ausreichender Form geeinigt haben. Wann dies der Fall ist, ist im Gesetz nicht ausdrücklich geregelt; ein Rückgriff auf die Bestimmungen über den Vertragsschluß (§§ 145 ff., 150 II BGB) ergibt, daß jedenfalls nur eine solche Willenserklärung als Annahme des Angebots angesehen werden kann, die nicht von dem Angebot abweicht.

76 Stimmen Angebot und Annahme auch nur teilweise nicht überein, so greift da, wo der Annehmende eine (von dem Inhalt des Angebots teilweise abweichende, aber) „vollständige" Annahme erklärt, schon § 150 II BGB ein: eine Annahme unter Erweiterungen, Einschränkungen oder sonstigen Änderungen gilt als Ablehnung verbunden mit einem neuen Antrag. Auch wenn die Parteien die teilweise Divergenz nicht bemerkt haben sollten, ist also ein Vertrag nicht zustandegekommen[145].

aa) Abgrenzung Konsens/Dissens

77 Sind sich beide Parteien hingegen der teilweisen Abweichung ihrer Erklärungen bewußt, so gilt nicht § 150 II BGB, sondern *Dissensrecht* (§ 154 BGB); es ist dann zunächst zu prüfen, ob Angebot und Annahmeerklärung wenigstens soweit übereinstimmen, wie unerläßlich ist, um von einer für das Zustandekommen des Vertrags erforderlichen Einigung sprechen zu können[146]. Wann aber kann von einer für den Konsens (= Vertragsschluß) erforderlichen Einigung, wann muß von einer den Dissens charakterisierenden Uneinigkeit (also dem Nichtzustandekommen des angebotenen Vertrags) gesprochen werden? Das Gesetz selbst schweigt.

bb) Offener Dissens

78 Die in den gesetzlichen Dissensregeln (§§ 154, 155 BGB) vorausgesetzte Grundregel findet sich aber noch im 1887 vorgelegten Ersten Entwurf eines Bürgerlichen Gesetzbuchs im dortigen § 78 I des Allgemeinen Teils: „Solange die Vertragsschließenden über die nach dem Gesetz zum Wesen des zu schließenden Vertrags gehörenden Teile sich nicht geeinigt haben, ist der Vertrag nicht geschlossen." Der Vertrag kommt demnach zunächst einmal solange nicht

[145] *H. Köhler*, AT § 15 III 1.

[146] *D. Medicus*, BürgerlR §§ 4 (Rdn. 45), 6 I 3 (Rdn. 125); vgl. aber andererseits auch *D. Leenen*, „Abschluß, Zustandekommen und Wirksamkeit des Vertrages. Zugleich ein Beitrag zur Lehre vom Dissens", AcP 188 (1988) 381-418.

zustande, wie sich die Parteien über die vom Gesetz für wesentlich erachteten (Haupt-) Pflichten aus dem angestrebten Schuldverhältnis (also die sog. *essentialia negotii*) nicht geeinigt haben.

α) Als Hauptpflichten in diesem Sinne normiert das Gesetz diejenigen Verbindlichkeiten, die den Vertragstyp konstituieren (vertragstypische Hauptpflichten), die also dem jeweiligen Schuldverhältnis das Gepräge geben[147]. Hauptpflichten aus einem Kaufvertrag sind z.B. auf der Verkäuferseite die Pflicht zur Besitzübertragung und Eigentumsverschaffung an der verkauften Sache (§ 433 I 1 BGB), auf der Käuferseite die Zahlung des vereinbarten Kaufpreises (§ 433 II BGB); Hauptpflichten aus einem Mietvertrag sind auf Vermieterseite die Überlassung des Gebrauchs der vermieteten Sache (§ 535 S. 1 BGB), auf der Mieterseite die Entrichtung des vereinbarten Mietzinses (§ 535 S. 2 BGB). Ohne Vereinbarung über die Zahlungspflicht des Käufers bzw. Mieters läge nicht Kauf bzw. Miete, sondern Schenkung (§ 516 I BGB) bzw. Leihe (§ 598 BGB) vor. Ohne Vereinbarung über die Zahlungspflicht kommt folglich der angebotene Kauf- oder Mietvertrag nicht zustande; ein Schenkungs- oder Leihvertrag aber scheitert daran, daß er nicht angeboten war. Das Rechtsgeschäft schlägt fehl, wenn über die Kaufpreis- oder Mietzinszahlung keine Einigung zustande kommt. In diesen Fällen der den Vertragstyp konstituierenden Hauptpflichten ergibt sich das Fehlschlagen des angebotenen Rechtsgeschäfts wegen Dissenses schon aus der Auslegung der allgemeinen Vorschriften (§§ 133, 145 ff., 157 i.V.m. 433, 535 BGB), ohne daß auf die vom Gesetz speziell für den Dissens angebotenen Auslegungsregeln (§§ 154-155 BGB) zurückgegriffen werden müßte[148]. 79

β) Die Beteiligten können zusätzlich aber auch Verbindlichkeiten, die für sie so große Bedeutung haben, daß mit ihrer Erfüllung der Vertrag stehen oder fallen soll, zu Hauptpflichten erheben (ausbedungene Hauptpflichten)[149]. Das folgt schon aus dem Grundsatz der Privatautonomie, die es dem einzelnen überläßt, seine Lebensbedürfnisse im Rahmen der Rechtsordnung eigenverantwort- 80

[147] *J. Esser/E. Schmidt*, Schuldrecht (6. Aufl. Heidelberg 1984) § 6 III; *K. Larenz*, AT § 27 III (S. 528).

[148] *D. Medicus*, BürgerlR § 11 II 1 (Rdn. 206).

[149] BGH, 30.9.1971 VII ZR 20/70 NJW 1972, 99. Vgl. auch *D. Medicus*, BürgerlR § 11 II 2 (Rdn. 207); *H. Köhler*, PdW BGB SchuldR BT Fall 4 (S. 5-6).

lich zu gestalten[150]. Niemand ist zur Annahme eines Angebots verpflichtet, jeder hat es in der Hand, auf der Grundlage gemachter Angebote durch weiteres Verhandeln ein für ihn noch besseres Angebot herauszuholen. § 154 BGB regelt diesen Fall von *offenem Dissens*, bei dem sich die Parteien noch nicht (vollständig) geeinigt haben und das auch wissen; er stellt klar, daß der beabsichtigte Vertrag – solange sich die Parteien nicht über alle Punkte eines Vertrags geeinigt haben, über die nach der Erklärung auch nur einer Partei eine Vereinbarung getroffen werden soll – im Zweifel (noch) nicht geschlossen ist, selbst wenn im übrigen schon weitgehende Einigung erzielt worden ist.

Beispiel: Möchte etwa der Winzer einen Teil seiner Ernte direkt ab Weinkeller verkaufen und hat er sich mit der Winzergenossenschaft schon über die *essentialia negotii* des Kaufvertrags (§ 433 BGB) geeinigt, ist gleichwohl noch kein Kaufvertrag geschlossen worden, wenn es ihm (für den anderen erkennbar) auch um die noch offene Frage einer Abnahmeverpflichtung der Winzergenossenschaft geht; die Abnahmepflicht des Käufers (§ 433 II BGB) gehört normalerweise nicht zu den Hauptpflichten, ihre schuldhafte Verletzung kann deshalb die Verkäuferrechte aus §§ 325, 326 BGB (z.B. auch Schadenersatz wegen Nichterfüllung oder Rücktritt) nicht auslösen[151]; um im Ernstfall auch diese Rechte zu haben, kann er die Abnahmepflicht zur Hauptpflicht (dann: § 326 BGB) machen, woran er interessiert sein mag, wenn nur die rechtzeitige Abnahme des Weins sicherstellt, daß die Weinfässer wieder leer sind, wenn die nächste Ernte eingefahren werden muß[152]. Der Winzer wird deshalb mit der Winzergenossenschaft solange verhandeln, bis auch dieser für ihn wichtige Punkt geklärt ist; bis dahin ist der Vertrag im Zweifel nicht geschlossen (§ 154 I 1 BGB).

81 γ) Wie sich freilich schon aus dem Gesetz (§ 154 I 1 BGB: „im Zweifel") selbst ergibt, gilt die *Auslegungsregel* über den offenen Dissens nur, wenn die Beteiligten nichts anderes vereinbart haben. Sie können die Folgen der Auslegungsregel (Nichtzustandekommen des Vertrags bis zur vollständigen Einigung) abdingen und die Rechtsverbindlichkeit des Vertrags vereinbaren, obwohl noch einzelne Punkte ungeregelt sind[153]. Deren Regelung kann einer späteren

[150] *O. Palandt* (– *H. Heinrichs*) Rdn. 1 Überbl. vor § 104 BGB.
[151] RG, 9.12.1902 II 265/02 RGZ 53, 161 (164).
[152] Weitere Beispiele: *O. Palandt* (– *H. Heinrichs*) Rdn. 7-9 zu § 326 BGB.
[153] KG, 11.1.1971 12 U 1565/70 NJW 1971, 1139; OLG Düsseldorf, 25.7.1963 6 U 393/62 NJW 1963, 2079.

Einigung, auch der Bestimmung durch einen der Beteiligten (§ 315 I BGB) oder der ergänzenden Vertragsauslegung (§ 157 BGB) vorbehalten, im Streitfall auch (analog § 315 I BGB) durch richterliche Entscheidung getroffen werden[154]. Die bereits vorliegenden Vertragsteile sind dann abweichend von der Auslegungsregel (§ 155 BGB) schon verbindlich; diese Abweichung muß nicht ausdrücklich, sie kann auch konkludent vereinbart werden, z.B. dadurch, daß die Parteien den Vertrag schon ausführen[155].

Beispiele: Die Vertragsparteien nehmen ihre gegenseitigen Leistungen in Anspruch, ohne sich schon endgültig über die Höhe des Kaufpreises geeinigt zu haben[156], oder sie beliefern sich schon gegenseitig, ohne wirksam vereinbart zu haben, wessen Allgemeine Geschäftsbedingungen eigentlich verbindlich sein sollen[157]. Im ersten Beispiel haben die Gerichte den angemessenen Kaufpreis analog § 315 BGB festgesetzt, im zweiten den Vertrag ohne die umstrittene Einbeziehung unterschiedlicher Allgemeiner Geschäftsbedingungen für wirksam erklärt und festgestellt, daß die nachträgliche Berufung auf ein Nichtzustandekommen des von beiden Seiten teilweise bereits ausgeführten Vertrags gegen Treu und Glauben verstößt (§ 242 BGB) und deshalb nicht akzeptabel ist[158].

cc) Versteckter Dissens

Außer dem offenen Dissens (§ 154 BGB) kennt das Gesetz noch 82 den *versteckten Dissens* (§ 155 BGB). Bei ihm ist im Unterschied zu jenem den Beteiligten unbekannt, daß sie in bezug auf Angebot und Annahmeerklärung die erforderliche Einigung noch gar nicht voll erzielt haben; die Parteien meinen vielmehr, vollständig handelseinig zu sein, während das in Wirklichkeit nicht der Fall ist, weil sie bei ihren Verhandlungen einen Punkt vergessen oder übersehen haben oder – ohne es zu bemerken – sich gegenseitig mißverstehen und deshalb aneinander vorbeireden.

α) Hier hilft nun § 155 BGB: Fehlt eine Einigung über einen 83

154 BGH, 2.4.1964 KZR 10/62 NJW 1964, 1617 (1619); OLG Hamm, 24.10.1975 20 U 37/75 NJW 1976, 1212 (1213).

155 BGH, 24.2.1983 I ZR 14/81 NJW 1983, 1727 (1728).

156 OLG Hamm, 24.10.1975 20 U 37/75 NJW 1976, 1212; vgl. auch BGH, 19.1.1983 VIII ZR 81/82 NJW 1983, 1777 (1778); z.T. a.A. MünchKomm (– *E.A. Kramer*) Rdn. 7 Fn. 10 zu § 154 BGB.

157 BGH, 26.9.1973 VIII ZR 106/72 BGHZ 61, 282 (288-289); vgl. auch § 6 AGBG.

158 Vgl. *O. Palandt* (– *H. Heinrichs*) Rdn. 2-3 zu § 154 BGB (Rechtsprechungsnachweise).

wesentlichen Vertragsbestandteil, ist auch beim versteckten Dissens kein Vertrag zustandegekommen[159]; fehlt die Einigung über einen Nebenpunkt (über den eine Vereinbarung zwar getroffen, von dem aber die Verbindlichkeit des ganzen Vertrags nicht abhängig gemacht werden sollte), so soll der Vertrag im übrigen wirksam sein und entweder durch ergänzende Vertragsauslegung (§§ 157, 242 BGB) oder nachträglich ausdrücklich ergänzt werden[160].

Beispiele: A und B sind beide im Gebrauchtwagenhandel tätig; sie beliefern sich gegenseitig mit Gebrauchtwagen, helfen auch einander aus, wenn der eine einmal mehr Wagen absetzen kann als er selbst gerade auf Lager hat. A telegraphiert an B: „5 Mercedes 200D Bj. 86 à DM 15.000,--"; B kabelt postwendend zurück: „Einverstanden." Später stellt sich heraus, daß jede Partei verkaufen wollte und den anderen als Käufer ansah. Die Einigung darüber, wer Verkäufer, wer Käufer sein soll, ist selbstverständlich ein wesentlicher Vertragsbestandteil des angestrebten, hier mangels Einigung aber fehlgeschlagenen Kaufvertrags. Dazu das Reichsgericht in einem vergleichbaren Fall von 1922: „Es liegt ... ein wirklicher Einigungsmangel vor. Beide Teile haben Worte gebraucht, die scheinbar zueinander paßten, haben aber mit diesen Worten einen Sinn verbunden, der eine Einigung hinderte. Ein Kaufvertrag ist also nicht zustandegekommen"[161].- Oder: Mehrere unter einem Dach wohnende Inhaber von Eigentumswohnungen haben ihre gegenseitigen vertraglichen Pflichten (einschl. Hausordnung) schriftlich festgelegt. Beim ersten heftigen Schneefall merken sie, daß sie vergessen haben, eine Vereinbarung über das Schneefegen und die Streupflicht für den am Haus entlang führenden öffentlichen Gehweg zu treffen. Hier haben sich die Parteien über einen Punkt, über den eine Einigung vermutlich getroffen worden wäre (wenn sie daran gedacht hätten), nicht geeinigt; es wird aber anzunehmen sein, daß das Gesamtvertragswerk auch ohne die Schneeklausel abgeschlossen und unterschrieben worden wäre; dann ist dieser Vertrag zustandegekommen (§ 155 BGB).

84 β) Beachte jedoch: Ein versteckter Dissens liegt nur vor, wenn sich die Erklärungen in ihrem *Inhalt* nicht decken; die äußerliche Übereinstimmung oder Nichtübereinstimmung im Wortlaut der Erklärungen ist nicht entscheidend[162]. Vom versteckten Dissens ist

[159] RG, 19.9.1918 IV 157/18 RGZ 93, 297 (299).
[160] RG, 5.4.1922 I 307/21 RGZ 104, 265 (266).
[161] RG, 5.4.1922 I 307/21 RGZ 104, 265 (266).
[162] RG, 8.5.1907 V 340/06 RGZ 66, 122 (125).

deshalb der *beiderseitige Irrtum* zu unterscheiden: Unterliegen die Parteien beide *demselben* Irrtum, deckt sich also ihr Wille, dann liegt eine unschädliche falsche Bezeichnung vor; es gilt das übereinstimmend Gewollte; *falsa demonstratio non nocet*[163].

Beispiel: K bestellt bei V eine bestimmte Menge „Haakjöringsköd"; dieses norwegische Wort bezeichnet Haifischfleisch; beide Parteien meinten jedoch, das Wort bedeute Walfischfleisch. Dazu das Reichsgericht (1920): „Beide Parteien wollten über Walfischfleisch abschließen, haben sich aber bei der Erklärung ihres Vertragswillens irrtümlich der diesem Willen nicht entsprechenden Bezeichnung ‚Haakjöringsköd' bedient. Das zwischen ihnen bestehende Rechtsverhältnis ist daher ebenso zu beurteilen, wie wenn sie sich der ihrem Willen entsprechenden Bezeichnung Walfischfleisch bedient hätten." Ergebnis: die falsche Bezeichnung ist unschädlich, der Vertrag ist über Walfischfleisch zustandegekommen[164].- Gleiches wie beim beiderseitigen Irrtum gilt, wenn die eine Partei den (einseitigen) Irrtum der anderen erkannt hat; dann gilt das von dieser wirklich Gewollte und von jener als gewollt Erkannte[165].

Beispiel: Bestellt K im Zigarrenladen ein Päckchen „koffeinarme Zigaretten", meint damit aber nikotinarme Zigaretten, und erkennt V diesen Irrtum des K, so kommt ein Vertrag über nikotinarme Zigaretten zustande[166].

d) Vorrang der Auslegung

Mit der Annahme eines das Zustandekommen des Vertrags hindernden Dissenses muß man, wie die vorstehenden Erörterungen deutlich machen, also vorsichtig und zurückhaltend sein: zunächst ist der Inhalt jeder Erklärung für sich durch *Auslegung* (§ 133 BGB) zu ermitteln; dann erst sind sie miteinander zu vergleichen[167]. Ergeben sich beim Vergleich inhaltlich übereinstimmende Erklärungen, so liegt kein Dissens vor; der Vertrag kommt vielmehr mit dem übereinstimmenden Inhalt zustande[168]. Es sind demnach stets zwei Prüfungen erforderlich: (1): Stimmen die Vertragspartner im wirkli- 85

163 BGH, 22.4.1953 II ZR 143/52 LM Nr. 2 zu § 157 BGB; lesenswert: *H. Wieling*, „Falsa demonstratio non nocet", Jura 1979, 524-532.
164 *RG, 8.6.1920 II 549/19 RGZ 99, 147 (148).
165 RG, 19.9.1918 IV 157/18 RGZ 93, 297 (299).
166 BGH, 21.5.1959 II ZR 165/57 BB 1959, 646.
167 *O. Palandt* (– *H. Heinrichs*) Rdn. 2-4 zu § 155 BGB.
168 BGH, 31.5.1961 VIII ZR 28/60 NJW 1961, 1668 (1669); 9.7.1973 II ZR 45/72 WM 1973, 1114.

chen Willen überein bzw. erkennt der eine, was der andere wirklich will?, und (2): Stimmen die Vertragspartner (jedenfalls) nach dem objektiven Erklärungswert ihrer Erklärungen überein? Nur wenn beides *verneint* wird, kann Dissens vorliegen.

86 aa) Ziel der *Auslegung* muß es daher zunächst sein, den hinter den jeweiligen Willenserklärungen von Offerte und Annahme *jeweils für sich* stehenden wirklichen Willen der Erklärenden zu ermitteln (§ 133 BGB). Es kommt also darauf an, ob der Empfänger die ihm geltende Willenserklärung in der vom Erklärenden gemeinten Bedeutung verstanden hat[169]. Hat er dies, so schadet selbst die objektive Mehrdeutigkeit oder sogar Unrichtigkeit einer Bezeichnung nicht; es gilt das übereinstimmend wirklich Gewollte: *falsa demonstratio non nocet*[170]. Sprechen beide Vertragspartner von Y, meinen aber übereinstimmend X, oder versteht der Empfänger die Erklärung (Y) in der vom Erklärenden gemeinten Bedeutung (X), so kommt ein Vertrag über das wirklich Gewollte (X) zustande (Beispiele sind erneut einerseits der „Haakjöringsköd"-Fall, andererseits die „koffeinarmen" Zigaretten, Rdn. 84).

87 bb) Erst wenn der Erklärungsempfänger die Erklärung *anders* verstand, als sie vom Erklärenden gemeint war, ist nach einem objektiven und normativen Auslegungsmaßstab unter Berücksichtigung der Verständnismöglichkeit des Empfängers der Erklärung[171] der *objektive Erklärungswert beider Erklärungen zusammen* (Offerte und Annahme) zu ermitteln (objektiver Empfängerhorizont)[172]. Zu diesem Zweck ist die Erklärung jeder der Partner „nach Treu und Glauben mit Rücksicht auf die Verkehrssitte" danach auszulegen, in welcher Sinnbedeutung er von der Allgemeinheit verstanden wird und verstanden werden muß. Ergibt die Auslegung, daß die Erklärungen beider Partner objektiv in einem bestimmten Sinn verstanden werden müssen, so liegt ein eindeutiger Sinn und damit eine Einigung vor, die für die Annahme eines Dissenses keinen Raum mehr läßt, selbst wenn sich eine der Parteien eine andere Vorstellung vom Inhalt ihrer Erklärung macht (A und B erklären beide X, der objektive Erklärungswert ist ebenfalls X, doch stellt sich B den Erklärungswert Y vor); „hat eine Partei mit ihrer

169 *K. Larenz*, AT §§ 19 II (S. 339-341), 27 III (S. 526).

170 RG, 15.11.1940 I 177/39 RGZ 165, 209 (211); BGH, 31.5.1961 VIII ZR 28/60 LM Nr. 1 zu § 155 BGB.

171 BGH, 5.10.1961 VII ZR 207/60 BGHZ 36, 30 (33); 3.2.1967 VI ZR 114/65 BGHZ 47, 75 (78).

172 *H.P. Westermann*, Grundbegriffe 40-43.

Erklärung einen von deren objektivem Inhalt abweichenden Sinn verbunden, so kann dieser Umstand nur zur Anfechtung wegen Irrtums... berechtigen"[173].

Beispiel: Wenn V in Genf dem K in Köln ein wertvolles altes Buch zum Preis von 50 000,00 Francs anbietet und K annimmt, kommt der Kaufvertrag nach dem objektiven Erklärungswert (Landeswährung der Schweiz) zustande. Hatte sich K stattdessen eine für ihn wesentlich günstigere Währung (französische oder belgische Francs) vorgestellt, kann er anfechten (§ 119 I BGB).

e) Fallgruppen

Für die Annahme eines *Dissenses* verbleiben demnach vor allem die 88
folgenden beiden *Fallgruppen*:

aa) Die Willenserklärungen der Vertragspartner decken sich 89
nicht, sie gehen *aneinander vorbei*; der eine erklärt X, der andere erklärt Y: ein Vertrag kommt hier selbstverständlich nicht zustande[174].

Beispiele: V bietet dem K ein Exemplar des im Antiquariatshandel begehrten Baedekerbandes „Griechenland" (1904) zum Kaufpreis von DM 450,-- an; K antwortet, er nehme den Band für DM 400,--: die Parteien sind über den Kaufpreis (noch) uneins: ein Kaufvertrag kommt nicht zustande (vgl. auch § 150 II BGB).- Student S fragt seinen Vater V, ob er aus der väterlichen Bibliothek Eckart Peterichs Italienführer (3 Bände) haben dürfe; V bejaht; V wollte die Bände nur verleihen; S wollte sie geschenkt haben: die Parteien sind über den Rechtsgrund der Buchhingabe an S (Leih- bzw. Schenkvertrag) uneins: weder ein Leih- noch ein Schenkungsvertrag ist zustandegekommen[175]. – Die Firmen A und B handeln mit Weinsteinsäure. A kabelt an B: „Weinsteinsäure bleifrei kg 128 M Nettokasse bei hiesiger Übernahme." Darauf kabelt B an A zurück: „100 kg Weinsteinsäure bleifrei geordert. Briefliche Bestätigung unterwegs." Bei Eintreffen der brieflichen Bestätigung ergibt sich, daß beide Firmen hatten verkaufen wollen: ein Kaufvertrag ist also nicht zustandegekommen[176].

bb) Die Willenserklärungen der Parteien sind *objektiv mehr-* 90
deutig; dann fehlt es an einer Übereinstimmung, selbst wenn sich die

[173] BGH, 31.5.1961 VIII ZR 28/60 LM Nr. 1 zu § 155 BGB.
[174] RG, 15.11.1940 I 177/39 RGZ 165, 209 (211); BGH, 31.5.1961 VIII ZR 28/60 LM Nr. 1 zu § 155 BGB.
[175] RG, 19.9.1918 IV 157/18 RGZ 93, 297 (299).
[176] RG, 5.4.1922 I 307/21 RGZ 104, 265 (266).

Erklärungen äußerlich decken: beide Parteien erklären X; bei objektiver Betrachtung kann X sowohl X2 als auch X3 bedeuten; A verbindet mit ihrer Erklärung den einen (X2), B den anderen Sinn (X3): ein Vertrag kommt nicht zustande[177].

Beispiel: V aus Genf bietet dem K aus Brüssel anläßlich eines Treffens in Berlin („Berliner Durchreise") eine wertvolle Kollektion zum Preis von 100 000,00 Francs an. K erklärt die Annahme des Angebots: läßt die Auslegung weder einen übereinstimmenden Parteiwillen (V meinte Schweizer, K belgische Francs) noch einen gemeinsamen objektiven Erklärungswert (Landeswährung) zu, liegt Dissens vor: es bleibt unklar, welche Währung (Schweizer, französische oder belgische) gemeint sein sollte.

f) Rechtsfolgen bei Scheitern des Vertragsschlusses

91 Kommt nach diesen Regeln über den Dissens im Zweifel ein Vertrag nicht zustande (§§ 154, 155 BGB), braucht das Scheitern des Vertrags doch keineswegs folgenlos zu bleiben. So verpflichten §§ 307, 309 BGB zum Schadenersatz, *gerade weil* ein wirksamer Vertrag (wegen objektiver Unmöglichkeit bzw. Verstoßes gegen ein gesetzliches Verbot) nicht zustandegekommen ist und eine Partei dies zu verantworten bzw. Kenntnis hiervon hatte. Auch andere Vorschriften (§§ 463 S. 2, 523 I, 524 I, 600, 694 BGB) nehmen ein vorvertragliches Verschulden zum Anlaß, eine Haftung anzuordnen. Aus diesen Einzelvorschriften haben Rechtsprechung und Lehre den inzwischen zum Gewohnheitsrecht erstarkten Grundsatz gebildet, daß bereits durch die Aufnahme von Vertragsverhandlungen ein vertragsähnliches Vertrauensverhältnis entsteht, das die Beteiligten zu sorgfältigem und unmißverständlichem Verhalten verpflichtet. Bei schuldhaftem Verstoß gegen diese Verhaltenspflichten ist der Schaden zu ersetzen, der durch die schuldhafte Enttäuschung von gewährtem und in Anspruch genommenem Vertrauen und hier auch durch die schuldhafte Verursachung von Mißverständnissen entstanden ist – und zwar unabhängig davon, ob es überhaupt zu einem Vertragsschluß kommt (*culpa in contrahendo*)[178].

177 RG, 29.10.1937 II 14/37 JW 1938, 590.

178 *RG, 7.12.1911 VI 240/11 RGZ 78, 239 (Linoleumrollenfall); BGH, 20.6.1952 V ZR 34/51 BGHZ 6, 330 (333); 18.1.1976 VIII ZR 246/74 BGHZ 66, 51 (54); *12.11.1986 VIII ZR 280/85 BGHZ 99, 101 (106-107); aus der Literatur vgl. vor allem: K. *Ballerstedt*, „Zur Haftung für culpa in contrahendo bei Geschäftsabschluß durch Stellvertreter", AcP 151 (1951) 501-531 (auch über das Recht der Stellvertretung hinaus bedeut-

aa) Deshalb macht sich auch derjenige, der einen (versteckten) Dissens durch sein schuldhaftes Verhalten hervorgerufen und dadurch dem anderen einen Schaden zugefügt hat, nach den Grundsätzen über das Verschulden bei Anbahnung von Vertragsverhandlungen (*culpa in contrahendo*) schadenersatzpflichtig[179]. „Es entspricht in der Tat der Billigkeit und den Erfordernissen der Verkehrssicherheit, denjenigen, der sich fahrlässigerweise derartig ausdrückt, daß er bei der Gegenpartei ein Mißverständnis hervorruft, mit der Haftung für die daraus entstehenden Schadensfolgen zu belasten“[180]. 92

bb) Zu ersetzen ist der erlittene *Vertrauensschaden*[181], der in solchen Fällen vornehmlich in den jetzt nutzlosen Aufwendungen besteht, die der andere im Vertrauen auf das Zustandekommen des Vertrags gemacht hat[182]. Bei mitwirkendem Verschulden ist gem. § 254 BGB der beiderseitige Vertrauensschaden zu teilen[183]. 93

Beispiel: Wenn es im Gebrauchtwagenfall (Rdn. 83) zwischen den Parteien bisher üblich war, daß der jeweilige Verkäufer die Wagen zum Geschäftslokal des anderen überführt, B dies hier getan hat und sich dann erst herausstellt, daß beide eigentlich verkaufen wollten, besteht der Vertrauensschaden des B in den nutzlos aufgewendeten Überführungskosten. Weil sich beide Parteien in gleicher Weise fahrlässig unklar ausgedrückt haben, ist der Schaden gem. § 254 BGB zu teilen. A muß die Hälfte der Überführungskosten erstatten.

Im übrigen haben die Beteiligten zurückzugeben, was sie bereits in Erfüllung des vermeintlichen Vertrags empfangen hatten (§ 812 I 1 BGB).

sam); *H. Brox*, SchuldR AT Rdn. 55-59; *D. Medicus*, AT § 30 (Rdn. 444-456), § 41 III 2 (Rdn. 608), § 49 V 1-2 (Rdn. 783-786); *D. Medicus*, BürgerlR § 10 II 1 (Rdn. 199); *H.P. Westermann*, Grundbegriffe 66; vgl. auch Rdn. 191.

179 *H. Th. Soergel* (– *M. Wolf*) Rdn. 21 zu § 155 BGB; *L. Raiser*, „Schadenshaftung bei verstecktem Dissens“, AcP 127 (1927) 1 ff.; a.A. *W. Flume*, AT § 34.5; MünchKomm (– *E.A. Kramer*) Rdn. 13 zu § 155 BGB.

180 RG, 5.4.1922 I 307/21 RGZ 104, 265 (268).

181 BGH, 6.2.1969 II ZR 86/67 MDR 1969, 641; 28.10.1971 VII ZR 15/70 BGHZ 57, 191 (193).

182 BGH, 18.10.1974 V ZR 17/73 NJW 1975, 43; *K. Larenz*, SchuldR AT § 9 I 3 (S. 112-114).

183 *B. Rüthers*, AT Rdn. 452.

III. Bedingung und Befristung

94 Die am Rechtsgeschäft Beteiligten haben auch die Möglichkeit, ihre Vertragsvereinbarungen im Hinblick auf Ungewißheiten bzw. zukünftige Entwicklungen einzurichten. Die §§ 158 ff. BGB bieten dazu das geeignete Instrumentarium. So kann beispielsweise vereinbart werden, daß die Wirkungen eines Rechtsgeschäfts vom Eintritt eines zukünftigen ungewissen Ereignisses (Bedingung) oder eines zukünftigen gewissen Ereignisses (Befristung; zur Abgrenzung Rdn. 96) abhängen sollen.

1. Der Eigentumsvorbehalt als wichtigstes Beispiel einer Bedingung

Das in der sozialen Wirklichkeit praktisch wohl bedeutendste Beispiel für eine (aufschiebende) Bedingung im Sinne der §§ 158 ff. BGB ist der *Eigentumsvorbehalt* (§§ 929 ff. i.V.m. § 158 I BGB; lies auch § 455 BGB), der als „kardinale Rechtsfigur des Rechtsverkehrs“[184] aus dem Geschäftsleben nicht mehr wegzudenken ist[185]. Hier steht der nach § 929 S. 1 BGB vereinbarte Eigentumsübergang unter der aufschiebenden Bedingung der vollständigen Kaufpreiszahlung. Solange die letzte Kaufpreisrate noch nicht gezahlt ist, bleibt der Veräußerer noch Eigentümer; der Erwerber erhält lediglich eine sog. (dingliche) Anwartschaft an der veräußerten Sache[186].

Beachte: Beim Eigentumsvorbehalt sind sowohl das Kausalgeschäft (§ 433 I BGB, Kaufvertrag) als auch der dingliche Vertrag (§ 929 S. 1 BGB, Übereignung) unbedingt abgeschlossen; lediglich der Eigentums*übergang* wird auf den Zeitpunkt der Zahlung der letzten Kaufpreisrate hinausgeschoben (§§ 929 S. 1, 158 I BGB)[187]. Mit dem Bedingungseintritt geht das Vollrecht (Eigentum) unmittelbar von dem Veräußerer auf den Erwerber über[188]; es ist

[184] *W. Flume*, AT § 38.2c (S. 683); vgl. auch ebd. § 42.
[185] Lesenswert *P. Bülow*, „Kauf unter Eigentumsvorbehalt“, Jura 1986, 169-174, 234-241.
[186] Zur Vertiefung: *H. Dilcher*, SachenR 157; *K. H. Schwab*, Sachenrecht (22. Aufl. München 1989) § 30 (S. 146 ff.).
[187] *O. Jauernig*, Anm. 3d vor § 104 BGB; *J. v. Staudinger* (– *H. Dilcher*) Rdn. 10 zu § 158 BGB; so auch *H. Dilcher*, Sachenrecht (5., neubearbeitete Aufl. Berlin, New York) 157 (unpräziser jedoch ebd. S. 156).
[188] BGH, 24.6.1958 VIII ZR 205/57 BGHZ 28, 16 (22); 21.9.1959 III ZR

nicht erforderlich, daß das in § 929 S. 1 geforderte Merkmal des Einigseins zwischen Veräußerer und Erwerber zum Zeitpunkt des Bedingungseintritts noch fortbesteht[189].

2. Abgrenzung von Bedingung, Gegenwartsbedingung und Befristung

Keine Bedingung im obigen Sinne sind (subjektive) Ungewißheiten, 95
die sich nicht auf ein zukünftiges Ereignis beziehen, sondern auf vergangene oder gegenwärtige Umstände, die den Beteiligten eines Rechtsgeschäfts nur noch nicht bekannt sind (Gegenwartsbedingung; *condicio in praesens vel praeteritum collata*).

Beispiele: A verspricht seiner Schwester B für den Fall Unterhaltszahlungen, daß er Alleinerbe der Eltern geworden sein sollte; ein entsprechendes Testament ist aber noch nicht gefunden worden[190].- A bietet dem befreundeten B für den Fall, daß er (A) beim Pferderennen in Ascot mit dem gesetzten Pferd Sieger werden sollte, eine Gewinnbeteiligung; das Rennen hat schon stattgefunden, und A ist Sieger geworden, weiß es nur noch nicht. B nimmt an.- A verspricht dem B den Verkauf einer goldenen Uhr zu einem besonders günstigen Preis für den Fall, daß er (A) am Vortag im Lotto gewonnen haben sollte. B nimmt an. Die Gewinnzahlen sind schon ermittelt, die beiden wissen aber das Ergebnis noch nicht.

Nach der einen Auffassung[191] ist in solchen Fällen weder eine direkte noch eine analoge Anwendung der §§ 158 ff. BGB möglich, weil der für die Bedingung vorausgesetzte *Schwebezustand* objektiv fehlt; die Rechtswirkung ist entweder schon sofort mit der Vereinbarung eingetreten (wenn A schon Alleinerbe, Sieger im Pferderennen oder beim Lotto geworden ist) oder sie tritt nie ein. Demgegenüber ist aber wohl davon auszugehen, daß die §§ 158 ff. BGB in solchen Fällen analog anwendbar sind, sofern man bei objektiv schon feststehenden Ereignissen oder Ergebnissen stärker

103/58 BGHZ 30, 374 (377); *J. v. Staudinger* (– *H. Dilcher*) Rdn. 57 vor §§ 158 ff. BGB.

189 BGH, 22.2.1956 IV ZR 164/55 BGHZ 20, 88 (97); a.A. noch RG, 4.4.1933 VII 21/33 RGZ 140, 223; Einzelheiten bei *F. Baur*, Lehrbuch des Sachenrechts (15., neubearbeitete Auflage München 1989) § 59 IV 2 (S. 597), V 2a (S. 598).

190 Beispiel von *D. Medicus*, AT § 52 I 1 (Rdn. 829).

191 *O. Palandt* (– *H. Heinrichs*) Rdn. 6 Einf. vor § 158 BGB; *B. Rüthers*, AT Rdn. 459.

auf den subjektiven Kenntnisstand der beteiligten Parteien abstellt[192]. Die Auslegung eines mit einer Gegenwartsbedingung versehenen Rechtsgeschäfts kann aber u.U. auch ergeben, daß eine Wette i.S.v. § 762 BGB vorliegt mit der Folge, daß gemäß § 762 I 1 BGB ein klagbarer Anspruch nicht begründet wird[193].

3. Einzelheiten

a) Bedingung und Befristung

96 Das Abgrenzungsmerkmal zwischen Bedingung (§ 158 BGB) und Befristung (§ 163 BGB) ist die Ungewißheit des Eintritts eines zukünftigen Ereignisses (das *ob*): die Bedingung ist ein zukünftiges ungewisses Ereignis, während die Befristung ein zukünftiges gewisses Ereignis darstellt. Dabei kann sowohl bei der Bedingung als auch bei der Befristung der Zeitpunkt des Eintritts (das *wann*) ungewiß sein.

Beispiel: A verspricht dem schwerkranken B die Zahlung eines bestimmten Geldbetrags zu dessen 60. Geburtstag. Hier ist zwar das „wann" gewiß, aber das „ob" ist ungewiß, weil angesichts der Erkrankung B seinen 60. Geburtstag möglicherweise nicht mehr erleben wird (Bedingung).- Verspricht A hingegen dem Sohn des B die Zahlung eines bestimmten Betrages am Todestag des B, so liegt eine Befristung vor: *mors certa, hora incerta est* (der Tod eines jeden Menschen ist gewiß, also das „ob", ungewiß aber ist der Zeitpunkt des Todes, das „wann").

Da aber die Befristung im übrigen der Bedingung ähnelt, ordnet § 163 BGB die entsprechende Anwendung der §§ 158, 160 und 161 BGB auf die Befristung an.

b) Aufschiebende und auflösende Bedingung

97 Bei der Vereinbarung einer aufschiebenden Bedingung tritt die Wirkung des Rechtsgeschäfts mit dem Eintritt der Bedingung ein (lies § 158 I BGB). Der Eintritt einer auflösenden Bedingung hingegen läßt die (sofort entstandenen) Wirkungen des Rechtsgeschäfts enden; der frühere Rechtszustand tritt wieder ein (lies § 158 II BGB).

Beispiele: Eigentumsvorbehalt (aufschiebende Bedingung;

[192] *H. Brox*, AT Rdn. 432; *W. Erman* (– *W. Hefermehl*) BGB. Band 1 (8. Aufl. Münster 1989) Rdn. 6 vor § 158 BGB; *D. Medicus*, AT § 52 I 1 (Rdn. 829).

[193] RG, 28.6.1905 Rep. I.559/04 RGZ 61, 153 (155).

§§ 929 S. 1, 158 I, 455 BGB; näheres dazu Rdn. 108).- Sicherungsübereignung in Form der auflösenden Bedingung (§§ 929 ff., 158 II BGB)[194]: A übereignet B zur Sicherung einer Darlehensschuld sein Auto unter der auflösenden Bedingung der vollständigen Schuldtilgung. Im Augenblick der vollständigen Rückzahlung der geschuldeten Summe fällt das Eigentum am Auto automatisch (nämlich aufgrund der ursprünglichen Vereinbarung gem. §§ 929 S. 1 i.V.m. 158 II BGB) wieder an A zurück.

aa) Verkürzt läßt sich sagen, daß die aufschiebende Bedingung 98
das Wirksamwerden und die auflösende Bedingung das Wirksambleiben eines Rechtsgeschäfts betrifft. Trotz dieser theoretischen Klarheit kann es im Einzelfall aber zweifelhaft sein, ob eine aufschiebende oder auflösende Bedingung vorliegt. Dies ist dann durch Auslegung zu ermitteln.

Beispiel: Textilgroßhändler T beliefert den Einzelhändler E mit Herrenoberbekleidung. Jeder Artikel ist mit einer Kontrollkarte versehen, die E im Falle der Veräußerung an T zurückschickt, woraufhin er von T die entsprechende Rechnung erhält. Die nicht veräußerten Stücke gibt E an T zurück, ohne dafür bezahlen zu müssen (Konditionsgeschäft)[195]. Tatsächlich gibt E mehr Artikel zurück als er absetzen kann. In diesem Fall bestehen in bezug auf die Gestaltung der Kaufverträge zwischen T und E zwei Möglichkeiten: Entweder wurden die Kaufverträge unter der aufschiebenden Bedingung der Weiterveräußerung geschlossen oder unter der auflösenden Bedingung der Rückgabe. Da aber die zurückgegebenen Stücke die abgesetzten zahlenmäßig übersteigen, führt die Auslegung unter Berücksichtigung der Interessenlage beider Parteien hier zur Annahme einer aufschiebenden Bedingung[196].

bb) Eine spezielle Auslegungsregel zugunsten der aufschiebenden 99
Bedingung enthält § 455 BGB für den Eigentumsvorbehalt im Kaufrecht. Eine ähnliche Zweifelsfallregelung findet sich auch in § 495 I 2 BGB für den Kauf auf Probe.

[194] Diese Form der Sicherungsübereignung ist zwar die Ausnahme, aber gleichwohl möglich; s. dazu BGH, 2.2.1984 IX ZR 8/83 NJW 1984, 1184 (1185 rechts); *K. H. Schwab & H. Prütting*, Sachenrecht (23. neubearbeitete Aufl. München 1991) § 34 III (S. 167).

[195] Fall nach BGH, 19.2.1975 VIII ZR 175/73 NJW 1975, 776.

[196] So der BGH, 19.2.1975 VIII ZR 175/73 NJW 1975, 776 (777 rechts).

c) Potestativbedingung (Willkürbedingung)

100 Die Bedingung muß nicht notwendig ein *zufälliges* künftiges Ereignis zum Gegenstand haben: eine Bedingung im Sinne der §§ 158 ff. BGB ist auch die sogenannte Potestativbedingung (*condicio potestativa*), die den Eintritt bzw. den Wegfall der Rechtswirkung eines Rechtsgeschäfts an ein zukünftiges Verhalten (Tun oder Unterlassen) knüpft, das vom Wollen (der Willkür) einer Vertragspartei oder eines Dritten abhängig ist[197].

Beispiele: Vermieter V kündigt den Mietvertrag über einen Pkw unter der aufschiebenden Bedingung, daß der Mieter M eine Mietzinserhöhung ablehnt (Änderungskündigung)[198].- Auch bei der Übereignung unter Eigentumsvorbehalt[199] bewirkt eine der Willkür des Vorbehaltskäufers unterliegende Handlung (nämlich die vollständige Zahlung) den Eintritt der Rechtswirkung[200].- Eine spezielle Auslegungsregel zugunsten des Bedachten im Sinne einer auflösenden Bedingung gilt, wenn der Erblasser eine letztwillige Zuwendung unter der Bedingung gemacht hat, daß der Bedachte während eines Zeitraums von unbestimmter Dauer etwas unterläßt (z.B. Zeit seines Lebens nicht mehr raucht) oder fortgesetzt tut (z.B. das Grab des Erblassers pflegt). Dann ist, „wenn das Unterlassen oder das Tun lediglich in der Willkür des Bedachten liegt, im Zweifel anzunehmen, daß die Zuwendung von der auflösenden Bedingung abhängig sein soll, daß der Bedachte die Handlung vornimmt oder das Tun unterläßt“ (§ 2075 BGB), also doch raucht oder das Grab verkommen läßt. Der Grund für diese Auslegungsregel ist klar: daß er sein ganzes Leben lang beispielsweise nicht mehr geraucht oder das Grab des Erblassers instandgehalten hat, könnte der Bedachte erst zum Zeitpunkt beweisen, zu dem er selbst stirbt, also zu einem Zeitpunkt, zu dem ihm die Zuwendung des Erblassers selbst kaum noch etwas nützen dürfte; der Bedachte soll die Zuwendung deshalb sofort bekommen, sie aber für den Fall (auflösend bedingt) verlie-

197 *W. Erman* (– *W. Hefermehl*) Rdn. 12 vor § 158 BGB; *W. Flume*, AT § 38.2d (S. 684); *D. Medicus*, AT § 52 I 1 (Rdn. 830).

198 Zur Zulässigkeit der Änderungskündigung vgl. Rdn. 106.

199 Nach *D. Medicus*, AT § 52 I 1 (Rdn. 830) handelt es sich dabei nicht um eine bloße Potestativbedingung, weil einerseits dem Erwerber das nötige Geld zur Restkaufpreiszahlung fehlen könnte, andererseits auch ein Dritter (z.B. ein pfändender Gläubiger) den noch ausstehenden Kaufpreisrest zahlen darf.

200 *H. Dilcher*, SachenR 157.

ren, daß er der Zuwendungsintention des Erblassers zuwiderhandelt.

aa) Die Potestativbedingung ist solange zulässig, wie sie nicht die 101
Grenzen der §§ 134 BGB (gesetzliches Verbot) und 138 BGB (Verstoß gegen die guten Sitten) überschreitet. Sittenwidrig wäre z.B. eine Zölibatsklausel in einem Arbeitsvertrag oder eine durch die Pflicht zur Ehescheidung bedingte letztwillige Verfügung[201].

bb) Von der Potestativbedingung (*condicio potestativa*) wird 102
mitunter[202] die sogenannte Wollensbedingung (*condicio si voluero*) unterschieden. In beiden Fällen hängt die Geltung des Rechtsgeschäfts von dem Wollen eines der Geschäftspartner (oder bei der letztwilligen Verfügung vom Wollen des Bedachten) ab, weil auch die Potestativbedingung ein Tun oder Unterlassen betrifft, das dem Willen unterliegt. Bei der Potestativbedingung hat dieses Wollen aber mit dem Rechtsgeschäft selbst nichts zu tun, während es bei der Wollensbedingung darum geht, ob auch der Vorbehalt einer nachträglichen Billigung des Geschäfts durch den Geschäftspartner als Bedingung i.S.v. §§ 158 ff. BGB angesehen werden kann, ob es also in das Belieben des Geschäftspartners gestellt werden kann, ob das Rechtsgeschäft gelten soll oder nicht[203].

α) Der Gesetzgeber hat diese Frage in § 495 BGB für den *Kauf auf Probe* bejaht[204]. Auch in der höchstrichterlichen Rechtsprechung herrscht die Ansicht vor, daß – jedenfalls bei gegenseitigen Verträgen – die Wollensbedingung in den Anwendungsbereich der §§ 158 ff. BGB fällt[205]. In der Literatur hingegen mehren sich die Stimmen, die die Wollensbedingung nicht als Bedingung im Sinne der §§ 158 ff. BGB ansehen[206]. Nach dieser Auffassung stellt die anfängliche „bedingt" abgegebene Erklärung nur einen Vorbereitungsakt dar, nicht aber bereits ein (wenn auch bedingtes) Rechtsge-

201 MünchKomm (– *H. P. Westermann*) Rdn. 45 zu § 158 BGB, sowie (zur Auswirkung der Nichtigkeit auf das Rechtsgeschäft) Rdn. 46 zu § 158 BGB.

202 *O. Jauernig*, Anm. 1c-d zu § 158 BGB; *K. Larenz*, AT § 25 I (S. 494-495).

203 *W. Flume*, AT § 38.2d (S. 684); *D. Medicus*, AT § 52 I 1 (Rdn. 831).

204 *O. Palandt* (– *H. Heinrichs*) Rdn. 10 Einf. vor § 158 BGB.

205 BGH, 21.4.1967 V ZR 75/64 BGHZ 47, 387 (388, 391); 28.9.1962 V ZR 8/61 LM BGB § 433 Nr. 16; anders jedoch RG, 5.12.1930 VII 59/30 RGZ 131, 24 (26).

206 *W. Flume*, AT § 38.2d (S. 686); *K. Larenz*, AT § 25 I (S. 494-495); MünchKomm (– *H. P. Westermann*) Rdn. 23 zu § 158 BGB; wohl auch *D. Medicus*, AT § 52 I 1 (Rdn. 831).

schäft; der eigentliche Abschluß liege erst in der Billigung[207], die anfängliche Erklärung könne aber als Option verstanden werden[208].

β) Der Meinungsstreit ist insbesondere für die Frage der Formbedürftigkeit einer Erklärung (z.B. nach § 313 BGB) von Bedeutung: nach der erstgenannten Auffassung ist die Billigung[209] formlos möglich, nach der letztgenannten bedarf sie dagegen der gesetzlich bestimmten Form[210].

d) Die Rechtsbedingung (condicio iuris)

103 Keine Bedingung im Sinne der §§ 158 ff. BGB ist die sog. Rechtsbedingung. Eine Rechtsbedingung hat eine Voraussetzung zum Gegenstand, die bereits aufgrund einer Rechtsnorm Wirksamkeitserfordernis des Rechtsgeschäfts ist. Eine solche gesetzliche Wirksamkeitsvoraussetzung unterliegt aber nicht der Parteiendisposition; sie kann nicht rechtsgeschäftlich zur Bedingung erhoben werden.

Beispiel:[211] Vormund V übereignet das Grundstück seines Mündels M durch Auflassung und Eintragung (§§ 925 I, 873 BGB) an den Erwerber K. Die Auflassung erfolgt unter der „Bedingung" der vormundschaftsgerichtlichen Genehmigung. Ist die Auflassung wirksam? Nach § 925 II BGB ist eine Auflassung, die unter einer Bedingung oder einer Zeitbestimmung erfolgt, unwirksam. Die „Bedingung" der vormundschaftsgerichtlichen Genehmigung ist jedoch keine rechtsgeschäftliche Bedingung in diesem Sinne, da das Genehmigungserfordernis in § 1821 I Nr. 1 BGB, also in einer Rechtsnorm, bestimmt ist. Die Auflassung ist folglich wirksam. Das Beifügen einer Rechtsbedingung ist in jeder Hinsicht unschädlich: auch ein bedingungsfeindliches Rechtsgeschäft (dazu Rdn. 104-107) verliert seine Wirksamkeit nicht durch die Erwähnung einer Rechtsbedingung[212]. Vielmehr richtet sich die Wirksamkeit des Geschäfts in solchen Fällen ausschließlich nach der einschlägigen gesetzlichen Bestimmung.

207 *K. Larenz*, AT § 25 I (S. 494-495); MünchKomm (– *H. P. Westermann*) Rdn. 45 zu § 158 BGB.
208 MünchKomm (– *H. P. Westermann*) Rdn. 59 zu § 158 BGB.
209 Vgl. BGH, 28.9.1962 V ZR 8/61 LM BGB § 433 Nr. 16 (Bl. 3).
210 *D. Medicus*, AT § 52 I 1 (Rdn. 831).
211 Beispiel nach *H. Brox*, AT Rdn 430.
212 *W. Flume*, AT § 38.5 (S. 698); *K. Larenz*, AT § 25 I (S. 496).

4. Bedingungsfeindliche Rechtsgeschäfte

Nicht alle Rechtsgeschäfte können von Bedingungen abhängig gemacht werden. Bedingungsfeindlich sind all jene Rechtsgeschäfte, die den der Bedingung eigentümlichen Schwebezustand und die damit verbundene Unsicherheit nicht vertragen. 104

a) Bedingungsfeindlichkeit im öffentlichen Interesse

Die Bedingungsfeindlichkeit ist meistens ausdrücklich gesetzlich bestimmt, soweit an ihr ein öffentliches Interesse besteht. 105

Beispiele: So können etwa folgende Geschäfte nicht unter einer Bedingung abgeschlossen werden: Annahme und Ausschlagung einer Erbschaft (§ 1947 BGB) bzw. eines Vermächtnisses (§ 2180 II 2 Hs. 2 BGB); die Erteilung der Prokura (§ 50 II HGB) sowie die Auflassung, d.h. der Vertrag zur Übereignung eines Grundstücks (§ 925 II BGB).- Vor allem im Familienrecht gibt es bedingungsfeindliche Rechtsgeschäfte: die Eheschließung (§ 13 II EheG), das Vaterschaftsanerkenntnis (§ 1600b I BGB), die vormundschaftsgerichtliche Ehelichkeitserklärung eines nichtehelichen Kindes (§ 1724 BGB).

b) Bedingungsfeindlichkeit im Interesse des Erklärungsempfängers

Grundsätzlich bedingungsfeindlich sind auch einseitig rechtsgestaltende Erklärungen, weil durch die Ausübung eines Gestaltungsrechts der Gestaltungsberechtigte einseitig in die Rechtsstellung einer anderen Person eingreifen würde[213]. In § 388 S. 2 BGB ist die Unwirksamkeit einer bedingten Aufrechnung[214] ausdrücklich bestimmt, um dem Erklärungsgegner keinen Schwebezustand zuzumuten. Die *ratio* dieser Norm trifft aber auch für die anderen Gestaltungsrechte zu. Deshalb sind grundsätzlich ebenso die Anfechtungs-[215], Kündigungs- und Rücktrittserklärung sowohl bedingungs- als auch befristungsfeindlich[216], obwohl eine ausdrückliche gesetzliche Regelung dieser Tatbestände fehlt. 106

Da die Bedingungsfeindlichkeit der einseitigen Gestaltungserklä-

213 *D. Medicus*, AT § 52 III 1 (Rdn. 849).

214 Zum Sonderproblem der Eventualaufrechnung im Prozeß, vgl. MünchKomm (– *H. P. Westermann*) Rdn. 29 zu § 158 BGB.

215 Zur Eventualanfechtung im Prozeß, vgl. MünchKomm (– *H. P. Westermann*) Rdn. 29 zu § 158 BGB.

216 Zu Einschränkungen bei Kündigungsfristen siehe den letzten Absatz von Rdn. 106 a.E.

rung aber dem Schutz des Erklärungsempfängers zu dienen bestimmt ist, sind Ausnahmen von diesem Grundsatz der Bedingungsfeindlichkeit immer dann möglich, wenn der Erklärungsempfänger nicht schutzbedürftig ist. Das ist vor allem dann der Fall, wenn der Bedingungseintritt von einer Handlung des Erklärungsempfängers abhängt (Potestativbedingung)[217]: Hier entsteht keine dem Erklärungsgegner unzumutbare Ungewißheit. Aus diesem Grunde ist auch die Änderungskündigung grundsätzlich zulässig[218]. Im Arbeitsverhältnis kommt nach der Rechtsprechung des Bundesarbeitsgerichts[219] der Änderungskündigung im Verhältnis zur Beendigungskündigung sogar ein Vorrang aus dem Prinzip der Verhältnismäßigkeit zu.

Beachte jedoch: Im Gegensatz zu anderen Gestaltungserklärungen ist die Kündigungserklärung nicht befristungsfeindlich, da Kündigungsfristen gesetzlich geregelt sind (vgl. etwa §§ 565, 621 ff. BGB) und außerdem dem Interesse des Erklärungsempfängers dienen[220].

c) Rechtsfolgen unzulässiger Bedingungen und Befristungen

107 Wird ein Rechtsgeschäft unzulässigerweise unter einer Bedingung oder Befristung vorgenommen, so ist in einigen Fällen die Rechtsfolge speziell geregelt: Ein Verstoß gegen § 925 II BGB führt zur Unwirksamkeit des gesamten Geschäftes. Im Gegensatz dazu gilt das Indossament, wenn es von Bedingungen abhängig gemacht worden ist, unter Wegfall der Bedingungen fort (Art. 12 I 2 WechselG). Ist die Rechtsfolge der unzulässigen Bedingung oder Befristung dagegen nicht besonders geregelt, kommt § 139 BGB zur Anwendung.

5. Eintritt und Ausfall der Bedingung

a) Eintritt der Bedingung

Mit dem Eintritt des zukünftigen ungewissen Ereignisses ändert sich die Rechtslage.

217 BGH, 21.3.1986 V ZR 23/85 BGHZ 97, 264 (267).

218 Beispiele dazu in Rdn. 100; Ausnahme ist jedoch § 1 S. 1 MHG für Mietverhältnisse über Wohnraum.

219 BAG, 27.9.1984 2 AZR 62/83 Betr. 1985, 1186.

220 *D. Medicus*, AT § 52 III (Rdn. 850-851), auch zum Problem bedingter oder befristeter Arbeitsverhältnisse).

aa) Wirkung des Bedingungseintritts

Das aufschiebend bedingte Rechtsgeschäft (§ 158 I BGB) wird 108
wirksam; die Wirkung des auflösend bedingten Rechtsgeschäfts (§ 158 II BGB) endigt dagegen mit dem Eintritt der Bedingung. Anders als die Genehmigung (vgl. § 184 I BGB) hat der Bedingungseintritt allerdings keine Rückwirkung (Wirkung *ex tunc*), sondern wirkt nur für die Zukunft (Wirkung *ex nunc*). Das ergibt sich aus § 159 BGB, der die Rückbeziehung des Bedingungseintritts von einer entsprechenden Vereinbarung der Parteien abhängig macht. Auch dies gilt aber nur für schuldrechtliche Verträge, der Ausgleich richtet sich dann nach § 812 I S. 2 BGB[221]. Eine dingliche Rückwirkung tritt also in keinem Fall ein; § 159 BGB hat keine dingliche Wirkung!

Beispiel: Die unter Eigentumsvorbehalt (§§ 929 S. 1, 158 I BGB) veräußerte Kuh kalbt nach Vertragsschluß, aber noch vor der vollständigen Kaufpreiszahlung. Nach § 953 BGB wird der Eigentümer der Kuh auch Eigentümer des Kalbes. Eigentümer der Kuh war zum fraglichen Zeitpunkt aber noch der Vorbehaltsverkäufer (Veräußerer), daher erwirbt dieser auch das Eigentum am Kalb. Aus dem Inhalt des Rechtsgeschäfts könnte sich aber gem. § 159 BGB ergeben, daß der Vorbehaltsverkäufer mit Eintritt der Bedingung verpflichtet sein soll, auch das Kalb an den Vorbehaltskäufer (Erwerber) gem. § 929 ff. BGB zu übereignen (Tatfrage)[222]. Mangels dinglicher Rückwirkung erwirbt der Vorbehaltskäufer (Erwerber) aber keinesfalls mit Bedingungseintritt automatisch auch das Eigentum am Kalb[223].

Sind bei einem auflösend bedingten schuldrechtlichen Vertrag bereits Leistungen erbracht worden, so findet nach dem Eintritt der Bedingungen die Rückabwicklung nach § 812 I 2, 1. Alt. BGB statt[224].

221 *H.Th. Soergel* (– *M. Wolf*) Rdn. 2 zu § 159 BGB.

222 Instruktiver Fall zu § 159 beim Gefahrübergang: *H. Köhler*, Prüfe Dein Wissen – BGB Schuldrecht II (12. Aufl. München 1990) Fall 5.

223 Zur Frage der dinglichen Rückwirkung des Bedingungseintritts bzgl. der in der Schwebezeit (verabredungsgemäß) gezogenen Früchte a.A. *W. Flume*, AT § 42.1 (S. 737), § 40.2a (S. 724).

224 BGH, 30.4.1959 VIII ZR 174/58 LM BGB § 159 Nr. 1; a.A. *W. Flume*, AT § 41.2d; *D. Medicus*, AT § 52 I 3 (Rdn. 840).

bb) Treuwidrig verhinderter Bedingungseintritt

109 § 162 I BGB fingiert einen (tatsächlich unterbliebenen) Bedingungseintritt für den Fall, daß eine Partei, zu deren Nachteil der Eintritt gereichen würde, wider Treu und Glauben den Eintritt der Bedingung verhindert. In diesem Fall gilt die Rechtsfolge so, wie sie von den Parteien für den tatsächlichen Bedingungseintritt festgelegt wurde[225]. Zur Beantwortung der Frage, ob der Eintritt der Bedingung treuwidrig verhindert wurde, ist eine Auslegung des bedingten Rechtsgeschäfts erforderlich. Dies geschieht mit dem Ziel, das dem Vertrag angemessene Parteiverhalten zu ermitteln[226]. Verstößt die durch den Nichteintritt der Bedingung begünstigte Partei gegen eine derart ermittelte Verhaltenspflicht und verhindert sie so den Eintritt, greift die Fiktion des § 162 I BGB ein.

Beispiel[227]: A, der aufgrund eines Vergleichs von seiner früheren Ehefrau eine monatliche Unterhaltsrente bis zu seiner Wiederverheiratung beanspruchen kann, lebt seit Jahren in einer nichtehelichen Lebensgemeinschaft. Hier ergibt die Auslegung, daß die Unterhaltsrente nur solange gezahlt werden soll, wie A allein lebt. Er darf sich folglich einer Wiederverheiratung jedenfalls nicht unter Beibehaltung der nichtehelichen Lebensgemeinschaft jahrelang entziehen.- Ein weiteres Beispiel für eine treuwidrige Verhinderung des Bedingungseintritts ist die Weigerung des Vorbehaltsverkäufers, beim Eigentumsvorbehalt die Zahlung der letzten Kaufpreisrate entgegenzunehmen. In beiden Fällen gilt die Bedingung gem. § 162 I BGB als eingetreten.

Beachte aber: Auf die Potestativbedingung ist § 162 BGB nicht anwendbar, da hierbei die Wirkungen des Rechtsgeschäfts von der Willkür einer Partei abhängen *sollen*: die Ausübung des freien Willens in die eine oder andere Richtung kann unter dieser Voraussetzung aber nicht treuwidrig sein. Auch auf die Rechtsbedingung findet § 162 BGB keine Anwendung, weil sonst durch die Fiktionswirkung zwingende gesetzliche Wirksamkeitserfordernisse eines Rechtsgeschäfts außer Kraft gesetzt werden könnten[228].

225 MünchKomm (– *H. P. Westermann*) Rdn. 3 zu § 162 BGB.
226 *D. Medicus*, AT § 52 I 2 (Rdn. 835); MünchKomm (– *H. P. Westermann*) Rdn. 9 zu § 162 BGB.
227 OLG Düsseldorf, 7.1.1980 5 U 27/79 NJW 1981, 463.
228 MünchKomm (– *H. P. Westermann*) Rdn. 4 zu § 162 BGB.

b) Ausfall der Bedingung

aa) Wirkung des Ausfalls

Die Bedingung ist ausgefallen, wenn sie nicht mehr eintreten kann. 110

Beispiel: Die Bedingung, daß Student S sich noch im Jahre 1992 zur ersten juristischen Staatsprüfung meldet, ist am 1. Januar 1993 ausgefallen.

Der Ausfall einer aufschiebenden Bedingung bewirkt, daß das Rechtsgeschäft nicht mehr wirksam werden kann, während der Ausfall der auflösenden Bedingung die endgültige Wirksamkeit des Rechtsgeschäfts zur Folge hat[229].

bb) Der treuwidrig herbeigeführte Bedingungseintritt

§ 162 II BGB erfaßt den Fall, daß die Partei, zu deren Vorteil der Bedingungseintritt gereicht, diesen wider Treu und Glauben herbeiführt: dann wird der Nicht-Eintritt[230] der Bedingung fingiert.

6. Die Schwebezeit

In der Zeit zwischen dem Abschluß des Rechtsgeschäfts, dessen 111
Wirkungen von einer Bedingung abhängig gemacht werden, und dem Eintritt bzw. Ausfall der Bedingung besteht ein Schwebezustand. Während dieser Zeit müssen sich die Parteien so verhalten, daß der Erfolg des Rechtsgeschäfts nicht vereitelt wird; die §§ 160, 161 BGB enthalten entsprechende Schutzanordnungen. Anders als § 162 BGB sanktionieren die §§ 160, 161 BGB aber nicht die Manipulation des Eintritts bzw. Nichteintritts der Bedingung, vielmehr sollen sie verhindern, daß das durch Bedingungseintritt wirksam gewordene Rechtsgeschäft erfolglos bleiben könnte.

a) Verpflichtung zum Schadenersatz

Wer unter einer aufschiebenden Bedingung berechtigt ist, kann im 112
Falle des Eintritts der Bedingung Schadenersatz von dem anderen Teile verlangen, wenn dieser während der Schwebezeit das von der Bedingung abhängige Recht durch sein Verschulden vereitelt oder beeinträchtigt (§ 160 I BGB). Entsprechendes enthält § 160 II BGB für die auflösende Bedingung. § 160 BGB hat jedenfalls

229 *H. Brox*, AT Rdn. 432; *W. Erman* (– *W. Hefermehl*) Rdn. 6 vor § 158 BGB.

230 Nach *O. Palandt* (– *H. Heinrichs*) Rdn. 5 zu § 162 BGB fingiert § 162 II BGB den Ausfall der Bedingung.

heute praktisch nur noch klarstellende Bedeutung. Auch ohne diese Vorschrift wäre ein entsprechender Schadenersatz aus positiver Vertragsverletzung (pVV) wegen Verletzung einer vertraglichen Sorgfalts- oder Fürsorgepflicht zu bejahen, und zwar sowohl bei bedingten Verpflichtungs- als auch bei bedingten Verfügungsgeschäften[231]. Da diese Sorgfaltspflicht hier aber gesetzlich normiert ist, muß § 160 BGB der außergesetzlichen Haftung aus pVV vorgehen. Ein Schadenersatzanspruch kommt allerdings nur in Betracht, wenn die Bedingung später (tatsächlich oder nach § 162 BGB fingiert) eintritt (lies § 160 I BGB). Das ist auch nur konsequent, da ohne Bedingungseintritt dem bedingt Berechtigten kein Schaden entsteht[232].

b) Unwirksamkeit von Zwischenverfügungen

113 § 161 BGB bietet – allerdings nur im Bereich der Verfügungsgeschäfte – einen über § 160 BGB hinausgehenden Schutz des bedingt Berechtigten[233]. Die Vorschrift will sicherstellen, daß der bedingt Berechtigte mit dem Eintritt der Bedingung das Recht auch dann erwirbt, wenn vor dem Bedingungseintritt eine Verfügung zugunsten eines Dritten stattgefunden hat. Deshalb sind nach § 161 BGB derartige Zwischenverfügungen absolut, also gegenüber jedermann (und nicht nur relativ, wie bei §§ 135, 136 BGB, Rdn. 342 ff.) unwirksam.

Für Vorgerückte: Das gilt jedoch nicht, wenn der Dritte, zu dessen Gunsten die Zwischenverfügung vorgenommen wird, das Recht gutgläubig erwirbt (vgl. etwa §§ 932 ff., 892 BGB), § 161 III BGB. Diese Regelung ist sinnvoll, da ja der Verfügende, z.B. beim Eigentumsvorbehalt der Vorbehaltsverkäufer, noch Berechtigter ist. Wenn aber ein Erwerb vom Nichtberechtigten möglich ist (z.B. nach § 932 I BGB), so kann *a fortiori* der Erwerb vom Noch-Berechtigten nicht ausgeschlossen sein.

Beispiel: Fahrradhändler V verkauft dem K ein Rennrad (§ 433 I BGB) und übereignet es ihm unter Eigentumsvorbehalt (§§ 929 S. 1, 158 I BGB). Noch vor Zahlung der letzten Kaufpreisrate bringt K das Rennrad zu V, um eine Reparatur durchführen zu lassen. V veräußert das Rad am nächsten Tag an den bösgläubigen D. Da das Eigentum vor vollständiger Kaufpreiszahlung noch nicht

[231] *K. Larenz*, AT § 25 III (S. 500-501); *D. Medicus*, AT § 52 I 4 (Rdn. 842).
[232] *K. Larenz*, AT § 25 III (S. 501).
[233] *H. Brox*, AT Rdn. 451; *D. Medicus*, AT § 52 I 4 (Rdn. 843).

auf K übergegangen war, verfügte V an D als Berechtigter gem. § 929 S. 1 BGB. D wurde also (zunächst) Eigentümer des Rennrads. Wenn K nun allerdings den Kaufpreis vollständig zahlt, wird die Zwischenverfügung von V an den bösgläubigen D unwirksam und K wird Eigentümer des Rennrads. K kann dann von D die Herausgabe des Rads verlangen (§ 985 BGB). Wäre allerdings D beim Erwerb von V gutgläubig gewesen, so hätte er endgültig Eigentum erworben (§ 161 III BGB); K könnte in diesem Fall von D nicht Herausgabe gem. § 985 BGB verlangen. Er müßte sich an seinen Vertragspartner V halten und von diesem Schadenersatz verlangen; diesen bekäme K sowohl auf vertraglicher Grundlage (Schadenersatz wegen Nichterfüllung, § 325 BGB) als auch auf deliktischer Grundlage (§ 823 I BGB; das von V verletzte dingliche Anwartschaftsrecht des K auf Eigentumserwerb ist ein absolutes Recht im Sinne dieser Norm).

Zweiter Teil: Grundsätze der Konfliktlösung bei fehlerhaften Rechtsgeschäften

Erstes Kapitel: Nichtigkeit von Rechtsgeschäften

I. Überblick

In der Regel überläßt es die Rechtsordnung dem einzelnen, seine Lebensverhältnisse selbstverantwortlich zu gestalten (*Privatautonomie*). In dieser Gestaltungsfreiheit wird der einzelne von außen nur durch dieselbe Freiheitssphäre des anderen und durch ihr entsprechende Rechte sowie die verfassungsmäßige Ordnung und das Sittengesetz begrenzt (vgl. etwa Art. 2 GG)[1]. Die Privatautonomie gehört mit ihren wichtigsten Ausprägungen, der Eigentums- und Testierfreiheit (Art. 14 I 1 GG)[2] und – als Teil des Rechts auf freie Entfaltung der Persönlichkeit (Art. 2 I GG) – der Vertragsfreiheit[3] zu den unverzichtbaren Grundwerten einer freiheitlichen Rechts- und Verfassungsordnung[4]. 114

1. Es darf indessen nicht übersehen werden, daß die Privatautonomie auch Gefahren in sich birgt, daß die Vertragsfreiheit etwa im Dienste einseitiger Interessen, z.B. wirtschaftlicher Machtausübung (Rdn. 170)[5], die Testierfreiheit zur erbrechtlichen Zurück- 115

1 BGH, 25.5.1954 I ZR 211/53 BGHZ 13, 334 (338); 9.2.1978 III ZR 59/76 BGHZ 70, 313 (324); Überblick: *O. Jauernig*, Anm. 4 vor § 145 BGB, *O. Jauernig* (– *M. Vollkommer*) Anm. I 2a zu § 305 BGB.

2 *BGH, 21.3.1990 IV ZR 169/89 BGHZ 111, 36 (39); zur Testierfreiheit und zur Eigentumsordnung vgl. *G. Boehmer*, Einführung 182-198, 214-223.

3 *BGH, 28.2.1989 IX ZR 130/88 BGHZ 107, 92 (98).

4 BVerfG, 12.11.1958 2 BvL 4, 26, 40/56, 1, 7/57 BVerfGE 8, 274 (328); zur Vertragsfreiheit gehört als Kehrseite aber auch der Grundsatz, daß jeder für seine finanzielle Leistungsfähigkeit einzustehen hat: BGH, 28.2.1989 IX ZR 130/88 BGHZ 107, 92 (102).

5 Zu den Schranken der Vertragsfreiheit s.a. *G. Boehmer*, Einführung 269-283.

setzung nächster Angehöriger[6] instrumentalisiert und mißbraucht werden kann. Der Privatautonomie ist deshalb der Rahmen der verfassungsmäßigen Ordnung gesetzt[7], der Gesetzgeber und Rechtsprechung verpflichtet, nach dem Prinzip der ausgleichenden (Vertrags-) Gerechtigkeit Mißbräuchen der Vertragsfreiheit entgegenzuwirken[8]. Das als Mittel zur Verwirklichung der Privatautonomie dienende Rechtsgeschäft muß sich daher im Rahmen der Rechtsordnung halten; es muß nicht nur alle unerläßlichen Tatbestandsmerkmale eines Rechtsgeschäfts erfüllen – fehlt eines, so ist das Rechtsgeschäft *fehlgeschlagen*[9] –, es darf auch sonst keine Fehler aufweisen, an deren Vorliegen die Rechtsordnung die Versagung aller oder bestimmter Rechtsfolgen knüpft: liegen Fehler vor, so ist das Rechtsgeschäft *fehlerhaft*[10]. Die Grundsätze der Konfliktlösung bei *fehlgeschlagenen* Rechtsverhältnissen sind bereits im ersten Kapitel dargestellt worden (Rdn. 4 ff.); die Grundsätze der Konfliktlösung bei *fehlerhaften* Rechtsverhältnissen sollen im folgenden abgehandelt werden[11].

116 2. Dabei ist streng zu unterscheiden: Rechtserhebliche Fehler kann ein Rechtsgeschäft in insgesamt vier verschiedenen Fallgruppen aufweisen: in denen der *Nichtigkeit,* der *Anfechtbarkeit* (Vernichtbarkeit), der *relativen Unwirksamkeit* und der *schwebenden Unwirksamkeit.* Das hier folgende Kapitel ist der Nichtigkeit und den von ihr ausgelösten Konfliktsituationen gewidmet.

a) Die *Nichtigkeit* ist das schärfste Unwerturteil der Rechtsordnung. Sie bedeutet, daß das den unerläßlichen äußeren Tatbestandsmerkmalen nach zustandegekommene und insoweit auch als Rechtsgeschäft anzusehende[12] Geschäft die nach seinem vertraglichen

6 *BGH, 21.3.1990 IV ZR 169/89 BGHZ 111, 36 (39-40), zur (im konkreten Fall eindrucksvoll und zutreffend verneinten) Sittenwidrigkeit eines Testaments, durch das der Vater einer schwer behinderten Tochter sein bescheidenes Vermögen im Interesse des Kindes so weiterleitet, daß die Sozialbehörde keine Möglichkeit hat, wegen ihrer Aufwendungen für das Kind auf den Nachlaß zurückzugreifen.

7 BVerfG, 16.5.1961 2 BvF 1/60 BVerfGE 12, 341 (347).

8 *W. Flume*, AT §§ 1, 33.6 und 37; *K. Larenz*, AT §§ 2 II (S. 40-41), 2 V (S. 45-48), 4 III (S. 84-87); *B. Rüthers*, AT Rdn. 39-57.

9 Vgl. dazu das vorangegangene erste Kapitel dieses Buchs.

10 Lesenswert: *H. Buchner*, „Übungsklausur Zivilrecht: Fall zur Vertragsschlußlehre“, Jura 1979, 149-153 (besonders gut für Anfänger geeignet).

11 Zu den weiteren Gründen einer Fehlerhaftigkeit und den daraus folgenden Konfliksituationen vgl. die späteren Kapitel.

12 RG, 1.5.1908 VII 523/07 RGZ 68, 322 (324).

Inhalt gewollten und bezweckten Rechtswirkungen von Anfang an nicht hervorbringen kann[13].

b) Nichtigkeit bedeutet aber keineswegs Folgenlosigkeit des geschäftlichen Kontakts überhaupt. Auch ein nichtiges Rechtsgeschäft bleibt ein „Rechtsgeschäft"[14]. Das nichtige Rechtsgeschäft ist also nicht etwa ein „rechtlich überhaupt nicht Vorhandenes"[15], es ist kein Nullum, kein Nichts. Ihm werden vielmehr nur die *beabsichtigten* Rechtsfolgen versagt (Rdn. 4); den „geschehenen Akt als solchen kann die Rechtsordnung nicht ungeschehen machen"[16]. Seine Vornahme kann durchaus *andere* als die von den Beteiligten damit gewollten Rechtsfolgen haben, z. B. eine Schadenersatzpflicht, etwa aus §§ 307, 309, 122 BGB oder aus *culpa in contrahendo* auslösen (Rdn. 91) oder ein *Abwicklungsverhältnis* (z.B. auf Rückgewähr etwa schon erbrachter Leistungen aus ungerechtfertigter Bereicherung, §§ 812 ff. BGB)[17] begründen (Rdn. 124, 147 ff., 166 ff., 187 ff.) sowie überhaupt auch *Verhaltenspflichten* entstehen lassen, die beim Eintritt in Vertragsverhandlungen entstehen[18].

c) Auf die Nichtigkeit des Rechtsgeschäfts kann sich jedermann berufen; sie ist im Prozeß von Amts wegen zu berücksichtigen. In der Regel kann ein (von Anfang an) nichtiges Rechtsgeschäft auch nicht geheilt (Ausnahmen: §§ 313 S. 2, 518 II, 766 S. 2, 1600f II BGB), sondern muß nach Wegfall des Nichtigkeitsgrundes[19] neu vorgenommen werden. Selbst die nach dem Wegfall des Nichtigkeitsgrundes erfolgende (und bei formfreien Geschäften auch konkludent mögliche[20]) „Bestätigung" des Geschäfts ist als (regelmäßig nicht zurückwirkende[21]) *Neuvornahme* zu beurteilen (§ 141 BGB).

3. Die Nichtigkeitsgründe können verschiedenster Art sein; sie 117
können sich aus (a) der jeweiligen Person der Beteiligten, (b) dem Zustandekommen der Erklärung, (c) der mangelnden Form und (d) dem Inhalt des Rechtsgeschäfts ergeben. Dementsprechend unter-

13 *D. Schwab*, ZivilR Rdn. 596.

14 *D. Leenen*, „Abschluß, Zustandekommen und Wirksamkeit des Vertrags", AcP 188 (1988) 381-418 (387).

15 *W. Flume*, AT § 30.1 (S. 547-548).

16 *K. Larenz*, AT § 23 I (S. 455).

17 *H. Brox*, SchuldR BT Rdn. 385-401; *D. Medicus*, SchuldR BT §§ 125-129; *H.P. Westermann* 84-87.

18 *K. Larenz*, AT § 23 I (S. 455-457), § 30 III (S. 612).

19 *D. Schwab*, ZivilR Rdn. 601.

20 BGH, 3.11.1953 I ZR 155/52 BGHZ 11, 59 (60).

21 RG, 7.1.1911 V 104/10 RGZ 75, 114 (115).

scheiden wir die Nichtigkeitsgründe (a) der *Geschäftsunfähigkeit* (§§ 104, 105 BGB), (b) der bewußten *Divergenz von Wille und Erklärung* (§§ 116-118 BGB), (c) der *Verstöße gegen zwingende Formvorschriften* (§ 125 BGB) und (d) der rechtlich *mißbilligten Inhalte eines Rechtsgeschäfts* (§§ 134, 138 BGB). Den Problemen, die sich aus den drei zuerst genannten Nichtigkeitsgründen (a-c) ergeben, wollen wir in den unmittelbar folgenden Abschnitten nachgehen (Rdn. 118-156). Danach soll dann der Nichtigkeitsgrund der rechtlich mißbilligten Inhalte eines Rechtsgeschäfts (d) mit den Wirkungen und Folgen der Nichtigkeit beleuchtet werden (Rdn. 157-200).

II. Nichtigkeit wegen Geschäftsunfähigkeit (§§ 104, 105 BGB)[22]

118 Die Privatautonomie (Rdn. 5, 114) überläßt dem einzelnen die Entscheidung darüber, *ob* er überhaupt und mit *wem* er eine Vereinbarung treffen will (*Abschlußfreiheit*) und welchen Inhalt die Vereinbarung haben soll (*Gestaltungsfreiheit*). Das Rechtsgeschäft ist das Mittel dazu, solche Vereinbarungen (Rechtsgeschäfte) in eigener Verantwortung selbst zu schließen, soweit bei der handelnden Person nur „ein gewisses Mindestmaß an Urteilsvermögen vorauszusetzen ist“[23]. Die Rechtsordnung nimmt deshalb zu deren eigenem Schutz die wegen ihres Alters oder wegen bestimmter geistiger Gebrechen geschäftsunfähigen Personen aus. Die Willenserklärung eines Geschäfts*unfähigen* ist nichtig (§ 105 I BGB); nichtig ist außerdem die Willenserklärung, die im Zustand der Bewußtlosigkeit oder vorübergehender Störung der Geistestätigkeit abgegeben wird (§ 105 II BGB). Der Geschäftspartner, der gutgläubig von einer in Wirklichkeit *fehlenden* Geschäftsfähigkeit der anderen Seite ausging, wird *nicht* geschützt: er handelt sozusagen auf eigene Gefahr. Es gilt der Grundsatz: Schutz der Geschäftsunfähigen geht vor Schutz des Rechtsverkehrs (Rdn. 124)[24].

22 Lesenswert zu diesem Problembereich: *A. Heldrich*, „Übungsklausur Zivilrecht. Fall zum Vertragsschlußrecht“, Jura 1979, 199-201.

23 *K. Larenz*, AT § 6 I (S. 99).

24 BGH, 12.10.1976 VI ZR 172/75 NJW 1977, 622 (623); s.a. *K. Schreiber*, „Geschäftsfähigkeit“, Jura 1991, 24-30 (24); *J. v. Staudinger* (– *H. Dilcher*) Rdn. 5-9 zu § 105 BGB.

1. Tatbestände der Geschäftsunfähigkeit

Wer geschäfts*unfähig* ist, sagt § 104 BGB: es sind (wie schon im römischen Recht)[25] zunächst die Kinder vor Vollendung ihres 7. Lebensjahres (§ 104 Nr. 1 BGB); ferner solche, die sich in einem die freie Willensbetätigung ausschließenden Zustand krankhafter Störung der Geistestätigkeit befinden, sofern nicht der Zustand seiner Natur nach ein nur vorübergehender ist (§ 104 Nr. 2 BGB), und wer wegen Geisteskrankheit entmündigt ist (§ 104 Nr. 3 BGB)[26]. Abgrenzungsschwierigkeiten kann nur § 104 Nr. 2 BGB bereiten, für den das Hauptbeispiel die Geisteskrankheit, das andere Beispiel jene Fälle von Geistesschwäche sind, bei denen die freie Willensbildung ausgeschlossen ist[27]. 119

Beispiele: Der an Schizophrenie (Bewußtseinsspaltung) leidende K kauft bei V eine Kuckucksuhr. Ist der Vertrag wirksam, wenn K in einem geistig klaren Augenblick handelte? K ist geisteskrank (und zwar in einem seiner Natur nach nicht nur vorübergehenden Zustand von Geisteskrankheit). Handelt er aber in einem lichten Augenblick (*lucidum intervallum*), so befindet er sich (einmal gerade) nicht in einem die freie Willensbildung ausschließenden Zustand seiner Krankheit (vgl. § 104 Nr. 2 BGB), der Kaufvertrag (§ 433 BGB) ist also (wie schon im römischen Recht)[28] voll wirksam.- Der völlig betrunkene G schenkt dem Taxifahrer einen Hundertmarkschein. Wirksam? § 104 Nr. 2 BGB scheidet aus (da Zustand vorübergehend); anwendbar ist aber § 105 II BGB[29], die Schenkung (§§ 516, 518 II BGB) ist nichtig.

2. Abgrenzungen

Wer sich in einem die freie Willensbestimmung ausschließenden *Dauerzustand* krankhafter Störung der Geistestätigkeit befindet, ist gem. § 104 Nr. 2 BGB für *jedes* denkbare Rechtsgeschäft geschäfts- 120

25 Dazu *J. v. Staudinger* (– *H. Dilcher*) Rdn. 16 zu § 104 BGB.

26 Beachte: § 104 Nr. 3 BGB ist mit Wirkung zum 1.1.1992 durch das Betreuungsgesetz v. 12.9.1990 (BGBl. I.2002) abgeschafft; dazu *D. Henrich*, Familienrecht (4., neubearbeitete Aufl. Berlin, New York 1991) 308-309.

27 *RG, 15.12.1939 IV 361/39 RGZ 162, 223; vgl. auch die Nachw. bei *O. Palandt (– H. Heinrichs)* Rdn. 2 zu § 6 BGB; Rdn. 2-5 zu § 104 BGB.

28 *J. v. Staudinger* (– *H. Dilcher*) Rdn. 16-17 zu § 104 (auch zu den Neuerungen, die das BGB gegenüber dem Rechtszustand des bis dahin geltenden römischen Rechts brachte).

29 *BGH, 5.6.1972 II ZR 119/70 WM 1972, 972.

unfähig. Ist der Zustand des Ausschlusses der freien Willensbestimmung dagegen nicht von Dauer, sondern ein vorübergehender, ist die Willenserklärung nach derselben Norm voll wirksam; sie kann allenfalls gem. § 105 II BGB nichtig sein, wenn sie im konkreten Zustand vorübergehender Störung der Geistestätigkeit abgegeben wird.

a) Relative Geschäftsunfähigkeit?

121 Eine auf besonders schwierige Rechtsgeschäfte beschränkte sog. *relative* Geschäftsunfähigkeit gibt es nach h.A. dagegen *nicht*[30].

Beispiele: Die geistig geschwächte X, deren Geistestätigkeit erheblichen Schwankungen unterliegt, schließt einen Kaufvertrag über ein Baugrundstück (§§ 433, 313 BGB) mit komplizierten Einzelbedingungen zu dem angemessenen Kaufpreis von DM 600.000,-- ab[31]. Zwar umfaßt der in § 104 Nr. 2 BGB verwendete Begriff der krankhaften Störung der Geistestätigkeit auch die Fälle der Geistesschwäche, eine dem Grade nach geringere geistige Erkrankung[32]; aber X befand sich weder in einem die freie Willensbetätigung *ausschließenden* Dauerzustand krankhafter Störung der Geistestätigkeit (§ 104 Nr. 2 BGB), noch in einem die freie Willensbestimmung, hier und jetzt zu angemessenem Kaufpreis ein Grundstück kaufen zu wollen und entsprechende Erklärungen abzugeben, *ausschließenden vorübergehenden* Zustand krankhafter Störung der Geistestätigkeit (§ 105 II BGB). Nur konnte X wegen ihres geistig geschwächten Zustandes die komplizierten Einzelbestimmungen nicht bewerten. Liegt ein wirksamer Kaufvertrag vor? Nach h.A. ist weder § 104 Nr. 2 noch § 105 II BGB einschlägig: der Kaufvertrag ist voll wirksam, auch wenn sich der Geistesgeschwächte wegen seines Zustands nicht über alle Einzelheiten im klaren ist. Nach einer respektablen Mindermeinung kommt es für § 105 II BGB dagegen darauf an, ob die X beim Abschluß des Kaufvertrags die Bedeutung und Folgen ihrer Handlungsweise auch in bezug auf die komplizierten Einzelbestimmungen ermessen konnte. Da dem hier nicht so war, liegt nach dieser Ansicht kein

30 *BGH, 19.6.1970 IV ZR 83/69 NJW 1970, 1680 (1681). Vgl. auch *H. Köhler*, PdW BGB AT Fall 26 (S. 26-27); *K. Larenz*, AT § 6 I (S. 101); a.A. OLG Köln, 29.1.1960 9 U 36/59 NJW 1960, 1389 und (beachtlich) *W. Flume*, AT § 13.5.

31 Beispiel nach *O. Werner*, 20 Probleme 13 ff.

32 RG, 15.12.1939 IV 361/39 RGZ 162, 223 (229).

wirksamer Kaufvertrag vor[33].- Erstellt ein geistig geschwächter oder altersschwacher Erblasser ein Testament, so ist auch dieses, sofern nicht die Voraussetzungen von § 105 II BGB vorliegen, voll wirksam. Nach der Mindermeinung käme es dagegen auf die Erkennbarkeit von Bedeutung und Tragweite der Dispositionen an. Dieser Test bringt aber nach h.A. zu viel Rechtsunsicherheit in die Rechtsanwendung[34].

b) Partielle Geschäftsunfähigkeit

Beachte jedoch: Von der relativen ist die sog. *partielle* Geschäftsunfä- 122
higkeit für bestimmte gegenständlich abgegrenzte Kreise von Geschäften zu unterscheiden. Sie wird auch von der die Lehre von der relativen Geschäftsunfähigkeit ablehnenden Rechtsprechung akzeptiert, z.B. in Fällen von Querulantenwahnsinn und krankhafter Eifersucht[35] oder bei schockbedingter Geschäfts- und Prozeßunfähigkeit eines Rechtsanwalts zur Führung eines Zivilprozesses[36] oder eines Verwaltungsprozesses[37].

3. Folgen des Handelns Geschäftsunfähiger

Die in § 105 I BGB vorgesehene Sanktion der Nichtigkeit von 123
Willenserklärungen, die ein Geschäftsunfähiger *abgibt*, findet ihre Ergänzung in der Bestimmung von § 131 I BGB, wonach fremde Willenserklärungen dem Geschäftsunfähigen gegenüber auch nicht wirksam *zugehen* können; das gilt sogar für Angebote, die dem Geschäftsunfähigen einen lediglich rechtlichen Vorteil bringen (arg. § 131 II 2 BGB)[38]. Für den Geschäftsunfähigen muß deshalb ausnahmslos sein gesetzlicher Vertreter handeln: bei Kindern die Eltern gemeinsam (§ 1629 I 1 BGB), wo diese ausfallen und bei

33 *W. Flume*, AT § 13.5.
34 Vgl. etwa *K. Larenz*, AT § 6 I (S. 101).
35 *BGH, 24.9.1955 IV ZR 162/54 BGHZ 18, 184 (LS).
36 BGH, 13.5.1959 V ZR 151/58 BGHZ 30, 112 (117-118).
37 BVerwG, 5.6.1968 V C 147.67 BVerwGE 30, 24 (25).
38 Vgl. auch Rdn. 49-51.

Volljährigen der Vormund (§§ 1793, 1897 BGB)[39] oder Pfleger (§§ 1909 ff. BGB)[40].

124 a) *Beachte:* Handelt der Geschäftsunfähige selbst, so wird, wie oben bereits betont, selbst der Gutgläubige nicht geschützt (Rdn. 118): bei Abwägung zwischen Schutzwürdigkeit Geschäftsunfähiger und Schutzbedürftigkeit des Rechtsverkehrs hat sich der Gesetzgeber für den Vorrang des Schutzes Geschäftsunfähiger entschieden. Eine *Schadenersatzpflicht* des Geschäftsunfähigen für den Vertrauensschaden des Erklärungsgegners darf es deshalb auch über Umwege *nicht* geben: weder (etwa analog § 122 BGB) aus veranlaßtem Rechtsschein[41] noch aus *culpa in contrahendo*[42].

Für Vorgerückte: Auch eine deliktische Haftung (§§ 823 ff. BGB) entfällt (§§ 827 S. 1, 828 I BGB mit der Billigkeitsausnahme aus § 829 BGB). Etwa bereits erbrachte *Sachleistungen* sind *zurückzugeben* (§ 985 BGB, da nicht nur das Verpflichtungs-, sondern auch das Verfügungsgeschäft nichtig ist)[43]. Daneben kommt eine *Rückabwicklung* aus Bereicherungsrecht (§§ 951, 812 ff. BGB) in Betracht[44], doch dürfen bei der Ermittlung der Vermögensmehrung des vom Geschäftsunfähigen in Anspruch genommenen Bereicherten dessen erbrachte Gegenleistung sowie Vermögensminderungen, die mit dem Erwerbsvorgang in unmittelbarem Zusammenhang stehen, nicht als Abzugsposten berücksichtigt werden: der Wertung der §§ 104 ff. BGB würde es nicht entsprechen, wenn der Bereicherungsanspruch um den Wert der Gegenleistung gekürzt würde[45]. Im Gegensatz zu der vielkritisierten Flugreiseentscheidung

39 Beachte: § 1897 BGB ist mit Wirkung zum 1.1.1992 durch das Betreuungsgesetz v. 12.9.1990 (BGBl. I.2002) geändert worden. Für Volljährige gibt es keinen Vormund mehr, sondern einen Betreuer; auf Anordnung des Vormundschaftsgerichts können Willenserklärungen des Betreuten dem Einwilligungsvorbehalt des Betreuers unterliegen, vgl. § 1903 BGB n.F.

40 Vgl. dazu *D. Henrich*, Familienrecht (4., neubearbeitete Aufl. Berlin, New York 1991) 308-311.

41 MünchKomm (- *W. Gitter)* Rdn. 28 vor § 104 BGB; vgl. auch Rdn. 255-257.

42 *W. Erman* (- *H. P. Westermann*) Rdn. 6 vor § 104 BGB; vgl. auch Rdn. 91.

43 Zum Unterschied vgl. *H. Brox*, AT Rdn. 101-108; *D. Schwab*, ZivilR Rdn. 385-423.

44 Vgl. dazu etwa *H. Brox*, SchuldR BT Rdn. 385-401; *D. Medicus*, SchuldR BT §§ 125-129; *H.P. Westermann* 84-87.

45 RG, 24.3.1915 V 453/14 RGZ 86, 343; *H. Brox*, SchuldR BT Rdn. 432.

des BGH[46] trifft (nicht nur den beschränkt Geschäftsfähigen, sondern auch) den Geschäftsunfähigen keine verschärfte Bereicherungshaftung nach § 819 BGB, denn dem steht wiederum der vom Gesetzgeber gewollte weitgehende Schutzzweck der §§ 104 ff. BGB entgegen[47].

b) Der *Schutzgedanke* und Normzweck der Nichtigkeitssanktion 125
darf sich aber andererseits nicht *gegen* den Geschäftsunfähigen kehren; eine schutzgerechte Anwendung der §§ 104, 105 BGB muß etwa bei Dauerschuldverhältnissen, insbesondere im *Dienst- und Arbeitsvertragsrecht*, dazu führen, daß der Geschäftsunfähige trotz der Nichtigkeit des Vertragsverhältnisses für die bereits erbrachten Arbeitsleistungen auch den Lohn behalten bzw. analog § 612 BGB beanspruchen darf[48].

III. Die bewußte Divergenz von Wille und Erklärung (§§ 116-118 BGB)

Dem geheimen Vorbehalt (§ 116 BGB), dem Scheingeschäft 126
(§ 117 BGB) und dem Scherzgeschäft (§ 118 BGB) ist gemeinsam, daß die jeweils Erklärenden zwar eine Willenserklärung abgeben, aber die erklärte Rechtsfolge nicht wollen[49]; ihnen fehlt also der Geschäftswille[50].

1. Mentalreservation

Die *Mentalreservation* (§ 116 BGB) ist ein geheimer Vorbehalt, das 127
Erklärte nicht zu wollen; „insgeheim" ist der Vorbehalt, wenn er dem Erklärungsgegner verheimlicht wird[51]. Ein solcher Vorbehalt ist grundsätzlich *ohne Einfluß auf die Gültigkeit der Willenserklärung*: wer bewußt etwas anderes erklärt, als er insgeheim will, wird

46 *BGH, 7.1.1971 VII ZR 9/70 BGHZ 55, 128 („erschlichene Flugreise").
47 Vgl. dazu *D. Medicus*, BürgerlR § 8 III 2 (Rdn. 176).
48 *H. Th. Soergel* (– *W. Hefermehl*) Rdn. 14 vor § 104 BGB; s.a. *J. v. Staudinger* (– *H. Dilcher*) Rdn. 32-36 vor §§ 116-144 BGB; lesenswert zu diesem Problemkreis auch *P. Schwerdtner*, „Anfechtbarkeit und Nichtigkeit bei Dauerschuldverhältnissen", Jura 1989, 642-646; vgl. auch Rdn. 167, 205.
49 Lesenswert: *D. Coester-Waltjen*, „Die fehlerhafte Willenserklärung", Jura 1990, 362-368 (*sub* II.).
50 *H. Brox*, AT Rdn. 344 (S. 163).
51 BGH, 4.7.1966 VIII ZR 90/64 NJW 1966, 1915 (1916).

an seiner Erklärung festgehalten (§ 116 S. 1 BGB). Nur wenn der, für den die Erklärung bestimmt ist, den Vorbehalt kennt, ist die Erklärung nichtig (§ 116 S. 2 BGB; Beispiel dazu in Rdn. 132).

2. Scheingeschäft

128 Ein *Scheingeschäft* (§ 117 BGB) liegt vor, wenn sämtliche beteiligten Vertragsparteien einverständlich nur den äußeren Schein eines Rechtsgeschäfts hervorrufen, die mit diesem Geschäft verbundenen Rechtsfolgen aber nicht eintreten lassen wollen[52], wenn sämtlichen[53] Beteiligten der Rechtsbindungswille, also das Erklärungsbewußtsein fehlt[54].

Beispiel: A beschäftigt zwei Werkstudenten, S1 und S2, als Teilzeitbeschäftigte. A will S1 entlassen, S2 behalten. Er macht mit S2 aus, daß er beiden ein Kündigungsschreiben überreicht, die Kündigung für S2 aber nicht gelten soll[55]. Dann ist gegenüber dem S1 wirksam, gegenüber dem S2, der den Scheincharakter der Kündigung in seinem Fall kennt, unwirksam gekündigt: die dem S2 gegenüber ausgesprochene Kündigung ist nichtig (§ 117 I BGB), die dem S1 gegenüber ausgesprochene Kündigung ist wirksam. Auf Kündigungsschutz kommt es hier nicht an, da für Teilzeitverträge bei Ferienarbeit kein arbeitsrechtlicher Kündigungsschutz gilt.

a) Das Umgehungsgeschäft

129 Beachte jedoch: Unter dem Scheingeschäft kann sich ein anderes, von den Parteien *wirklich* gewolltes Rechtsgeschäft *verbergen* (sog. verdecktes Rechtsgeschäft)[56]. So verhält es sich beispielsweise bei *Umgehungsgeschäften*, die zur Umgehung solcher Rechtsvorschriften abgeschlossen werden, die nach der gesetzgeberischen Intention auch für das eigentlich gewollte (verdeckte) Rechtsgeschäft gelten sollen. Durch das verdeckte Rechtsgeschäft soll nach dem übereinstimmenden Willen der Beteiligten die Rechtsfolge der Willenserklä-

52 BGH, 25.10.1961 V ZR 103/60 BGHZ 36, 84 (87-88); 18.11.1976 VII ZR 150/75 BGHZ 67, 334 (339).

53 Fehlt er nur einer Seite, liegt ein Fall von § 116 BGB vor, vgl. dazu *J. v. Staudinger* (– *H. Dilcher*) Rdn. 12 zu § 117 BGB.

54 BGH, 24.1.1980 III ZR 169/78 NJW 1980, 1572 (1573); *H. Köhler*, AT § 14 III 2.

55 Beispiel nach *B. Rüthers*, AT Rdn. 315.

56 *O. Jauernig*, Anm. 3 zu § 17 BGB; *J. v. Staudinger* (– *H. Dilcher*) Rdn. 23-25 zu § 117 BGB.

rungen eintreten und dem mit ihnen eigentlich bezweckten wirtschaftlichen Erfolg zugute kommen[57]. Hier wollen die Parteien also den wirtschaftlichen Erfolg des Rechtsgeschäfts, sie wollen nur nicht, daß die für ein solches Rechtsgeschäft geltenden Rechtsvorschriften (z.B. über ein gesetzliches Verbot oder die für einen solchen Fall ausgelöste Steuerpflichtigkeit) auch angewendet werden. Das verdeckte Geschäft ist in solchen Fällen an sich grundsätzlich wirksam, weil ernstlich gewollt. Freilich: die Parteien können sich den auch dafür geltenden Rechtsnormen nicht entziehen, da die für das verdeckte Rechtsgeschäft geltenden Vorschriften anzuwenden sind (§ 117 II BGB), und dazu rechnen auch die Formvorschriften. Die Einhaltung der Form des Scheingeschäfts wahrt deshalb nicht das Formerfordernis für das verdeckte Geschäft. Das verdeckte (und von den Parteien eigentlich gewollte) Geschäft ist deshalb nur dann gültig, wenn auch die Gültigkeitsvoraussetzungen (einschließlich etwaiger Formvorschriften) für das eigentlich gewollte (verdeckte) Geschäft erfüllt sind[58]. Zu beachten ist aber, daß Umgehungsgeschäfte *nichtig* sind, wenn sie auf Geschäfte abzielen, die gegen ein gesetzliches Verbot verstoßen (Rdn. 165, 199).

b) Das Strohmanngeschäft

Ebenfalls kein Scheingeschäft liegt vor bei Geschäften, bei denen 130
für die im Hintergrund bleibende eine Seite ein „Strohmann" als Vertragspartei vorgeschoben wird, um einen bestimmten wirtschaftlichen Erfolg für diesen Hintermann zu erreichen (sog. *Strohmanngeschäfte*[59]). Das Handeln der vorgeschobenen Person ist bei solchen „Strohmanngeschäften" anders als bei Scheingeschäften durchaus ernst gemeint: „Beim Handeln durch eine solche vorgeschobene Person soll die erklärte Rechtsfolge nach dem Willen der Beteiligten wirklich eintreten; es fehlt nicht, wie beim Scheingeschäft, der Geschäftswille; der angestrebte Rechtserfolg ist vielmehr ernstlich gewollt, er kann oder soll nur nicht von der verdeckten Person erreicht werden"[60]. Das gilt selbst dann, wenn die Strohmanneigenschaft dem Vertragsgegner bekannt ist[61].

[57] *H. Brox*, AT Rdn. 358.
[58] *H. Köhler*, AT § 14 III 2d; instruktiv auch *BGH, 11.11.1983 BGHZ 89, 41 (43-44).
[59] BGH, 2.12.1958 VIII ZR 154/57 LM Nr. 2 zu § 117 BGB.
[60] *BGH, 9.10.1956 II ZB 11/56 BGHZ 21, 378 (381).
[61] BGH, 13.6.1966 VII ZR 86/64 WM 1966, 925.

Beispiel[62]: Der als besonders zahlungskräftig weithin bekannte Kunstsammler und Mäzen H möchte auf einer der aufregenden Auktionen bei Christie's in London und New York ein außerordentlich wertvolles Gemälde von Vincent van Gogh („Portrait du Dr Gachet", 1890, Schätzpreis: zwischen $40.000.000,-- und $50.000.000,--) für sich selbst erwerben, aber nicht selbst als Bieter/Käufer auftreten, sondern unerkannt im Hintergrund bleiben. Deshalb bittet er den Schweizer Kunsthändler K (Strohmann), den „van Gogh" im eigenen Namen zu ersteigern und zu erwerben. K allein ist hiernach Vertragspartner des Auktionators Christie's (V); er allein schuldet dem V den Kaufpreis für das Gemälde; er allein wird durch Übereignung auch Eigentümer des Bildes. Nur ist K aufgrund der internen Vereinbarungen mit Kunstsammler H verpflichtet, diesem den „van Gogh" gegen Zahlung der für die Ersteigerung aufgewendeten Kaufsumme zu übereignen. Daran ändert sich nichts, wenn dem Auktionator Christie's bekannt ist, daß hinter dem auf der Auktion auftretenden „Strohmann" K als der eigentlich interessierte Kunstsammler der Hintermann H steht (eine solche Konstellation ist im Gegenteil gerade bei besonders wichtigen Auktionen häufig).

Der Strohmann muß aber auch, um dem in solchen Fällen erstrebten wirtschaftlichen Zweck zu genügen, den Erfolg im Interesse des daran wirtschaftlich interessierten Hintermanns durch ein weiteres Rechtsgeschäft bewirken, also beispielsweise erworbene Gegenstände an den Hintermann übertragen (z.B. gem. § 929 S. 1 BGB) oder den Veräußerungserlös an ihn herausgeben[63]. In diesem Sinne ist etwa auch die Gründung einer Einmann-GmbH mittels eines Strohmanns, da wirklich gewollt, als wirksam angesehen worden[64], desgleichen ein Kauf durch einen Strohmann[65].

62 Ähnliches Beispiel bei *H. Brox*, AT Rdn. 282, 358.

63 Umgekehrt hat der Strohmann einen Anspruch darauf, daß ihn der Hintermann von eingegangenen Verbindlichkeiten freistellt, vgl. dazu *J. v. Staudinger* (– *H. Dilcher*) Rdn. 31 zu § 117 BGB.

64 BGH, 9.10.1956 II ZB 11/56 BGHZ 21, 378 (381, 383-384); inzwischen ist die Einmann-GmbH im Rahmen der GmbH-Reform ausdrücklich zugelassen worden (vgl. § 1 GmbHG; dazu *D. Medicus*, BürgerlR § 6 II 2 (Rdn. 127).

65 BGH, 2.12.1958 VIII ZR 154/57 NJW 1959, 332; vgl. auch BGH, 22.10.1981 III ZR 149/80 NJW 1982, 569.

c) Der Schwarzkauf

Mitunter anzutreffen ist der Grundstücksverkauf unter Angabe eines geringeren als des vereinbarten Kaufpreises in der Kaufurkunde (sog. *Schwarzkauf*): das (nach § 313 S. 1 BGB) beurkundete Geschäft (zum niedrigeren Preis) ist nichtig, da nicht gewollt (§ 117 I BGB), das gewollte (zum höheren Preis) ist nichtig, da die dafür vorgeschriebene notarielle Beurkundung fehlt (§§ 313 S. 1, 125 BGB; vgl. auch § 117 II BGB). Durch Auflassung des Grundstücks an den Erwerber (= Übereignung) und Eintragung im Grundbuch (§§ 873, 925 BGB)[66] wird der bis dahin nichtige Kaufvertrag geheilt (vgl. § 313 S. 2 BGB) und damit wirksam[67]. 131

3. Das Scherzgeschäft

Ein *Scherzgeschäft* (§ 118 BGB) liegt vor bei einer Willenserklärung, die in der Erwartung abgegeben wird, daß der andere den Scherz (oder die Unernstlichkeit, z.B. die reißerische Reklame, den didaktischen Zweck) erkennt[68]. Subjektiv ist also erforderlich, daß dem Erklärenden der Geschäftswille fehlt[69]. Scherzgeschäfte sind nichtig und zwar selbst dann, wenn der andere Teil den Mangel der Ernstlichkeit weder erkannt hat noch erkennen mußte (§ 118 BGB)[70]. 132

Beispiele: Bietet der Professor einem Hörer seiner Vorlesung seine goldene Taschenuhr für DM 10,-- zum Kauf an, in der von didaktischen Erwägungen diktierten Erwartung, der Student werde den Scherz als solchen auffassen, dann ist dies Geschäft selbst dann nichtig, wenn der andere den Mangel der Ernstlichkeit weder erkannte noch erkennen mußte; *anders* als bei den Nichtigkeitstatbeständen der §§ 116, 117 BGB (bei denen die Parteien entweder zusammenwirken oder die eine Partei die Unernstlichkeit der Erklärung der anderen erkennt und daher niemand vor dem anderen geschützt zu werden braucht), wird beim Scherzgeschäft das Schutzbedürfnis des arglosen Erklärungsempfängers dadurch berücksichtigt, daß ihm das Gesetz einen Anspruch auf Ersatz des

66 *H.P. Westermann*, Grundbegriffe 120-123.

67 *RG, 22.4.1922 V 553/21 RGZ 104, 296; BGH, *15.5.1970 V ZR 20/68 BGHZ 54, 56 (62-63).

68 RG, 11.5.1922 IV 331/21 RGZ 104, 320 (322).

69 *J. v. Staudinger* (– *H. Dilcher*) Rdn. 2 zu § 118 BGB.

70 *O. Palandt* (- *H. Heinrichs)* Rdn. 2 zu § 118 BGB; *H. Th. Soergel* (– *W. Hefermehl*) Rdn. 7 zu § 118 BGB.

Vertrauensschadens gewährt (§ 122 I BGB). Allzu Begriffsstutzige werden aber nicht in ihrem Vertrauen geschützt (§ 122 II BGB)!- Wird dagegen die goldene Uhr für DM 10,-- in der Erwartung zum Kauf angeboten, der andere werde den „Scherz“ gar nicht merken, so ist das eine unbeachtliche *reservatio mentalis*: nimmt der Erklärungsempfänger das „Angebot“ an, so kommt ein Kaufvertrag über die goldene Uhr zum Preis von DM 10,-- zustande (§§ 116 S. 1, 433 BGB). Auf ein lehrreiches weiteres Beispiel seien Fußballfans noch eigens hingewiesen[71].

IV. Formmängel als Nichtigkeitsgrund (§ 125 BGB)

133 Der inhaltlichen Gestaltungsfreiheit entspricht heute auch die grundsätzliche *Formfreiheit* rechtsgeschäftlichen Handelns. Das war nicht immer so; auf frühen Stufen der Rechtsentwicklung konnten die beabsichtigten Folgen eines Rechtsgeschäfts in den meisten Rechtskulturen nur durch strengste Einhaltung oft minuziöser Formerfordernisse herbeigeführt werden[72]. Heute geht die Tendenz (manchmal zu Lasten der Beweissicherheit) fast überall auf der Welt jedenfalls im Privatrecht zum Abbau von Formvorschriften, zur Formvereinfachung, zur Formfreiheit[73].

1. Formgebundenheit und ihre Schutzfunktionen

134 Für eine Reihe wichtigerer Geschäfte hat der Gesetzgeber aber *Formvorschriften* beibehalten oder auch neu eingeführt. Sie sollen vor übereilter Abgabe von Willenserklärungen besonderer Tragweite bewahren (*Warnfunktion*) oder den Abschluß bzw. Inhalt eines Geschäfts klarstellen (*Beweisfunktion*), mitunter auch durch vorgeschriebene Beratung beim Beurkundungsvorgang (z.B. durch den Notar, §§ 8, 13, 17 ff. BeurkG, 128 BGB) schützen (*Schutzfunktion*) und ausnahmsweise daneben eine behördliche Überwa-

[71] *B. Rüthers*, AT Rdn. 317.

[72] *W. Flume*, AT § 15 I 1; *K. Larenz*, AT § 21 I (S. 406); *H. Schlosser*, Grundzüge der Neueren Privatrechtsgeschichte (6. Aufl. Heidelberg 1988) S. 197 ff. (zum engl. Recht); *J. v. Staudinger* (– *H. Dilcher*) Rdn. 2-3 zu § 125 BGB (generell zur geschichtlichen Entwicklung).

[73] *K. Zweigert* und *H. Kötz*, Einführung in die Rechtsvergleichung auf dem Gebiete des Privatrechts, Bd. II: Institutionen (2. Aufl. Tübingen 1984) § 4.

chung – z.B. bei Kartellkontrollen[74] – sicherstellen (§ 34 GWB: *Kontrollfunktion*).

2. Die Arten der Form

Das BGB unterscheidet drei *Arten der Schriftform*: die einfache *Schriftform*[75] (§ 126 BGB), die notarielle *Beglaubigung* (§ 129 BGB) sowie die notarielle *Beurkundung*[76] (§ 128 BGB). 135

a) Schriftform (§ 126 BGB)

Sie erfordert, daß die Urkunde von dem Aussteller eigenhändig *unterzeichnet* wird (§ 126 I BGB). Im einzelnen:

aa) Wird bei einem Vertrag nur eine einzige Urkunde aufgesetzt, 136 müssen alle Vertragspartner auf derselben Urkunde unterzeichnen (§ 126 I 1 BGB); dabei muß die Unterzeichnung den Text der Urkunde räumlich abschließen. Werden *mehrere* Urkunden aufgenommen, so genügt es (aus Vereinfachungsgründen), wenn jede Partei die für die andere Partei bestimmte Urkunde unterzeichnet (§ 126 II 2 BGB), d.h. durch ihre Unterschrift räumlich abschließt.

bb) Die Unterschrift muß *eigenhändig* erfolgen. Mechanische, 137 faksimilierte Unterschriften (Faksimilestempel), Übermittlungen per Fernschreiber (anders wohl bei Telefaxübermittlung) oder Telegramme genügen nicht[77]; desgleichen nicht Handzeichen, die keine individuellen Merkmale aufweisen[78]. Eigenhändig bedeutet aber nicht, daß der Aussteller mit seinem eigenen Namen unterzeichnen muß[79]. Deshalb darf der Stellvertreter (§§ 164 ff. BGB; Rdn. 363 ff.) ohne Hinweis auf das Vertretungsverhältnis mit dem Namen des Vertretenen mit Wirkung für und gegen diesen unterzeichnen[80]. Das Vertretungsverhältnis muß aber nach außen *erkennbar* sein, sonst wird der Vertreter selbst verpflichtet (arg.

[74] *BGH, 26.2.1970 KZR 5/69 BGHZ 53, 304 (306).

[75] Die „schwächste“ der gesetzlich vorgesehenen Formen: *D. Medicus*, AT § 41 II 1 (Rdn. 616).

[76] Die „stärkste“ unter den gesetzlichen Formen: *D. Medicus*, AT § 41 II 1 (Rdn. 622).

[77] BGH, 27.5.1957 VII ZR 223/56 BGHZ 24, 297 (300) (Telegramm); 25.3.1970 VIII ZR 134/68 NJW 1970, 1079 (1080) (Faksimile).

[78] BGH, 16.6.1969 II ZR 35/68 BGHZ 52, 181 (182).

[79] BGH, 3.3.1966 II ZR 18/64 BGHZ 45, 193 (195-196).

[80] RG, 27.6.1910 VI 297/08 RGZ 74, 69 (72); das gilt heute sogar gewohnheitsrechtlich: *H. Brox*, AT Rdn. 257.

§ 164 I 2, II BGB)[81]. Tritt der Vertreter umgekehrt nach außen erkennbar (im Rahmen vorhandener Vollmacht) als Vertreter auf, will er aber in Wirklichkeit nur für sich selbst abschließen, so wird allein der Vertretene berechtigt und verpflichtet[82].

138 cc) Es ist *Unterzeichnung* erforderlich; die Unterschrift muß den Gesamttext der Urkunde räumlich abschließen. Nur das vor der Unterschrift Stehende ist also durch die Unterschrift gedeckt; Zusätze und Nachträge bedürfen daher stets der erneuten Unterzeichnung[83]. Unzureichend ist die Unterschrift auf dem die Urkunde enthaltenden versiegelten Briefumschlag[84] oder am Rand der Urkunde[85] oder – wie es in den letzten Jahren Formularunsitte der Banken und Sparkassen auf Überweisungsträgern geworden ist – rechts oben auf den Überweisungsformularen: eine „Oberschrift" ist eben keine *Unter*schrift[86].

α) *Beachte:* Auch eine *Blankounterschrift* ist rechtsverbindlich; deshalb ist es *nicht* erforderlich, daß die Unterschrift erst nach der Fertigstellung des Urkundentextes erfolgt[87]. Der über die Unterschrift gesetzte Text ist Willenserklärung dessen, der die Blankounterschrift geleistet, d.h. unterschrieben hat[88]. Dies gilt aus Gründen des Vertrauensschutzes selbst dann, wenn der über die Unterschrift gesetzte Text nicht dem Willen des Ausstellers entspricht: „Wer ein Blankett mit seiner Unterschrift aus der Hand gibt, muß auch bei einer seinem Willen nicht entsprechenden Ausfüllung des Blanketts den dadurch geschaffenen Inhalt der Urkunde einem Redlichen gegenüber, dem die Urkunde vorgelegt wird, als seine Willenserklä-

81 RG, 30.9.1919 II 105/19 RGZ 96, 286 (288-289).

82 *BGH, 5.10.1961 VII ZR 207/60 BGHZ 36, 30 (33); zur Stellvertretung vgl. auch Rdn. 363 ff.

83 *H. Brox*, AT Rdn. 255.

84 *RG, 7.2.1925 IV 485/24 RGZ 110, 166 (168).

85 *O. Palandt (– H. Heinrichs)* Rdn. 5 zu § 126 BGB.

86 BGH, 20.11.1990 XI ZR 107/89 BGHZ 113, 48 = JZ 1991, 406 (mit teilw. kritischer Anm. *H. Köhler*) = NJW 1991, 487 (der BGH hat dort auch entschieden, daß eine blanko geleistete „Oberschrift" nicht den Rechtsschein begründet, daß die darunter stehende Erklärung vom Aussteller herrührt; der Blankettgeber braucht deshalb ein abredewidrig ausgefülltes Blankett anders als im Grundfall des über der Unterschrift abredewidrig vervollständigten Blanketts (Rdn. 281) *nicht* gegen sich gelten zu lassen (hier a.A. *H. Köhler*, aaO. S. 409).

87 RG, 2.12.1911 V 266/11 RGZ 78, 26 (29).

88 *BGH, 11.7.1963 VII ZR 120/62 BGHZ 40, 65 (68).

rung gegen sich gelten lassen"[89]. Der BGH gelangt zu diesem Ergebnis über eine analoge Anwendung von § 172 II BGB (Rdn. 279-281). In solchen Fällen kommt u.U. eine Anfechtung wegen arglistiger Täuschung (§ 123 BGB)[90], ggf. auch wegen Inhaltsirrtums (§ 119 I BGB)[91] in Betracht[92], doch besteht außerhalb des Arglisttatbestands heute die Tendenz, den Aussteller ohne Zulassung einer Anfechtungsmöglichkeit an seiner Erklärung festzuhalten[93], weil er nicht schutzwürdig ist[94].

β) Beachte schließlich zwei *Sonderformen* der Schriftlichkeit: beim Bürgschaftsvertrag braucht nur die Willenserklärung des Bürgen (d.h. das *Bürgschaftsversprechen*) schriftlich abgefaßt und unterzeichnet zu sein (sog. einseitige Schriftlichkeit, vgl. § 766 S. 1 BGB), beim *Testament* ist dagegen erforderlich, daß der Erblasser die *gesamte Urkunde* mit eigener Hand *schreibt* und *unter*schreibt (sog. holographische Schriftform, vgl. § 2247 I BGB). Ein mit Schreibmaschine angefertigtes und nur unterschriebenes Testament wie im Falle des Münchener Schauspielers Walter Sedlmayr (1990) ist also unwirksam; deshalb erbte hier nicht Sedlmayers Privatsekretär, sondern kraft gesetzlicher Erbfolge des Schauspielers Verwandtschaft (§§ 1922 I, 1925 ff. BGB).

dd) Wichtige Anwendungsfälle der gesetzlichen (einfachen) 139
Schriftform sind das Stiftungsgeschäft (§ 81 BGB), Miet- und Pachtverträge mit über einjähriger Dauer (§§ 566, 581 BGB), Bürgschaftserklärungen auf Seiten des Bürgen (§ 766 S. 1 BGB) sowie Schuldversprechen und Schuldanerkenntnisse (§§ 780, 781 BGB).

Beachte dazu: *Außerhalb* des BGB gibt es gesetzliche Vorschriften, durch die unter Aufhebung des in wichtigen Fällen bestehenden gesetzlichen Formzwangs bestimmten, im Rechtsleben meist erfahreneren[95] Berufsgruppen größere Formfreiheit eingeräumt wird als der Allgemeinheit (so z.B. den *Kaufleuten* [§§ 1 ff. HGB] für deren Bürgschaftsversprechen [§§ 766 S. 1 BGB i.V.m. 350 HGB],

89 *BGH, 11.7.1963 VII ZR 120/62 BGHZ 40, 65 (LS).
90 Dazu vgl. Rdn. 283 ff.
91 Dazu vgl. Rdn. 223 ff.
92 *BGH, 11.7.1963 VII ZR 120/62 BGHZ 40, 65 (69); *BGH, 30.5.1975 V ZR 206/73 BGHZ 65, 13 (14); *K. Larenz*, AT § 33 III (S. 644).
93 *BGH, 30.5.1975 IV ZR 206/73 BGHZ 65, 13 (14); *K. Larenz*, AT § 33 III (S. 645); vgl. Rdn. 279-281.
94 *H. Brox*, AT Rdn. 376.
95 *BGH, 2.6.1976 VIII ZR 97/74 BGHZ 66, 378 (383).

Schuldversprechen und Schuldanerkenntnisse [§§ 780, 781 BGB i.V.m. 351 HGB]).

140 ee) Auf die *vertraglich* vereinbarte Schriftform finden im Zweifel die Regeln über die gesetzliche Schriftform Anwendung (§ 127 S. 1 BGB). Nach § 127 S. 2 BGB gibt es hier jedoch *Erleichterungen*: so genügen auch telegraphische Übermittlungen, zum Vertragsabschluß reicht ein Briefwechsel, und schließlich sind nach der Verkehrssitte auch mechanisch hergestellte oder faksimilierte Unterschriften akzeptabel[96]. Die Parteien können aber umgekehrt auch die Anforderungen an die Schriftform *erhöhen* (und etwa die Zustellung eines Schriftstücks durch eingeschriebenen Brief vereinbaren)[97]. Die vertraglich ausbedungene Form kann jedoch jederzeit durch – auch konkludente – Einigung wieder aufgehoben werden. Diese Aufhebung der vertraglich vereinbarten Form ist auch formfrei möglich[98], so daß die Nichtigkeitssanktion in § 125 S. 2 BGB kaum mehr von Bedeutung ist[99].

b) Öffentliche Beglaubigung (§ 129 BGB)

141 Öffentliche Beglaubigung ist das Zeugnis über die Echtheit der *Unterschrift* (oder eines Handzeichens) *und* den *Zeitpunkt* der Beglaubigung[100]. Im einzelnen:

aa) Die öffentliche Beglaubigung erfordert die Einhaltung der (einfachen) Schriftform *und* die Bestätigung (Beglaubigung) der Unterschrift des Erklärenden (*nicht* auch des Erklärungs*inhalts*, § 129 I BGB).

bb) Die öffentliche Beglaubigung erfolgt heute grundsätzlich nur noch durch den Notar (§ 129 I BGB). Nach § 1 II BeurkG gibt es in Ausnahmefällen noch für andere Stellen ein beschränktes Beglaubigungsrecht, z.B. für das Amtsgericht (§ 62 BeurkG), die Jugendämter (§ 49 JWG). Die frühere generelle (mit der des Notars konkurrierende) gerichtliche Beglaubigungszuständigkeit ist weggefallen. Auch die Beglaubigung durch eine Behörde (Kirchengemeinde, Polizei, Universität) reicht für § 129 BGB nicht aus.

cc) Öffentliche Beglaubigungen werden nach §§ 39, 40 BeurkG vorgenommen (lesen!). Sie sind u.a. vorgesehen für die Anmeldung zum Vereins- (§ 77 BGB), Güterrechts- (§ 1560 BGB) und

96 RG, 25.6.1929 VII 653/28 RGZ 125, 68 (73).
97 *H. Brox*, AT Rdn. 258.
98 MünchKomm (– *H. Förschler*) Rdn. 77 zu § 125 BGB.
99 *O. Jauernig*, Anm. 5 zu § 125 BGB.
100 BGH, 4.4.1962 V ZR 110/60 BGHZ 37, 79 (86).

Handelsregister (§ 12 HGB), für wichtige Erklärungen und Anträge gegenüber dem Grundbuchamt (§ 29 GBO) sowie für die Ausschlagung einer Erbschaft (§ 1945 BGB).

c) Notarielle Beurkundung (§ 128 BGB)

Sie erfordert die (mündlich mögliche) Abgabe einer Erklärung vor 142
dem Notar und die Aufnahme einer Niederschrift über diesen Vorgang durch den Notar gem. §§ 6 ff. BeurkG. Im einzelnen:

aa) Im Gegensatz zur öffentlichen Beglaubigung (§ 129 BGB) 143
wird das Rechtsgeschäft hier seinem ganzen Inhalt nach beurkundet, d.h. die für das Rechtsgeschäft erforderliche Erklärung wird nach Beratung durch den Notar vor diesem abgegeben, niedergeschrieben, dem Erklärenden vorgelesen, von ihm genehmigt und zuerst vom Erklärenden, dann auch vom Notar unterschrieben (Einzelheiten: §§ 8 ff. BeurkG). Der Notar stellt zwar kein Zeugnis über den Wahrheitsgehalt der vor ihm abgegebenen und von ihm bezeugten Erklärungen (Bonität), wohl aber ein Zeugnis darüber aus, daß der Erklärende (die Erklärenden) vor ihm, dem Notar, eine Erklärung oder Erklärungen des beurkundeten Inhalts auch tatsächlich abgegeben und unterschrieben hat (haben) (Verität).

bb) Die notarielle Beurkundung ist für besonders wichtige und 144
weitreichende Verträge vorgesehen für die schuldrechtliche Verpflichtung zur Übereignung des gesamten Vermögens (§ 311 BGB), für die schuldrechtliche Verpflichtung zur Veräußerung oder zum Erwerb eines Grundstücks (§ 313 S. 1 BGB), für das Schenkungsversprechen (§ 518 I 1 BGB) sowie seit 1976 nach neuem Adoptionsrecht[101] auch für die Einwilligungserklärungen des Kindes bzw. seines gesetzlichen Vertreters (§ 1746 BGB), der Eltern des Kindes (§ 1747 BGB) sowie des Ehegatten des Adoptierenden (§ 1749 BGB); heute gibt es also keinen (notariell zu beurkundenden) Adoptionsvertrag mehr (wie im alten Recht, § 1751a BGB a.F.); vielmehr erfolgt die Adoption nach dem Dekretsystem durch Ausspruch des Gerichts (§ 1752 I BGB).

cc) Ist bei Abschluß eines Vertrags die notarielle Beurkundung 145
erforderlich, so genügt nach § 128 BGB regelmäßig das Erscheinen der Vertragspartner zeitlich hintereinander. Die *gleichzeitige* Anwesenheit vor dem Notar ist also nicht erforderlich.

Beachte: Gleichzeitige Anwesenheit *beider* Vertragspartner ist

[101] Ges. v. 2.7.1976 (BGBl I. 1749).

dagegen ausnahmsweise bei der Auflassung (§ 925 I 1 BGB: hier aber Vertretung zulässig), beim Ehevertrag (§ 1410 BGB: beide Ehegatten gleichzeitig und persönlich: Vertretung unzulässig) und beim Erbvertrag (§ 2276 BGB: Erblasser und Vertragspartner gleichzeitig, Erblasser zudem nur persönlich [§ 2274 BGB]) erforderlich.

146 dd) Von besonderer Wichtigkeit sind die Formvorschriften bei *Grundstücksgeschäften* (§ 313 BGB).

α) Vor dem 1.7.1973 waren nach der bis dahin gültig gewesenen Fassung des § 313 BGB nur solche Verpflichtungen über ein Grundstück notariell beurkundungspflichtig, die auf Eigentumsübertragung (= *Veräußerung*) gerichtet waren, nicht dagegen solche gerichtet auf den *Erwerb* eines Grundstücks. Diese frühere Rechtslage gilt weiter für Verträge, die vor dem 1.7.1973 geschlossen wurden, d.h. also insoweit kein Formzwang bei bloßer Verpflichtung zum Erwerb eines Grundstücks[102]. Seit dem 1.7.1973 sind auch Verpflichtungsverträge gerichtet auf den Erwerb eines Grundstücks von den Formvorschriften des § 313 S. 1 BGB erfaßt. Der Zweck der Neuregelung besteht darin, den Eigentümer und den angesichts der Verhältnisse auf dem heutigen Grundstücksmarkt ebenfalls schutzbedürftigen[103] *Erwerber* eines Grundstücks vor dem Eingehen übereilter Verpflichtungen zu schützen (= Warnfunktion), eine sachgerechte Beratung beider Vertragspartner durch den Notar (§ 17 BeurkG) zu gewährleisten (= Schutzfunktion) und Streitigkeiten über das Zustandekommen und den Inhalt der getroffenen Vereinbarungen vorzubeugen (= Beweisfunktion)[104].

β) *Formbedürftig* ist bei *Grundstücksverträgen* sowohl die Offerte als auch die Annahmeerklärung, d.h. alle Vereinbarungen, aus denen sich nach dem Willen der Beteiligten das schuldrechtliche Verpflichtungsgeschäft zusammensetzt[105]. Es spielt keine Rolle, um welchen Typ von Verpflichtungsvertrag es sich handelt. Formzwang besteht also nicht bloß beim Grundstückskaufvertrag, sondern auch beim Grundstückstausch sowie bei Schenkungs- und Gesellschaftsverträgen über ein Grundstück, z.B. wenn bei Gründung einer Gesellschaft oder späterem Beitritt ein Gesellschafter zur Einbringung eines Grundstücks verpflichtet wird[106]. Formbedürftig ist auch

102 *BGH, 22.12.1971 V ZR 130/68 BGHZ 57, 394.
103 BT-Drucksache 7/63, BR-Drucksache 273/73.
104 BGH, 26.10.1973 V ZR 194/72 NJW 1974, 271.
105 BGH, 6.12.1973 VII ZR 17/72 NJW 1974, 272.
106 BGH, 10.1.1955 II ZR 294/53 BB 1955, 203.

der auf Veräußerung oder Erwerb einer *Eigentumswohnung* gerichtete Vertrag (§§ 313 S. 1 BGB, 4 III WEG).

Beachte: Formbedürftig ist aber nur die Verpflichtung zur Übertragung oder zum Erwerb eines Grundstücks; die Verpflichtung zur *Belastung* eines Grundstücks ist formfrei[107].

3. Folgen des Formverstoßes

a) Nichtigkeit des Rechtsgeschäfts

Ein Rechtsgeschäft, das nicht den gesetzlichen Formvorschriften 147
entspricht, ist *nichtig* (§ 125 S. 1 BGB). Ist nur für einen Teil des Rechtsgeschäfts, z.B. nur für die Willenserklärung der einen Partei (etwa beim Schenkungsversprechen für die Erklärung des Schenkenden [§ 518 I 1 BGB]), eine Form vorgeschrieben, führt dies gem. § 139 BGB in der Regel zur Nichtigkeit des ganzen Rechtsgeschäfts. Formbedürftig sind auch *nachträgliche Abänderungen* eines formbedürftigen Rechtsgeschäfts, soweit der durch die Formvorschrift zu Schützende des Schutzes bedarf[108]. Die Einhaltung bestimmter Formvorschriften kann auch *vertraglich* vereinbart werden; fehlt es dann an der vereinbarten Form, ist der Vertrag (nur) im Zweifel (ebenfalls) nichtig (§ 125 S. 2 BGB).

aa) *Beachte:* Wo das Gesetz dies ausdrücklich anordnet, kann der 148
an sich Nichtigkeit auslösende Formmangel dadurch geheilt werden, daß das formnichtige Rechtsgeschäft erfüllt wird (lies §§ 313 S. 2, 518 II, 766 S. 2 BGB). Voraussetzung dafür ist aber, daß der Formmangel der einzige Nichtigkeitsgrund war. Andere Mängel, die zur Nichtigkeit führen können, z.B. Willensmängel, Verstöße gegen ein gesetzliches Verbot (§ 134 BGB) oder gegen die guten Sitten (§ 138 BGB), werden von der Heilung im Sinne dieser Normen nicht erfaßt[109]. Die in § 313 S. 2 BGB vorgesehene *Heilung des Formmangels* tritt auch dann ein, wenn bei (im übrigen rechtswirksamer Auflassung gem. §§ 873, 925 BGB) der Eigentumserwerb nur kraft guten Glaubens erfolgt (§§ 873 i.V.m. 891, 892 BGB)[110].

bb) Auf die durch § 125 S. 1 BGB *zwingend* angeordnete 149

[107] MünchKomm (– *R. Kanzleiter*) Rdn. 21 zu § 313 BGB.

[108] *H. Brox*, AT Rdn. 263: solchen Schutzes bedarf etwa der auf eine bestimmte Summe haftende Bürge nicht, wenn die Haftungsgrenze nachträglich *herabgesetzt* wird: hier reicht es dann, wenn der Bürge mit der Herabsetzung formlos einverstanden ist.

[109] BGH, 8.11.1968 V ZR 60/65 DNotZ 1969, 350.

[110] *BGH, 24.2.1967 V ZR 75/65 BGHZ 47, 266 (270).

Nichtigkeitsfolge beim Formmangel kann sich grundsätzlich jede Vertragspartei zu jeder Zeit berufen. Dies gilt gerade regelmäßig auch dann, wenn *beide* Vertragsteile bewußt gegen die Formvorschriften verstoßen haben, und zwar unabhängig von den zugrundeliegenden Beweggründen, da die gesetzlichen Formvorschriften im Interesse der Rechtssicherheit nicht aus bloßen Billigkeitserwägungen oder aus subjektiven Erwägungen unbeachtet gelassen werden dürfen[111].

b) Folgen der Nichtigkeit

150 Die mit dem formnichtigen Vertrag *beabsichtigten* Rechtsfolgen können hier also grundsätzlich *nicht* eintreten (§ 125 S. 1 BGB); die unwirksam vereinbarte Leistung kann deshalb grundsätzlich auch nicht eingefordert werden.

aa) Ersatz des negativen Interesses

151 Doch ist die Formnichtigkeit des Rechtsgeschäfts auch hier nicht folgenlos. Die Parteien haben miteinander geschäftlichen Kontakt gehabt und Vertragverhandlungen geführt; es kann sein, daß sie *beide* nicht an die einschlägigen Formvorschriften bzw. deren Einhaltung gedacht haben. In diesem Fall werden sie abgesehen von der (ihrer Interessenlage u.U. nicht entsprechenden, aber geschuldeten) *Rückgewähr* einander schon erbrachter Leistungen nach Bereicherungsrecht (§§ 812 ff. BGB) allenfalls (und ggf. unter Berücksichtigung mitwirkenden Verschuldens gem. § 254 BGB) an den *Ersatz etwaigen Vertrauensschadens* denken können, der ihnen durch das fahrlässige Verhalten der anderen Seite entstanden ist. Ein zum Ersatz des Vertrauensschadens verpflichtendes Verschulden bei Vertragsabschluß (*culpa in contrahendo*) kann ja gerade auch darin bestehen, daß der eine Teil schuldhaft – etwa dadurch, daß er gegen Aufklärungs- und Sorgfaltspflichten verstößt – im anderen das Vertrauen auf das Zustandekommen eines später nicht bzw. nicht wirksam abgeschlossenen Vertrags erweckt (Rdn. 91) und ihn dadurch zu Aufwendungen veranlaßt[112]; das gilt auch für Verhandlungen über den Abschluß von Verträgen, die gesetzlichen Formvorschriften (z.B. § 313 S. 1 BGB) unterliegen[113]. Aber dieser Gesichtspunkt führt regelmäßig nur zum Ersatz des *negativen*

[111] *BGH, 22.6.1973 V ZR 146/71 NJW 1973, 1455 (1456); vgl. aber auch Rdn. 151-156.

[112] *BGH, 12.11.1986 VIII ZR 280/85 BGHZ 99, 101.

[113] BGH, 14.7.1967 V ZR 120/64 NJW 1967, 2199.

Interesses; der Vertragspartner muß so gestellt werden, wie er stünde, wenn er sich auf die Verhandlungen nie eingelassen hätte. Dem Ersatz des positiven Interesses, d.h. den Vertragspartner so zu stellen, wie wenn der Vertrag ordnungsgemäß erfüllt worden wäre, steht die gerade auch in solchen Situationen ernst zu nehmende Nichtigkeitssanktion von § 125 S. 1 BGB entgegen; ob diese Maxime freilich stets in solchen Fällen das letzte Wort sein muß, kann unter besonderen Umständen gleichwohl zweifelhaft sein (Rdn. 152-156).

bb) Ersatz des positiven Interesses

Schwerer noch wiegt ein Fall, in dem der *Geschäftserfahrenere*, der 152
es eigentlich besser wissen müßte, den anderen unter Einsatz seines Ansehens oder Gewichts von der Einhaltung der Formvorschriften *abbringt*, sich dann aber später, wenn ihm das Geschäft nicht mehr zusagt, auf die Formnichtigkeit beruft (Rdn. 149). Hier würde man an eine strengere Beurteilung zu denken haben und über den Vertrauensschaden hinaus eine auf das positive Interesse, das Erfüllungsinteresse gerichtete Schadensersatzhaftung eintreten lassen müssen[114].

Eine auf das *Erfüllungsinteresse* gerichtete Haftung kann indes 153
nur unter *außergewöhnlichen* Umständen in Betracht gezogen werden, zumal das Gesetz selbst für die vertragliche Einigung eine Form zwingend vorschreibt (z.B. § 313 S. 1 BGB), bei deren Nichtbeachtung wegen der besonderen Bedeutung des Geschäftsgegenstands (z.B. Grundstück) eine Bindung der Vertragspartner ohne Einhaltung der Form gerade ausgeschlossen sein soll (§ 125 S. 1. BGB). Eine auf das Erfüllungsinteresse gerichtete Haftung käme einer Umgehung des Gesetzes gleich, weil auf dem Umweg über sie alle Rechtswirkungen des nichtigen Vertrags herbeigeführt werden könnten[115]. Die „Durchbrechung des Formzwangs aus Gründen der Einzelfallgerechtigkeit“[116] muß deshalb auf wenige Ausnahmen beschränkt bleiben[117].

α) Die Rechtsprechung hat deshalb die grundsätzlich zulässige 154

[114] In diese Kategorie fällt sicher auch der von *H. Brox*, AT Rdn. 268 gebildete Fall.

[115] BGH, 20.6.1952 V ZR 34/51 BGHZ 6, 330 (333).

[116] *H. Brox*, AT Rdn. 265.

[117] Einzelfälle über das hier Folgende hinaus finden sich bei *W. Erman* (– *H. Brox*) Rdn. 23 ff. zu § 125 BGB; *H. Köhler*, PdW BGB SchuldR AT Fall 57 (S. 83-85).

Berufung auf den Formmangel und die Nichtigkeit des Vertrags gem. § 125 S. 1 BGB (Rdn. 149) nur dann versagt, wenn es nach allen Umständen mit Treu und Glauben (§ 242 BGB) schlechthin unvereinbar wäre, die vertragliche Vereinbarung allein am Formmangel scheitern zu lassen[118]. Das Ergebnis der gesetzlichen Folgen aus nicht beachtetem Formzwang (= Nichtigkeit) muß für die betroffene Partei aber nicht bloß hart, sondern *schlechterdings untragbar* sein[119]. Liegen diese strengen Voraussetzungen vor, ist das (nichtige) Rechtsgeschäft trotz seines Formmangels ausnahmsweise als gültig zu behandeln: es besteht in solchen Ausnahmefällen dann ein auf § 242 BGB gestützter Erfüllungsanspruch.

Beispiel: Die Beklagte (ein bedeutendes wirtschaftliches Unternehmen) hatte an den Kläger (ihren früheren Angestellten) in privatschriftlichem Vertrag (= nichtig, §§ 313 S. 1, 125 S. 1 BGB) ein Grundstück verkauft. Die Beklagte hatte den Kläger unter Einsatz ihres Gewichts und ihres Ansehens sowie durch den Hinweis, daß sie ihren Verpflichtungen ohne Rücksicht darauf nachzukommen pflege, ob diese Verpflichtungen mündlich, schriftlich oder notariell übernommen worden seien, demgemäß einen privatschriftlichen Vertrag einem notariellen auch als gleichwertig anzusehen pflege, zum Absehen von der Einhaltung der vorgeschriebenen notariellen Form veranlaßt. Der BGH verurteilte die Beklagte gem. § 242 BGB zur Auflassung des Grundstücks an den Kläger (§§ 873, 925 BGB), obwohl *beiden* Vertragsparteien klar war, daß sie seinerzeit bewußt auf die Einhaltung zwingender Formerfordernisse (§ 313 S. 1 BGB) verzichtet hatten. Dem Urteil ist zuzustimmen[120]. Die Beklagte hatte im vom BGH entschiedenen Fall „unter Einsatz ihrer Bedeutung und ihres Ansehens sowie unter Hinweis auf ihre Geschäftsgepflogenheiten in so nachdrücklicher Weise die Erfüllung des formnichtigen Vertrags in Aussicht gestellt, daß sie sich ohne Verstoß gegen Treu und Glauben nicht von dem Vertrag lossagen kann. Ihre spätere Berufung auf die Formnichtigkeit des Vertrags stellt ohne Rücksicht darauf, daß sich der Kläger nicht in einem Irrtum über dessen Formbedürftigkeit befunden hat, eine

[118] BGH, 9.10.1970 V ZR 191/67 NJW 1970, 2210 (2211); 26.6.1988 II ZR 143/87 NJW 1989, 166 (167); zur Entwicklung der Rechtsprechung s.a. *J. v. Staudinger* (– *H. Dilcher*) Rdn. 38-41 zu § 25 BGB.

[119] BGH, 3.12.1958 V ZR 28/57 BGHZ 29, 6(10); 25.2.1966 V ZR 126/64 BGHZ 45, 179 (182); vgl. dazu auch *O. Jauernig*, Anm. 7 zu § 125 BGB.

[120] Vgl. auch schon *RG, 21.5.1927 V 476/26 RGZ 117, 121 (Edelmannfall).

unzulässige Rechtsausübung dar“[121]. Der Anspruch des Klägers auf Auflassung des Grundstücks an ihn bestand unter diesen besonderen Umständen deshalb zu Recht, weil er angesichts des massiven Auftretens der Beklagten schutzwürdig war und jede diesen Schutz versagende Entscheidung unerträglich gewesen wäre.- Von diesem Fall zu unterscheiden sind jene, in denen sich die Parteien frank und frei und ohne massive Einflußnahme des einen auf den anderen über zwingende Formvorschriften hinwegsetzen; sie sind *nicht* schutzwürdig. „Wer sich statt auf das Recht auf ein ‚Edelmannswort' verläßt, muß es hinnehmen, wenn der ‚Edelmann' sein Wort nicht hält“[122]. *Volenti non fit iniuria.*

β) Die Literatur hat versucht, das Untragbarkeitskriterium durch 155
Bildung von *Fallgruppen* eingrenzbarer zu machen[123]. Unzweifelhaft ist derzeit wohl nur, daß ein Erfüllungsanspruch aus § 242 BGB besteht, wenn die eine Vertragspartei die andere über die Formbedürftigkeit des Vertrags arglistig getäuscht hat[124] oder wenn bei im ganzen sehr verschiedenartigen Fallgestaltungen die Billigkeitskontrolle ergibt, daß die Anwendung von § 125 S. 1 BGB im Einzelfall zu „schlechthin untragbaren“[125] Ergebnissen führen würde[126]. Einzelheiten sind umstritten; für die heterogene Fallgruppe mit indizierter Billigkeitskontrolle sollte Maßstab sein, daß entweder beide Parteien auf die Formgültigkeit ihrer Abmachungen vertraut haben müssen[127] oder die eine Seite unter massiver Ausnutzung ihres Einflusses oder ihrer Überlegenheit die andere davon abgehalten hat, die als notwendig erkannte Form ihrerseits einzuhalten bzw. auf ihrer Einhaltung zu bestehen. Arglist braucht in solchen Fällen nicht vorzuliegen. Die schützenswerte *Entschließungsfreiheit* des einen kann auch auf andere erdrückende Weise unerträglich beeinträchtigt sein, etwa durch die vom anderen nachgerade erzwungene Rücksichtnahme auf seine „Geschäftsgepflogenheiten“ und Konditionen[128].

γ) Beachte: Unanwendbar ist § 242 BGB daher nicht nur in den 156

121 *BGH, 27.10.1967 V ZR 153/64 BGHZ 48, 396 (399-400).
122 *W. Flume*, AT § 15 III 4c (S. 279-280); s.a. *RG, 21.5.1927 V 476/26 RGZ 117, 121 (Edelmannfall), und dazu auch *D. Medicus*, BürgerlR § 9 II 1 (Rdn. 181).
123 Vgl. etwa *W. Flume*, AT § 15 III 4c-d (S. 276-291).
124 *H. Brox*, AT Rdn. 265-270.
125 Vgl. dazu BGH, 3.12.1958 V ZR 28/57 BGHZ 29, 6 (10).
126 Zutr. *B. Rüthers*, AT Rdn. 180 ff.
127 Zum Ganzen auch *D. Medicus*, BürgerlR § 9 II (Rdn. 180 ff.).
128 *BGH, 27.10.1967 V ZR 153/64 BGHZ 48, 396 ist ein gutes Beispiel.

„Edelmannfällen“[129], sondern erst recht beim Schwarzkauf (Rdn. 131)[130]. Und schließlich sei Vorsicht auch im Umgang mit Juristen geboten (!): Wer bei Vertragsverhandlungen durch einen Juristen vertreten war, kann sich wegen der Anwendung von § 166 I BGB regelmäßig nicht auf die eigene Unkenntnis vom Formmangel berufen[131].

V. Nichtigkeit wegen rechtlich mißbilligten Inhalts (§§ 134, 138 BGB)

157 Privatautonomie kann sich nur im Rahmen der Rechtsordnung entfalten (vgl. erneut Art. 2 GG). Wenn die Rechtsordnung ein bestimmtes Rechtsgeschäft nicht gestattet, kann es nicht wirksam werden. Auch das BGB enthält an vielen Stellen Einschränkungen der Privatautonomie; hierhin gehören etwa der Typenzwang im Sachenrecht[132], im Erbrecht und in wichtigen Teilen des Familienrechts[133], aber auch das zum Schutz des sozial Schwächeren zwingende Recht des BGB etwa im Bereich der Wohnungsmiete (§§ 556a, 564b BGB)[134] und im Reisevertragsrecht (§§ 651a-651k BGB). Soweit die Rechtsordnung den Rechtserfolg mißbilligt, kann er nicht eintreten; auf diesen Grundgedanken beruhen auch die §§ 134 und 138 BGB. Deshalb führen Verstöße gegen ausgesprochene gesetzliche Verbote (§ 134 BGB) oder gegen die ungeschriebenen Verbote der „guten Sitten“ (§ 138 BGB) grundsätzlich zur Nichtigkeit[135].

Beachte: Dagegen führen Verstöße gegen Verbote, die nur *einzelne* Personen schützen sollen, nur zur Unwirksamkeit *ihnen* gegenüber, also nur zur sogenannten *relativen* Unwirksamkeit (§§ 135, 136 BGB)[136] im Gegensatz zur hier dargestellten *absoluten* Unwirksamkeit.

129 Vor allem *RG, 21.5.1927 V 476/26 RGZ 117, 121; dazu *W. Flume*, AT § 15 III 4c (S. 279-280).
130 BGH, 26.10.1979 V ZR 88/77 NJW 1980, 451; vgl. auch Rdn. 131.
131 BGH, 19.1.1979 I ZR 172/76 DNotZ 1979, 332 (335).
132 Zum Typenzwang im Sachenrecht vgl. *G. Boehmer*, Einführung 231-245.
133 *D. Medicus*, AT § 43 I 2 (Rdn. 645).
134 *H. Brox*, SchuldR BT Rdn. 155, 203a-203e.
135 Lesenswert: *H. Buchner*, „Übungsklausur Zivilrecht. Fall zur Vertragsschlußlehre“, Jura 1979, 149-153.
136 Dazu vgl. unten Rdn. 342 ff.

1. Verstoß gegen ein gesetzliches Verbot (§ 134 BGB)

Ein Rechtsgeschäft, das gegen ein gesetzliches Verbot verstößt, 158
ist null und *nichtig*, wenn sich aus dem Gesetz selbst nichts anderes ergibt (§ 134 BGB), und zwar auch dann, wenn sich das die Nichtigkeitssanktion auslösende gesetzliche Verbot nicht ausdrücklich aus einer bestimmten gesetzlichen *Einzelnorm*, wohl aber aus den tragenden *Grundgedanken der Rechtsordnung* ergibt[137].

a) Verbotsnormen

§ 134 BGB sagt selbst nicht, ob eine Rechtsnorm ein gesetzliches 159
Verbot enthält und ob bei einem Verstoß gegen dieses Verbot die Nichtigkeitssanktion auch eingreift. Die Frage, ob ein Gesetzesverstoß die harte Konsequenz der Nichtigkeit nach sich zieht, ist vielmehr durch Auslegung nach *Sinn und Zweck* der jeweiligen Verbotsnorm zu ermitteln[138]. Nur wenn die Auslegung der Verbotsvorschrift ergibt, daß diese sich gegen den *Inhalt* des Rechtsgeschäfts, also vor allem gegen die privatrechtliche Wirksamkeit und damit gegen den wirtschaftlichen Erfolg des verbotswidrigen Rechtsgeschäfts richtet, greift die Nichtigkeitssanktion des § 134 BGB ein[139]. Dagegen bleibt es bei der Wirksamkeit des Rechtsgeschäfts, wenn bei seinem Abschluß zwar gegen eine Ordnungsvorschrift verstoßen wurde, deren Zweck es ist, Art und Weise der Leistungshandlung zu regeln, aber nicht, den Erfolg des Rechtsgeschäfts mit der ganzen Härte der Nichtigkeitssanktion zu verhindern[140]. Deshalb kann man von einer „Subsidiarität der Nichtigkeit" sprechen[141]. So ist beispielsweise ein Kaufvertrag nicht deshalb nichtig, weil er nach Ladenschluß vorgenommen wurde[142]; auch ein Vertrag zwischen einem Wirt und einem Gast über ein Glas Bier bleibt in seiner privatrechtlichen Wirksamkeit unberührt, selbst wenn der Aus-

137 *BGH, 19.12.1968 VII ZR 83 u. 84/66 BGHZ 51, 255 (262): Nichtigkeit eines Schiedsvertrags, der gegen das Gebot überparteilicher Rechtspflege verstößt.

138 *D. Medicus*, AT § 43 I 3 (Rdn. 646).

139 BGH, 22.9.1983 VII ZR 43/83 BGHZ 88, 240 (242).

140 *H. Brox*, AT Rdn. 277; *H.Th. Soergel* (– *W. Hefermehl*) Rdn. 20 zu § 134 BGB.

141 *J. v. Staudinger* (– *H. Dilcher*) Rdn. 3 zu § 134 BGB.

142 *K. Larenz*, AT § 22 II (S. 432: hier die Unwirksamkeit des meist nur Gegenstände von nicht sehr hohem Wert betreffenden Geschäfts anzunehmen, hieße „mit Kanonen nach Spatzen schießen"); *D. Medicus*, AT § 43 II 2 (Rdn. 648-650).

schank nach der Polizeistunde stattfindet[143]. In solchen Fällen des Verstoßes gegen eine bloße Ordnungsvorschrift ergibt sich aus der Auslegung der jeweiligen Verbotsnorm, daß das Rechtsgeschäft selbst nicht nichtig sein soll (lies § 134 BGB: „ist nichtig, wenn sich nicht aus dem Gesetz ein anderes ergibt")[144].

aa) Folgen des Gesetzesverstoßes

160 Soweit nach dem soeben Gesagten die Nichtigkeit eines Rechtsgeschäfts wegen Gesetzesverstoßes gemäß § 134 BGB vorgesehen ist, tritt diese Nichtigkeit *ipso iure*, also grundsätzlich und kraft des Unwerturteils der Rechtsordnung gegenüber jedermann automatisch ein. Es genügt ein objektiver Gesetzesverstoß. Verschulden ist nicht erforderlich[145]. Im einzelnen:

161 α) *Gesetzliche Verbote* sind solche der Reichs-, Bundes- und Landesgesetze[146], auch Rechtsverordnungen[147], wohl grundsätzlich auch Tarifverträge[148], dagegen *nicht* ausländische Gesetze[149] oder (die inzwischen aufgehobenen) Gesetze[150] der früheren DDR. So verstießen z.Z. des Bestehens der DDR auch entgeltliche sog. Fluchthelferverträge damals nicht gegen § 134 BGB; ausnahmsweise (und eben keineswegs als Regel) kam ein Verstoß gegen § 138 BGB in Betracht[151].

(1) Zunächst sind aus dem engeren Bereich des *Bürgerlichen Rechts* eine Reihe von gesetzlichen Verboten mit Nichtigkeitsfolge zu nennen: so kann die im rechtsgeschäftlichen Bereich grundsätzlich zulässige Stellvertretung (Rdn. 363 ff.) durch eine gesetzliche

143 RG, 9.12.1921 VII 208/21 RGZ 103, 263 (264-265).
144 Vgl. dazu auch BGH, 22.9.1983 VII ZR 43/83 BGHZ 88, 240 (242-243).
145 *BGH, 12.7.1962 VII ZR 28/61 BGHZ 37, 363 (366).
146 Vgl. Art. 2 EGBGB; *O. Jauernig*, Anm. 3 zu § 134 BGB; *O. Palandt* (– *H. Heinrichs*) Rdn. 2 zu § 134 BGB.
147 *H. Brox*, AT Rdn. 275.
148 Vgl. LAG Saarbrücken 2.2.1966 1 Sa 60/65 NJW 1966, 2136 (2137).
149 RG, 17.6.1939 II 19/39 RGZ 161, 296 (299); differenzierend *D. Medicus*, AT § 43 II 4 (Rdn. 658).
150 Die *Gerichte* der früheren DDR waren *deutsche* Gerichte; insbesondere auch ihren Strafurteilen kam „grundsätzlich dieselbe Verbindlichkeit … [zu] wie den Strafurteilen von Gerichten im Geltungsbereich des Grundgesetzes", doch unterlag ihre Hinnahme durch die Rechtsordnung der Bundesrepublik auch damals „Schranken, die sich aus der verfassungsmäßigen Ordnung des Grundgesetzes" ergaben, BGH, 9.7.1985 VI ZR 214/83 BGHZ 95, 212 (217).
151 *BGH, 29.9.1977 III ZR 164/75 BGHZ 69, 295 (Fluchthelferverträge).

Spezialnorm ausgeschlossen sein mit der Folge, daß die Willenserklärung des Vertreters ohne Genehmigungsmöglichkeit durch den Vertretenen nichtig ist. So ist bei höchstpersönlichen Rechtsgeschäften, die z.B. im Familien- und Erbrecht auftreten, eine Stellvertretung *unzulässig*. Beispiele dafür sind die Eheschließung (§ 13 EheG), die Anfechtung der Ehelichkeit eines Kindes (§ 1595 I 1 BGB) und letztwillige Verfügungen (§§ 2064, 2274, 2284 BGB).

(2) Aus dem *weiteren* Bereich des *Zivilrechts* sind wegen Verstoßes gegen gesetzliche Verbote nichtig etwa Verträge, die gegen die Bestimmungen des Lebensmittelrechts verstoßen (Rdn. 348), auch Doppelarbeitsverhältnisse bei sehr erheblicher Überschreitung der gesetzlichen Höchstarbeitszeit[152], Verzichterklärungen in bezug auf Urlaubsentgeltungsansprüche entgegen § 13 I BUrlG[153], Arbeitsverträge mit einer verbotenen politischen Partei ab deren Auflösung[154], Rechtsberaterverträge mit nicht zugelassenem Rechtsberater[155], Verträge mit dem Hauptzweck der Steuerhinterziehung[156] und beispielsweise u.U. auch Verträge über verbotene Schwarzarbeit[157]. Hier wie auch sonst ist aber entscheidend, ob das Gesetz sich nicht nur gegen den Abschluß des Rechtsgeschäfts wendet (dann wirksam)[158], sondern darüber hinaus auch gegen seine privatrechtliche Wirksamkeit und damit gegen seinen wirtschaftlichen Erfolg (dann nichtig)[159]. Eine für alle Beteiligten geltende Straf- oder Bußgeldandrohung gibt dabei oft einen gewichtigen Hinweis darauf, daß die Rechtsordnung verbotswidrigen Verträgen die Wirksamkeit versagen will[160].

(3) Die eigentliche Bedeutung des § 134 BGB liegt deshalb wohl eher bei den Verbotsgesetzen, die nicht dem Zivilrecht angehören[161]; einige gem. § 134 BGB zur Nichtigkeit führende Verbotsnormen finden sich vor allem im *Strafrecht*: § 259 StGB verbietet die

152 BAG, 19.6.1959 1 AZR 565/57 BAGE 8, 47 (50).
153 BAG, 31.7.1967 5 AZR 112/67 BAGE 20, 24 (25).
154 BAG, 12.2.1959 1 AZR 354/58 BAGE 7, 223 (226).
155 BGH, 10.11.1977 VII ZR 321/75 BGHZ 70,12 (17).
156 BGH, 9.6.1954 II ZR 70/53 BGHZ 14, 25 (39).
157 *OLG Karlsruhe, 26.10.1976 8 U 111/75 NJW 1977, 2076.
158 Beispiel aus dem Bereich der Schwarzarbeit: *BGH, 19.1.1984 VII ZR 121/83 BGHZ 89, 369.
159 Beispiel aus dem Bereich der Schwarzarbeit: *BGH, 23.9.1982 VII ZR 183/80 BGHZ 85, 39; 31.5.1990 VII ZR 336/89 NJW 1990, 2542 (dazu *K. Schreiber*, JK 1991 BGB § 134/7).
160 *BGH, 19.1.1984 VII ZR 121/83 BGHZ 89, 369 (372).
161 *D. Medicus*, AT § 43 I 3 (Rdn. 646).

Sachhehlerei mit der zivilrechtlichen Konsequenz aus § 134 BGB; §§ 331 ff. StGB verbieten die Beamtenbestechung mit derselben zivilrechtlichen Konsequenz. Jedoch sind beileibe nicht alle strafrechtlichen Verbotsnormen solche, die nach § 134 BGB auch die Nichtigkeit des verbotswidrig vorgenommenen Geschäfts nach sich ziehen: das betrügerische Geschäft (§ 263 StGB) ist gerade *nicht* nichtig, weil sich aus dem Gesetz (lies § 123 BGB) ein anderes ergibt (lies § 134 BGB): es ist bloß anfechtbar (vernichtbar).

162 β) Umstritten ist, ob das Verfassungsrecht in Form der *Grundgesetzartikel* Verbotsgesetze i.S.v. § 134 BGB enthält. Nach einigen Entscheidungen des Bundesarbeitsgerichts sollen Vereinbarungen mit auflösender Bedingung der Beendigung des Arbeitsverhältnisses im Falle der Eheschließung des Arbeitnehmers (also Arbeitsverträge mit Zölibatsklauseln) wegen Verstoßes gegen Artt. 1, 2 und 6 I GG gem. § 134 BGB nichtig sein; desgleichen wegen Verstoßes gegen Art. 3 I und II GG Tarifvereinbarungen über niedrigere Lohnabschlüsse für Frauen gegenüber Tariflöhnen für Männer bei gleicher Arbeit. Da es nach h.L. indessen *keine* sog. *unmittelbare Drittwirkung* der Grundrechte auf die Privatrechtsordnung gibt (Rdn. 164, 176), ist diese Auffassung auf Kritik gestoßen. Die genannten Vereinbarungen sind nach dieser Lehre *nicht unmittelbar* gem. § 134 BGB, wohl aber regelmäßig (mittelbar) nach § 138 BGB nichtig[162] (s. dazu Rdn. 164, 174-176).

163 γ) Beachte aber: Gem. § 611a BGB (in Kraft seit 14.8.1980[163]) soll das in Art. 3 GG statuierte *Gleichbehandlungsgebot* im gesamten *Arbeitsrecht* unabhängig von der umstrittenen Drittwirkung der Grundrechte bindend verwirklicht werden[164]. Geschlechtsbezogene Ungleichbehandlung im Arbeitsleben ist abgesehen von den in § 611a I 2 BGB genannten Sonderfällen (z. B.: Frau als Mannequin einer Damenbekleidungsfirma, Mann als Tenor, Jungen im Knabenchor) ein Verstoß gegen ein gesetzliches Verbot und deshalb seither gem. § 134 BGB nichtig. Die Nichtigkeit bezieht sich aber auf keinen Fall auf das Arbeitsverhältnis des unter Verletzung des Gleichheitsgebots bevorzugten (z.B. eingestellten oder beförderten) Arbeitnehmers. Die neue Gesetzesnorm hat sich

162 Nachw. bei *O. Palandt* (– *H. Heinrichs*) Rdn. 15 zu § 134 BGB (Arbeitsverträge); generell dazu auch *J. v. Staudinger* (– *H. Dilcher*) Rdn. 12-13, 16-19 zu § 134 BGB.

163 Ges. v. 13.8.1980 (BGB1. I. 1308).

164 Zur Drittwirkung von Grundrechten im Arbeitsrecht vgl. *O. Jauernig* (– *P. Schlechtriem*) Anm. II 2a vor § 611 BGB.

daher schon vor ihrem Inkrafttreten herbe Kritik gefallen lassen müssen[165], sie ist mißglückt, da mit ihr nicht erreicht werden kann, was ihre Väter damit erreichen wollten[166].

bb) Mittelbare Drittwirkung der Grundrechte

Nach h.M.[167] wirken die Grundrechte nur über die *Generalklauseln* des BGB (§§ 138, 242, 826) in das Privatrecht ein, sind daher im allgemeinen keine Verbotsgesetze i.S.v. § 134 BGB (womit sich die Theorie der bloß *mittelbaren Drittwirkung der Grundrechte* im Privatrecht durchgesetzt hat [Rdn. 176]. Es gibt allerdings auch einige Grundrechte und Grundgesetzartikel, die *unmittelbare* Verbotsschranken auch für das Privatrecht enthalten. Verstöße gegen sie sind deshalb entweder kraft eigener Anordnungen oder nach § 134 BGB nichtig. 164

Beispiele: Absprachen gegen das Grundrecht der positiven wie negativen Koalitionsfreiheit sind nichtig (Art. 9 III GG), ohne daß es überhaupt des Rückgriffs auf § 134 BGB bedarf[168]; gegen die negative Koalitionsfreiheit gerichtete closed-shop-Absprachen nach (früheren) britischen Gewerkschaftspraktiken hätten deshalb vor unserer Rechtsordnung keinerlei Bestand[169]. Art. 48 II GG statuiert den Vorrang der Abgeordnetentätigkeit vor Pflichten aus Arbeits- oder Gesellschaftsverträgen[170]; diesen Vorrang mißachtende Vereinbarungen sind gem. § 134 BGB nichtig. Art. 38 I 2 GG garantiert das freie Abgeordnetenmandat (Norm lesen!): Absprachen, die auf ein imperatives Mandat oder sonstige Bindungen (etwa Bindungen an „die Basis“ oder an Mitgliedervollversammlungen) hinausliefen, sind nichtig (§ 134 BGB); nichtig ist auch die

165 Vgl. *R. Richardi*, Deutscher Bundestag, 8. Wahlperiode, Enquetekommission Frau und Gesellschaft, Öffentliche Anhörung v. 5.-7.9.1979, S. 83, 159.

166 *K. Adomeit*, „Gleichbehandlung von Mann und Frau bei Einstellung von Arbeitnehmern“, in Betr. 1980, 2388-2389.

167 *BVerfG, 15.1.1958 1 BvR 400/51 BVerfGE 7, 198 (206 [Lüth-Urteil]); *K. Larenz*, AT § 4 III; *O. Palandt* (– *H. Heinrichs*) Rdn. 4 zu § 134 BGB, Rdn. 7 zu § 242 BGB; für den bes. interessanten Bereich Arbeitsrecht vgl. *P. Hanau/K. Adomeit*, Arbeitsrecht (9. Aufl. Frankfurt/M. 1988) B II 1 (S. 38-39), C I 4c (S. 60).

168 *D. Medicus*, AT § 46 III 4 (Rdn. 693-694).

169 *P. Hanau/K. Adomeit*, Arbeitsrecht (9. Aufl. Frankfurt/M. 1988) C I 4c (S. 60).

170 BGH, 6.5.1965 II ZR 82/63 BGHZ 43, 384 (387).

Verpflichtung, beim Parteiwechsel das Mandat niederzulegen oder eine entsprechende Vertragsstrafe zu zahlen[171].

b) Umgehungsgeschäfte

165 Die Rechtsfolge von § 134 BGB (Nichtigkeit) erfaßt auch die sog. *Umgehungsgeschäfte* (Rdn. 129, 199), also Rechtsgeschäfte, durch die der von der Verbotsnorm mißbilligte (z.B. wirtschaftliche) Erfolg auf einem von der Verbotsnorm unmittelbar nicht erfaßten Umweg erzielt werden soll (Rdn. 129).

Beispiele: Nichtige Umgehungsgeschäfte sind etwa die sog. *Kastellanverträge*, mit denen das Erfordernis einer Erlaubnis (Konzession) umgangen werden soll. Ist etwa dem Gastwirt G wegen Trunksucht die Schankerlaubnis entzogen, dem Fleischer F die Erlaubnis zur Eröffnung einer Metzgerei mit eigener Schlachterei wegen Nichterfüllung der persönlichen Voraussetzungen (z.B. Meistertitel) versagt worden, so ergibt sich aus dem Verbotscharakter der einschlägigen Bestimmungen (Gaststättengesetz, Gewerbeordnung), daß weder F noch G den beantragten Betrieb führen dürfen. Dieses Verbot würde umgangen, wenn es ihnen durch Verträge mit anderen rechtlich möglich wäre, sich trotzdem in die gewünschte Stellung „einzukaufen", im Falle G etwa durch Verkauf der Gaststätte, im Falle F durch Einkauf in die Fleischerei, in jeweiliger Verbindung mit der Vereinbarung eines Angestelltenverhältnisses, kraft dessen G bzw. F die alleinige Geschäftsführungsbefugnis und mit ihr das Recht zur Führung des Betriebs erlangen könnte; solche Geschäfte sind deshalb gem. § 134 BGB nichtig[172]. – Die Voraussetzungen, unter denen eine Gemeinde gegen einen Gewerbetreibenden einen Gewerbesteueranspruch hat, sind ausschließlich im Steuerrecht (hier: §§ 4, 28 ff. GewStG) festgelegt; weder kann die Gemeinde zusätzliche Steuern mit dem Gewerbetreibenden vereinbaren[173], noch kann die Steuerpflicht mit privatrechtlichen Mitteln beschränkt werden[174]: beides scheitert an § 134 BGB.

[171] LG Braunschweig, 8.4.1970 5 O 24/70 DVBl.1970, 591.
[172] RG, 11.4.1906 VI 305/05 RGZ 63, 143 (145) (Gaststätte); LG Berlin, 3.1.1956 65 S 327/55 JR 1956, 304 (Schlächterei); BGH, 24.9.1979 II ZR 95/78 BGHZ 75, 214 (Apotheke).
[173] BGH, 14.4.1976 VIII ZR 253/74 BGHZ 66, 199 (202).
[174] RG, 27.3.1913 VII 32/13 RGZ 82, 326 (329).

c) Rückabwicklung des nichtigen Rechtsgeschäfts

Was ein Beteiligter aufgrund des gem. § 134 BGB nichtigen Geschäfts geleistet hat, das kann er bei der geschuldeten *Rückabwicklung des nichtigen Rechtsgeschäfts* zurückfordern. 166

aa) Nichtigkeit des Verpflichtungsgeschäfts

Richtete sich das Verbotsgesetz gegen den *Inhalt* des Rechtsgeschäfts, so führt ein Gesetzesverstoß grundsätzlich nur zur Nichtigkeit *des Verpflichtungsgeschäfts* (also z.B. des Kauf- oder Schenkungsvertrags); die in Erfüllung des nichtigen Verpflichtungsgeschäfts abgeschlossenen (abstrakten) Verfügungsgeschäfte (also z.B. die Übereignung des Gaststättengrundstücks gem. §§ 873, 925 BGB)[175] bleiben wirksam (Rdn. 8-11), können aber nach den Regeln über die *ungerechtfertigte Bereicherung* wegen Fehlens des Rechtsgrunds (gem. § 812 I 1, 1. Alt. BGB) rückabgewickelt werden[176]. Dabei haftet der Empfänger der gesetzwidrigen Leistung verschärft (§§ 817 S. 1, 819 II, 292, 987 ff. BGB)[177], wenn er von dem Gesetzesverstoß positive Kenntnis hatte[178]; die Rückforderung ist aber nach § 817 S. 2 BGB ausgeschlossen, wenn dem, der geleistet hat, gleichfalls ein solcher Gesetzesverstoß zur Last fällt, er sich also dieses Verstoßes bewußt gewesen ist und ihn trotzdem wollte[179]. Grund: Wer sich mit einer gesetzlich verbotenen Leistung selbst außerhalb der Rechtsordnung stellt, soll hierfür keinen Rechtsschutz erhalten[180]. 167

Beispiel: Verspricht der Steuerschuldner S dem Finanzbeamten F einen Geldbetrag für den Fall, daß dieser ihm den erbetenen, zu niedrig angesetzten Steuerbescheid erteilt, so ist dieses Schenkungsversprechen (§ 516 I BGB) abgesehen von der Formnichtigkeit (§§ 518 I 1, 125 BGB) auch wegen Verstoßes gegen ein Strafgesetz (§ 332 I StGB: Beamtenbestechung) gem. § 134 BGB nichtig. Den dann tatsächlich übergebenen Geldbetrag müßte F gem §§ 817 S. 1, 819 II, 292, 987 ff. BGB an sich herausgeben, wenn nicht auch der S gegen eine Verbotsnorm verstieße (§§ 817 S. 2

175 *H.P. Westermann*, Grundbegriffe 120-123.

176 Vgl. dazu *H. Brox*, SchuldR BT Rdn. 385-401; *D. Medicus*, SchuldR BT §§ 125-129; *H.P. Westermann* 84-87.

177 *H. Brox*, SchuldR BT Rdn. 403-407.

178 *RG, 10.1.1930 III 148/29 RGZ 127, 276 (279); BGH, 8.11.1979 VII ZR 337/78 NJW 1980, 452.

179 *BGH, 29.4.1968 VII ZR 9/66 BGHZ 50, 90 (92).

180 *BGH, 7.3.1962 V ZR 132/60 BGHZ 36, 395 (399).

BGB, 333 I StGB); Rückgabe des Geldes kann hier also nicht verlangt werden[181]: *in pari causa melior est condictio possidentis!* Auch hier kann es jedoch zu *Ausnahmen* kommen: Im Falle eines gem. § 134 BGB nichtigen *Schwarzarbeitsvertrags* kann der vorleistende Schwarzarbeiter u.U. gem. § 812 I 1, 818 II BGB *Wertersatz* verlangen; der Anwendung von § 817 S. 2 BGB kann in einem solchen Fall nämlich § 242 BGB entgegenstehen[182].

bb) Nichtigkeit des Verfügungsgeschäfts

168 Wird durch die Verbotsnorm nicht nur der Inhalt des Verpflichtungsgeschäfts (z.B. Bestechungsversprechen), sondern ausnahmsweise (Rdn. 11) auch die sachenrechtliche *Hingabe der Leistung* – also auch das *Verfügungsgeschäft* (Rdn. 8) – mißbilligt (z.B. die Auszahlung des Bestechungsgeldes: lies § 333 I StGB), dann ist neben dem Verpflichtungsgeschäft *auch* das Verfügungsgeschäft nichtig (§ 134 BGB); der Leistende bleibt dann Eigentümer und kann sein Eigentum vindizieren (§ 985 BGB, so z.B., wenn er zur Bestechung statt Geld andere Gegenstände – etwa ein Auto – zur Verfügung gestellt hat); hier gilt § 817 S. 2 BGB nicht[183]. Bei Geldleistungen wird ein Vindikationsanspruch aus § 985 BGB meist scheitern, wenn der Empfänger das Geld bereits mit eigenem vermischt hat, also aus diesem Grunde (gem. §§ 947-948 BGB) inzwischen selbst Eigentümer geworden ist; an dessen Stelle tritt dann über § 951 BGB ein bereicherungsrechtlicher Ausgleich.

cc) Haftung auf das negative Interesse

169 Hat *ein* Vertragspartner auf die Gültigkeit des verbotswidrigen Vertrags vertraut, so ist ihm der andere nach Maßgabe der §§ 309, 307 BGB auch zum Ersatz des *Vertrauensschadens* (sog. „negatives Interesse“) verpflichtet, wenn er die Verbotswidrigkeit kannte oder kennen mußte. Daneben soll nach der Rechtsprechung auch noch eine Haftung für Verschulden bei Vertragsverhandlungen in Betracht kommen[184]; in Wirklichkeit sind die §§ 307, 309 BGB ein (allerdings auf das Erfüllungsinteresse oder das „positive Interesse“ begrenzter, § 307 I 1 BGB) gesetzlich normierter Fall der *culpa in*

181 *O. Palandt* (– *H. Thomas*) Rdn. 13 zu § 817 BGB.

182 BGH, 31.5.1990 VII ZR 336/89 NJW 1990, 2542 (dazu *K. Schreiber*, JK 1991, BGB § 134/7); vgl. auch Rdn. 125.

183 H.M., vgl. etwa *O. Palandt* (– *H. Thomas*) Rdn. 2 zu § 817 BGB; a.A.„ *D. Medicus*, BürgerlR § 27 III 5c aa (RDN. 697); s.a. Rdn. 189.

184 OLG Düsseldorf, 17.12.1974 20 U 92/74 BB 1975, 201 (202).

contrahendo[185], für deren zusätzliche Heranziehung allenfalls dann ein Interesse bestehen kann, wenn es um die Geltendmachung eines Vertrauensschadens geht, der über das Erfüllungsinteresse hinausweist[186].

2. Verstoß gegen die guten Sitten (§ 138 BGB)

Von sehr viel größerer Bedeutung als § 134 BGB ist § 138 BGB, 170
demzufolge ein Rechtsgeschäft nichtig ist, wenn es „gegen die guten Sitten verstößt" (§ 138 I BGB). Auch diese Gesetzesnorm steht in der römischen Rechtstradition, die die *pacta contra bonos mores* ebenfalls als nichtig ansah[187]. Nur wenige Bestimmungen des BGB haben eine so große, Mißbräuchen der Privatautonomie (Rdn. 5, 114-118) entgegenwirkende Bedeutung gehabt wie diese *Generalklausel*; nur wenige Bestimmungen sind in der Zeit rechtsstaatswidriger Verhältnisse aber auch selbst so mißbraucht worden wie sie[188]. Im ganzen ist ihre Funktion für die Entwicklung des Rechts aber *unverzichtbar*, auch wenn die Anwendungsfälle des § 138 I BGB in jüngerer Zeit durch die Schaffung neuer gesetzlicher oder richterrechtlicher Schutzregelungen, insbesondere im Recht der Allgemeinen Geschäftsbedingungen, im Miet-, im Arbeits- und im Verbraucherkreditrecht[189], allmählich zurückgedrängt worden sind (vgl. aber auch Rdn. 177).

185 Vgl. dazu Rdn. 91-92, 151.

186 *RG, 22.6.1936 IV 75/36 RGZ 151, 357 (359). Vgl. aber *K. Larenz*, SchuldR AT § 8 III (S. 103-104).

187 *J. v. Staudinger* (– *H. Dilcher*) Rdn. 1 zu § 138 BGB.

188 Vgl. etwa RG, 13.3.1936 (!) V 184/35 RGZ 150, 1 (2, 4), wo das damalige höchste deutsche Gericht die „guten Sitten" mit dem „gesunden Volksempfinden" und dieses wiederum mit der „nationalsozialistischen Weltanschauung" gleichgesetzt hat; s. auch *D. Medicus*, AT § 46 II 2 (Rdn. 682); noch immer lesenswert sind zwei grundlegende Arbeiten: **B. Rüthers*, Die unbegrenzte Auslegung. Zum Wandel der Privatrechtsordnung im Nationalsozialismus (Frankfurt/M. 1973), sowie **M. Stolleis*, Gemeinwohlformeln im nationalsozialistischen Recht (Berlin 1974); vgl. außerdem *B. Rüthers*, AT Rdn. 149-150, sowie auch Rdn. 177.

189 So beispielsweise im Gesetz zur Regelung des Rechts der Allgemeinen Geschäftsbedingungen (AGBG) v. 9.12.1976 (BGBl I.3317) i.d.F. v. 22.12.1989 (BGBl I.2486); im Gesetz zur Regelung der Miethöhe (MHG) v. 18.12.1974 (BGBl I.3603) i.d.F. v. 20.12.1982 (BGBl I.1912) oder im Gesetz über Verbraucherkredite (VerbrKrG) v. 17.12.1990 (BGBl I.2840), welches zum 1.1.1991 das Abzahlungsgesetz v. 16.5.1894 (RGBl 450) i.d.F. v. 3.12.1976 (BGBl. I.3281) abgelöst hat.

a) Der Begriff der Sittenwidrigkeit

171 *Wann* im Einzelfall ein Rechtsgeschäft gegen die guten Sitten verstößt und nichtig ist (§ 138 I BGB), ist mitunter schwer auszumachen. Der Versuch einer überzeugenden systematischen Fallgruppenbildung (Rdn. 181 ff.) muß an der Vielfalt des Lebens scheitern. Grundsätzlich aber gilt, daß § 138 BGB die Rechtsordnung „keineswegs völlig der Sittenordnung" angleichen, sondern „lediglich verhindern [will], daß Rechtsgeschäfte in den Dienst des Unsittlichen gestellt werden"[190].

172 aa) Die Väter des BGB haben als Entscheidungskriterium die Formel vom „Anstandsgefühl aller billig und gerecht Denkenden" geprägt[191], das Reichsgericht[192] und später der Bundesgerichtshof haben dieses Kriterium übernommen und ein Rechtsgeschäft dann als sittenwidrig i.S.v. § 138 I BGB angesehen, wenn es „nach dem Anstandsgefühl aller billig und gerecht Denkenden und nach seinem aus der Zusammenfassung von Inhalt, Beweggrund und Zweck zu entnehmenden Gesamtcharakter den guten Sitten zuwiderläuft"[193].

173 bb) Diese Formulierung trägt zwar zur inhaltlichen Präzisierung des § 138 I BGB wenig bei[194], sie ist aber nicht ohne Wert, weil sie klarstellt, daß der Maßstab, an dem der Verstoß gegen die guten Sitten zu messen ist, ein objektivierter (und kein beliebig subjektiver) Maßstab ist[195].

174 cc) § 138 I BGB enthält zwei Grundsätze: *einmal* ist abzustellen auf die in der Gemeinschaft oder der beteiligten Gesellschaftsgruppe (z.B. der Gruppe „aller ehrbaren Kaufleute"[196]) anerkannten moralischen Anschauungen, auf die (allerdings auch wandelbare[197]) herrschende *Rechts- und Sozialmoral* also. Damit ist klargestellt, daß es weder auf die individuell erfahrbaren Gewissensgebote einer besonders anspruchsvollen Hochethik[198] noch auch auf besonders

[190] *D. Medicus*, AT § 46 I 2 (Rdn. 680).

[191] Mot. II.727 = Mugdan II.406.

[192] RG, 11.4.1901 VI 443/00 RGZ 48, 114 (124).

[193] *BGH, 9.7.1953 IV ZR 242/52 BGHZ 10, 228 (232); *29.9.1977 III ZR 164/75 BGHZ 69, 295 (297) (Fluchthelfervertrag).

[194] *O. Palandt* (– *H. Heinrichs*) Rdn. 1 zu § 138 BGB; vgl. aber *K. Larenz*, AT § 22 III (S. 435-451).

[195] Zutr. *W. Flume*, AT § 18.1 (S. 364).

[196] *BGH, 9.7.1953 IV ZR 242/52 BGHZ 10, 228 (233).

[197] Dazu *Th. Mayer-Maly*, „Wertungswandel im Privatrecht", JZ 1981, 801-805; *D. Schwab*, ZivilR Rdn. 578-584.

[198] Im Zusammenhang mit der Diskussion um die Scheidungsrechtsreform

laxe Anschauungen („eingerissene Unsitten") ankommt, sondern allein auf soziale Verhaltensanforderungen, die auf der gemeinsamen Überzeugung der Gemeinschaft oder (für deren Bereich) einer gesellschaftlichen Gruppe über das sittlich Gebotene beruhen[199]. *Zum anderen* ist abzustellen auf das *im Grundgesetz verkörperte Wertsystem*, das in seinen tragenden Grundsätzen weder durch Verfassungsänderung angetastet (Art. 79 III GG) noch durch gegenläufige gesellschaftspolitische Zielvorstellungen unterlaufen werden darf[200].

dd) Zu den verfassungsrechtlichen Grundwerten, die über 175
§ 138 I BGB auch auf das Privatrecht einwirken und damit den Rechtsbegriff der guten Sitten mitbestimmen können, gehören insbesondere Art. 1 I (Vorrang der Menschenwürde), Art. 2 I (freie Entfaltung der Persönlichkeit in den dort genannten Grenzen), Art. 3 III (Diskriminierungsverbot), Art. 4 (Glaubens- und Gewissensfreiheit), Art. 5 (freie Meinungsäußerung, Freiheit von Forschung und Lehre [letzteres in Treue zur Verfassung: Art. 5 III 2 GG]), Art. 6 (Schutz von Ehe und Familie), Art. 9 (Vereinigungsfreiheit) und Art. 20 GG (sozialer Rechtsstaat).

ee) *Beachte aber:* Über § 138 BGB ist nicht schon jedes Rechtsge- 176
schäft nichtig, das gegen bestimmte Grundrechte verstößt. Es gibt grundsätzlich *keine unmittelbare Drittwirkung von Grundrechten* (Rdn. 162; Ausnahmen: Artt. 9 III 2, 48 II, 38 I 2 GG). So ist z.B. ein Privatrechtsgeschäft – etwa eine Stiftung, ein Erbvertrag, ein Testament – nicht schon deshalb sittenwidrig und nichtig, weil es den Grundsatz der Gleichbehandlung im wesentlichen gleicher Tatbestände nicht wahrt. „Denn zur verfassungsmäßigen Ordnung gehören auch die Grundsätze der Vertrags- und Testierfreiheit als Ausfluß der in Art. 2 I GG gewährleisteten allgemeinen Handlungsfreiheit... Eine schrankenlose Anwendung des Gleichbehandlungsgrundsatzes auf private Rechtsgeschäfte würde die Vertrags-

vgl. *D. Giesen*, Aktuelle Probleme einer Reform des Scheidungsrechts (Frankfurt/M. 1971) 13, 48-49; umfassend zum Verstoß gegen die Sittenordnung auch *D. Schwab*, ZivilR Rdn. 592-595.

199 *O. Jauernig*, Anm. 2 zu § 138 BGB; *O. Jauernig* (– *M. Vollkommer*) Anm. I 1c zu § 242 BGB; K. *Larenz*, AT § 22 III (S. 435-438); über Recht, Gesetz und Sittlichkeit vgl. auch *M. Rehbinder*, Einführung 24-29, 146-150.

200 Zu den Grenzen solcher Entwicklung vgl. *BVerfG, 25.2.1975 1 BvF 1-6/74 BVerfGE 39, 1 ff (Verfassungswidrigkeit der Fristenlösung bei Abtreibung).

und Testierfreiheit weitgehend aushöhlen. Daher können allenfalls bestimmte Verstöße gegen Art. 3 GG, die aus besonderen Gründen als anstößig empfunden werden, das Geschäft sittenwidrig machen"[201].

b) Konkretisierungen im Recht der Allgemeinen Geschäftsbedingungen

177 Zu den heute besonders aktuellen Maßstäben gehört das Prinzip des sozialen *Rechtsstaats* (Artt. 20, 28 GG) ebenso wie das der Vertragsfreiheit (Art. 2 I GG). Aus dem *Sozialstaatsprinzip* wird etwa der Grundsatz abgeleitet, daß derjenige, der in der Lage ist, sich aus eigener Kraft zu helfen, mit seinem Wunsch nach staatlicher Hilfe zurücktreten muß[202]. Dementsprechend muß etwa ein Unterhaltsbedürftiger grundsätzlich zunächst alle ihm zur Verfügung stehenden eigenen Erwerbsquellen und Unterhaltsmöglichkeiten ausschöpfen, ehe er auf dem Weg über die Sozialhilfe die Allgemeinheit belastet[203]. Deshalb kann etwa eine Scheidungsvereinbarung, in der ein nicht erwerbstätiger, nicht vermögender Ehegatte auf nachehelichen Unterhalt verzichtet mit der Folge, daß er zwangsläufig der Sozialhilfe anheim fallen muß, sittenwidrig und daher nichtig sein[204]. Dem Prinzip der Rechts- und Sozialstaatlichkeit eng verbunden ist der Gedanke der *Vertragsgerechtigkeit*, der von ausschlaggebender Bedeutung sein kann, wenn das Rechtsgut der *Vertragsfreiheit* im Einzelfall in Gefahr gerät, einseitig mißbraucht zu werden. Ein Paradebeispiel für das rechtsethisch notwendige Ineinandergreifen von Vertrags*freiheit* einerseits und Vertrags*gerechtigkeit* andererseits ist von jeher das Problem der *Allgemeinen Geschäftsbedingungen* gewesen[205].

178 aa) Ihr *Vorteil* besteht vor allem in der typisierenden Vereinfachung des Rechtslebens bei tausendfach wiederkehrenden Verträ-

201 *BGH, 9.2.1978 III ZR 59/76 BGHZ 70, 313 (324-325 unter Hinweis auf den sehr lesenswerten Beitrag v. *P. Mikat*, „Gleichheitsgrundsatz und Testierfreiheit", in: Festschrift für H. C. Nipperdey zum 70. Geburtstag, 2 Bände (München, Berlin 1965) I. 581 ff. [596 ff.]).

202 BVerfG, 24.7.1963 1 BvL 101/58 BVerfGE 17, 38 (56).

203 *BGH, 21.3.1990 IV ZR 169, 89 BGHZ 111, 36 (41).

204 BGH, 8.12.1982 IVb ZR 333/81 BGHZ 86, 82 (86); 17.9.1986 IVb ZR 59/85 NJW 1987, 1546 (1548).

205 Dazu *O. Jauernig*, Anm. I 4d zu § 242 BGB, Anm. 1 zu § 1 AGBG, sowie (generell) *O. Jauernig* (– *A. Teichmann*) Anmerkungen zu §§ 8-11 AGBG; *D. Schwab*, ZivilR Rdn. 502-521; *H.P. Westermann*, Grundbegriffe 45-47.

gen und Geschehensabläufen. Ihr *Nachteil* kann in der möglichen Bedingungsdiktatur des vielfach wirtschaftlich und intellektuell überlegenen Aufstellers Allgemeiner Geschäftsbedingungen liegen, vor allem in der oft weitgehenden Abdingung von Haftung und Beweislastregeln zum Nachteil des Schwächeren[206]. Im Wege einer langjährigen *richterlichen Inhaltskontrolle* nach den Maßstäben der §§ 138, 242 BGB[207] hat insbesondere der BGH zur Beurteilung solcher Allgemeinen Geschäftsbedingungen als obersten Grundsatz die *Regel* herausgebildet, daß Allgemeine Geschäftsbedingungen zwar grundsätzlich in Einzelverträge einbezogen werden dürfen (= *Vertragsfreiheit*), aber nur insoweit wirksam sind, als sie mit den grundlegenden Anforderungen der *Vertragsgerechtigkeit* im Einklang stehen (Rdn. 180). Unbillige Klauseln sind dabei schon stets mit § 138 BGB bekämpft worden. Daneben ist über § 315 BGB wichtig geworden die Begrenzung und Eindämmung von Allgemeinen Geschäftsbedingungen aus dem Gedanken heraus, daß das sog. dispositive Recht (z.B. das Kaufrecht, §§ 433 ff. BGB) mehr sein soll als ein „Lückenbüßer“: es will „die gerechte Norm der Durchschnittsfälle sein“, so daß sich die Allgemeinen Geschäftsbedingungen an ihnen auch orientieren sollen und bei abweichenden Geschäftsbedingungen *nach dem Maß der Abweichung bemessene wichtige Gründe* vorliegen müssen, die diese *Abweichungen* vom dispositiven Recht zu *rechtfertigen* vermögen[208].

Beispiele: Die BGB-Regeln über die Gewährleistung leben wieder auf, wenn bei einer Beschränkung der Gewährleistungsrechte aus §§ 459 ff. BGB auf bloße Nachbesserung diese verweigert wird oder unmöglich ist[209]; die im Vertragsrecht enthaltenen Beweislastregeln (§§ 282, 285 BGB) leben wieder auf, wenn die Beweislast einseitig ohne vertretbaren Grund auf den Kunden verlagert wird[210]; unübersichtliche, unverständliche oder an einer bestimmten Stelle der Bedingungen nicht vermutbare und überraschende Klauseln

206 *K. Larenz*, AT § 29a (S. 550-582, wichtig!); *B. Rüthers*, AT Rdn. 46 ff.; *D. Schwab*, ZivilR Rdn. 506-521.

207 Zu den Schaltstellen der Inhaltskontrolle von Allgemeinen Geschäftsbedingungen lesenswert: *D. Coester-Waltjen*, „Inhaltskontrolle von AGB – geltungserhaltende Reduktion – ergänzende Vertragsauslegung“, Jura 1988, 113-116.

208 *BGH, 17.2.1964 II ZR 98/62 BGHZ 41, 151; *28.2.1973 IV ZR 34/71 BGHZ 60, 243 ff. (gute Zusammenfassung, bes. S. 245).

209 BGH, 29.10.1956 II ZR 79/55 BGHZ 22, 90 (101).

210 *BGH, 17.2.1964 II ZR 98/62 BGHZ 41, 151.

sind unwirksam[211]; bei einer Kasko-Zusatzversicherung ist die Haftungsfreistellung durch Allgemeine Geschäftsbedingungen unwirksam, wenn sie hinter dem Leitbild der Kaskoversicherung zurückbleibt[212].

179 bb) In Anknüpfung an diese Rechtsprechung hat der Gesetzgeber vor einigen Jahren mit dem *Gesetz zur Regelung des Rechts der Allgemeinen Geschäftsbedingungen*[213] einen bedeutenden Beitrag zum mitunter schwer bestimmbaren Ausgewogenheitsverhältnis zwischen Vertragsfreiheit und Vertragsgerechtigkeit geleistet. Es greift in den berechtigten Kern von Privatautonomie und Vertragsfreiheit nicht ein, zieht indessen die längst fällig gewesene gesetzgeberische Konsequenz daraus, daß mancher Unternehmer durch die Verwendung Allgemeiner Geschäftsbedingungen die Vertragsfreiheit oft allein für sich in Anspruch nimmt und dann in der Regel zur Stärkung seiner Rechtsposition und zu einer unangemessenen Verkürzung der Rechte des Kunden mißbraucht[214]. Gem. der in § 9 AGBG nun normierten *Generalklausel* sind Allgemeine Geschäftsbedingungen kraft Gesetzes insoweit grundsätzlich unwirksam, als sie den Vertragsgegner des Verwenders entgegen den Geboten von Treu und Glauben unangemessen benachteiligen (§ 9 I AGBG). Das ist im Zweifel anzunehmen, wenn eine Bestimmung mit wesentlichen Grundgedanken der gesetzlichen Regelung, von der abgewichen wird, nicht zu vereinbaren ist (§ 9 II Nr. 1 AGBG) oder wenn wesentliche Rechte oder Pflichten, die sich aus der Natur des Vertragszwecks ergeben, so eingeschränkt werden, daß die Erreichung des Vertragszwecks gefährdet ist (§ 9 II Nr. 2 AGBG). Das Gesetz enthält in Fortführung und Ausbau der bisherigen Rechtsprechung zu §§ 138, 242 BGB und anderen Bestimmungen zahlreiche lesenswerte Beispiele solcher der Vertragsgerechtigkeit widersprechender Klauseln in

211 BGH, 11.11.1968 VIII ZR 151/66 BGHZ 51, 55.

212 *BGH, 8.2.1978 VIII ZR 240/76 BGHZ 70, 304.

213 Ges. v. 9.12.1976 (BGBl. I. 3317); vgl. jetzt außerdem das Reisevertragsgesetz v. 4.5.1979 (BGBl. I.509), eingearbeitet in §§ 651a ff. BGB. Zum AGBG vgl. *K. Larenz*, AT § 3 II (S. 59-62) und § 29a (S. 550-582); *H. Locher*, Das Recht der Allgemeinen Geschäftsbedingungen (2. Aufl. München 1990).

214 Aktuelle Beispiele finden sich auch in der jüngsten Rechtsprechung: BGH, 23.2.1989 VII ZR 89/87 BGHZ 107, 75 (Klauseln in Bauhandwerkerverträgen); *7.6.1989 VIII ZR 91/88 BGHZ 108, 1 (Klauseln in Formularmietverträgen); *12.10.1989 VII ZR 339/88 BGHZ 109, 29 (Klauseln in Reiseveranstalterverträgen)

§§ 10-11 AGBG. In Anwendung dieser Normen hat der BGH etwa Klauseln für unwirksam erklärt, die die zweijährige gesetzliche Verjährungsfrist für Vergütungsansprüche auf drei Monate abkürzten[215] oder die bestimmten, daß die Wertstellung von Bareinzahlungen auf Girokonten erst einen (Bank-) Arbeitstag nach der Einzahlung vorgenommen wird[216], daß der Mieter die Kosten von Kleinreparaturen ohne Rücksicht auf ein Verschulden zu tragen habe[217], oder daß eine von Kunden (Feriengästen) bezahlte Kaution für die Überlassung von Ferienwohnungen oder Ferienhäusern erst innerhalb von zwei Wochen nach der Abreise zurückerstattet wird, wenn der Kunde während seines Aufenthalts am Haus oder am Inventar keinen Schaden angerichtet hat[218].

cc) *Neben* der gesetzlichen Neuregelung bleiben aber auch die 180
von der Rechtsprechung zu §§ 138, 242, 315 BGB entwickelten Kriterien weiterhin wichtige Maßstäbe für die richterliche Inhaltskontrolle: entweder direkt, weil sie insoweit keinen Ausdruck im Gesetz gefunden haben, oder indirekt, soweit im Gesetz verankerte Maßstäbe durch sie konkretisiert werden können. Daß richterliche Inhaltskontrolle von ihrer Aktualität seit 1976 nichts eingebüßt hat[219], zeigt die auch heute noch große Zahl von Allgemeinen Geschäftsbedingungen, die gegen die Klauselverbote der §§ 9 ff. AGBG verstoßen[220]. Die gut gemeinte Verbraucherklage nach § 13 AGBG (lesen!) ist wohl immer noch zu unbekannt, um ihre Wirkungen voll entfalten zu können; das mag seinerseits daran liegen, daß die Verbraucherschutzverbände finanziell immer noch unzureichend ausgestattet sind[221].

215 BGH, 19.5.1988 I ZR 147/86 BGHZ 104, 292 (294) (zu § 196 I Nr. 3 BGB im Güternahverkehr).

216 *BGH, 17.1.1989 XI ZR 54/88 BGHZ 106, 259 (264-265).

217 *BGH, 7.6.1989 VIII ZR 91/88 BGHZ 108, 1.

218 *BGH, 12.10.1989 VII ZR 339/88 BGHZ 109, 29.

219 Dazu auch *D. Coester-Waltjen*, „Inhaltskontrolle von AGB – geltungserhaltende Reduktion – ergänzende Vertragsauslegung“, Jura 1988, 113-116.

220 Weitere Beispiele mit Nachweisen bei *O. Jauernig* (– *A. Teichmann*) Anmerkungen zu §§ 8-11 AGBG; *O. Palandt* (– *H. Heinrichs*) Rdn. 50 zu § 9 AGBG.

221 *O. Palandt* (– *H. Heinrichs*) Rdn. 2 vor § 13 AGBG; zu Rechtsfragen des Vertragsschlusses im Zeichen des Verbraucherschutzes vgl. *D. Schwab*, ZivilR Rdn. 624a-624l.

c) Fallgruppen sittenwidriger Rechtsgeschäfte

181 Unsittliche Motive und Absichten allein machen ein Rechtsgeschäft noch nicht zu einem gem. § 138 I BGB nichtigen. In diesem Sinne geht es „im Rahmen des § 138 BGB nicht entscheidend um die Beurteilung eines *Verhaltens* einer Person und um Sanktionen für unsittliches Verhalten, sondern es geht allein um die Frage der Sittenwidrigkeit eines *Rechtsgeschäfts*...“[222]. Ein Rechtsgeschäft ist deshalb (nur) sittenwidrig und gem. § 138 I BGB nichtig, wenn entweder sein *Inhalt* mit grundlegenden Wertungen der Rechts- und Sittenordnung unvereinbar ist oder die *Gesamtumstände* des Geschäfts nach Inhalt, Beweggrund und Zweck im Einzelfall dieses Urteil verdienen[223], letztlich also Absichten und mit dem Rechtsgeschäft verbundene Zwecke auf den Inhalt des Geschäfts durchschlagen[224]. Die Sittenwidrigkeit ergibt sich also aus einer Gesamtwürdigung des Rechtsgeschäfts anhand seines Inhalts, Motivs und Zwecks[225].

182 aa) Ist ein Rechtsgeschäft schon seinem *Inhalt* nach mit der Rechtsordnung nicht vereinbar, kommt es nicht mehr darauf an, ob sich die Parteien der Sittenwidrigkeit ihres Tuns bewußt waren[226]. Rechtsgeschäfte, die inhaltlich sittenwidrig sind, kann die Rechtsordnung auch bei Gutgläubigkeit der Parteien nicht anerkennen[227]; sie sind nichtig (§ 138 BGB) und müssen, soweit sie bereits durchgeführt wurden, rückgängig gemacht werden (Rdn. 187-191).

Beispiele: Ehegatten ist es verwehrt, für ihre Ehe die Möglichkeit der Scheidung von vorneherein auszuschließen[228]; sie können weder durch eine beiderseits gebilligte Lebensführung, z.B. Vereinbarung einer „Ehe zu Dritt“, einem sittenwidrigen Verhalten den unsittlichen Charakter nehmen[229] noch sich im voraus gegenseitig wirksam

[222] BGH, 31.3.1970 III ZB 23/68 BGHZ 53, 369 (375) (zur Sittenwidrigkeit eines „Geliebten-Testaments“); vgl. dazu vor allem *W. Flume*, AT § 18.2a; *D. Medicus*, AT § 46 III 1 (Rdn. 685-687).

[223] *BGH, 31.3.1970 III ZB 23/68 BGHZ 53, 369 (375); vgl. auch BGH, 11.12.1980 III ZR 38/79 NJW 1981, 811 (812-813). *K. Larenz*, AT § 22 III (S. 439).

[224] Zutr. *D. Medicus*, AT § 46 III 1 (Rdn. 688).

[225] BGH, 28.2.1989 IX ZR 130/88 BGHZ 107, 92 (97).

[226] BGH, 8.5.1985 IVa ZR 138/83 BGHZ 94, 268 (272) (Sittenwidrigkeit einer Schmiergeldzahlung).

[227] *W. Flume*, AT § 18.3; *K. Larenz*, AT § 22 III (S. 447-448).

[228] BGH, 9.4.1986 IVb ZR 32/85 BGHZ 97, 304.

[229] Vgl. dazu BGH, 18.12.1957 IV ZR 226/57 BGHZ 26, 196 (LS 2); vgl. schon Mot. IV.562; auch *K. Larenz*, AT § 22 III b 7-8 (S. 446-447: Bei-

zur regelmäßigen Anwendung eines Empfängnisverhütungsmittels verpflichten[230].- Auch sog. Knebelungsverträge mit Bedingungen, die es einer Partei unmöglich machen, sich auch nach langjähriger Laufzeit vom Vertrag zu lösen[231], sind nichtig, desgleichen Finanzierungsvereinbarungen, die dem Schuldner (fast) jede Freiheit für wirtschaftliche Entscheidungen nehmen[232] oder Verträge über die Zahlung von Bestechungsgeldern[233].

bb) Ergibt sich die Sittenwidrigkeit dagegen erst aus den *Umständen*, insbesondere aus einem verwerflichen Motiv oder Zweck, so vermögen erst hinzutretende subjektive Momente den Tatbestand der Sittenwidrigkeit zu erfüllen. Der Handelnde muß dann also die *Umstände*, aus denen sich die Sittenwidrigkeit ergibt, kennen[234] oder sich der Erkenntnis dieser Sittenwidrigkeit böswillig, zumindest grob fahrlässig, verschließen[235]. Nicht nötig ist es dagegen, daß den Beteiligten die *Wertung* ihres Geschäfts als *sittenwidrig* bewußt ist[236]. 183

Beispiele: Sittenwidrig sind auch weiterhin entgeltliche Verträge über Geschlechtsverkehr[237], auch Zuwendungen an die Geliebte, wenn sie „die geschlechtliche Hingabe entlohnen oder zur Fortsetzung der sexuellen Beziehungen bestimmen oder diese festigen“

spiele); *J. v. Staudinger* (– *H. Dilcher*) Rdn. 58-71 zu § 138 BGB (Beispiele).

230 *BGH, 17.4.1986 IX ZR 200/85 BGHZ 97, 372 (379) (nichteheliche Lebensgemeinschaft); OLG Stuttgart, 13.5.1986 17 UF 344/85 FamRZ 1987, 700 (Ehegatten); vgl. dazu auch *D. Medicus*, AT §§ 18 II 2b (Rdn. 193a), 43 I 2 (Rdn. 645).

231 BGH, 31.3.1982 I ZR 56/80 BGHZ 83, 313 (316) (Tankstellenpachtzeit von mehr als 25 Jahren).

232 OLG Düsseldorf, 3.11.1983 6 U 293/82 WM 1984, 157.

233 BGH, 8.5.1985 IVa ZR 138/83 BGHZ 94, 268 (272); weitere Beispiele bei *O. Jauernig*, Anm. 3 zu § 138 BGB.

234 *RG, 20.9.1939 II 17/39 RGZ 161, 229.

235 *BGH, 9.7.1953 IV ZR 242/52 BGHZ 10, 228 (233).

236 „Denn ein solches Erfordernis müßte dazu führen, daß wirksam kontrahieren könnte, wer die guten Sitten nicht zur Kenntnis nimmt. Davon darf die Wirksamkeit nicht abhängen.“ (*D. Medicus*, AT § 46 III 2a [Rdn. 689]).

237 BGH, 6.7.1976 VI ZR 122/75 BGHZ 67, 119 (122); doch wird außerhalb der eigentlichen Prostitution im Privatbereich heute kaum noch vermutet, daß der tragende Grund einer Zuwendung die Existenz sexueller Beziehungen sei: „Und da die wirklichen Motive des Zuwendenden regelmäßig nicht bewiesen werden können, bleiben heute fast alle Zuwendungen wirksam, für die auch andere Motive außer den sexuellen in Betracht kommen“ (*D. Medicus*, AT § 46 IV 3b [Rdn. 702]).

sollen[238], nicht aber, wenn die Zuwendung in Anerkennung tatsächlich geleisteter aufopfernder Pflegedienste erfolgt ist[239] oder die Geliebte versorgt werden soll[240].- Sittenwidrig sind auch Zuwiderhandlungen gegen über § 138 BGB sanktionierte Standesregeln[241], also etwa (z.B. anders als in den USA) auch Erfolgshonorarvereinbarungen mit einem Rechtsanwalt[242].- Wird bei einem Vertragsschluß auf der einen Seite eine Partei durch einen Stellvertreter (Rdn. 363 ff.) tätig, so ist das Rechtsgeschäft nach § 138 I BGB sittenwidrig und damit nichtig, wenn Vertreter und Geschäftspartner bewußt zum Nachteil des Vertretenen zusammenwirken (Kollusion, Rdn. 438)[243]. Dies ist etwa der Fall, wenn B seinem Freund V klagt, daß er einen Posten wertloser Ware nicht absetzen könne, und V, der Prokurist bei der Firma F ist (vgl. §§ 48-49 HGB), die Ware im Namen der Firma F in der Meinung abkauft, diese werde den Schaden schon verkraften können. Der Kaufvertrag ist trotz § 50 I HGB nach § 138 I BGB nichtig, so daß die Firma F die Ware nicht abnehmen und bezahlen muß. Einen etwa entstandenen Schaden der F müssen B und V nach §§ 826, 840 BGB ersetzen.- Sittenwidrig ist schließlich insbesondere ein Rechtsgeschäft, durch das jemand unter Ausbeutung der Zwangslage, der Unerfahrenheit, des Mangels an Urteilsvermögen oder der erheblichen Willensschwäche eines anderen sich oder einem Dritten für eine Leistung Vermögensvorteile versprechen oder gewähren läßt, die in einem auffälligen Mißverhältnis zu der Leistung stehen. Diese in § 138 II BGB ausdrücklich genannten erschwerenden Umstände liegen in der Praxis nur selten vor.

184 cc) *Beachte:* Die oben in Rdn. 182-183 erörterten Anforderungen unterliegen, wie die dazu vorgestellten Beispiele deutlich machen, in bestimmten Grenzen dem *Wandel der Zeit*[244]. So gibt es viele

[238] BGH, 31.3.1970 III ZB 23/68 BGHZ 53, 369 (376).

[239] BGH, 8.1.1964 V ZR 5/62 LM Nr. 14 zu § 138 BGB.

[240] BGH, 10.11.1982 IVa ZR 83/81 NJW 1983, 674.

[241] *D. Medicus*, AT § 46 IV 2 (Rdn. 700); *J. v. Staudinger* (– *H. Dilcher*) Rdn. 72-79 zu § 138 BGB (Beispiele).

[242] BGH, 28.2.1963 VII ZR 167/61 BGHZ 39, 142 (148); 4.12.1986 III ZR 51/85 NJW 1987, 3203 (3204); *O. Palandt* (– *H. Heinrichs*) Rdn. 78 ff. zu § 138 BGB (Beispiele); *J. v. Staudinger* (– *H. Dilcher*) Rdn. 73-74 zu § 138 BGB (Beispiele); zurückhaltender etwa *O. Jauernig*, Anm. 3d dd) zu § 138 BGB.

[243] MünchKomm (– *W. Thiele*) Rdn. 99 zu § 164 BGB.

[244] Vgl. *Th. Mayer-Maly*, „Wertungswandel im Privatrecht", JZ 1981, 801-805; *D. Schwab*, ZivilR Rdn. 578-584.

Beispiele aus der Rechtsprechung, bei denen diese früher strenger geurteilt hat als heute: beim Einkauf in eine Praxis oder beim Praxistausch zwischen Ärzten bzw. Anwälten[245], beim sog. Mätressentestament[246], bei Bordellpacht oder Bordellkauf in Fortführungsabsicht[247], bei der Sterilisation als einem Mittel der Familienplanung[248] und schließlich in neuerer Zeit bei Leih- und Mietmütterverträgen im Rahmen der künstlichen Befruchtungstechniken beim Menschen usw.[249].

dd) Verstößt ein *zweiseitiges* Rechtsgeschäft nicht schon aufgrund 185
seines Inhalts (Rdn. 182), sondern erst wegen seiner Umstände gegen die guten Sitten (Rdn. 183), so ist es in der Regel nur nichtig, wenn *beide* Teile des Vertrags sittenwidrig handeln[250]. Anders ist das nur, wenn sich das sittenwidrige Verhalten der einen Partei gerade *gegen* die andere richtet, z.B. wenn der wirtschaftlich Stärkere die Lage des Schwächeren ausnutzt[251].

Beachte: Bei anstößigen Klauseln in Allgemeinen Geschäftsbedingungen ist grundsätzlich nicht der ganze Vertrag nichtig, sondern *nur* die anstößige Klausel, vgl. § 6 AGBG; *insoweit* liegt also weder ein Fall von § 138 BGB noch von §§ 139, 134 BGB vor. Im übrigen gilt bei Unwirksamkeit unzulässiger Klauseln gem. § 6 II AGBG das dispositive Gesetzesrecht und damit die dem Gegner des Verwenders Allgemeiner Geschäftsbedingungen günstigere Regelung des BGB. Würde die unwirksame Klausel wenigstens insoweit aufrechterhalten, als sie nach dem AGBG gerade noch zulässig ist, würde der Verwender ungerechtfertigterweise begünstigt, der Gebrauch sittenwidriger Klauseln wäre für ihn völlig risikolos. Die sog. *geltungserhaltende Reduktion* unwirksamer AGB

245 Arztpraxis: RG, 8.1.1937 II 126/36 RGZ 153, 294 (304); Rechtsanwaltspraxis: *BGH, 20.1.1965 VIII ZR 53/63 BGHZ 43, 46.

246 *BGH, 31.3.1970 III ZB 23/68 BGHZ 53, 369 (373 ff.); 29.6.1973 V ZR 187/71 NJW 1973, 1645 (1646).

247 *BGH, 8.1.1975 VIII ZR 126/73 BGHZ 63, 365.

248 *BGH, 29.6.1976 VI ZR 68/75 BGHZ 67, 48.

249 OLG Hamm, 2.12.1985 11 W 18/85 JZ 1986, 441; KG, 19.3.1985 1 W 5729/84 JZ 1985, 1053 (m. Anm. *D. Giesen*, JZ 1985, 1055-1058); *D. Giesen*, „Moderne Fortpflanzungstechniken im Lichte des deutschen Familienrechts“, in: Festschrift für Cyril Hegnauer zum 65. Geburtstag (Bern 1986) 55-78; *ders.*, „Genetische Abstammung und Recht. Zugleich Besprechung des Urteils des BVerfG v. 31.1.1989 – 1 BvL 17/87“, JZ 1989, 364-377; *D. Medicus*, AT § 46 IV 4 (Rdn. 706b).

250 RG, 19.2.1912 VI 291/11 RGZ 78, 347.

251 BGH, 11.11.1968 VIII ZR 151/66 NJW 1969, 230 (232).

ist daher aus Gründen des Verbraucherschutzes und auch zugunsten einer gewissen „erzieherischen Wirkung“ auf die Verwender[252] im Regelfall abzulehnen[253]. Härtefälle sind dann im Wege wohlwollender Auslegung unzulässiger Klauseln nach billigem Ermessen und im Sinne einer Angleichung an interessenausgleichende Vorgaben des dispositiven Rechts zu lösen[254].

186 ee) Die Nichtigkeit eines gegen § 138 BGB verstoßenden Rechtsgeschäfts kann von jedermann geltend gemacht werden, auch von dem sittenwidrig Handelnden selbst[255]. Die Sittenwidrigkeit des *Grundgeschäfts* (Verpflichtungsgeschäfts, z.B. Kaufvertrags, § 433 BGB) hat aber nicht ohne weiteres auch die Sittenwidrigkeit des (regelmäßig „sittlich neutralen“[256], wertneutralen oder „abstrakten“) Erfüllungsgeschäfts (Verfügungsgeschäfts, z.B. Übereignungvertrags, § 929 S. 1 BGB) zur Folge[257]. Nichtig ist neben dem Verpflichtungsgeschäft aber *auch* das Verfügungsgeschäft, wenn die Nichtigkeit neben dem Verpflichtungsgeschäft auch das seiner Erfüllung dienende Verfügungsgeschäft ergreift, m.a.W. also Fehleridentität vorliegt und auch bei letzterem der Sittenverstoß gerade in einem Verhalten gegenüber dem Geschäftspartner liegt. So z.B. beim Monopolmißbrauch[258], vor allem aber beim Wucher, bei dem man aus dem Wortlaut des § 138 II BGB („sich oder einem Dritten für eine Leistung Vermögensvorteile versprechen oder gewähren läßt“) auf die Nichtigkeit auch der Verfügungen des

252 Sinn des Gesetzes über die Allgemeinen Geschäftsbedingungen war es auch, den Rechtsverkehr von unzulässigen Klauseln zu reinigen: *O. Palandt* (– *H. Heinrichs*) Rdn. 2 vor § 13 AGBG.

253 BGH, 17.5.1982 VII ZR 316/81 BGHZ 84, 109 (114 ff.); 16.10.1984 X ZR 97/83 BGHZ 92, 312 (315-316); 24.9.1985 VI ZR 4/84 BGHZ 96, 18 (25-26); vgl. aber auch *D. Medicus*, AT § 35 III 2b (Rdn. 514); s.a. BGH, 18.4.1989 X ZR 31/88 BGHZ 107, 185 (190), wonach inhaltlich voneinander trennbare, einzeln aus sich heraus verständliche Regelungen in Allgemeinen Geschäftsbedingungen auch dann Gegenstand einer gesonderten Wirksamkeitsprüfung sein können, wenn sie in einem äußeren sprachlichen Zusammenhang mit anderen, unwirksamen Regelungen stehen.

254 BGH, 6.3.1986 III ZR 195/84 BGHZ 97, 212 (Anpassung formularmäßiger Zinsänderungsklausel gem. § 315 BGB).

255 *J. v. Staudinger* (– *H. Dilcher*) Rdn. 107 zu § 138 BGB.

256 *D. Medicus*, AT § 46 VI 1 (Rdn. 712).

257 *BGH, 7.5.1953 3 StR 485/52 NJW 1954, 1292; Grund: Abstraktionsprinzip (Rdn. 7-11): *H. Dilcher*, SachenR 152-153; *K. Schreiber & K. Kreutz*, „Der Abstraktionsgrundsatz. Eine Einführung“, Jura 1989, 617-622; *J. v. Staudinger* (– *H. Dilcher*) Rdn. 110 zu § 138 BGB.

258 *K. Larenz*, AT § 22 III b 2 (S. 442-443).

Bewucherten schließt, z.B. beim Mietwucher[259], beim Kreditwucher[260] oder bei Fällen, in denen die Sittenwidrigkeit gerade (auch) im Vollzug der Leistung liegt[261].

d) Rückabwicklung sittenwidriger Rechtsgeschäfte

Für die geschuldete *Rückabwicklung* sittenwidriger Geschäfte (Rdn. 187
182-183) kommen vor allem Ansprüche aus Bereicherungsrecht (§§ 812 ff. BGB), daneben u.U. auch Schadenersatzansprüche aus Deliktsrecht (§§ 823 ff. BGB) in Betracht.

aa) Nichtigkeit des Verpflichtungsgeschäfts

Sind aufgrund eines sittenwidrigen und deshalb gem. § 138 BGB 188
nichtigen *Verpflichtungsgeschäfts* bereits Vermögensgegenstände (dinglichrechtlich wirksam) übertragen worden, so vollzieht sich die Rückabwicklung wiederum nach Bereicherungsrecht (§ 812 I 1, 1. Alt. BGB), d.h. der Übervorteilte kann gemäß dieser Anspruchsgrundlage die Rückgabe der schon erbrachten rechtsgrundlosen Leistungen verlangen und gem. § 821 BGB weitere Leistungen verweigern. Dieses Recht hat er in den Fällen der Sittenwidrigkeit regelmäßig außerdem auch aus § 817 S. 1 BGB; die Rückforderung ist allerdings in beiden Fällen (§§ 812 I 1, 1. Alt., 817 S. 1 BGB) ausgeschlossen, wenn dem Leistenden ebenfalls ein Sittenverstoß zur Last fällt (§ 817 S. 2 BGB); dann ist er i.d.R. nicht schutzwürdig, ausnahmsweise aber doch, wenn die Anwendung von § 817 S. 2 BGB sinnwidrig den sittenwidrigen Zustand zementierte: das gilt etwa für Kauf oder Pacht eines Bordells, soweit dies seit BGHZ 63, 365 (z.B. wegen besonders hohen Pachtzinses oder Ausbeutung der Dirnen) noch für nichtig zu halten ist. Wäre hier die Rückforderung des Hauses (§§ 812 I 1, 1. Alt., 817 S. 1 BGB) durch den Verkäufer oder Verpächter ausgeschlossen, könnte der Käufer oder Pächter das Etablissement munter weiterbetreiben und noch höheren Gewinn daraus ziehen; hier muß dann § 817 S. 2 BGB weichen[262].

259 *O. Palandt* (– *H. Heinrichs*) Rdn. 74 zu § 138 BGB.

260 RG, 17.1.1940 II 123/39 RGZ 162, 302 (306); BGH, 24.3.1988 III ZR 30/87 BGHZ 104, 102 (105) (auffälliges Mißverhältnis als objektive Voraussetzung für § 138 I BGB bei Überschreitung des marktüblichen Zinses um 100% bejaht; aber keine starre Grenze, kann auch schon ab 90%iger Überschreitung der Fall sein).

261 *RG, 17.9.1934 IV 75/34 RGZ 145, 152; vgl. Rdn. 190.

262 BGH, 20.5.1964 VIII ZR 56/63 BGHZ 41, 341 (343-344); Einzelheiten

bb) Nichtigkeit des Verfügungsgeschäfts

189 Ist gem. § 138 I BGB außer dem Verpflichtungsgeschäft ausnahmsweise (und im Sonderfall des Wuchers schon kraft Gesetzes stets [§ 138 II BGB]) auch noch das *Verfügungsgeschäft* nichtig[263], so kann der, der bereits geleistet hat, auch sein Eigentum herausverlangen (§ 985 BGB): § 817 S. 2 BGB steht nach der Rechtsprechung[264] nicht entgegen; nach Auffassung von *Dieter Medicus* ist hier dagegen entweder an der Wirksamkeit des sittlich ohnehin meist indifferenten Verfügungsgeschäfts festzuhalten oder (im Falle von § 138 II BGB) § 817 S. 2 BGB „als allgemeine Rechtsschutzversagung aufzufassen, die alle Ansprüche ausschließt, zu deren Begründung sich der Gläubiger auf eigenes gesetz- oder sittenwidriges Verhalten berufen muß"[265].

cc) Wucherdarlehen

190 Beim *Wucherdarlehen* ist die Rückforderung indessen auch von § 817 S. 2 BGB nicht schlechthin ausgeschlossen, da das Darlehen dem Bewucherten nur zu zeitlich begrenzter Nutzung überlassen wurde. § 817 S. 2 BGB hat hier deshalb nur die Wirkung, daß der Wucherer dem Bewucherten das Darlehen so lange belassen muß, wie dies nach dem nichtigen Darlehensvertrag vereinbart war; der Bewucherte braucht keinesfalls die Wucherzinsen zu zahlen bzw. kann sie zurückfordern, da der Darlehensvertrag auch im verfügenden Teil nichtig ist (§§ 607, 138 II BGB). Streitig ist, ob der Bewucherte das Kapital somit völlig unentgeltlich nutzen darf[266] oder wenigstens den marktüblichen Zins zu entrichten hat[267].

sind Vorgerücktenwissen: vgl. dazu vor allem *H. Brox*, SchuldR BT Rdn. 403-407; *D. Medicus*, BürgerlR § 27 III 5 (Rdn. 694-701).

263 Wegen des Abstraktionsprinzips (Rdn. 7-11) gilt im Regelfall des § 138 I BGB, daß das Erfüllungs- oder Verfügungsgeschäft inhaltlich *sittlich indifferent* ist, von der Nichtigkeitssanktion also *nicht* erfaßt wird, vgl. *O. Jauernig*, Anm. 5 zu § 138 BGB.

264 *BGH, 31.1.1963 VII ZR 284/61 BGHZ 39, 87; 8.1.1975 VIII ZR 126/73 BGHZ 63, 365 (369); krit. dazu *D. Medicus*, BürgerlR § 27 III 5 (Rdn. 697).

265 *D. Medicus*, BürgerlR § 27 III 5 (Rdn. 697: *nemo auditur turpitudinem suam allegans*).

266 So RG (GS), 30.6.1939 V 50/38 RGZ 161, 52 (56 ff., vgl. aber dort S. 58!); *BGH, 2.12.1982 III ZR 90/81 NJW 1983, 1420 (1422-1423); 15.1.1987 III ZR 217/85 BGHZ 99, 333 (338).

267 So *J. von Staudinger* (– *W. Lorenz*) Rdn. 12 zu § 817 BGB; im Erg. ebenso *W. Flume*, AT § 18.10 mit der Begründung, der Bewucherte sei um die

dd) Schadenersatz

Außer Bereicherungsansprüchen kann der Übervorteilte auch *Schadenersatzansprüche* haben, insbesondere solche wegen *unerlaubter Handlung* (§§ 826, 823 II BGB i.V.m. 302a StGB). Eine Haftung aus *Verschulden bei Vertragsschluß* kommt dagegen nicht immer in Frage: bei dem schon inhaltlich (Rdn. 182) wegen Sittenwidrigkeit nichtigen Vertrag ist der gutgläubige Vertragsteil nicht schutzwürdig[268]; beim nur den Gesamtumständen nach sittenwidrigen Vertrag (Rdn. 183), bei dem beide Vertragsteile auch ein subjektiver Vorwurf treffen muß, ist diese Schutzwürdigkeit erst recht nicht gegeben; hier bleibt es bei bereicherungs- und deliktsrechtlichen Ansprüchen. Anders ist dies aber dann, wenn der eine Vertragspartner den Abschluß eines nach § 138 I BGB gerade wegen Benachteiligung des anderen Teils sittenwidrigen Vertrags herbeigeführt hat; hier kann auch eine Schadenersatzverpflichtung wegen schuldhafter Verletzung der vorvertraglichen Pflicht (Rdn. 91) zur Rücksichtnahme auf den Vertragspartner zum Ersatz derjenigen Aufwendungen in Betracht kommen, die dieser im Vertrauen auf die Wirksamkeit des Vertrags tätigt[269]. 191

Beachte: Auch wenn der Vertrag nach dem Ergebnis der Gesamtumstände nicht sittenwidrig erscheint, kann der schutzwürdige Vertragspartner (z.B. der Kreditnehmer) von dem Vertragspartner (z.B. der Bank) Schadenersatz wegen Verschuldens bei Vertragsschluß verlangen, wenn er nicht über die speziellen Nachteile und Risiken der Vertragsbindung aufgeklärt worden ist[270].

VI. Teilbarkeit, Umdeutung und Bestätigung sittenwidriger Rechtsgeschäfte

Im Gemeinen Recht vor Inkrafttreten des BGB galt der Grundsatz, 192
daß nichtige Bestandteile eines Rechtsgeschäfts auf die übrigen Abreden keinen Einfluß hatten. Es galt also im Zweifel: Restgültigkeit, nicht Gesamtnichtigkeit (*utile per inutile non vitiatur*). Das Prinzip der Restgültigkeit gilt heute noch im Erbrecht bei Testamen-

Kapitalnutzung in sonstiger Weise bereichert, § 812 I 1, 2. Alt. BGB, für die § 817 S. 2 nicht gelte.

268 Vgl. dazu *W. Flume*, AT § 18.3, sowie die Rechtsgedanken aus BGH, 21.3.1977 II ZR 96/75 BGHZ 68, 204 (207).

269 *BGH, 12.11.1986 VIII ZR 280/85 BGHZ 99, 101 (107); vgl. Rdn. 91.

270 BGH, 9.3.1989 III ZR 269/87 WM 1989, 665; 3.4.1990 XI ZR 261/89 BGHZ 111, 117.

ten, um sie im Interesse des Erblassers möglichst zu halten (§§ 2085, 2195, 2279 I BGB), ansonsten aber haben sich die Verfasser des BGB gegen die gemeinrechtliche Lösung entschieden[271] und Gesamtnichtigkeit nach folgenden Grundsätzen angeordnet[272]:

1. Teilnichtigkeit (§ 139 BGB)

193 Besteht ein Rechtsgeschäft nur aus einem einzigen Teil, ist das ganze Geschäft bei Vorliegen eines Nichtigkeitsgrundes nichtig; ist dagegen *bloß ein Teil* eines Rechtsgeschäfts nichtig, so ist das *ganze* Geschäft nichtig, wenn nicht anzunehmen ist, daß es auch ohne den nichtigen Teil vorgenommen sein würde (§ 139 BGB). Im einzelnen:

194 a) § 139 BGB beruht ebenfalls auf dem Grundsatz der Privatautonomie. Er soll verhindern, daß den Parteien anstelle des von ihnen gewollten Rechtsgeschäfts ein anderes mit anderem Inhalt aufgedrängt wird[273].

195 b) § 139 BGB ist nur anwendbar, wenn nach Abtrennung des vom Nichtigkeitsgrund betroffenen Teils der dann vom Rechtsgeschäft noch verbleibende Teil als selbständiges Geschäft bestehen bleiben kann[274]. § 139 BGB kommt also nur bei *Teilbarkeit* eines an sich einheitlichen Geschäfts in Betracht. In diesem Sinn kann § 139 BGB Bedeutung haben für (1) Einzelbestimmungen eines Rechtsgeschäfts, (2) die Teilnahme mehrerer Personen an einem Rechtsgeschäft, (3) die zeitliche Dauer eines Vertrags. Die *Regel* ist in allen drei Fällen: im Zweifel Gesamtnichtigkeit, im Einzelfall Restgültigkeit. Der Test lautet: Hätten die Parteien das Geschäft auch ohne den nichtigen Teil abgeschlossen? Lautet die Antwort „Ja", kommt Restgültigkeit in Betracht.

Beispiele: Nichtige Einzelbestimmungen, die den Rest des Rechtsgeschäfts nicht berühren, z.B. unsittliche Nebenabreden beim Wettbewerbsverbot[275], überhöhte Provision beim Maklervertrag[276],

271 Vgl. dazu etwa Mot. I.222.

272 Einzelheiten der Entwicklung bei *H. Brox*, AT Rdn. 304-316; bei *W. Flume*, AT § 32.1-8; *D. Medicus*, AT § 35.

273 Vgl. dazu schon RG, 28.4.1908 VII 349/07 JW 1908, 445; wie weitgehend hier die Anforderungen sind, zeigt z.B. BGH, 20.6.1980 V ZR 84/79 NJW 1981, 222; vgl. weiter auch Rdn. 197.

274 *RG, 19.12.1934 V 200/34 RGZ 146, 234 (236).

275 Nachw. bei *O. Palandt* (*H. Heinrichs*) Rdn. 105 zu § 138 BGB.

lassen die übrigen Teile der Abmachung bestehen. Nichtigkeit der Beteiligung einer von mehreren Personen auf einer Vertragsseite kann die von den anderen eingegangenen Verpflichtungen unberührt lassen: A, B und C verbürgen sich abends beim Bier schriftlich für die Schuld des S gegenüber G (§§ 766, 769 BGB). A ist 17 Jahre alt, B volltrunken. Muß C an G zahlen?[277] Die Bürgschaftserklärungen von A und B sind gem. § 108 I BGB bei A[278], gem. § 105 II BGB bei B nichtig. Das läßt aber die Willenserklärung des C unberührt: sie ist wirksam, er muß zahlen[279]. In anderen Fällen ist dagegen Nichtigkeit des Gesamtgeschäfts angenommen worden, z.B. Nichtigkeit bei Minderjährigkeit eines von mehreren Verkäufern[280], bei wucherischen Forderungen gegenüber nur einer von mehreren Personen auf ein und derselben Seite[281], bei arglistiger Täuschung durch einen von mehreren Verkäufern[282]. Eine wegen überlanger Vertragsbindung nichtige Laufzeitvereinbarung berührt i.d.R. nicht den nicht zu beanstandenden Vertragszeitraum[283].

c) Beachte jedoch grundsätzlich: § 139 BGB ist unanwendbar bei 196
den sog. Allgemeinen Geschäftsbedingungen (lies § 6 AGBG!): die Nichtigkeit einzelner Klauseln rechtfertigt noch nicht die Annahme, daß dann der ganze Vertrag nichtig sein soll[284]. Anders kann dies bei einer Vielzahl von zu beanstandenden Klauseln sein, wenn nach ihrem Wegfall der übrige Vertragsinhalt unklar würde oder ihm eine ganz neue Gestaltung gegeben werden müßte[285]. Dies wird insbesondere bei gesetzlich nicht geregelten Vertragstypen der Fall sein[286].

276 OLG München, 14.1.1970 12 U 2645/68 NJW 1970, 709 (dort wird freilich *in casu* Gesamtnichtigkeit angenommen).

277 Beispiel bei *B. Rüthers*, AT Rdn. 412.

278 Bis zur etwaigen Genehmigung ist die Bürgschaftserklärung zunächst schwebend unwirksam, bei endgültiger Verweigerung endgültig unwirksam und damit praktisch nichtig.

279 So auch *B. Rüthers*, AT Rdn. 420.

280 BGH, 22.5.1970 V ZR 130/67 BGHZ 54, 71 (72).

281 RG, 27.11.1909 I 342/09 RGZ 72, 216 (218).

282 *O. Palandt* (– *H. Heinrichs*) Rdn. 11 zu § 139 BGB.

283 BGH, 1.10.1976 V ZR 10/76 BGHZ 68, 1 (5).

284 So schon vor Geltung des AGBG BGH, 29.10.1956 II ZR 79/55 BGHZ 22, 90 (92).

285 BGH, 11.11.1968 VIII ZR 151/66 BGHZ 51, 55 (57).

286 Vgl. *O. Palandt* (– *H. Heinrichs*) Rdn. 9 zu § 9 AGBG.

2. Umdeutung (§ 140 BGB)

197 Von § 139 BGB streng zu unterscheiden ist § 140 BGB über die *Umdeutung* eines Rechtsgeschäfts (Konversion)[287]. Beide Vorschriften dienen der Durchsetzung des mutmaßlichen Willens der Parteien[288]. Während aber gem. § 139 BGB bei Teilnichtigkeit im Zweifel Gesamtnichtigkeit und nicht Restgültigkeit eintreten soll, hat § 140 BGB die Umdeutung eines nichtigen Geschäfts in ein anderes (gültiges) zum Inhalt, wenn anzunehmen ist, daß dessen Geltung bei Kenntnis der Nichtigkeit gewollt worden wäre[289]. Von Bedeutung kann diese Bestimmung vor allem bei der Kündigung im Arbeitsrecht sowie bei der Einräumung von Sicherungsrechten sein[290].

Beispiele: Die nichtige außerordentliche Kündigung enthält als ein Minus eine wirksame ordentliche Kündigung zum nächstzulässigen Zeitpunkt[291].- Die Übertragung eines Nießbrauchs ist nach § 1059 S. 1 BGB nichtig (§ 134 BGB). In dem nichtigen Geschäft sind alle Merkmale einer Überlassung des Nießbrauchs zur Ausübung als Minus enthalten; dieses Geschäft ist dann nach § 1059 S. 2 BGB wirksam.- Eine nichtige Pfandrechtsbestellung (§§ 1204 ff. BGB) kann umgekehrt aber nicht in eine gültige Eigentumsübertragung umgedeutet werden: diese ist ein Mehr gegenüber jener. Eine Umdeutbarkeit in ein Zurückbehaltungsrecht wäre dagegen durchaus denkbar[292]. Im einzelnen:

198 a) Die Umdeutung hat im Wege der Auslegung zu erfolgen. Gemäß § 140 BGB ist zunächst zu prüfen, ob ein *nichtiges* Rechtsgeschäft vorliegt, in diesem ein wirksames anderes enthalten ist und die Beteiligten dieses geschlossen hätten, wenn sie die Nichtigkeit des abgeschlossenen Rechtsgeschäfts gekannt hätten. Sinn und Zweck von § 140 BGB ist es, den von den Parteien

[287] Einzelheiten: *W. Flume*, AT § 32.9; *D. Medicus*, AT § 36.

[288] MünchKomm (– *Th. Mayer-Maly*) Rdn. 1 zu § 140 BGB.

[289] Es geht dabei also nicht um die Ermittlung eines wirklich vorhandenen Parteiwillens, sondern um die Ermittlung eines *hypothetischen* Willens, d.h. dessen, „was die Parteien gewollt hätten, wenn sie die Nichtigkeit des abgeschlossenen Rechtsgeschäfts gekannt hätten“ (BGH, 15.12.1955 II ZR 204/54 BGHZ 19, 269 [273]).

[290] *D. Medicus*, AT § 36 III.

[291] *H. Brox*, AT Rdn. 319 (dort auch die im Text folgenden weiteren Beispiele); zur Kündigung im Arbeitsrecht vgl. aber auch *D. Medicus*, AT § 36 III 1 (Rdn. 524-525).

[292] RG, 17.4.1907 V 505/06 RGZ 66, 24 (27-28).

erstrebten wirtschaftlichen Erfolg auch dann zu verwirklichen, wenn das rechtliche Mittel, das sie dafür gewählt haben, unzulässig ist, jedoch ein anderer, rechtlich gangbarer Weg zur Verfügung steht, der zum annähernd gleichen wirtschaftlichen Ergebnis führen kann[293].

b) Dies und damit die Umdeutung setzt aber voraus, daß nach der 199
Wertung, die der die Nichtigkeit anordnenden Norm zugrunde liegt, nicht der mit dem Geschäft angestrebte wirtschaftliche Erfolg selbst, sondern nur das von den Parteien gewählte rechtliche Mittel von der Rechtsordnung gebilligt wird. Deshalb gilt: Ein gegen den Normzweck von § 134 BGB verstoßendes Umgehungsgeschäft ist nichtig und regelmäßig nicht seinerseits „umdeutbar". Ein wegen sittenwidriger Übervorteilung nichtiges (§ 138 BGB) Geschäft kann ebenfalls grundsätzlich nicht umgedeutet werden, auch nicht in der Weise, daß die Leistungsverpflichtung des Übervorteilten auf einen Teil beschränkt und damit auf ein erträgliches Maß reduziert wird. Deshalb kann etwa ein nach § 138 II BGB wegen Wuchers nichtiges Rechtsgeschäft nicht durch Herabsetzung der überhöhten Leistung aufrechterhalten werden[294]. Nach Auffassung des LG Köln[295] soll jedoch eine Ausnahme dann gelten, wenn bei der Nichtigkeit einer wucherischen Mietzinsvereinbarung zum Schutz des Mieters die Aufrechterhaltung des Mietvertrags zu einem angemessenen Mietzins geboten ist.

Beispiele: Überhöhter Getränkepreis im Animierlokal (DM 9.025,-- Einzelverzehr)[296], Begebung eines Wechsels über DM 2.430,-- für einige Biere[297]; dagegen keine Sittenwidrigkeit mit Nichtigkeitsfolge gem. § 138 BGB bei Begebung von Schecks über DM 4.203,-- und DM 4.110,--, wenn der Gast Bestellungen in entsprechendem Umfang aufgegeben hatte[298].

3. Bestätigung (§ 141 BGB)

Die Bestätigung eines nichtigen Rechtsgeschäfts ist als *Neuvornahme* anzusehen (§ 141 BGB). Für sie gelten die gleichen Voraussetzungen wie sonst bei erstmaliger Vornahme. Die Neuvornahme 200

293 *BGH, 15.12.1955 II ZR 204/54 BGHZ 19, 269 (273).
294 *BGH, 21.3.1977 II ZR 96/75 BGHZ 68, 204 (LS).
295 LG Köln, 12.10.1964 1 S 134/64 NJW 1965, 158.
296 OLG Nürnberg, 6.6.1977 5 U 240/76 MDR 1977, 1016.
297 LG Hamburg, 8.10.1973 27 O 175/73 WM 1973, 1427.
298 BGH, 13.3.1980 II ZR 176/79 NJW 1980, 1742.

entgegen weiterbestehendem gesetzlichem Verbot macht deshalb dieses Geschäft gem. § 134 BGB wieder nichtig[299]. Bei ursprünglicher Sittenwidrigkeit ist die Neuvornahme nur wirksam, wenn die Sittenwidrigkeit und mit ihr die Nichtigkeitssanktion nach § 138 BGB nicht mehr besteht[300].

Zweites Kapitel: Anfechtbarkeit von Rechtsgeschäften

1. Abschnitt: Selbstbedingte Willensmängel beim Erklärenden

I. Einleitung

201 Die Fehlerhaftigkeit eines Rechtsgeschäfts muß nicht automatisch kraft gesetzlicher Anordnung *Nichtigkeit* zur Folge haben. Diese besonders schwerwiegende Sanktion verhängt die Rechtsordnung nur bei Rechtsgeschäften, deren Folgen sie im *öffentlichen Interesse* (§§ 125, 134, 138 BGB) – wozu man auch den besonders gelagerten Fall des Schutzes völlig Geschäftsunfähiger rechnet (§§ 104, 105 BGB) – oder im Interesse *beider* Beteiligter (§§ 116 S. 2, 117, 118 BGB) mißbilligt[1]. Mißbilligt die Rechtsordnung dagegen das Rechtsgeschäft und seine beabsichtigten Folgen nur im Interesse *eines* Beteiligten, so gewährt sie ihm ausnahmsweise das Recht zur *Anfechtung* der eigenen Willenserklärung. Bei einem anfechtbaren Rechtsgeschäft ordnet das Gesetz also gerade nicht die Nichtigkeit an, vielmehr begnügt es sich mit der Möglichkeit einer *Vernichtbarkeit*: die auf Irrtum beruhende Willenserklärung ist gültig, sie kann

[299] BGH, 3.11.1953 I ZR 155/52 BGHZ 11, 59 (60).
[300] *RG, 3.10.1906 V 37/06 RGZ 64, 146 (149); BGH, 25.1.1973 II ZR 139/71 BGHZ 60, 102 (108).
[1] Zu diesen elementaren Wirksamkeitsvoraussetzungen von Willenserklärungen vgl. den ersten Teil dieses Buchs (Rdn. 1 ff.).

aber durch Anfechtung vernichtet werden[2]. Es wird dem Anfechtungsberechtigten freigestellt, ob er seine auf einem Irrtum beruhende Willenserklärung wieder „aus der Welt schaffen"[3], sich also auf die Fehlerhaftigkeit des Rechtsgeschäfts berufen – und es damit rückwirkend vernichten (§ 142 I BGB) – oder ob er es ungeachtet der Mängel für und gegen sich gelten lassen und trotz Kenntnis der Anfechtbarkeit an dem Rechtsgeschäft festhalten, es also bestätigen will[4]. Eine solche Bestätigung des Rechtsgeschäfts kann auch darin gesehen werden, daß der Anfechtungsberechtigte an dem anfechtbaren Vertrag durch schlüssige Handlungen festhält, z.B. von seinem Wahlrecht[5] Gebrauch macht und statt der Anfechtung etwaige vertragliche Mängelgewährleistungsansprüche (§§ 459 ff. BGB) geltend macht; das Anfechtungsrecht geht in diesem Fall aber erst unter, wenn der Anfechtungsberechtigte mit den geltend gemachten Gewährleistungsansprüchen erfolgreich ist[6]. Die Anfechtbarkeit eines Rechtsgeschäfts stellt somit eine *dispositive Wirksamkeitsvoraussetzung* dar. Mit ihr und ihren Rechtsfolgen beschäftigt sich das folgende Kapitel.

2 *H. Brox*, AT Rdn. 335-336.
3 *H. Brox*, AT Rdn. 359 (S. 168).
4 BGH, 2.2.1990 V ZR 266/88 BGHZ 110, 220 (222).
5 Vgl. dazu *O. Palandt* (– *H. Heinrichs*) Rdn. 8 vor § 459 BGB.
6 *D. Giesen*, Anm. zu BGH, 28.4.1971 VIII ZR 258/69 NJW 1971, 1795-1798 (1797), zust. BGH, 2.2.1990 V ZR 266/88 BGHZ 110, 220 (222-223).

II. Die Anfechtungsregeln im Überblick

202 Im BGB finden sich verschiedene Anfechtungsregelungen mit unterschiedlichen Tatbestandsvoraussetzungen und Rechtsfolgen. Ausgangspunkt der heutigen Irrtumsregelung ist wiederum das römische Recht[7]. Alle Anfechtungsmöglichkeiten setzen zunächst jedoch eine wirksame (wenn auch fehlerhafte oder „defekte“[8]) *Willenserklärung* voraus. Fehlen also schon die für die Willenserklärung konstitutiven Tatbestandsmerkmale wie Handlungswille (Rdn. 19), Erklärungsbewußtsein (Rdn. 20)[9] oder wirksame Abgabe der Willenserklärung (Rdn. 32-33), so ist eine Anfechtung regelmäßig überflüssig. Da die Anfechtung gem. § 142 I BGB die rückwirkende Nichtigkeit des Geschäfts zur Folge hat, ist sie grundsätzlich nur sinnvoll, wenn die Willenserklärung überhaupt vernichtbare Rechtsfolgen gesetzt hat. *Ausnahmsweise* besteht jedoch das Bedürfnis, die Anfechtung auch bei nichtigen Rechtsgeschäften zuzulassen (sog. Kippsche Doppelwirkungslehre)[10].

Beispiel: Der 16jährige M hat von seinem Onkel O eine wertvolle afrikanische Bronzemaske geerbt (§ 1922 BGB). A, der den Wert

[7] *W. Flume*, AT § 22.1a; *J. v. Staudinger* (– *H. Dilcher*) Rdn. 2-5 zu § 119 BGB.

[8] Lesenswert: *D. Coester-Waltjen*, „Die fehlerhafte Willenserklärung“, Jura 1990, 362-368 (*sub* III.).

[9] Beachte jedoch: Nur die Vertreter der *Willenstheorie* (Rdn. 22) rechnen das Erklärungsbewußtsein zu den konstitutiven Elementen einer Willenserklärung; nach der inzwischen herrschenden Zurechnungs- oder *Erklärungstheorie* (Rdn. 21) liegt trotz fehlenden Erklärungsbewußtseins (Rechtsbindungswillens) eine Willenserklärung vor, „wenn der Erklärende bei Anwendung der im Verkehr erforderlichen Sorgfalt hätte erkennen und vermeiden können, daß seine Äußerung nach Treu und Glauben und der Verkehrssitte als Willenserklärung aufgefaßt werden durfte, und wenn der Empfänger sie auch tatsächlich so verstanden hat“ (*BGH, 7.6.1984 BGHZ 91, 324 [LS]); sogar *schlüssiges Verhalten* kann unter den in dieser Entscheidung genannten Voraussetzungen als wirksame (und bei Fehlerhaftigkeit deshalb ggf. auch anfechtbare) Willenserklärung zu werten sein: BGH, 2.11.1989 IX ZR 197/88 *BGHZ 109, 171 (177).

[10] Eine vielzitierte Ausnahme sind die „Kippschen Doppelwirkungsfälle“; zu ihnen vgl. Theodor *Kipp*,“Über Doppelwirkungen im Recht, insbesondere über die Konkurrenz von Nichtigkeit und Anfechtbarkeit“, Festschrift für F. von Martitz (Berlin 1911) 211; aus der heutigen Literatur s.a. *H. Brox*, AT Rdn. 394. *W. Flume*, AT § 31.6 (S. 566-567); *D. Medicus*, AT § 47 III 3 (Rdn. 728); *J. v. Staudinger* (– *H. Dilcher*) Rdn. 80 vor §§ 104-185 BGB, 6 zu § 142 BGB.

der Maske kennt, überredet den M zur Veräußerung an ihn (§ 929 S. 1 BGB). Dabei täuscht A dem M vor, es handle sich nur um ein Massenprodukt „Made in Hong Kong". Sodann veräußert A die Maske an D, der zwar weiß, daß M getäuscht wurde, nicht aber, daß M minderjährig war. Als M kurze Zeit später seinen täuschungsbedingten Irrtum bemerkt, ficht er seine Übereignungserklärung (§ 929 S. 1 BGB) wegen arglistiger Täuschung (§ 123 BGB) an. Kann M von D die Herausgabe der Maske gem. § 985 BGB verlangen? Unter der Voraussetzung, daß die Eltern des M der Veräußerung an A nicht zugestimmt haben, hat M sein Eigentum an der Maske nicht an A verloren (§§ 107, 108 I BGB: rechtlich nachteiliges Geschäft), A ist nicht Eigentümer der Maske geworden. Der Eigentumsverlust des M könnte jedoch durch Veräußerung von A an D gem. §§ 929 S. 1, 932 I BGB (gutgläubiger Erwerb) eingetreten sein. Fraglich ist allein die Gutgläubigkeit des D. Seine Bösgläubigkeit kann sich nur aus der Kenntnis von der Täuschung ergeben: Gem. § 142 II BGB steht die Kenntnis der Anfechtbarkeit (= Kenntnis der die Anfechtung begründenden Umstände) der Kenntnis der Nichtigkeit gleich. Daraus ergibt sich auch die Bösgläubigkeit im Sinne des § 932 II BGB. Allerdings setzt § 142 II BGB voraus, daß „die Anfechtung erfolgt". Wollte man also im Beispielsfall dem M die Anfechtung mit der Begründung versagen, daß seine Veräußerung an A ohnehin schon unwirksam war, so hätte das zur Folge, daß D gutgläubig erworben hätte. M stünde dann allein wegen seiner Minderjährigkeit schlechter als ein Volljähriger. Dieses Ergebnis ließe sich mit dem Schutzgedanken der §§ 104 ff. BGB nicht vereinbaren. Daher ist hier die Anfechtung des nichtigen Rechtsgeschäfts zulässig. D hat folglich wegen §§ 142 II, 932 II BGB nicht redlich erworben, so daß M gegen D der Herausgabeanspruch aus § 985 BGB zusteht[11].

1. In den §§ 119-123 BGB werden die *allgemeinen*, für alle Willenserklärungen geltenden *Irrtumsregeln* beschrieben: Das Gesetz gewährt die Anfechtung nur aus schwerwiegenden Gründen, die sich alle auf eine fehlerhafte Willensbildung des Erklärenden, nämlich entweder auf die unbewußte Nichtübereinstimmung von (subjektiver) Vorstellung mit der (objektiven) Wirklichkeit, insbesondere von (tatsächlich) Gewolltem und (tatsächlich) Erklärtem (§§ 119, 120 BGB [„selbstbedingte Willensmängel"]), oder auf die unlautere Beeinflussung des rechtsgeschäftlichen Willens durch 203

[11] Zum Herausgabeanspruch vgl. auch *H. Dilcher*, SachenR 95-97.

Täuschung oder Drohung (§ 123 BGB [„fremdbedingte Willensmängel"]) beziehen[12].

204 2. *Spezialregeln* über die Willensmängel des Vertreters (§ 166 BGB; Rdn. 424 ff.), bei der Leistungsbestimmung durch einen Dritten (§ 318 BGB) und beim Irrtum über die Vergleichsgrundlage (§ 779 BGB) modifizieren die allgemeinen Bestimmungen[13]. Hat sich der Vertretene bei der Erteilung der Vollmacht geirrt oder ist er dabei getäuscht worden, kann er wegen § 166 I BGB zwar nicht das vom Vertreter geschlossene Geschäft, möglicherweise aber die Vollmacht nach §§ 119, 123 BGB mit der Wirkung anfechten, daß die Vollmacht rückwirkend entfällt (§ 142 I BGB)[14]. Im Erbrecht stellen die §§ 2078 ff. und §§ 2281 ff. BGB eine bezüglich des *Motivirrtums*, der *Anfechtungsfristen* und der Frage der *Vertrauenshaftung* wesentlich anfechtungsfreundlichere Regelung dar[15]. Sonderregelungen für die Anfechtungsfristen finden sich auch noch in den §§ 1954 ff. und § 2308 BGB bezüglich der Annahme bzw. Ausschlagung von Erbschaften und Vermächtnissen.

Beachte: Keine Anfechtung, weil nicht auf die Vernichtung einer Willenserklärung gerichtet, stellt die Möglichkeit der „Anfechtung" der Ehelichkeit eines Kindes gem. § 1593 BGB dar. Ebenso ist keine Anfechtung im Sinne von §§ 119 ff. BGB die Anfechtung wegen Erbunwürdigkeit (§§ 2340 ff. BGB). Auch die in der Konkursordnung und im Anfechtungsgesetz geregelten Anfechtungsregeln (vgl. § 37 KO, § 7 AnfG) sind von den Irrtumsregeln des BGB zu unterscheidende Sonderregelungen[16]. Auch die Anfechtung der Ehe – vom Ehegesetz zur Unterscheidung schon Aufhebung genannt – folgt in ihren Rechtsfolgen nicht den allgemeinen Regeln des § 142 BGB.

205 3. Die Irrtumsanfechtung mit der Folge einer Nichtigkeit *ex tunc* (§ 142 I BGB) kann aber auch aus Gründen der Rechtssicherheit und des Verkehrs- und Vertrauensschutzes in besonderen Fällen *ausgeschlossen* sein. So etwa bei der „fehlerhaften" Personengesellschaft, bei der nur eine Auflösung möglich ist[17]. Auch im Arbeits-

12 In diesem Kapitel werden nur die selbstbedingten Willensmängel behandelt; zu den fremdbedingten vgl. Rdn. 282 ff.

13 MünchKomm (– *E. A. Kramer*) Rdn. 15 zu § 119 BGB.

14 Zum Stellvertreterrecht vgl. Rdn. 363 ff. (424 ff.).

15 *D. Medicus*, BürgerlR § 6 VI (Rdn. 146-148).

16 Ausführlich dazu *D. Medicus*, AT § 48 V (Rdn. 733-736).

17 BGH, 29.6.1970 II ZR 158/69 BGHZ 55, 5 (9); 12.5.1954 II ZR 167/53 BGHZ 13, 320 (322-323) = NJW 1954, 1562; vgl. auch MünchKomm (- *E.*

recht hat die Anfechtung eines fehlerhaften Arbeitsverhältnisses Wirkung nur *ex nunc*[18]. Im Wertpapierrecht gelten im einzelnen abweichende Regelungen, die dem durch das Wertpapier begründeten besonderen Vertrauenstatbestand gerecht werden sollen[19].

4. Die Anfechtung ist als *Gestaltungsrecht* grundsätzlich bedin- 206
gungsfeindlich. Zulässig ist allein eine sog. *Eventualanfechtung* im Prozeß[20] für den Fall, daß die Auslegung eines Vertrages in einer der Auffassung des Anfechtenden widersprechenden Richtung erfolgt[21]. Hier handelt es sich freilich nicht um eine echte Bedingung im Sinne des § 158 BGB, sondern um eine *condicio iuris* (Rdn. 103).

III. Das Verhältnis von Auslegung und Anfechtung

Da die Anfechtung regelmäßig eine (zunächst) wirksame Willens- 207
erklärung voraussetzt, muß zuerst festgestellt werden, ob diese Voraussetzung überhaupt gegeben ist. Die Anfechtung setzt stets voraus, daß beim Abweichen von Wille und Erklärung nicht das vom Erklärenden (subjektiv) Gewollte, sondern das (objektiv) Erklärte gilt[22]. Davon kann nur die Rede sein, wenn eine objektiv eindeutige, auf die Herbeiführung von Rechtsfolgen gerichtete Erklärung überhaupt vorliegt, also z.B. ein objektiv eindeutiges Angebot oder beim Vertrag auch wirklich zwei objektiv übereinstimmende und aufeinander abgestimmte Willenserklärungen (Angebot und Annahme) vorliegen (Rdn. 85-90). Ob das der Fall ist, muß durch *Auslegung* der Willenserklärung *aus der Sicht des Erklärungsempfängers* ermittelt werden.

A. Kramer) Rdn. 16-17 zu § 119 BGB; *D. Medicus*, AT § 10 I 2a (Rdn. 193); *J. v. Staudinger* (– *H. Dilcher*) Rdn. 35 vor §§ 116-144.

18 BAG, 5.12.1957 1 AZR 594/56 BAGE 5, 159 (161-162); vgl. dazu auch LAG Frankurt, 29.10.1980 8 Sa 99/80 Betr. 1981, 752; *P. Schwerdtner*, „Anfechtbarkeit und Nichtigkeit bei Dauerschuldverhältnissen", Jura 1989, 642-646; *J. v. Staudinger* (– *H. Dilcher*) Rdn. 36 vor §§ 116-144 BGB; instruktiv: *R. Wank*, Übungen im Arbeitsrecht (Berlin, New York 1991) 15-25 (Fall); vgl. auch Rdn. 125, 167.

19 BGH, 11.7.1968 II ZR 157/65 NJW 1968, 2102 (2103) m. Anm. *H. Berg*, NJW 1969, 604; vgl. MünchKomm (– *E. A. Kramer*) Rdn. 21 zu § 119 BGB; *J. v. Staudinger* (– *H. Dilcher*) Rdn. 37 vor §§ 116-144 BGB.

20 BGH, 15.5.1968 VIII ZR 29/66 NJW 1968, 2099.

21 BGH, 15.5.1968 VIII ZR 29/66 NJW 1968, 2099.

22 *H. Brox*, AT Rdn. 359 (S. 169).

208 1. Dabei fragt der Auslegende zunächst nach dem hinter der Erklärung stehenden *wirklichen* Willen des Erklärenden und stellt diesen fest. Wenn der Erklärungsempfänger erkennt oder bei Anwendung der gebotenen Sorgfalt hätte erkennen können, was der Erklärende mit seiner Erklärung gewollt hat, dann gilt das vom Erklärenden Gewollte: ein Grund zur Anfechtung besteht also nicht[23].

209 2. Kann der Erklärungsempfänger bei der Auslegung der Erklärung des Erklärenden aber auch bei der gebotenen Sorgfalt den wirklichen Willen des Erklärenden nicht erkennen, ist durch *normative* Auslegung zu ermitteln, ob die Erklärung eine *objektive* Bedeutung, d.h. eindeutige Bedeutung hat und welche das ist[24]. Die Auslegung aus dem objektiven Empfängerhorizont kann dann aber ergeben, daß der durch sie ermittelte und in der Erklärung objektiv zum Ausdruck kommende Wille des Erklärenden nicht mit dem übereinstimmt, was der Erklärende selbst erklären wollte. Nur dann kommt eine Anfechtung seitens des Erklärenden in Betracht.

210 3. Die *Auslegung geht mithin immer der Anfechtung vor* (Rdn. 85)[25]. Eine Anfechtung kommt mit anderen Worten überhaupt nur in Betracht, wenn die normative Auslegung einen objektiv eindeutigen Erklärungsgehalt erbracht, aber zugleich einen von diesem objektiven Erklärungsinhalt subjektiv abweichenden Willen des Erklärenden zutage gefördert hat. Die hier zur Wiederholung folgenden Fallgruppen sind bereits im ersten Teil dieses Buchs (Rdn. 75-90) ausführlich behandelt worden. Zusammenfassend:

211 a) Ergibt die Auslegung, daß die Beteiligten mit ihren Willenserklärungen aneinander vorbei reden (A erklärt X, B erklärt Y: Dissens), so liegt auch kein Rechtsgeschäft, kein Vertrag vor, der Rechtsfolgen entfalten und deshalb durch Anfechtung vernichtet werden könnte (Rdn. 89).

212 b) Ergibt die Auslegung der Willenserklärung, daß die Beteiligten eine falsche Bezeichnung verwenden, aber beide (subjektiv) dasselbe wollen („Haakjöringsköd"-Fälle), so gilt das übereinstimmend Gewollte. Für eine Anfechtung ist kein Raum (Rdn. 84).

213 c) Hat der Erklärungsempfänger bei der Auslegung der Willenserklärung des Erklärenden zutreffend erkannt, was der Erklärende mit seiner falschen Bezeichnung meint (K erklärt im Tabakladen, coffeinfreie Zigaretten kaufen zu wollen. V erkennt, was gemeint

23 *H. Brox*, AT Rdn. 131, 132, 360.
24 *H. Brox*, AT Rdn. 133, 134, 361.
25 *H. Brox*, AT Rdn. 364; *B. Rüthers*, AT Rdn. 212-264, 321-322, 340.

ist), so gilt das als gewollt Erkannte. Eine Anfechtung kommt daher auch hier nicht in Betracht (Rdn. 86, 218).

d) Aber auch wenn der eine Vertragsteil seine Willenserklärung 214 wegen Irrtums an sich anfechten kann (z.B. weil er sich verschrieben hat und einen zu niedrigen Preis angibt), muß er seine *eigentlich* gewollte Erklärung unter Umstände *gegen sich gelten lassen*[26]. Das gilt vor allem dann, wenn der Erklärungsempfänger bei der Auslegung der Willenserklärung des Erklärenden zwar erkennt, daß dieser irrtümlich etwas anderes will als erklärt, dann aber mit dem eigentlich Gewollten einverstanden ist: läßt sich der Erklärungsempfänger nämlich auf das vom Erklärenden eigentlich Gewollte ein, so wird der Erklärende vom Erklärungsempfänger so gestellt, wie er ohne den Irrtum stehen würde, und deshalb muß sich der Erklärende an dem von ihm Gewollten auch festhalten lassen[27]. Dies gilt ganz gleich, ob das Gewollte und vom Erklärungsempfänger auch als gewollt Akzeptierte für den Erklärenden günstiger war oder nicht; im ersten Fall (etwa wenn V dem K den Computer für DM 3.200,-- statt für DM 2.300,-- angeboten hat), weil er keinen vernünftigen Grund hat, seine Erklärung durch Anfechtung zu vernichten, wenn er durch seinen Irrtum sogar besser gestellt wird als ohne diesen[28]; im zweiten Fall (etwa wenn V dem K den Computer statt wie gewollt für DM 3.200,-- für nur DM 2.300,-- angeboten hat), weil der Erklärungsempfänger durch seine Bereitschaft, auch die von V eigentlich gewollten DM 3.200,-- zu zahlen, den Erklärenden so stellt, wie dieser ohne den Irrtum stehen würde[29]. Das Anfechtungsrecht soll also gerade nicht dazu dienen, dem Anfechtenden ein „Reuerecht“[30] einzuräumen, etwa, weil er jetzt die Sache noch günstiger verkaufen kann: Ist der Anfechtungsgegner nach einer ihm gegenüber erklärten Anfechtung mit dem eigentlich Gewollten einverstanden, so kommt der Vertrag über das eigentlich Gewollte zustande; die Anfechtung greift dann also nicht durch; sie wäre *rechtsmißbräuchlich*[31].

[26] *H. Brox*, AT Rdn. 362-363 (mit Beispielen); ausführlich auch *W. Flume*, AT § 21.6; *K. Larenz*, AT § 20 II c (S. 386).
[27] *H. Brox*, AT Rdn. 362-363 (mit Beispielen).
[28] RG, 28.3.1930 VII 436/29 RGZ 128, 116 (121).
[29] BGH, 20.1.1954 II ZR 1/53 MDR 1954, 217.
[30] MünchKomm (– *E. A. Kramer*) Rdn. 121 a.E. zu § 119 BGB; *D. Medicus*, BürgerlR § 6 V (Rdn. 144).
[31] *W. Flume*, AT § 21.6; *H. Hübner*, AT § 36 B III 2 (Rdn. 458).

IV. Die Grundtatbestände des selbstbedingten Irrtums (§§ 119, 120 BGB)

215 Ist dem Erklärenden bei einer Willenserklärung ein Irrtum unterlaufen, so steht ihm unter den im Gesetz genannten Voraussetzungen (§§ 119 ff. BGB) ein Anfechtungsrecht zu, mit dem er seine auf eigenem Irrtum beruhende Erklärung wieder aus der Welt schaffen kann. Das Gesetz unterscheidet zwei Irrtumstatbestände, die es in § 119 BGB gleichbehandelt: nämlich den Irrtum bei der Willens*äußerung* (§§ 119 I, 120 BGB, Rdn. 216-225) und den Irrtum bei der Willens*bildung* (§ 119 II BGB, Rdn. 226-240), wobei die hierfür geltenden Regeln aber nur bei Vorliegen eines *einseitigen Irrtums* anzuwenden sind.

1. Der Irrtum bei der Willensäußerung (§§ 119 I, 120 BGB)

216 Ein Irrtum *bei der Willensäußerung* liegt vor, wenn der Erklärungs*wille* und der Erklärungs*inhalt* nicht übereinstimmen, wenn also von der (objektiv) eindeutigen Erklärung der (subjektive) Geschäftswille des Erklärenden abweicht. Man spricht dann von einem *Erklärungsirrtum*. Dieser Erklärungsirrtum ist *in zwei Formen* denkbar: entweder als Irrtum in der Erklärungs*handlung* (§ 119 I, 2. Fall BGB: Erklärungsirrtum im engeren Sinne; § 120 BGB: Übermittlungsirrtum, Rdn. 217-222) oder als Irrtum über den Erklärungs*inhalt* (§ 119 I, 1. Fall BGB: Inhaltsirrtum, Rdn. 223-225)[32].

a) Erklärungsirrtum

Wir wenden uns zunächst dem Erklärungsirrtum, also dem Irrtum in der Erklärungshandlung zu.

aa) Irrtum in der Erklärungshandlung (§ 119 I, 2. Fall BGB)

217 Ein Irrtum in der Erklärungshandlung (= *Erklärungsirrtum*) liegt vor, wenn der Erklärende bei der Abgabe der Willenserklärung „eine Erklärung dieses Inhalts nicht abgeben wollte" (§ 119 I, 2. Fall BGB). Die technische Umsetzung seines Willens in ein adäquates *Erklärungszeichen* mißlingt ihm; er benutzt ein Erklärungszeichen, das er gar nicht benutzen will: er verspricht, verschreibt, vergreift sich (Kurzformel: *Er weiß nicht, was er sagt*).

32 Dazu *D. Schwab*, ZivilR Rdn. 530-537.

Beispiele: Weinfreund K will Wein bestellen. Versehentlich gerät er in der Bestelliste der Verwaltung der Bischöflichen Weingüter Trier in die falsche Spalte. Statt „Trittenheimer Altärchen" (eines Moselweins) kreuzt er „Eitelsbacher Marienholz" (einen Ruwerwein) an: er verschreibt sich; objektiv gibt K eine Willenserklärung ab, die eindeutig auf „Eitelsbacher Marienholz" lautet. Nimmt V die Bestellung an, kommt über diesen Ruwerwein ein Vertrag zustande. K wollte jedoch nicht diesen Wein, sondern einen wesentlich anderen (eine Spitzenlage von der Mosel) bestellen. Er kann wegen Erklärungsirrtums (weil er sich verschrieben hat) anfechten.- Eine Baufirma liefert verschiedene Heizungs- und Sanitäranlagen. Auf ihrer Auftragsbestätigung verschreibt sie sich und gibt in der Spalte „Gesamtpreis" nur die Einzelpreise für die verschiedenen Leistungen an. Auf der Rechnung wird dieser Fehler dann korrigiert. Das OLG Frankfurt, das diesen Fall zu entscheiden hatte[33], sah in der nachfolgenden Rechnung eine konkludente Anfechtung wegen Erklärungsirrtums. Der soeben erwähnte Fall des OLG Frankfurt verdeutlicht einige wichtige Grundsätze des Anfechtungsrechts:

α) Es kommt bei der Anfechtung *nicht darauf an, ob der Irrtum* 218
verschuldet ist oder nicht. Auch der grob fahrlässig Handelnde kann anfechten[34]. Die Anfechtungserklärung kann grundsätzlich auch *konkludent* erklärt werden. Es ist auch immer genau zu prüfen, ob eine spätere Erklärung des einen Vertragsteils nicht als Anfechtungserklärung aufzufassen ist.

Beachte: Hätte sich die Baufirma im zuletzt geschilderten Fall (Rdn. 217) allerdings nur beim Zusammenaddieren der verschiedenen Posten verrechnet – und wäre dies nicht ganz offensichtlich gewesen – so hätte nur ein *nicht* zur Anfechtung berechtigender *Kalkulationsirrtum* vorgelegen[35]. In einem derart krassen Fall, wie ihn das OLG zu entscheiden hatte, müßte im übrigen auch immer – und zwar noch vor Prüfung einer Anfechtung – ermittelt werden, ob nicht schon die Auslegung eine Anfechtung überflüssig macht (Rdn. 85, 210). Hätte der Erklärungsempfänger den krassen Irrtum der Baufirma nämlich bemerkt (z.B. daß hier offensichtlich die Einzelpreise und nicht der Gesamtbetrag gemeint waren) und damit das wirklich Gewollte erkannt, so wäre eine Anfechtung gar nicht in

33 *OLG Frankfurt, 7.12.1979 10 U 75/79 BauR 1980, 578; s. auch LG Hannover, 4.2.1981 11 S 326/80 MDR 1981, 579 = VersR 1981, 867.

34 Vgl. OLG Frankfurt, 7.12.1979 10 U 75/79 BauR 1980, 578 (579); vgl. insbes. *D. Medicus*, AT § 48 I 2 (Rdn. 738).

35 Zum Kalkulationsirrtum vgl. Rdn. 264-272.

Betracht gekommen (Rdn. 213). Vielmehr hätte der erkannte Wille des Erklärenden gegolten.

219 β) Zu beachten ist auch, daß die Terminologie beim Erklärungsirrtum durchaus uneinheitlich ist[36]. Manche Autoren sprechen hier von „Irrung"[37], andere von „Abirrung"[38] oder von „Irrtum im Erklärungsakt"[39]. Der „Erklärungsirrtum" wird dagegen als Oberbegriff für die in § 119 I BGB geregelten Irrtumsfälle und als Gegenbegriff zum in § 119 II BGB geregelten Irrtum, der auch „Motivirrtum"[40] oder „Eigenschaftsirrtum"[41] genannt wird, verwendet.

bb) Übermittlungsirrtum nach § 120 BGB

220 Ein Erklärungsirrtum liegt aber nicht nur vor, wenn der Erklärende bei der Abgabe einer Willenserklärung „eine Erklärung dieses Inhalts überhaupt nicht abgeben wollte" (§ 119 I, 2. Fall BGB), sondern auch dann, wenn er die Erklärung zwar nicht selbst abgibt, sie aber durch einen Dritten (z.B. einen Dolmetscher oder einen *Boten*) oder eine Anstalt (z.B. Post oder Telegraphenamt) übermitteln läßt, und dann infolge eines Irrtums dieser Mittelsperson (d.h. dieses *Erklärungsboten*) beim Erklärungsempfänger eine andere Erklärung abgeliefert wird als die vom Erklärenden gewollte (Übermittlungsirrtum).

221 α) Auch hier ist die Erklärung in der Form verbindlich, in der sie tatsächlich abgegeben worden ist. Wiederum hat aber der Erklärende bei einer irrtümlichen Falschübermittlung nicht das erklärt, was er erklären wollte; er kann deshalb seine durch die Übermittlungsperson irrtümlich falsch übermittelte Willenserklärung ebenfalls anfechten (§ 120 BGB).

Beispiel: Läßt V durch seinen Boten B an M ein Angebot des Inhalts übermitteln, daß er bereit sei, dem M das von diesem bereits besichtigte Haus für DM 980,-- monatlich zu vermieten, übermittelt der Bote aber stattdessen versehentlich ein Mietzinsangebot von DM 890,--, so kommt bei Annahme durch M ein Mietvertrag zu dem niedrigeren Preis zustande; der Erklärende trägt also die Gefahr der Übermittlung seiner Erklärung (Rdn. 46). Er hat eine

36 Vgl. dazu *O. Jauernig*, Anm. 2 zu § 119 BGB.

37 Vgl. *D. Medicus*, BürgerlR § 6 III (Rdn. 132) und insbes. *W. Flume*, AT § 23.2a.

38 *K. Larenz*, AT § 20 II (S. 371).

39 So *W. Flume*, AT § 23.2a.

40 *K. Larenz*, AT § 20 II b (S. 377-385); *H. Brox*, AT Rdn. 370.

41 *W. Flume*, AT § 24; *D. Medicus*, AT § 48 III 4.

Offerte diesen Inhalts gar nicht abgeben wollen. Deshalb darf er wegen Übermittlungsirrtums gem. § 120 BGB anfechten.

222 β) Übermittelt der Bote die ihm aufgetragene Willenserklärung zwar inhaltlich richtig, aber an den falschen Empfänger, so kommt nach h.L. ebenfalls eine Anfechtung in *analoger* Anwendung von § 120 BGB in Betracht[42]. Die Übermittlung muß aber irrtümlich falsch erfolgt sein. Die bewußte falsche Übermittlung durch den Boten ist kein Fall von § 120 BGB. Sie braucht schon deshalb nicht angefochten zu werden, weil sie den Erklärenden nicht bindet (Rdn. 377)[43]. Hat sich der Auftraggeber indessen einer unzuverlässigen Übermittlungsperson bedient, so haftet er eventuell aus Verschulden bei Vertragsverhandlungen für entstandene Vertrauensschäden[44].

Beachte: Kein Fall des Übermittlungsirrtums (§ 120 BGB) ist die Übermittlung einer Erklärung an den *Empfangsboten* (Rdn. 45). Hat der Empfangsbote falsch verstanden, so fehlt es normalerweise schon am Zugang der Erklärung beim Erklärungsempfänger; hat er richtig verstanden, so ist die Erklärung beim Erklärungsempfänger zugegangen. Die falsche Übermittlung der Erklärung vom Empfangsboten auf den Erklärungsempfänger geht auf das Risiko des Erklärungsempfängers[45].

b) Inhaltsirrtum (§ 119 I, 1. Fall BGB)

223 Ein Irrtum über den Inhalt der Erklärung (=Inhaltsirrtum) liegt vor, wenn der Erklärende „bei der Abgabe einer Willenserklärung über deren Inhalt im Irrtum war" (§ 119 I, 1. Fall BGB). Der Erklärende erklärt zwar etwas, was er erklären will, aber er irrt über die Bedeutung dieser Erklärung, er gibt ihr also einen anderen Sinn, als sie objektiv hat (Kurzform: *er weiß zwar, was er sagt, er weiß aber nicht, was er damit sagt*). Im Unterschied zum Erklärungsirrtum weiß also der Erklärende, was er erklärt – er setzt auch das richtige Erklärungszeichen – , er ist sich aber nicht im klaren darüber,

42 *O. Palandt* (– *H. Heinrichs*) Rdn. 3 zu § 120 BGB.

43 BGH, 19.11.1962 VIII ZR 229/61 BB 1963, 204; vgl. auch *D. Medicus*, AT § 48 II 4 (Rdn. 747) m.w.N. auch zur Gegenmeinung; vgl. außerdem H. Köhler, PdW BGB AT Fall 67 (S. 84).

44 Vgl. *O. Palandt* (– *H. Heinrichs*) Rdn. 4 zu § 120 BGB; *H. Brox*, AT Rdn. 369; *W. Hefermehl*, in: *H. Th. Soergel* (– *W. Hefermehl*) Rdn. 4 zu § 120 BGB.

45 Zutr. *O. Jauernig*, Anm. 2 zu § 120 BGB sowie Anm. 2b bb) und 2c aa) zu § 130 BGB.

welchen objektiven Sinn dieses Erklärungszeichen und damit seine Erklärung hat[46]. Beim Inhaltsirrtum lassen sich zwei Fälle voneinander unterscheiden:

224 aa) Der Erklärende wählt ein Erklärungszeichen mit einem ganz bestimmten Aussagewert, er macht sich aber falsche Vorstellungen über dieses Erklärungszeichen.

225 bb) Der Erklärende will durch seine Willenserklärung ein Rechtsgeschäft über eine ganz bestimmte Sache oder Person schließen; auf Grund der besonderen (konkreten) Umstände geht die Erklärung aber fehl und trifft eine andere Sache oder Person (Identitätsirrtum, Rdn. 259). Diese Fälle haben Ähnlichkeit mit dem Erklärungsirrtum.

Beispiele: Allen Lehrbuchbeispielen Ehre macht der „Klorollenfall" des LG Hanau aus dem Jahre 1978[47]. Dort hatte die Konrektorin einer hessischen Mädchenrealschule „25 Gros Rollen" Toilettenpapier bestellt. Sie hatte dabei gedacht, daß „Gros" eine Verpackungsangabe sei und nicht erkannt, daß es in Wirklichkeit eine handelsübliche Bezeichnung für 12 x 12 bedeutet, die Mädchenschule also 144 x 25 = 3600 Toilettenrollen abnehmen mußte. Die Bestellerin focht an mit der Begründung, daß sie sich bei der Bestellung über die Bedeutung von „Gros" geirrt habe. Hier liegt ein Fall des in Rdn. 224 erwähnten Inhaltsirrtums vor: Die Konrektorin war sich bewußt, daß sie eine rechtserhebliche Willenserklärung abgegeben hat, sie wollte ja Toilettenpapier bestellen. Sie irrte aber über die konkrete Bedeutung des von ihr verwendeten *Erklärungszeichens*. Auch in diesem Fall muß man allerdings wieder auf die vorangehende Auslegung hinweisen. Schon diese hätte für den Lieferanten ergeben können, daß er den wahren Willen der Bestellerin hätte erkennen können und müssen[48].- Unter die zweite Fallgruppe des Inhaltsirrtums (Rdn. 225) fällt folgendes Beispiel: K will einen Audi 100 kaufen, der im Schaufenster Nr. 3 des Händlers V als Gelegenheitskauf angeboten wird. Da das Preisschild umgefallen ist, fragt K nach dem Preis des im Schaufenster Nr. 3 ausgestellten Wagens. V, der meint, das betreffende Schaufenster sei auf Grund seiner Anweisung bereits mit einem gebrauchten VW 1300

46 *H. Brox*, AT Rdn. 366.

47 LG Hanau, 30.6.1978 1 O 175/78 NJW 1979, 721; vgl. dazu auch die Besprechung von *U. Kornblum*, „Die überzähligen Klorollen – LG Hanau, NJW 1979, 721", in: JuS 1980, 258-261.

48 *U. Kornblum*, „Die überzähligen Klorollen - LG Hanau, NJW 1979, 721", in: JuS 1980, 258-261 (260); *D. Medicus*, AT § 48 II 2 (Rdn. 745).

umdekoriert, gibt als Preis DM 3.500,-- an, worauf K wegen dieses enorm günstigen Preises für einen Audi 100 den Kaufvertrag sofort perfekt macht: Sein Angebot lautet auf DM 3.500,-- für den Audi 100, V nimmt das (objektiv eindeutige) Angebot an, der Kaufvertrag kommt über den Audi (Preis DM 3.500,--) zustande. V hat sich auf Grund der konkreten Umstände über den Inhalt der Kaufofferte des K geirrt. Er kann wegen Inhaltsirrtums anfechten (§ 119 I, 1. Fall BGB).

2. Irrtum bei der Willensbildung (§ 119 II BGB)

a) Motivirrtum

Ein *Irrtum schon bei der Willensbildung* liegt vor, wenn der Erklärende irrtümlich von irgendwelchen Umständen ausgeht, die für seinen Entschluß, eine Erklärung dieses Inhalts abzugeben, von Bedeutung sind (= *Motivirrtum*). Ein solcher Irrtum ist *grundsätzlich unbeachtlich*. Der Motivirrtum gibt also regelmäßig kein Recht zur Anfechtung. 226

Beispiele: Der Käufer, der für einen Freund ein Hochzeitsgeschenk kauft, ohne zu wissen, daß die Verlobung bereits aufgelöst ist, kann seine Kauferklärung ebensowenig anfechten wie der Kaufmann, der Waren nachbestellt im irrigen Glauben, sein Lager sei schon leer.

b) Eigenschaftsirrtum

Von diesem Grundsatz macht das Gesetz aber eine sehr wichtige Ausnahme. Nach § 119 II BGB berechtigt nämlich „auch der Irrtum über solche Eigenschaften der Person oder der Sache, die im Verkehr als wesentlich angesehen werden", zur Anfechtung (= *Eigenschaftsirrtum*)[49]. 227

aa) Dogmatische Einordnung

Die *dogmatische Einordnung des Eigenschaftsirrtums* und damit verbunden auch die Frage nach seinem Anwendungsbereich ist problematisch und unklar. Der § 119 II BGB war im ersten Entwurf des BGB noch nicht vorgesehen. Erst die zweite Kommission brachte ihn in das BGB ein[50]. Diese Erweiterung der Irrtumsan- 228

[49] Dazu *D. Schwab*, ZivilR Rdn. 538-544; *J. v. Staudinger* (– *H. Dilcher*) Rdn. 37-67 zu § 119 BGB.

[50] Prot. I.114; vgl. dazu ausführlich *W. Flume*, AT § 24.1; *D. Medicus*, AT § 48 III 4 (Rdn. 767).

fechtung hat von Anfang an Kritik hervorgerufen, insbesondere, da die Einordnung des § 119 II BGB in das System der Irrtumsanfechtung schwierig ist[51]. *Raape* bezeichnete z.B. die Anfechtung wegen verkehrswesentlicher Eigenschaften gem. § 119 II BGB „als eine Vorschrift aufs Geratewohl“[52]; sie gilt heute fast allgemein als „mißglückt“[53]. Die Ansichten, wie der § 119 II BGB zu verstehen ist, divergieren erheblich. Es lassen sich vom Ergebnis her – also vom praktischen Anwendungsbereich – zwei Hauptmeinungen unterscheiden:

229 α) Die wohl h.M. in der Literatur sieht im Eigenschaftsirrtum einen *ausnahmsweise zur Anfechtung berechtigenden Spezialfall* des ansonsten zur Anfechtung regelmäßig nicht berechtigenden *Motivirrtums*[54]. Es ist nach dieser Meinung nach *objektiven* Kriterien festzustellen, ob die irrig angenommene Eigenschaft nach der Verkehrsanschauung als wesentlich anzusehen ist oder nicht. Ob dies für die Parteien erkennbar war oder ersichtlich zur Grundlage des Vertrages geworden ist, bleibt dabei unerheblich[55].

230 β) Andere Autoren wollen den Anwendungsbereich des § 119 II BGB dadurch erheblich einschränken, daß sie nur dann das Vorliegen einer verkehrswesentlichen Eigenschaft bejahen, wenn sie beim Vertragsschluß von den Parteien dem Vertrag zugrundegelegt worden und somit Vertragsinhalt geworden ist[56]. Die Verkehrswesentlichkeit wird damit auf eine *Vertragswesentlichkeit* reduziert[57].

231 γ) Allerdings findet sich auch in der Rechtsprechung des BGH die Aussage, die Eigenschaft müsse vom Erklärenden in irgendeiner Weise erkennbar dem Vertrag zugrundegelegt worden sein, ohne daß er sie geradezu zum Inhalt seiner Erklärung gemacht haben

51 *D. Medicus*, AT § 48 III 4 Rdn. 767).

52 *L. Raape*, „Sachmängelhaftung und Irrtum beim Kauf“, in: AcP 150 (1949) 481-506 (501).

53 *D. Medicus*, AT § 48 III 4 (Rdn. 767).

54 Vgl. etwa *J. v. Staudinger* (– *H. Dilcher*) Rdn. 45-47 zu § 119 BGB (Nachweise).

55 *H. Hübner*, AT § 36 B I 3 (Rdn. 448); *O. Jauernig*, Anm. 4 zu § 119 BGB; *H. Köhler*, AT § 14 IV 2 c cc (S. 133-134); *K. Larenz*, AT § 20 II b (S. 378-382); *O. Palandt* (– *H. Heinrichs*) Rdn. 25 zu § 119 BGB.

56 So insbes. *W. Flume*, AT § 24.2; ihm folgend *D. Medicus*, AT § 48 III 4 (Rdn. 770).

57 *D. Medicus*, AT § 48 III 4 (Rdn. 770).

muß[58]. Hierin ist wohl eine Annäherung an die Position von *Werner Flume* zu sehen[59].

δ) Vorzugswürdig sind die objektiven Kriterien der herrschenden Literaturauffassung, da sie am Wortlaut des § 119 II BGB festhält und dieser gerade nicht von der Vertrags-, sondern von der Verkehrswesentlichkeit ausgeht. Die Einschränkungen der Rechtsprechung lassen sich allerdings hiermit vereinbaren, wenn man sie so interpretiert, daß zur Beurteilung der Verkehrswesentlichkeit auf die Zielsetzungen des konkreten Geschäfts abgestellt wird, und dadurch verhindert, daß der Verkehrsschutz durch die Anfechtung wegen eines Motivirrtums zu stark untergraben wird. 232

bb) Eigenschaften

Voraussetzung für eine Anfechtung nach § 119 II BGB ist also ein Irrtum über „*Eigenschaften*„ einer Person oder Sache, „die im Verkehr als wesentlich angesehen werden". 233

α) *Eigenschaften einer Person* können z.B. Alter, Geschlecht, Gesundheitszustand, Religionszugehörigkeit, politische Einstellung, Vorstrafen, berufliche Kenntnisse und Fähigkeiten, Vertrauenswürdigkeit, Zuverlässigkeit, Kreditwürdigkeit usw. sein. *Wesentlich* und damit anfechtungserheblich sind diese Eigenschaften jedoch nur, wenn sie „in unmittelbarer Beziehung zum Geschäftsinhalt" stehen[60] und also gerade für den konkreten Einzelfall von Bedeutung sind. Der Irrtum über die Eigenschaften einer Person kann sich bei besonderen Fallgestaltungen auch auf einen Dritten beziehen (Vertrag zugunsten Dritter)[61]. Selbst ein Irrtum über die Eigenschaften der eigenen Person kann zur Anfechtung berechtigen[62]. 234

Beispiele: Für die Einstellung eines Angestellten in leitender Position oder auf exponiertem Posten können Vorstrafen, auch Zugehörigkeit zu radikalen oder verfassungsfeindlichen Organisationen bedeutsam sein, was bei Geschäften mit bloßen Sachleistungen in der Regel nicht der Fall ist[63]. Kreditwürdigkeit und Zahlungsfähig-

58 BGH, 18.12.1954 II ZR 296/53 BGHZ 16, 54 (56); 22.9.1983 VII ZR 43/83 BGHZ 88, 240 (246).
59 Vgl. auch MünchKomm (– *E. A. Kramer*) Rdn. 89-90 zu § 119 BGB.
60 *H. Brox*, AT Rdn. 371.
61 MünchKomm (– *E. A. Kramer*) Rdn. 106 zu § 119 BGB; siehe auch schon RG, 3.8.1938 VI 247/37 RGZ 158, 166 (170).
62 MünchKomm (– *E. A. Kramer*) Rdn. 106 zu § 119 BGB.
63 BGH, 22.12.1959 VIII ZR 172/58 BB 1960, 152; 19.12.1968 II ZR 138/67 WM 1969, 291 (293).

keit sind bei Kreditgeschäften sehr wohl von Bedeutung, beim Barkauf dagegen nicht[64]. Der Anstellungsvertrag des Verlegers mit einem Redakteur für eine kirchliche Zeitschrift bzw. für eine Gewerkschaftszeitschrift oder den politischen Teil einer Tageszeitung oder Wochenschrift kann gem. § 119 II BGB anfechtbar sein, wenn sich herausstellt, daß der Redakteur Atheist ist bzw. einer Partei oder gesellschaftlichen Organisation angehört, die nicht mit der Tendenz des Blattes übereinstimmt (Rdn. 287), während diese Frage für einen Vertrag mit einem ungelernten Arbeiter kaum relevant sein dürfte[65].

235 β) *Eigenschaften einer Sache* sind nach ständiger Rechtsprechung des *Reichsgerichts* und des *Bundesgerichtshofs* „alle tatsächlichen und rechtlichen Verhältnisse..., die infolge ihrer Beschaffenheit und Dauer auf die Brauchbarkeit und den Wert der Sache von Einfluß sind.“[66] Diese Beziehungen des Kaufgegenstandes zur Umwelt sind aber nur rechtserheblich, wenn sie in der Sache selbst ihren Grund haben, von ihr ausgehen und den Kaufgegenstand kennzeichnen oder näher beschreiben[67]. Als Kurzformel kann man sich merken: Eigenschaften sind alle wertbildenden Faktoren, die der Sache unmittelbar anhaften.

Beispiele: Als in diesem Sinne wesentlich sind – nach Lage des jeweiligen Einzelfalls – angesehen worden die Herkunft (Echtheit und Alter) eines Kunstwerkes[68], die Existenz eines die Echtheit des Kunstwerkes bejahenden Gutachtens[69], das Baujahr eines Fahr-

[64] RG, 18.10.1907 Rep. II 194/07 RGZ 66, 385 (389); 29.9.1922 II 761/21 RGZ 105, 206 (208).

[65] BAG, 12.2.1970 2 AZR 184/69 NJW 1970, 1565; *O. Palandt* (– *H. Heinrichs*) Rdn. 26 zu § 119 BGB; *J. v. Staudinger* (– *H. Dilcher*) Rdn. 48-55 zu § 199 BGB (Beispiele).

[66] RG, 15.6.1888 Rep. V 103/88 RGZ 21, 308 (311); 7.6.1902 Rep. V 111/02 RGZ 52, 1 (2); 5.11.1904 Rep. I 221/04 RGZ 59, 240 (243); 31.5.1905 Rep. V 596/04 RGZ 61, 84 (86); 9.11.1906 Rep. II 173/06 RGZ 64, 266 (269); BGH, 18.12.1954 II ZR 296/53 BGHZ 16, 54 (57); *14.12.1960 V ZR 40/60 BGHZ 34, 32 (41); *H. Hübner*, AT § 36 B I 3a (Rdn. 449); *D. Medicus*, AT § 48 III 4 (Rdn. 769).

[67] BGH, 18.11.1977 V ZR 172/76 BGHZ 70, 47 (48).

[68] RG, 22.2.1929 II 357/28 RGZ 124, 115 (116); BGH, 15.1.1975 VIII ZR 80/73 BGHZ 63, 369 (371, 376); 8.6.1988 VIII ZR 135/87 NJW 1988, 2597 (2599).

[69] BGH, 28.6.1972 VIII ZR 60/71 NJW 1972, 1658.

zeugs und seine Fahrleistung[70], Lage, Bodenbeschaffenheit und Bebaubarkeit eines Grundstücks[71].

236 γ) Keine Eigenschaft ist aber der *Preis* einer Sache oder ihr Wert[72], da er nicht selbst wertbildender Faktor ist, sondern erst das Ergebnis dieser Faktoren. Ebenso ist das Eigentum keine Eigenschaft, da es auf die Brauchbarkeit der Sache keinen Einfluß hat[73]. Auch muß der Eigenschaftsirrtum sich auf eine Eigenschaft beziehen, die der Sache oder Person *gegenwärtig* anhängt. Erwartungen oder zukünftige Entwicklungen berechtigen nicht zur Anfechtung[74].

Beachte: Der in § 119 II BGB verwendete Begriff der Sache ist nicht nur entsprechend der in § 90 BGB gegebenen Legaldefinition aufzufassen. Man versteht vielmehr darunter jeden Gegenstand eines Rechtsgeschäfts, auch ein Unternehmen oder einen Nachlaß in seiner Gesamtheit[75].

cc) Ausschluß der Anfechtung nach § 119 II BGB

237 Sind die Voraussetzungen des § 119 II BGB erfüllt, muß noch geprüft werden, ob eine *Irrtumsanfechtung nicht auf Grund spezialgesetzlicher Bestimmungen ausgeschlossen ist*[76]. Für Vorgerückte:

238 α) Das Anfechtungsrecht gem. § 119 II BGB ist für den *Käufer* ausgeschlossen, wo die spezielleren Vorschriften der §§ 459 ff. BGB über die Sachmängelhaftung eingreifen, also immer nach Gefahrübergang. Das ergibt sich daraus, daß die §§ 459 ff. BGB vom genannten Zeitpunkt an gerade den Fall zu regeln bestimmt sind, daß die Kaufsache verkehrswesentliche Mängel aufweist und hieran Rechtsfolgen knüpfen, die als Sonderregelung der allgemeinen Vorschrift des § 119 II BGB vorgehen. Der mit den Gewährleistungsvorschriften erstrebte, insbesondere in den kurzen Verjährungsfristen des § 477 BGB zum Ausdruck kommende Zweck, eine Abwicklung der Kaufgeschäfte in verhältnismäßig kurzer Zeit zu

70 BGH, 9.10.1980 VII ZR 332/79 BGHZ 78, 216 (218); zum Gebrauchtwagenhandel vgl. auch Rdn. 286, 290.

71 RG, 31.5.1905 Rep. V 596/04 RGZ 61, 84 (85); OLG Köln, 25.6.1964 9 W 51/64 MDR 1965, 292; *J. v. Staudinger* (– *H. Dilcher*) Rdn. 56-61 zu § 119 BGB (Beispiele).

72 BGH, 18.12.1954 II ZR 296/53 BGHZ 16, 54 (57).

73 *BGH, 14.12.1960 V ZR 40/60 BGHZ 34, 32 (41-42); vgl. auch *H. Brox*, AT Rdn. 372.

74 *BGH, 14.12.1960 V ZR 40/60 BGHZ 34, 32 (41).

75 RG, 22.11.1935 V 77/35 RGZ 149, 235 (238); vgl. auch *H. Hübner*, AT § 36 B I 3a bb (Rdn. 449); *D. Medicus*, AT § 48 III 4 (Rdn. 771).

76 *H. Brox*, AT Rdn. 374.

ermöglichen, würde nicht erreicht werden, wenn wegen eines Mangels der Kaufsache, der zugleich im Sinne des § 119 II BGB eine verkehrswesentliche Eigenschaft darstellt, die Anfechtung nach dieser Vorschrift gegeben wäre[77]. Umgekehrt ergibt sich daraus aber auch, daß eine Anfechtung gem. § 119 II BGB möglich ist, wenn der Irrtum eine verkehrswesentliche Eigenschaft betrifft, die kein Sachmangel i.S.d. § 459 BGB ist[78].

239 β) Aber auch für den *Verkäufer* gelten die §§ 459 ff. BGB als Spezialregelung, wenn er sich mit der Irrtumsanfechtung seiner Haftung für Sachmängel aus einem riskanten Geschäft entziehen könnte. Zweifelhaft ist, ob die Irrtumsanfechtung des Käufers nach § 119 II BGB auch schon *vor Gefahrübergang*[79] ausgeschlossen ist. Nach *einer* Auffassung in der Literatur[80] gehen auch schon vor Gefahrübergang, also *mit Vertragsschluß*, die Sachmängelgewährleistungsregeln der Anfechtung nach § 119 II BGB vor, da sonst die Wertung des § 460 S. 2 BGB umgangen werde, der den grob fahrlässigen Käufer gerade nicht schützen wolle, es bei der Irrtumsanfechtung aber gerade auf Verschulden nicht ankomme.

Beachte: Von der Spezialregelung der §§ 459 ff. BGB über die Mängelgewährleistung ist nur die Anfechtung nach § 119 II BGB wegen Irrtums über eine verkehrswesentliche Eigenschaft betroffen. Eine Anfechtung wegen Erklärungs- oder Inhaltsirrtums kollidiert dagegen nicht mit §§ 459 ff. BGB; sie ist stets zulässig, desgleichen die Anfechtung wegen arglistiger Täuschung (§ 123 BGB), da zu einer Begünstigung des betrügerischen Verkäufers durch die Beschränkung des Käufers auf die Gewährleistungsrechte einschließlich der kurzen Verjährungsfristen für diese Ansprüche (§§ 459 ff., 477 BGB) keinerlei Anlaß besteht (Rdn. 305). Anfechtungsrecht und vertragliche Gewährleistungsansprüche stehen dann zumindest solange wahlweise nebeneinander, wie die Verfolgung eines Rechts erfolglos bleibt; erst der Erfolg eines der Rechte kann frühestens zu

[77] *BGH, 14.12.1960 V ZR 40/60 BGHZ 34, 32 (34); 18.12.1954 II ZR 296/53 BGHZ 54 (57); 15.1.1975 VIII ZR 80/73 BGHZ 63, 369 (376); Einzelheiten bei *H. Brox*, SchuldR BT Rdn. 95 ff.; s.a. *O. Jauernig*, Anm. 4e zu § 119 BGB einerseits und *O. Jauernig* (– *M. Vollkommer*) Anm. IV 4a zu § 459 BGB andererseits.

[78] BGH, 9.10.1980 VII ZR 332/79 BGHZ 78, 216 (218); *O. Palandt* (– *H. Heinrichs*) Rdn. 28 zu § 119 BGB.

[79] Ablehnend die Rechtsprechung, vgl. *BGH 14.12.1960 V ZR 40/60 BGHZ 34, 32 (37).

[80] *D. Medicus*, AT § 48 IV 3; auch *D. Medicus*, BürgerlR § 15 V (Rdn. 342-345).

einer Bindung führen und das Wahlrecht des Berechtigten beseitigen[81]. Der BGH hat die Anfechtung nach § 119 II BGB umgekehrt aber auch dann für zulässig gehalten, wenn davon ausgegangen werden kann, daß der Käufer selbst kein Interesse daran haben wird, Mängelgewährleistungsansprüche zu erheben[82].

c) Weitere Formen der Inhaltsanfechtung

Jeder andere Willensmangel, der weder *Erklärungsirrtum* (§ 119 I, 240
2. Fall BGB) noch *Inhaltsirrtum* (§ 119 I, 1. Fall BGB) noch ein unter den Voraussetzungen des § 119 II BGB beachtlicher *Eigenschaftsirrtum* ist, ist als bloßer Motivirrtum rechtlich bedeutungslos, berührt also die Gültigkeit des Rechtsgeschäfts nicht, es sei denn, daß er auf einer *arglistigen Täuschung* (§ 123 BGB) beruht (Rdn. 283 ff.). Umstritten sind allerdings die rechtliche Einordnung von Identitäts-, Rechtsfolgen- und Kalkulationsirrtum (Rdn. 259-272), die Fälle des Irrtums hinsichtlich der Angabe von nicht verkehrswesentlichen Eigenschaften (Rdn. 273-278) sowie der sogenannte Blankettmißbrauch (Rdn. 279-281), auf die nach Darstellung der weiteren Anfechtungsvoraussetzungen (Rdn. 241-245) und der Folgen einer wirksamen Anfechtung bei selbstbedingten Willensmängeln (Rdn. 246-257) weiter unten ausführlich eingegangen wird (Rdn. 259-281)[83].

V. Weitere Anfechtungsvoraussetzungen bei selbstbedingten Willensmängeln

Das Vorliegen eines beachtlichen Irrtums der bisher dargestellten 241
Irrtumsarten genügt als Anfechtungsvoraussetzung für sich allein gesehen aber nicht; darüber hinaus sind Kausalität zwischen Irrtum und Willenserklärung (Rdn. 242) sowie eine unverzügliche Anfechtungserklärung (Rdn. 243-245) erforderlich[84].

81 *D. Giesen*, Anm. zu BGH, 28.4.1971 VIII ZR 258/69, NJW 1971, 1795-1798 (1797); zust. BGH, 2.2.1990 V ZR 266/88 BGHZ 110, 220 (222-223).

82 BGH, 8.6.1988 VIII ZR 135/87 NJW 1988, 2597 (dort erwies sich das als Werk eines relativ unbekannten Malers verkaufte Bild als wertvolles Meisterwerk); vgl. dazu *H. Brox*, AT Rdn. 374.

83 Jetzt schon lesenswert: *H. Buchner*, „Übungsklausur Zivilrecht. Fall zur Vertragsschlußlehre", Jura 1979, 149-153.

84 *H. Brox*, AT Rdn. 382-387; *D. Medicus*, AT § 48 IV.

1. Die Kausalität des Irrtums

242 In den Fällen des Vorliegens eines entsprechenden Irrtumsgrundes (§§ 119, 120 BGB) muß also außerdem geprüft werden, ob der Irrtum des Erklärenden für die abgegebene Willenserklärung *ursächlich* war. Die Prüfung dieses Kausalzusammenhangs hat gem. § 119 I BGB (der auch für die anderen Irrtumsfälle gilt, weil §§ 119 II, 120 auf § 119 I BGB Bezug nehmen) in zweifacher Weise zu erfolgen: der Irrtum ist für die abgegebene Willenserklärung kausal, wenn anzunehmen ist, daß der Erklärende *subjektiv* „bei Kenntnis der Sachlage" von seinem persönlichen Standpunkt aus und *objektiv* „bei verständiger Würdigung des Falles, also frei von Eigensinn, subjektiven Launen und törichten Anschauungen", die Erklärung nicht oder nicht so abgegeben hätte[85].

Beispiele: Will Gast G im Hotel für seinen nächsten Urlaub das ihm bekannte Zimmer 5153 bestellen, schreibt er aber irrtümlich Nr. 5135, so liegt zwar ein gem. § 119 I, 2. Fall an sich beachtlicher Erklärungsirrtum vor; sind aber beide Zimmer gleichwertig, so steht dem G kein Anfechtungsrecht zu: Er hätte auch bei Kenntnis der Sachlage von seinem persönlichen Standpunkt aus die Willenserklärung über Zimmer 5135 abgegeben. Ebenso unbeachtlich ist es, wenn G statt Zimmer 31 versehentlich Nr. 13 bestellt. Auch wenn er besonders abergläubisch ist, steht ihm hier kein Anfechtungsrecht zu. Einen vernünftigen Menschen hätte die Bezeichnung mit der Nr. 13 nicht gestört[86].

2. Die Anfechtungserklärung

243 Die Nichtigkeit der Willenserklärungen tritt aber nicht schon automatisch wegen des für sie ursächlichen Irrtums ein.

a) Erklärungsgegner und Frist

244 Die Anfechtung muß als empfangsbedürftige Willenserklärung (Rdn. 32, 37) vielmehr gegenüber dem Anfechtungsgegner *erklärt* werden (§ 143 I BGB), also demjenigen, demgegenüber die anfechtbare Erklärung abgegeben worden ist, beim Vertrag also gegenüber dem Vertragspartner (§ 143 II BGB). Durch diese Regelung ist dem Anfechtungsberechtigten innerhalb einer Überle-

[85] RG, 22.12.1905 Rep. II 395/05 RGZ 62, 201 (206); s.a. *J. v. Staudinger* (– *H. Dilcher*) Rdn. 73-75 zu § 119 BGB.

[86] *H. Brox*, AT Rdn. 384.

gungsfrist die Entscheidung darüber in die Hand gegeben, ob er trotz seines Irrtums an dem Rechtsgeschäft und seinen Folgen festhalten oder ob er sich durch rechtzeitige, d.h. unverzügliche (§ 121 I 1 BGB) Anfechtungserklärung wieder von ihm lösen will. Entscheidet er sich für das letztere, so ist die Anfechtung dann *unverzüglich* (= ohne schuldhaftes Zögern) erfolgt, wenn sie „so bald wie möglich und nach den Umständen zumutbar" erfolgt ist. Welche *Überlegungsfrist* bis zur Entscheidung über die Anfechtung angemessen und zumutbar ist, ist durch die Heranziehung gesetzlicher Regelungen (z.B. § 626 BGB bei Arbeitsverhältnissen[87]) mit Rücksicht auf den Einzelfall zu ermitteln. Dabei sind auch die Interessen des Anfechtungsgegners zu berücksichtigen[88]; oft wird als Obergrenze einer zumutbaren Anfechtungsfrist eine solche von zwei Wochen anzunehmen sein[89].

b) Eindeutigkeit der Anfechtungserklärung

Als *Anfechtungserklärung* ist dabei jede Willenserklärung anzuse- 245
hen, die *unzweideutig* erkennen läßt, daß das Rechtsgeschäft wegen des Irrtums rückwirkend wieder beseitigt werden soll[90]. Die Anfechtung bedarf grundsätzlich keiner Form[91], das Wort „Anfechtung" braucht dabei nicht zu fallen[92], es genügt, „wenn eine nach dem objektiven Erklärungswert der Willensäußerung übernommene Verpflichtung bestritten oder nicht anerkannt oder wenn ihr widersprochen wird. In jedem Fall ist aber erforderlich, daß sich unzweideutig der Wille ergibt, das Geschäft gerade wegen des Willensmangels nicht bestehenlassen zu wollen"[93]; dieses sinnvolle Erfordernis bestimmt auch die streitige Frage, ob und inwieweit der Anfechtende seine Anfechtung begründen muß[94].

87 BAG, 14.12.1979 7 AZR 38/78 NJW 1980, 1302 (1303) = JuS 1980, 461 m. Anm. *D. Reuter*; 3.7.1980 2 AZR 340/78 NJW 1981, 1332 (1334).
88 *O. Palandt* (– *H. Heinrichs*) Rdn. 3 zu § 121 BGB.
89 OLG Hamm, 9.1.1990 26 U 21/89 NJW-RR 1990, 523.
90 RG, 3.8.1938 VI 247/37 RGZ 158, 166 (168); *J. v. Staudinger* (– *H. Dilcher*) Rdn. 1 zu § 143 BGB.
91 *D. Medicus*, AT § 47 II 1 (Rdn. 717: auch dann nicht, wenn sie sich gegen ein z.B. gem. § 313 BGB förmliches Geschäft richtet; dort auch zu den Ausnahmen vom Grundsatz der Formfreiheit der Anfechtung im Familien- und Erbrecht gem. §§ 1600l, 1955 S. 2, 1945, 2282 III BGB).
92 BGH, 7.10.1971 VII ZR 177/69 Betr. 1971, 2302; s.a. RG, 4.6.1901 Rep. II 127/01 RGZ 48, 218 (221).
93 *BGH, 7.6.1984 IX ZR 66/83 BGHZ 91, 324 (331-332).
94 Dazu *D. Medicus*, AT § 47 II 1 und 4.

VI. Folgen der Anfechtung bei selbstbedingten Willensmängeln

246 Gemeinsame Folgen der Anfechtung in den selbstbedingten Irrtumsfällen sind einerseits die Vernichtung desjenigen Rechtsgeschäfts, das auf der angefochtenen Willenserklärung beruht (Rdn. 247-254), andererseits auch die Verpflichtung zur Leistung von Schadenersatz (Rdn. 255-257). Sind die versprochenen Leistungen in der Zwischenzeit schon ausgetauscht worden, so müssen sie nach dem Recht der ungerechtfertigten Bereicherung (§§ 812 ff. BGB), und zwar in Form der *condictio indebiti*, weil ein Rechtsgrund wegen der ex-tunc-Wirkung aus § 142 I BGB von Anfang an nicht bestand (§ 812 I 1, 1. Alt. BGB), zurückgewährt werden (Rdn. 248), nicht in Form der *condictio ob causam finitam* (§ 812 I 2, 1. Alt. BGB)[95].

1. Nichtigkeit und Rückabwicklung

247 Die Nichtigkeit des angefochtenen Rechtsgeschäfts tritt indes nicht erst ab dem Zeitpunkt der Anfechtungserklärung (*ex nunc*) ein, es wird vielmehr *rückwirkend* (§ 142 I BGB) (*ex tunc*) *vernichtet*. Das angefochtene Rechtsgeschäft wird m.a.W. also so angesehen, als ob es nie abgeschlossen worden, nie zustandegekommen wäre.

a) Nichtigkeit ex tunc (§ 142 I BGB)

248 Die wirksame Anfechtung bewirkt, daß die mit dem angefochtenen Rechtsgeschäft bezweckt gewesenen Rechtsfolgen nun als nie vereinbart, als niemals eingetreten, gleichwohl bereits erfolgte Leistungen also als zu keinem Zeitpunkt geschuldet anzusehen sind (§ 142 I BGB). Deshalb erfolgt die bereicherungsrechtliche Rückgewähr schon erfolgter Leistungen in der Form der *condictio indebiti* (Rdn. 246).

[95] *D. Medicus*, AT § 47 III 1 (Rdn. 726); die *condictio ob causam finitam* nach § 812 I 2, 1. Alt. BGB ist in der Tat in solchen Fällen unnötig; str., wie hier auch *D. Coester-Waltjen*, „Die fehlerhafte Willenserklärung", Jura 1990, 362-368 (367); *H.-G. Koppensteiner/E. A. Kramer*, Ungerechtfertigte Bereicherung [Jura-Studienbuch] (2. Aufl. Berlin, New York 1988) § 7 I (S. 50); a.A. *H. Brox*, SchuldR BT Rdn. 399; s.a. Fn. 94, *infra*.

b) Folgen der Anfechtung bei Verträgen

249 Die Anfechtung der Willenserklärung führt aber gem. § 142 I BGB nur zur Nichtigkeit desjenigen Rechtsgeschäfts, dessen Bestandteil sie gewesen ist. Mit der Anfechtung einer Willenserklärung wird also nur das Rechtsgeschäft, das auf ihr gründet, gegenstandslos und hinfällig. Das hat aber logischerweise auch ganz unmittelbare Auswirkungen auf Rechtsgeschäfte, an denen noch eine andere Partei beteiligt war (z.B. bei zweiseitigen Rechtsgeschäften). Weil der Erklärende mit seiner Willenserklärung etwa bei einem Vertrag auch das in der Willenserklärung enthaltene (oder auf ihr beruhende) *Vertragsangebot* anficht, wird von der Anfechtung auch die Erklärung des anderen Vertragspartners betroffen. Es wird also z.B. die von diesem bereits erklärte Annahme des Angebots und damit der gesamte Vertrag hinfällig, weil es nun für den Bestand eines Vertrages an der konstitutiven Willenserklärung der einen Partei, an einer von insgesamt zwei „tragenden Säulen", also z.B. an einem Angebot fehlt, das die andere Partei noch annehmen oder an dem sie festhalten könnte. Entsprechendes gilt, wenn sich die *andere* Vertragspartei geirrt und ihre eigene Erklärung angefochten hat, also statt des Angebots nun die *Annahme des Angebots* von dieser Vertragspartei hinfällig gemacht wird.

c) Verpflichtungs- und Verfügungsgeschäft

250 Auf diese Weise kann je nach Lage des Falles sowohl das (schuldrechtliche) Verpflichtungsgeschäft, als auch das (sachenrechtliche) Verfügungsgeschäft rückwirkend in sich zusammenfallen (§ 142 I BGB). Die Rechtsfolgen sind dann unterschiedlich, je nach dem, welches der Geschäfte von der Nichtigkeitssanktion des § 142 BGB erfaßt wird:

aa) Anfechtbarkeit des Verpflichtungsgeschäfts

251 Ist nur die zum *Verpflichtungsgeschäft* gehörende Willenserklärung anfechtbar und angefochten, so wird auch nur dieser Vertrag hinfällig, so daß zwischen den Vertragsparteien nunmehr (rückwirkend: § 142 I BGB) keinerlei Verpflichtungen zur Leistung bestehen. Sind bereits Leistungen erbracht worden, hat etwa der die Anfechtung erklärende Verkäufer V die Sache bereits an den Käufer K geliefert, so bleibt wegen des Abstraktionsprinzips das Verfügungsgeschäft davon unberührt (Beispiele: Rdn. 10-11): V kann dann nicht Vindikation, also Herausgabe der Sache gem. § 985 BGB, verlangen, da das Verfügungsgeschäft wirksam bleibt und damit der Vertragspartner K wirksam Eigentum erworben hat.

V hat lediglich einen Bereicherungsanspruch aus § 812 I 1, 1. Alt. BGB (*condictio indebiti*), weil K nach Eintritt der Nichtigkeit des Verpflichtungsgeschäfts ohne Rechtsgrund Eigentümer ist[96]. K muß in Erfüllung dieses Bereicherungsanspruchs das Eigentum an V zurückübertragen (§ 929 S. 1 BGB)[97].

bb) Anfechtbarkeit des Verfügungsgeschäfts

252 Betrifft der Irrtum nur das *Verfügungsgeschäft* (z.B. vergreift sich beim Einpacken der Verkäufer V und übereignet dem Käufer K statt der gekauften billigeren Lampe eine andere, nicht geschuldete teurere Lampe), so bleibt das Verpflichtungsgeschäft (§ 433 I 1 BGB) zwar wirksam, K wird aber mit Anfechtung der Übereignungsofferte durch V (§§ 929 S. 1, 119 I, 2. Alt. BGB) rückwirkend (§ 142 I BGB) zum Nichteigentümer, V wird (rückwirkend) Eigentümer. V kann deshalb von K Herausgabe der Lampe nach § 985 BGB verlangen. K kann aber auf Grund des weiterhin gültigen Kaufvertrags gem. § 433 I 1 BGB die Übergabe und Übereignung (§ 929 S. 1 BGB) der gekauften Lampe (gegen Zahlung des Kaufpreises, § 433 II BGB) verlangen.

cc) Fehleridentität

253 Betrifft der Irrtum schließlich *sowohl* das Verpflichtungsgeschäft *als auch* das Verfügungsgeschäft (*Fehleridentität*, z.B. beide Geschäfte sind durch arglistige Täuschung zustandegekommen [Rdn. 303], so vernichtet die Anfechtung *beide* Rechtsgeschäfte rückwirkend. Die Beteiligten müssen sich das etwa bereits Geleistete gegenseitig zurückgeben: aus dem nichtigen Verfügungsgeschäft z.B. im Wege der Vindikation gem. § 985 BGB, aus dem nichtigen Verpflichtungsgeschäft z.B. im Wege der Kondiktion gem. § 812 I 1, 1. Alt. BGB (*condictio indebiti*).

96 Entgegen unserer früheren Auffassung (in Jura 1984, 505 [510 Fn. 58]) liegt *kein* Fall der *condictio ob causam finitam* (§ 812 I 2, 1. Alt. BGB), sondern ein Fall der *condictio indebiti* (§ 812 I 1, 1. Alt. BGB) vor, selbst wenn der rückwirkende Wegfall des Rechtsgrundes (§ 142 I BGB) eine gesetzliche Fiktion darstellt („von Anfang an anzusehen"); rückwirkende Nichtigkeit des Rechtsgrunds bedeutet gerade nicht „Beendigung" eines Zustands: vielmehr hat der Rechtsgrund zu keiner Zeit bestanden; str., vgl. auch oben Fn. 93, *supra*.

97 Zu den praktischen Auswirkungen des Abstraktionsprinzips im Fallaufbau vgl. insbesondere *K. Schreiber* & *K. Kreutz*, „Der Abstraktionsgrundsatz. Eine Einführung", Jura 1989, 617-622 (619).

dd) Anfechtung und gutgläubiger Dritterwerb (§ 142 II BGB)

Hat der Anfechtungsgegner, z.B. der Käufer K, über die ihm von V überlassene Sache indessen schon vor der wirksam erklärten Anfechtung durch den Verkäufer V an einen Dritten D weiterverfügt, so ist D gem. § 929 S. 1 BGB Eigentümer geworden; ficht V nun seine Übereignungserklärung gegenüber K an, wird K rückwirkend Nichteigentümer (§ 142 I BGB), hat er deshalb auch als Nichtberechtigter über die Sache weiterverfügt. Hier ist dann gem. § 142 II BGB zu unterscheiden, ob D die Anfechtbarkeit der Übereignung von V an K kannte oder nicht. Im ersten Fall mußte er mit der Anfechtung durch V und deshalb auch mit der durch sie bewirkten rückwirkenden Nichtigkeit (§ 142 I BGB) rechnen; dann war er bösgläubig und wird „so behandelt, wie wenn er die Nichtigkeit des Rechtsgeschäfts gekannt hätte oder hätte kennen müssen" (§ 142 II BGB): deshalb muß er die Sache nach Anfechtung an den Eigentümer V gem. § 985 BGB herausgeben. Im zweiten Fall war D gutgläubig; für diesen Fall sieht § 142 II BGB keine Sanktion zu seinem Nachteil vor, ist vielmehr aus dieser Norm zu schließen, daß D keinem Herausgabeanspruch aus § 985 BGB ausgesetzt sein soll und vielmehr Eigentümer bleibt, obwohl er die Sache wegen der rückwirkenden Nichtigkeit der Veräußerung von V an K (§ 142 I BGB) nun nicht vom Eigentümer (V) erworben (§ 929 S. 1 BGB) hat und es auch nicht auf seinen guten Glauben an das Eigentum des K (§ 932 II BGB) ankommen kann, weil K zum Zeitpunkt der Übereignung gem. § 929 S. 1 BGB mangels einer (erst später erfolgten) Anfechtungserklärung des V noch Eigentümer der Sache war[98]. 254

2. Die Verpflichtung zum Ersatz des Vertrauensschadens

Die Anfechtung der Erklärung wegen Irrtums (§ 119 BGB) oder unrichtiger Übermittlung (§ 120 BGB) löst für den Anfechtenden aber genau wie im Fall der nichtigen Scherzerklärung (§ 118 BGB) die Verpflichtung aus, dem anderen den Schaden zu ersetzen, den dieser dadurch erleidet, daß er auf die Gültigkeit der Erklärung vertraut hat (§ 122 I BGB, sogenannter *Vertrauensschaden* oder Schadenersatzanspruch auf das negative Interesse, Rdn. 93). 255

a) Der Anfechtungsgegner ist also so zu stellen, wie er stünde, wenn er von dem nun angefochtenen und deshalb rückwirkend 256

98 Vgl. dazu *H. Brox*, AT Rdn. 393.

nichtigen Geschäft nie etwas gehört hätte[99]. Dazu gehören etwa aufgewendete Kosten anläßlich des Vertragsschlusses oder der begonnenen Vertragsausführung, nicht hingegen das sogenannte Erfüllungsinteresse in Höhe dessen, wie er stehen würde, wenn das angefochtene Geschäft gültig geblieben und zur Ausführung gelangt wäre. Der Anfechtungsgegner soll aber im Ergebnis nicht besser stehen, als er auch bei ordnungsgemäßer Durchführung des Vertrags gestanden hätte; deshalb ist gem. § 122 I BGB der Vertrauensschaden durch den Erfüllungsschaden begrenzt[100].

Beispiel: V verkauft an K eine Wiese, über deren Beschaffenheit sich K in einem zur Anfechtung berechtigenden Irrtum befindet[101]. V kann nach Anfechtung durch K von diesem gem. § 122 I BGB den Ersatz der Vermessungskosten verlangen, die ihm anläßlich von Vertragsschluß und begonnener Vertragsausführung entstanden sind. Den Ersatz der Prozeßkosten aus dem Prozeß, in dem er K auf Erfüllung des Vertrages verklagt hatte, dagegen nicht, wenn V den Prozeß wegen der inzwischen erklärten Anfechtung verloren hätte[102].

257 b) Zu beachten ist auch in diesem Zusammenhang, daß bei der noch zu behandelnden Anfechtung wegen arglistiger Täuschung (Rdn. 283 ff.) und widerrechtlicher Drohung (Rdn. 294 ff.) gem. § 123 BGB schon nach der Gesetzessystematik der Ersatz von Vertrauensschaden (§ 122 BGB) ausgeschlossen ist und auch deshalb nicht in Betracht kommt (Rdn. 303), weil weder der arglistig Täuschende noch der widerrechtlich Drohende auf den Bestand einer auf solche Weise zustandegkommenen Erklärung seines Opfers vertrauen kann oder gar in diesem Vertrauen den Schutz der Rechtsordnung verdient.

99 BGH, 4.3.1955 V ZR 66/54 BB 1955, 429; s.a. RG, 5.3.1931 VI 526/30 RGZ 132, 76 (79); vgl. *H. Brox*, AT Rdn. 395-398.
100 *D. Medicus*, AT § 48 V 2 (Rdn. 784).
101 RG, 31.5.1905 Rep. V 596/04 RGZ 61, 84 (86); vgl. auch OLG Köln, 25.6.1964 9 W 51/64 MDR 1965, 292.
102 BGH, 14.6.1961 V ZR 200/59 NJW 1962, 1670.

2. Abschnitt: Sonderformen und Zweifelsfälle selbstbedingter Willensmängel

Wie im 1. Teil dieses Kapitels bereits angedeutet (Rdn. 240), gibt es 258
eine Reihe von Irrtumsarten, die sich nicht problemlos in die Kategorien des Erklärungsirrtums (§ 119 I, 2. Alt. BGB), des Inhaltsirrtums (§ 119 I, 1. Alt. BGB) oder des nach § 119 II BGB beachtlichen Eigenschaftsirrtums einordnen lassen, was aber zwingend erforderlich wäre, um nach der Gesetzessystematik eine Anfechtung wegen eines beachtlichen Irrtums durchgreifen zu lassen. Deshalb wird im hier folgenden 2. Teil insbesondere *für Vorgerückte* versucht, die vor allem praktisch häufig problematischen – auch besonders examensrelevanten – Fallgruppen des Identitäts- (Rdn. 259-262), Rechtsfolgen- (Rdn. 263) und Kalkulationsirrtums (Rdn. 264-272) sowie die Fälle des Irrtums hinsichtlich der Angabe von (nicht verkehrswesentlichen) Eigenschaften (Rdn. 273-278) und des sog. Blankettmißbrauchs (Rdn. 279-281) in ihren jeweiligen Variationen in eine der drei oben genannten Irrtumsarten des § 119 I, II BGB (Rdn. 217, 223, 227/233) einzuordnen bzw. vom unbeachtlichen Motivirrtum (Rdn. 226) abzugrenzen[1].

I. Der Identitätsirrtum

Ein *Identitätsirrtum* liegt vor, wenn die Person oder Sache, die in der 259
Erklärung genannt oder für den Erklärungsempfänger erkennbar in Bezug genommen wird, eine andere ist als die vom Erklärenden eigentlich gemeinte. Der Erklärende meint also in Wirklichkeit eine andere Person oder einen anderen Gegenstand, als sich aus seiner Erklärung für den Erklärungsempfänger entnehmen läßt. Beim Identitätsirrtum schlägt also schon die „körperliche Identifizierung" fehl[2].

1. Den Identitätsirrtum gibt es als Irrtum über die Identität der 260
Person des Geschäftsgegners (*error in persona*) und über die Identität des Geschäftsgegenstandes (*error in obiecto*). Der Identitätsirrtum kann als Erklärungsirrtum (§ 119 I, 2. Alt. BGB, Rdn.

1 Vgl. dazu vor allem auch *H. Brox*, AT Rdn. 375-381; *D. Medicus*, AT § 48 III.

2 *O. Jauernig*, Anm. 3b zu § 119 BGB.

217 ff.) oder auch als Inhaltsirrtum (§ 119 I, 1. Alt. BGB, Rdn. 223 ff.) auftreten.

Beispiele: Der Ku'dammbummler will einer dort musizierenden Schülergruppe ein Zweimarkstück geben, vergreift sich jedoch und gibt ein Fünfmarkstück.- Jemand vergreift sich im Selbstbedienungsladen und nimmt statt der gewünschten irischen Butter ein holländisches Produkt[3] (beide Fälle sind Identitätsirrtümer in Form des Erklärungsirrtums).- Oder: Der Steuerberater S will den Installateurmeister R1, der schon mehrfach bei ihm sowohl im Haus als auch in der Praxis gearbeitet hat und mit dessen Leistungen er sehr zufrieden war, wieder mit einigen Arbeiten in seinem Haus beauftragen. Er stößt im Branchenbuch gleich auf mehrere Installateurmeister desselben Namens, ruft den falschen an (R2) und beauftragt ihn in der Meinung, er spreche mit dem ihm bekannten Installateurmeister R1. R2 sagt zu und steht anderntags bereits vor der Tür. Jetzt bemerkt S seinen Irrtum. Kann er anfechten? Ein Erklärungsirrtum liegt hier nicht vor: S hat sich weder versprochen noch verschrieben noch vergriffen. Auf den ersten Blick scheint auch ein Inhaltsirrtum auszuscheiden: S hat genau das erklärt, was er erklären wollte. Er wußte auch, was er erklärt, er irrte lediglich über die Person des Geschäftspartners, er hatte die Vorstellung, mit R1 zu sprechen. Einen Inhaltsirrtum kann man daher hier nur bejahen, wenn diese Vorstellung des S nicht nur Motiv ist, sondern zu einer Divergenz von rechtsgeschäftlichem Willen und tatsächlich Erklärtem führt. Die Vorstellung über die Person des Geschäftspartners bzw. über den Geschäftsgegenstand gehört regelmäßig zum rechtsgeschäftlichen Willen[4]. Sollen Wille des Erklärenden und seine tatsächlich abgegebene Erklärung übereinstimmen, muß sich dieser Wille auch in der Erklärung niederschlagen. Hier nun ist diese Umsetzung mißlungen. S dachte, er spreche mit R1, sein Wille war auf ein Angebot an diesen gerichtet, sein Erklärungszeichen (R2 bekommt den Auftrag) stimmte also nicht mit seinem Willen überein (= Inhaltsirrtum).- In allen drei Fällen liegt also ein *Identitätsirrtum* vor, der in den beiden ersten Beispielen in Form des Erklärungsirrtums gem. § 119 I, 2. Alt. BGB (Rdn. 216), im dritten Fall in Form des Inhaltsirrtums gem. § 119 I, 1. Alt. BGB (Rdn. 223) zur Anfechtung berechtigt.

[3] Zu diesem Fall vgl. *D. Medicus*, AT § 26 II 1 (Rdn. 363) und § 48 III 4 (Rdn. 763).

[4] *H. Lessmann*, „Irrtumsanfechtung nach § 119 BGB". in: JuS 1969, 478-482; 525-529 (481).

2. Schwierig kann beim Identitätsirrtum vor allem die *Abgrenzung* des Inhaltsirrtums vom unbeachtlichen Motivirrtum sein. 261

Beispiel: Will im obigen Beispiel (Rdn. 260) Steuerberater S gerade dem Installateurmeister R2, den er anruft, den Auftrag erteilen, weil er irrtümlich meint, R2 sei schon mehrfach für ihn tätig gewesen, so liegt ein unbeachtlicher Motivirrtum vor, der den S nicht zur Anfechtung berechtigt[5].

3. Kein Identitätsirrtum liegt auch dann vor, wenn der Geschäftspartner oder Geschäftsgegenstand *ausreichend individualisiert* ist, also konkret bestimmt ist. Hier ist die Vorstellung (Ich spreche mit R1) nicht mehr Bestandteil des rechtsgeschäftlichen Willens, sondern bleibt im Bereich der (unbeachtlichen) Motive. 262

Beispiel: S trifft den R2 auf der Straße. Er glaubt, es sei R1, der schon mehrfach bei ihm tätig war, und gibt ihm den Auftrag, später bemerkt er seinen Irrtum. Die Vorstellung des S, er spreche mit R1, ist nicht beachtlich: R2 ist ausreichend identifiziert, das Erklärungszeichen hat also genau den Aussagewert, den ihm S gibt.

II. Der Rechtsfolgenirrtum

Von einem *Rechtsfolgenirrtum* spricht man, wenn sich eine Partei über die durch ihre Erklärung ausgelösten Rechtsfolgen falsche Vorstellungen macht[6], also etwa beim Verkauf eines gebrauchten Pkw nicht weiß, daß sie auch ohne ausdrückliche Vereinbarung über die Sachmängelhaftung gem. §§ 459 ff. BGB automatisch für Sachmängel haftet[7] oder bei Erteilung eines Reparaturauftrags (§ 631 BGB) nicht weiß, daß der Werkunternehmer an den von ihm ausgebesserten beweglichen Sachen des Bestellers ein Pfandrecht erwirbt (§ 647 BGB)[8]. Bezieht sich der Irrtum auf Rechtsfolgen, die *unabhängig* vom Willen des Erklärenden durch die Rechtsordnung, etwa in den Vorschriften über die Sachmängelgewährleistung (§§ 459 ff. BGB) oder das Unternehmerpfandrecht (§ 647 BGB), an das abgeschlossene Rechtsgeschäft geknüpft werden, so liegt ein unbeachtlicher Motivirrtum vor, der die Rechtsverbindlichkeit des Geschäfts nicht tangieren kann (= Irrtum 263

5 *H. Brox*, AT Rdn. 381.
6 *W. Flume*, AT § 23.4d; *K. Larenz*, AT § 20 II a (S. 376-377); vgl. auch RG, 3.6.1916 3.6.1916 Rep. V 70/16 RGZ 88, 278 (284).
7 *H. Brox*, AT Rdn. 377; *D. Medicus*, AT § 48 III 1 (Rdn. 750).
8 *H. Hübner*, AT § 36 B I 2b (Rdn. 445 mit einem auf § 559 S. 1 BGB zielenden Beispiel).

über die *naturalia negotii*)[9]; so also auch in den oben erwähnten Fällen des Irrtums über die Sachmängelhaftung beim Pkw-Verkauf, über das Entstehen eines Unternehmerpfandrechts bei Übergabe einer beweglichen Sache mit Reparaturauftrag oder in einem vom Bundesarbeitsgericht entschiedenen Fall, in dem eine Schwangere beim Abschluß eines Aufhebungsvertrags über ihr Arbeitsverhältnis nicht wußte, daß sie dadurch automatisch den Mutterschutz verliert[10]. Bezieht sich der Irrtum aber gerade auf diejenigen Rechtsfolgen, auf deren Herbeiführung die Erklärung nach ihrem Inhalt unmittelbar gerichtet war (= Irrtum über die *essentialia negotii*), so handelt es sich um einen zur Anfechtung berechtigenden Inhaltsirrtum (Rdn. 223)[11]. Letzteres ist auch anzunehmen, wenn über rechtliche Nebenfolgen eine besondere Vereinbarung in die Erklärung mit aufgenommen wird: auch dann ist der Irrtum beachtlich (= Irrtum über die *accidentalia negotii*)[12].

Beispiele: V und L verhandeln über die zeitweise Überlassung bestimmter Räume an L. Sie einigen sich auf drei Monate. Über ein Entgelt sprechen sie nicht. Vertrag? Es ist ein Leihvertrag zustandegekommen (§ 598 BGB). V wollte jedoch einen Mietvertrag (gegen Entgelt: § 535 BGB) abschließen. Er hatte gemeint, daß L ihm auf Grund der Abmachung den Mietzins schulde, den er auch von L's Vorgänger bekommen hatte. L schuldet aber in Wirklichkeit keinen Mietzins (§ 598 BGB). V hatte zwar das erklärt, was er erklären wollte („Ich überlasse L für drei Monate die Räume"), aber er hat sich über die Bedeutung dieser Erklärung und die Gegenleistungspflicht seines Vertragspartners geirrt: Er erklärt ein Leihangebot, will aber in Wirklichkeit ein Mietangebot. V hat sich über ein *essentiale negotii* geirrt; er kann seine Erklärung wegen Inhaltsirrtums anfechten.- Verkauft V seinen gebrauchten PKW an K in der Annahme, mangels ausdrücklich gegebener Zusage brauche er für keinerlei Mängel des Autos einzustehen, dann ist dies kein zur Anfechtung berechtigender Inhaltsirrtum, sondern ein unbeachtlicher Motivirrtum hinsichtlich der Rechtsfolgen, die nicht unmittelbar auf der Vereinbarung der Parteien beruhen, sondern auf Grund gesetzlicher Anordnung (§§ 459 ff. BGB) eintreten, also ein

9 BAG, 16.2.1983 7 AZR 134/81 NJW 1983, 2958 = Betr. 1983, 1663 = *P. Schwerdtner*, JK BGB § 119/2.

10 BAG, 16.2.1983 / AZR 134/81 NJW 1983, 2958.

11 *H. Hübner*, AT § 36 B I 2b (Rdn. 445); *H. Köhler*, AT § 14 IV 3b.

12 *H. Lessmann*, „Irrtumsanfechtung nach § 119 BGB", JuS 1969, 478-482; 525-529 (482).

Irrtum über die *naturalia negotii*. Wenn hingegen der V den Gebrauchtwagen „ohne jede Garantie" in der Ansicht verkauft, damit nicht nur die Haftung nach § 463 BGB ausgeschlossen zu haben, sondern auch die Sachmängelhaftung wegen einer zugesicherten Eigenschaft nach § 459 II BGB, dann ist er über die *accidentalia negotii* im Irrtum. Er kann wegen Inhaltsirrtums anfechten[13].

III. Der Kalkulationsirrtum

Von einem *Kalkulationsirrtum* ist die Rede, wenn sich der Erklären- 264
de entweder bei der Berechnung der von ihm genannten Summe oder hinsichtlich der Grundlagen, auf denen er seine Kalkulation aufgebaut hatte, geirrt - verkalkuliert - hat[14]. Dabei wird zwischen dem versteckten, äußerlich nicht erkennbaren, deshalb sogenannten *internen* Kalkulationsirrtum einerseits und dem bei den Vertragsverhandlungen erkennbar hervorgetretenen, deshalb sogenannten *externen* Kalkulationsirrtum andererseits unterschieden[15].

Beispiel[16]: Malermeister M bietet dem Hauseigentümer E bestimmte Malerarbeiten in dessen Haus zu einem Gesamtpreis von DM 4.000,-- an. E nimmt das Angebot an. M ist bei der Errechnung dieses Betrags von einer zu geringen Quadratmeterzahl der zu streichenden Wandflächen ausgegangen. Außerdem hat er sich beim Addieren zu seinen Ungunsten verrechnet bzw. verschrieben. Hat M die Berechnungsgrundlage dem E nicht mitgeteilt, so handelt

13 Vgl. BGH, 5.7.1978 VIII ZR 172/77 NJW 1978, 2241 (der formularmäßige Gewährleistungsausschluß erfaßt die Haftung des Verkäufers für das Fehlen einer zugesicherten Eigenschaft nicht); vgl. auch *H. Brox*, AT Rdn. 377 mit einem ähnlichen Beispiel.

14 *D. Giesen*, „ Zur Relevanz des Kalkulationsirrtums", JR 1971, 403-406; *K. Larenz*, AT § 20 II a (S. 374-376); vgl. auch BGH, 20.3.1981 NJW 1981, 1551 = JR 1981, 456 (m. Anm. *D. Giesen*); vgl. dazu auch *U. John*, „Auslegung, Anfechtung, Verschulden beim Vertragsschluß und Geschäftsgrundlage beim sog. Kalkulationsirrtum - BGH, NJW 1981, 1551", JuS 1983, 176-180 (179); *B. Rüthers*, AT Rdn. 335-338; *D. Schwab*, ZivilR Rdn. 545-547; *J. v. Staudinger* (– *H. Dilcher*) Rdn. 27-30 zu § 119 BGB.

15 *H. Brox*, AT Rdn. 378; *D. Giesen*, „Zur Relevanz des Kalkulationsirrtums", JR 1971, 403-406 (403); *D. Medicus*, AT § 48 III 3; vgl. auch *Th. Mayer-Maly*, „Bemerkungen zum Kalkulationsirrtum", in: Beiträge zum Zivil- und Handelsrecht. Festschrift für Rolf Ostheim zum 65. Geburtstag, hgg. von J. Aicher u. H.-G. Koppensteiner (Wien 1990) 189-210.

16 Von *H. Brox*, AT Rdn. 378.

es sich um einen sogenannten *internen* Kalkulationsirrtum. Er ist ein Irrtum bei der Willensbildung und deshalb unbeachtlicher *Motivirrtum*. Eine Anfechtung kommt in solchen Fällen daher grundsätzlich nicht in Betracht. Fraglich ist, ob sich diese Beurteilung ändert, wenn die Berechnungsgrundlage selbst oder aber die Kalkulationsgrundlage dem Erklärungsempfänger mitgeteilt worden sind, also ein *externer* Kalkulationsirrtum vorliegt.

265 1. Soweit sich der wirkliche Wille des Erklärenden aus den dem anderen bekannten Umständen entnehmen läßt, ist die Lösung dieser Fälle durch *Auslegung* zu suchen[17]. Hat M dem E außer dem Gesamtpreis von DM 4.000,-- die zugrundegelegte Quadratmeterzahl (200 qm) und den Quadratmeterpreis (DM 25,--) mitgeteilt, so ergibt ein kurzes Nachrechnen, daß der Gesamtpreis nicht DM 4.000,--, sondern DM 5.000,-- betragen soll. Dann ist der Vertrag auch mit dem richtigen Gesamtpreis zustandegekommen.

266 2. Umstritten sind aber vor allem die Fälle des externen Kalkulationsirrtums, bei denen die Vertragsauslegung aufgrund der Vertragsunterlagen *nicht* weiterhilft.

267 a) Beachtlich kann der (externe) Kalkulationsirrtum sein, wenn nicht nur die eine Partei, sondern *beide Parteien* von einer in Wirklichkeit unzutreffenden Berechnungsgrundlage ausgegangen sind und diese zur *gemeinsamen* Vertragsgrundlage gemacht haben. Das *Reichsgericht* hat hier in ständiger Rechtsprechung eine Anfechtung wegen Inhaltsirrtums zugelassen[18], weil hier „der Inhalt der Erklärung bei dem Vertragsschlusse auch diese Kalkulation [umfaßt], und ein Irrtum in dieser Kalkulation ist im Zweifel ... ein Irrtum über den Inhalt der Erklärung, der die Anfechtung aus § 119 I rechtfertigt“[19]. Der *Bundesgerichtshof* hat diese Rechtsprechung nicht übernommen, sich aber bisher auch nicht eindeutig davon distanziert[20]. Die h.L. lehnt die reichsgerichtliche Rechtsprechung unter Hinweis auf die Gefahr einer unvertretbaren Ausweitung der Irrtumsanfechtung nach § 119 I BGB durchweg

17 *B. Rüthers*, AT Rdn. 340.

18 RG, 9.11.1906 Rep. II 173/06 RGZ 64, 266 (268); 23.5.1917 Rep. I 74/17 RGZ 90, 268 (272-273); 30.11.1922 VI 465/22 RGZ 105, 406 (407); 2.12.1939 II 74/39 RGZ 162, 198 (201); grundsätzlich dazu *W. Flume*, AT § 23.4e; *D. Medicus*, AT § 48 III 3 (Rdn. 758).

19 RG, 9.11.1906 Rep. II 173/06 RGZ 64, 266 (268).

20 BGH, 28.4.1971 V ZR 201/68 JR 1971, 415; 20.3.1981 V ZR 71/80 NJW 1981, 1551 = JR 1981, 456 (m. Anm. *D. Giesen*); BGH, 19.12.1985 VII ZR 188/84 Betr. 1986, 962; zu den verschiedenen Fallgestaltungen vgl. auch *D. Giesen*, „Zur Relevanz des Kalkulationsirrtums“, JR 1971, 403-406.

ab[21]. Nach ihrer Ansicht ist die Rechtslage in diesen Fällen nicht nach § 119 I BGB (Anfechtung), sondern gem. § 242 BGB nach den Regeln über das Fehlen oder den Wegfall der Geschäftsgrundlage (Vertragsanpassung, Rdn. 272) zu beurteilen[22]: *erstens*, weil es dogmatisch unrichtig wäre, den beiderseitigen Irrtum bei der Willensbildung (= Motivirrtum) als beiderseitigen Irrtum bei der Willensäußerung (hier: als Inhaltsirrtum) zu behandeln, und *zweitens*, weil mit dem Institut der Geschäftsgrundlage das in diesen Fällen bei weitem flexiblere Instrumentarium zur Verfügung gestellt wird als mit der Anfechtung, die als Rechtsfolge nur die Nichtigkeit kennt. Hieran ändert auch nichts das neuerdings wieder vorgebrachte Argument, daß die Vertrauenshaftung wohl immer den treffen werde, der ein wirtschaftliches Interesse an der Auflösung des Vertrages habe und es deshalb nicht unbillig wäre, die Partei, die sich vom Vertrag lösen wolle, haften zu lassen[23]. Diese Meinung übersieht, daß oft keine Partei ein Interesse an der Nichtigkeit des Vertrages mit allen seinen Folgen für etwaige vertragliche Ansprüche (Gewährleistungsansprüche, Ansprüche aus positiver Forderungsverletzung) hat und haben kann und der Vertrauensschaden auch über die Geschäftsgrundlagenregelungen ausgeglichen werden kann[24].

b) Übrig bleiben noch die Fälle, in denen sich bei Abschluß des 268
Vertrages (nur) *eine* Partei, allerdings für die andere *erkennbar*, von bestimmten – in Wahrheit unzutreffenden – Vorstellungen hat leiten lassen. In diesen Fällen soll nach Auffassung des *Reichsgerichts*[25] ein einseitiger Kalkulationsirrtum – also ein an sich regelmäßig irrelevanter Motivirrtum der einen Partei – jedenfalls dann zu einem (gem. § 119 I, 1. Alt. BGB) relevanten Inhaltsirrtum werden, wenn das irrige Motiv des Erklärenden (hier also eine in

21 *H. Brox*, AT Rdn. 378; *W. Flume*, AT § 23.4e; *H. Hübner*, AT § 36 B I 2 (Rdn. 446); *D. Medicus*, AT § 48 III 3; *B. Rüthers*, AT Rdn. 340-343.

22 Lesenswert (auch zur Entwicklungsgeschichte dieses Instituts): *H. Wieling*, „Entwicklung und Dogmatik der Lehre von der Geschäftsgrundlage“, Jura 1985, 505-511.

23 *U. John*, „Auslegung, Anfechtung, Verschulden beim Vertragsschluß und Geschäftsgrundlage beim sog. Kalkulationsirrtum – BGH, NJW 1981, 1551“, JuS 1983, 176-180 (179); grundlegend hierzu vor allem *W. Flume*, AT § 24.4 (bes. S. 488).

24 Lesenswert: *H. Buchner*, „Übungsklausur Zivilrecht. Fall zur Vertragsschlußlehre“, Jura 1979, 149-153.

25 RG, 9.11.1906 Rep. II 173/06 RGZ 64, 266 (268); 2.12.1939 II 74/39 RGZ 162, 198 (201).

Wirklichkeit unzutreffende Berechnungsgrundlage) bei den Vertragsverhandlungen erkennbar hervorgetreten und dadurch zum Bestandteil der vom Erklärungsempfänger richtig verstandenen Erklärung gemacht worden sei. In Wirklichkeit ist hier weder eine Anfechtungsmöglichkeit wegen Inhaltsirrtums noch eine Vertragsanpassung, sondern lediglich ein grundsätzlich *unbeachtlicher* Motivirrtum gegeben, der das abgeschlossene Rechtsgeschäft nicht tangiert.

269 aa) „Nicht alles, was bei den Vertragsverhandlungen zur Sprache kommt, wird damit schon Inhalt der den Vertrag herbeiführenden Willenserklärungen“[26]. Eine von dem Erklärenden angenommene fehlerhafte Berechnungsgrundlage wird deshalb auch nicht dadurch zum Bestandteil der auf Abschluß des Vertrages gerichteten Willenserklärung, daß er sie dem anderen zu erkennen gibt. Motivirrtum bleibt Motivirrtum und im Bereich von § 119 I, 1. Alt. BGB deshalb insoweit ganz unbeachtlich. Wer hier seinen Motiven rechtliche Bedeutung verleihen will, der muß sie zur Bedingung des Vertrages machen, mit der dieser steht oder fällt (§ 158 BGB). Deshalb scheidet – vom möglichen Erklärungsirrtum abgesehen – § 119 I BGB im Bereich des Kalkulationsirrtums aus. Der Versuch, über die Konstruktion eines „erweiterten Inhaltsirrtums“ in diesen Fällen aus einem irrelevanten Motivirrtum einen beachtlichen Inhaltsirrtum zu machen, ist rechtsdogmatisch nicht haltbar[27].

270 bb) In diesen Fällen des einseitigen aber erkennbaren Irrtums über die Berechnungsgrundlage ist aber auch *kein Raum* für die Anwendung der Regeln über das *Fehlen der Geschäftsgrundlage*, weil es schon an der Voraussetzung für die Annahme einer gemeinsamen Geschäftsgrundlage fehlt. Als Geschäftsgrundlage kommen grundsätzlich nur solche Vorstellungen in Betracht, die für die Willenserklärungen *beider* Vertragsparteien mitbestimmend waren[28]. Umstände, von denen nur *eine Partei* für die andere *erkennbar* ausgegangen ist, gehören deshalb *nicht* zur Vertrags-(Geschäfts-) Grundlage. Solange die erwartete – in Wirklichkeit fehlende – Übereinstimmung zwischen Kalkulationsgrundlage und Vertragsangebot nur in der Erwartung der einen Partei vorausgesetzt wird und bei Vertragsschluß nur den Abschlußwillen *dieser*

[26] *K. Larenz*, AT § 20 II a (S. 374).
[27] Vgl. dazu ausführlich *D. Giesen*, „Zur Relevanz des Kalkulationsirrtums“, JR 1971, 403-406 (405); s. auch *H. Brox*, AT Rdn. 378; *H. Hübner*, AT § 36 B I 2 b bb (Rdn. 446); *K. Larenz*, AT § 20 II a (S. 376); *D. Medicus*, AT § 48 III 3; *D. Schwab*, ZivilR Rdn. 562-563.
[28] *BGH, 13.11.1975 III ZR 106/72 NJW 1976, 565 (566) – Bundesligafall.

Partei entscheidend bestimmt, dürfte dies für die Annahme einer von der Rechtsordnung zu berücksichtigenden Geschäftsgrundlage deshalb selbst dann nicht ausreichen, wenn die andere Partei von dieser Erwartung Kenntnis hatte[29]. Beachte jedoch: diese Erwägungen sind natürlich nur von Belang, wenn sich der Erklärung aufgrund der auch dem Vertragspartner bekannten Umstände nicht schon durch Auslegung nach dem Empfängerhorizont der vom Erklärenden gewollte Inhalt beilegen läßt (Auslegung vor Anfechtung!, Rdn. 210). Bevor das Problem des einseitigen, aber erkennbaren Irrtums über die Berechnungsgrundlage erörtert wird, muß also die Möglichkeit einer Auslegung genau geprüft werden.

cc) Etwas anderes kann freilich dann gelten, wenn gerade der 271
Vertragspartner den Irrtum in Kenntnis der Bedeutung dieses Umstandes für den Entschluß der ersten Partei veranlaßt hat[30] oder er vor oder bei Vertragsschluß auf Grund eines besonderen Vertrauenstatbestands zur Aufklärung über den wahren Sachverhalt verpflichtet gewesen wäre: Hier kommt zwar auch *keine Anfechtung*, wohl aber eine Anpassung über die Regeln der *culpa in contrahendo*, der positiven Forderungsverletzung oder auch nach den Grundsätzen über den Rechtsmißbrauch (§ 242 BGB) in Betracht. Derjenige, der den Irrtum des anderen hervorgerufen oder trotz Verpflichtung dazu nicht ausgeräumt hat, wird sich danach auf den dem anderen ungünstigen Vertragstatbestand nicht berufen können[31], vielmehr muß er den anderen von der Rechtsbindung und den Folgen des ihm ungünstigen Vertrages befreien[32].

3. Wie bereits oben (Rdn. 267) angesprochen, kommt im Fall des 272
beiderseitigen Irrtums über einen zur gemeinsamen Vertragsgrundlage gemachten Umstand eine Anfechtung durch einen Vertragspartner – mit der Folge der Vertrauenshaftung gem. § 122 BGB – nicht in Betracht. Denn das Risiko, daß beide sich über die gemeinsame Grundlage in gleicher Weise irren, muß auch beide gleich treffen[33].

Beispiel: A verkauft an B 100 Aktien der X-AG, dabei legen beide Partner den in der Tageszeitung abgedruckten Kurswert von

[29] *D. Giesen*, „Zur Relevanz des Kalkulationsirrtums", JR 1971, 403-406 (406).
[30] *H. Brox*, AT Rdn. 378; *D. Medicus*, AT § 48 III 3 (Rdn. 761).
[31] *D. Medicus*, BürgerlR § 6 III (Rdn. 134); *O. Palandt* (– *H. Heinrichs*) Rdn. 18-21 zu § 119 BGB.
[32] *H. Brox*, AT Rdn. 378 (S. 177); *D. Medicus*, AT § 48 III 3 (Rdn. 761).
[33] *K. Larenz*, AT § 20 III (S. 391).

237 zugrunde. Dies aber war ein Druckfehler, der tatsächliche Kurswert betrug 273. Daraufhin will A nicht mehr am Vertrag festhalten. B verständlicherweise aber doch[34]. Durch *Auslegung* läßt sich ein übereinstimmender Wille nicht ermitteln. Insbesondere liegt keine *falsa demonstratio* vor in der Form, daß beide den tatsächlichen Kurswert meinten, denn sie gingen ja gerade davon aus, daß es sich bei dem abgedruckten um den tatsächlichen Wert handelte. Eine *Anfechtung* durch A gem. § 119 II BGB ist auch schon deshalb ausgeschlossen, weil der bloße Wert keine Eigenschaft i.S.d. § 119 II BGB ist (Rdn. 236). Hier hilft die *Lehre vom Fehlen bzw. Wegfall der Geschäftsgrundlage*[35]. Sie beruht letztlich auf § 242 BGB und der gemeinrechtlichen *clausula rebus sic stantibus*[36]. Wenn redlicherweise nicht davon ausgegangen werden kann, daß die Parteien den Vertrag bei Kenntnis der wahren Sachlage oder einer später eintretenden Änderung (z.B. Inflation, Krieg) (so) abgeschlossen hätten, sollen sie nach Treu und Glauben nicht mehr daran gebunden sein. Rechtsfolge ist in der Regel eine *Anpassung des Vertrags* an die geänderten Umstände, wenn dies möglich ist. Hier ist eine solche Lösung nicht ersichtlich, es wäre für A auch nicht zumutbar, den Vertrag etwa zum Mittelwert bestehen zu lassen. Dann muß A hier ein Rücktrittsrecht eingeräumt werden[37].

IV. Irrtum über nicht verkehrswesentliche Eigenschaften einer Sache

273 Auch der Irrtum über Eigenschaften einer (Kauf-) Sache, die *nicht* verkehrswesentlich sind[38], kann zu einem nach § 119 I BGB

[34] Ähnlich RG, 30.12.1922 VI 465/22 RGZ 105, 406.

[35] Zur Herleitung und Anwendung dieses Instituts vgl. *D. Medicus*, BürgerlR § 7; *O. Palandt* (– *H. Heinrichs*) Rdn. 110 ff. zu § 242 BGB; lesenswert: *H. Buchner*, „Übungsklausur Zivilrecht. Fall zur Vertragsschlußlehre", Jura 1979, 149-153; *H. Wieling*, „Falsa demonstratio non nocet", Jura 1979, 524-532.

[36] Lesenswert dazu *H. Wieling*, „Entwicklung und Dogmatik der Lehre von der Geschäftsgrundlage", Jura 1985, 505-511 (505-507).

[37] *BGH, 13.11.1975 III ZR 106/72 NJW 1976, 565 (Bundesligafall; Wegfall der Geschäftsgrundlage, nicht Anpassung).

[38] Der Irrtum über verkehrswesentliche Eigenschaften ist dagegen stets relevant: § 119 II BGB (Rdn. 233).

möglicherweise relevanten *Erklärungs- oder Inhaltsirrtum* führen[39]. Eine Sache wird durch ihre Eigenschaften näher bestimmt; eine rechtsgeschäftliche Erklärung kann sich daher auf die Beschaffenheit eines Gegenstandes beziehen. Ein Erklärungsirrtum (§ 119 I, 2. Alt. BGB) ist aber auch in diesen Fällen nur dann denkbar und nur dann anfechtungsrelevant, wenn der Erklärende sich bei der Wahl des Erklärungszeichens versieht oder einem Irrtum über den Sinn des Erklärungszeichens unterliegt, ein Inhaltsirrtum (§ 119 I, 1. Alt. BGB) nur dann, wenn der Erklärende ein Erklärungszeichen setzt, das seinem wirklichen Willen nicht entspricht (Rdn. 274-278).

1. ... beim Erklärungsirrtum

Noch relativ unproblematisch ist der Irrtum hinsichtlich der Beschaf- 274
fenheit oder Eigenschaft einer Sache im Falle des *Erklärungsirrtums*:

Beispiele: V macht dem K schriftlich ein Angebot über ein Industrieprodukt (Zinnschleifmehl) und verschreibt sich bei der Angabe von Eigenschaften, die die Sache hat, versetzt etwa bei Angabe des Zinngehalts von (in Wirklichkeit) 7,138% in der Niederschrift der Analyse das Komma und bietet dem K so irrig eine Substanz mit 71,38% Zinngehalt an[40].- Der Käufer einer Flasche Whisky meint irrig, daß „Whisky" die Exklusivbezeichnung nur für schottischen Kornbranntwein aus Gerstenmalz sei. Erklärt er nun, eine Flasche Whisky kaufen zu wollen, so könnte man argumentieren, daß dann Vorstellung und Wille (= schottischer Whisky) und seine durch das Erklärungszeichen „Whisky" manifest gewordene Erklärung auseinanderfallen. Man könnte sagen, K habe dann das falsche Erklärungszeichen gesetzt, das eine Sache mit anderen (weniger anspruchsvollen) Eigenschaften bezeichnet als die, auf die es ihm gerade ankam. Dann befände sich K bei der Verwendung des Wortes „Whisky" als Erklärungszeichen in einem Erklärungsirrtum (Rdn. 216)[41], nämlich in einem Irrtum über den

39 *W. Flume*, AT §§ 23.4c, 24.2b; vgl. auch *H. Lessmann*, „Irrtumsanfechtung nach § 119 BGB". in : JuS 1969, 478-482; 525-529 (527-528).

40 Beispiel nach RG, 22.10.1910 II 268/09 Warn.Rpsr. 1910 Nr. 137, interpretiert von *W. Flume*, AT § 23.4c (S. 461-462, mit weiteren Beispielen).

41 Hierzu MünchKomm (– *E. A. Kramer*) Rdn. 66 zu § 119 BGB; *W. Flume*, AT § 23.4c (S. 463, auch mit den anderen üblichen Lehrbuchbeispielen); das dort und anderwärts gebrachte beliebte Cognacbeispiel geht indessen von unrichtigen tatsächlichen Voraussetzungen aus: Weinbrand,

Sinn des (in Wirklichkeit qualitativ weit weniger anspruchsvollen) Erklärungszeichens „Whisky“[42].

In derartigen Fällen liegt indessen ein Irrtum hinsichtlich des verwandten Erklärungszeichens (Rdn. 217) gar nicht vor. Im ersten Beispielsfall hat V sich bei den Vorarbeiten für sein Angebot zwar verschrieben, aber dem K Zinnschleifmehl mit einem Zinngehalt von 71,38% tatsächlich angeboten und auch anbieten wollen. Wille und Erklärung decken sich. V irrt über eine Eigenschaft (den Zinngehalt) des angebotenen Zinnschleifmehls; es handelt sich also um einen Eigenschaftsirrtum, der aber nur im Falle von § 119 II BGB relevant wäre (Rdn. 227). Gerade daran fehlt es jedoch: V's Eigenschaftsirrtum ist unbeachtlich[43]. Entsprechendes gilt auch im zweiten Fall: K hat durch die Bezeichnung der Flasche Whisky den Kaufgegenstand genau bestimmt; er hat sich nicht versprochen, nicht vergriffen, nicht verschrieben (Rdn. 217), er befindet sich nicht im Erklärungsirrtum (§ 119 I, 2. Alt. BGB, Rdn. 217). Sein Wille und seine Erklärung decken sich; er hat erklärt, was er erklären wollte: eben diese Flasche Whisky wollte er haben. Er befindet sich auch nicht im Inhaltsirrtum (§ 119 I, 1. Alt. BGB, Rdn. 223). Er irrt nur über einen anderen Umstand, der ihn zu seinem Kaufangebot veranlaßt hat: er meint irrtümlich, Whisky komme (stets) exklusiv aus Schottland. K unterliegt damit einem für sein Kaufangebot („diese Flasche Whisky“) bestimmenden Motivirrtum, der nur relevant wird, wenn er über eine Eigenschaft der Kaufsache im Irrtum war, „die im Verkehr als wesentlich angesehen wird“ (§ 119 II BGB). K irrt aber auch nicht über eine im Sinne von § 119 II BGB verkehrswesentliche Eigenschaft. Wer Whisky kauft, der weiß, daß „Whisky“ auch nicht die Bezeichnung nur für schottischen Whisky ist. In solchen Fällen der nach der Verkehrsanschauung fehlenden Verkehrswesentlichkeit der unterstellten Eigenschaft[44] mag der Erklärende dann in der Tat grundsätzlich „den Mund auftun“, wenn er will, daß sich seine Erklärung auf die von ihm stillschweigend angenommene Eigenschaft bezieht. „Nur

dessen Herkunftsgebiet nicht die Region Cognac ist, darf in Deutschland nicht als Cognac bezeichnet werden (Verstöße dagegen fallen unter § 3 UWG, vgl. *A. Baumbach* (– *W. Hefermehl*), Wettbewerbsrecht. Kommentar (16. Aufl. München 1990) Rdn. 255 zu § 3 UWG.

42 Vgl. dazu *W. Flume*, AT § 23.4 (S. 463).

43 RG, 22.10.1910 II 268/09 Warn.Rspr. 1910 Nr. 137; vgl. auch *H. Brox*, AT Rdn. 381; *W. Flume*, AT § 23.4c (S. 462).

44 *H. Köhler*, AT § 14 IV 2c cc (S. 133-134).

wenn er nach den Umständen des Geschäfts annehmen darf, daß das Geschäft sich auf den Gegenstand als einen solchen der bestimmten Eigenschaft bezieht und so die ausdrückliche Erwähnung überflüssig ist, verdient sein Irrtum Beachtung."[45]

2. ... beim Inhaltsirrtum

Umstritten ist, inwieweit es neben dem Erklärungsirrtum hinsichtlich der Angabe von Eigenschaften noch einen selbständig relevanten *Inhaltsirrtum* hinsichtlich der Angabe von Eigenschaften gibt[46]. Nach h.L. und mit den Worten von *Hans Brox* ist das als Versuch, „einen Motivirrtum, der nicht schon unter § 119 II fällt BGB, zum Inhaltsirrtum zu machen, um dadurch dem Irrenden ein Anfechtungsrecht nach § 119 I BGB zu geben", abzulehnen, weil er „der Wertung des Gesetzes [widerspricht], wonach nur bei einem Abweichen von Wille und Erklärung (§ 119 I BGB) und bei einem Spezialfall des Motivirrtums, dem Eigenschaftsirrtum (§ 119 II BGB), eine Anfechtung möglich sein soll" und sonst nicht[47]. 275

a) Ein Inhaltsirrtum hinsichtlich der Angabe von Eigenschaften 276
könnte freilich zunächst problemlos in einigen Fällen ausgemacht werden, die wir schon oben beim Inhaltsirrtum (Rdn. 223-225) erläutert haben[48]:

Beispiele: Jemand kauft W. E. Albrechts grundlegendes Werk über „Die Gewere [= Sachherrschaft] als Grundlage des älteren deutschen Sachenrechts" (1828) in der Annahme, es hier mit einem historisch besonders wichtigen Buch über Gewehre (Schußwaffen) zu tun zu haben.- Jemand kauft eine Flasche „Brauneberger Juffer" in der Meinung, es sei Rheinwein.- Jemand kauft „Whisky", weil er diesen für exklusiven schottischen Whisky hält.

Ein *Erklärungs*irrtum nach § 119 I, 2. Alt. BGB (Rdn. 217) liegt in diesen Fällen nach der zutreffenden Auffassung von *Werner Flume* jedenfalls nicht vor: „Der Käufer des Buchs von Albrecht irrt sich nicht über die Bedeutung des von ihm verwandten Erklärungszeichens. Er meint nicht erklärt zu haben, er wolle ‚dieses Buch als ein solches über Gewehre = Schußwaffen' haben, sondern er erklärt, er wolle dieses Buch kaufen und dabei irrt er über die

45 *W. Flume*, AT § 23.4c (S. 465).
46 *W. Flume*, AT § 24.2 (bes. S. 477); *D. Medicus*, AT § 48 III 4 (bes. Rdn. 767, 770).
47 *H. Brox*, AT Rdn. 379 (S. 177).
48 Vgl. dazu insbesondere die Beispiele bei *W. Flume*, AT § 23.4 (S. 461).

Beschaffenheit des Buches."[49] Wer „Brauneberger Juffer" kauft, weiß, daß „Brauneberger" nicht „Moselwein" heißt. Er kann nur darüber irren, daß „Brauneberger" Moselwein „ist". Wer „Whisky" kauft, weiß, daß „Whisky" nicht die ausschließliche Bezeichnung nur für schottischen Whisky (sondern z.B. für ebenfalls aus Gerstenmalz hergestellten japanischen Whisky oder gar z.T. auch aus anderem Getreide hergestellten deutschen Whisky[50]) ist. Deshalb handelt es sich, wenn jemand beim Kauf von „Whisky" diesen schon wegen des Labels „Whisky" für exklusiven schottischen Whisky hält, nicht um einen *Erklärungs*irrtum i.S.v. § 119 I, 2. Alt. BGB (Rdn. 217). In Betracht käme also allenfalls ein dem anfechtungsrelevanten *Inhalts*irrtum i.S.v. § 119 I, 1. Alt. BGB (Rdn. 223) gem. § 119 II BGB aber gerade nur *dann* gleichzuachtender *Eigenschafts*irrtum (Rdn. 227), wenn es sich um einen „Irrtum über solche Eigenschaften ... [handelt], die im Verkehr als wesentlich angesehen werden" (§ 119 II BGB).

277 b) Aber auch für eine zweite Fallgruppe ist der Irrtum hinsichtlich der Eigenschaften einer Sache (Rdn. 227) als Irrtum über den Inhalt der Erklärung (Rdn. 223) bewertet worden[51].

Beispiel: K geht in das exquisite Porzellangeschäft des V am Ku'damm. Er sieht dort ein schönes Teeservice, das er für „Meißner" hält und denkt, auch V wolle es ihm „als Meißner" verkaufen. V weiß, daß das Service kein „Meißner" ist, erkennt aber auch nicht, daß K es als solches kaufen will. Der K kauft das Service. Als er erfährt, daß das Service in Wirklichkeit kein „Meißner" ist, ficht er an (§ 142 I BGB). Geht das? Die Antwort lautet Nein.

aa) K hat das erklärt, was er erklären wollte („Ich kaufe dieses Service"). Seine Vorstellung über den Kaufgegenstand („als Meißner") war auch nicht zur Individualisierung notwendig (das Service stand vor den Vertragsparteien). Ein Identitätsirrtum nach § 119 I BGB (Rdn. 225, 259) scheidet also aus[52]. Teilweise wird ein Inhaltsirrtum hier aber darin gesehen, daß – falls die Vertragsausle-

49 *W. Flume*, AT § 23.4c (S. 463).

50 Von irischem oder gar amerikanisch/kanadischem Whiskey ganz zu schweigen!

51 Vgl. dazu die ausführliche Darstellung bei *W. Flume*, AT § 23.4c (S. 464); *ders.*, Eigenschaftsirrtum und Kauf (Darmstadt 1975) 96-97, m.w.N. Vgl. außerdem auch MünchKomm (– *E. A. Kramer*) Rdn. 65-67 zu § 119 BGB; differenzierend auch *H. Brox*, AT Rdn. 379-381.

52 Überzeugend *H. Lessmann*, „Irrtumsanfechtung nach § 119 BGB". in : JuS 1969, 478-482; 525-529 (528).

gung ergibt, daß sich K und V über dieses Service und *nicht* über das „Meißner-Service“ geeinigt haben – der K dann für seinen rechtsgeschäftlichen Willen („Meißner“) das falsche Erklärungszeichen (dieses Service) gewählt hat (Rdn. 224)[53].

bb) Dem ist aber entgegenzuhalten, daß derjenige, der seinen Motiven und Vorstellungen über die von ihm gewünschten Eigenschaften einer Kaufsache (rechtliche) Relevanz verleihen will, diese zu Bedingungen des Vertragsschlusses machen kann (§ 158 BGB), mit denen der Vertrag steht und fällt[54]. Hier muß daher genau wie beim Kalkulationsirrtum (Rdn. 264 ff.) gewertet werden: Eine „Hochstilisierung“[55] des grundsätzlich unbeachtlichen Motivirrtums zu einem gem. § 119 I BGB beachtlichen Inhaltsirrtum in Form des Irrtums über nach der Verkehrsanschauung auch für das konkrete Rechtsgeschäft *nicht* gem. § 119 II BGB verkehrswesentliche Eigenschaften und Beschaffenheit einer Sache ist unzulässig.

3. Lehre von der Sollbeschaffenheit

Einen noch ganz anderen Ausgangspunkt wählen die Vertreter der 278
Lehre von der sogenannten *Sollbeschaffenheit* in diesen Fällen. Man kaufe nicht eine Sache ohne gewisse Vorstellungen über ihre Beschaffenheit[56]. Die Vorstellungen über die Beschaffenheit und Eigenschaften einer Sache würden damit zum Inhalt des rechtsgeschäftlichen Willens. Nach dieser Ansicht wird jeder Irrtum über Eigenschaften, soweit er nicht schon unter § 119 II BGB fällt, zum Inhaltsirrtum nach § 119 I, 1. Alt. BGB[57] und berechtigt damit zur Anfechtung.

Beispiele: Der kleine B geht in einen Buchladen und kauft dort

53 So *W. Flume*, Eigenschaftsirrtum und Kauf (Darmstadt 1975) S. 96-97 (sub Nr. 3).

54 Vgl. dazu auch schon Rdn. 269; s.a. *D. Giesen*, „Zur Relevanz des Kalkulationsirrtums“, JR 1971, 403 (405 sub III 2); dies anerkennt auch *W. Flume*, Eigenschaftsirrtum und Kauf (Darmstadt 1975) S. 96-97 und betont, daß die praktische Relevanz dieser Irrtumskategorie ausgesprochen gering sei; ablehnend auch *H. Brox*, AT Rdn. 379.

55 *H. Brox*, AT Rdn. 379 (S. 177).

56 Vor allem *L. Raape*, „Sachmängelhaftung und Irrtum beim Kauf“, in: AcP 150 (1949) 481-506 (501); *H. Brauer*, Der Eigenschaftsirrtum (Berlin 1941); *L. Enneccerus/H. C. Nipperdey* AT § 167 IV 3 (S. 1039).

57 Vgl. insbes. den bereits erwähnten lesenswerten Beitrag von *L. Raape*, „Sachmängelhaftung und Irrtum beim Kauf“, in: AcP 150 (1949) 481-506 (mit zahlreichen Beispielen).

von seinem Taschengeld das Buch „Wie fessele ich Männer“ in der Annahme, es handele sich um ein Indianerbuch.- Der Jäger kauft Albrechts Buch über die „Gewere“ in der Annahme, es handele sich um ein Buch über Schußwaffen.

Der Titel des Buches gibt nach dieser Auffassung jeweils die Beschaffenheit an. Über diese Beschaffenheit irre der Käufer. Da die Vorstellung über den Leistungsgegenstand aber Inhalt des rechtsgeschäftlichen Willens sei, liege daher immer ein Inhaltsirrtum vor[58]. Diese Ansicht ist ebenfalls *abzulehnen*. Zum einen verwischt sie die Grenze zum unbeachtlichen Motivirrtum, zum anderen steht sie mit dem Gewährleistungsrecht (§§ 459 ff. BGB) nicht im Einklang, dessen kurze Verjährungsfristen umgangen würden, könnte der Käufer auch noch nach 30 Jahren wegen irrtümlicher Vorstellungen von den Eigenschaften der Kaufsache anfechten[59].

V. Der Blankettmißbrauch

279 Umstritten ist schließlich die irrtumsrechtliche Behandlung von Fällen, in denen jemand eine *ungelesene* Urkunde (z.B. einen Kaufantrag mit Allgemeinen Geschäftsbedingungen auf der Rückseite) *unterschreibt* und einen anderen Inhalt der Urkunde annimmt, als diese in Wirklichkeit hat, *oder* in denen jemand eine *Blankounterschrift* leistet (Rdn. 138) und das Blankett alsdann abredewidrig ausgefüllt wird (*Blankettmißbrauch*). Bei beiden Fallgruppen liegt an sich das für eine Anfechtung wegen Erklärungsirrtums (§ 119 I, 2. Alt. BGB) sprechende Argument nahe, daß derjenige, der die Urkunde unterzeichnet bzw. über dessen Unterschrift eine Erklärung gesetzt worden ist, eine Willenserklärung *dieses* Inhalts gar nicht abgeben wollte (Rdn. 217). Gleichwohl wird eine Anfechtung nur in den wenigsten dieser Fälle zugelassen.

280 1. *Irrtum* ist stets die *unbewußte* Unkenntnis vom wirklichen Sachverhalt[60]. Ein Irrtum liegt also schon *per definitionem* nicht vor, wo sich der Erklärende darüber klar ist, daß er den Inhalt der

[58] Am deutlichsten *L. Raape*, „Sachmängelhaftung und Irrtum beim Kauf“, in: AcP 150 (1949) 481-506.

[59] Vgl. dazu die Kritik bei *W. Flume*, AT § 23.4c (S. 462-463); *H. Lessmann*, „Irrtumsanfechtung nach § 119 BGB“. in : JuS 1969, 478-482; 525-529 (527).

[60] BAG, 14.7.1960 2 AZR 752/60 (339/57) NJW 1960, 2211; MünchKomm (– *E. A. Kramer*, Rdn. 37 zu § 119 BGB.

Erklärung nicht kennt oder ihre rechtliche oder wirtschaftliche Tragweite nicht übersieht[61]. Wer also eine Urkunde unterzeichnet, ohne von ihrem Inhalt überhaupt Kenntnis zu nehmen, der irrt nicht. Er kann deshalb auch nicht anfechten[62]. Macht sich dagegen derjenige, der – ohne zu lesen – unterschreibt, von dem Inhalt eine bestimmte Vorstellung, so ist er im Falle eines abweichenden Inhalts der Urkunde zur Anfechtung wegen Erklärungsirrtums berechtigt, weil er eine Erklärung solchen Inhalts gar nicht hat abgeben wollen[63].

Beispiele: Nach seiner Kündigung unterzeichnete A ungelesen ein Schriftstück, mit dem er auf sämtliche Forderungen aus dem Arbeitsverhältnis verzichtete. A hatte indessen die Vorstellung, er quittiere lediglich den vollständigen Empfang seiner Arbeitspapiere. Das Bundesarbeitsgericht hat die Anfechtung wegen Erklärungsirrtums zugelassen[64]. Eine Anfechtungsmöglichkeit abgelehnt wurde aber in einem neueren Fall, in dem ein ausländischer Arbeitnehmer eine Ausgleichsquittung in dem Bewußtsein unterschrieben hatte, ihren Inhalt nicht zu verstehen, sich aber dennoch nicht der Hilfe eines bereitstehenden Dolmetschers bediente[65].

2. Problematisch ist auch die Rechtsfolge eines *Blankettmiß-* 281
brauchs, wenn also der Ermächtigte den Rahmen der ihm erteilten Ermächtigung überschreitet und das Blankett über der Unterschrift weisungs- oder abredewidrig ausfüllt und mißbraucht[66]. Die früher

61 Vgl. BGH, 21.9.1967 II ZR 130/65 Betr. 1967, 2115 (LS); 15.6.1951 I ZR 121/50 NJW 1951, 705; LAG Berlin, 17.4.1978 9 Sa 130/77 AP Nr. 1 § 4 TVG Formvorschriften.

62 *H. Brox*, AT Rdn. 375; *W. Flume*, AT § 23.2b (S. 453); *H. Hübner*, AT § 36 B II 1 (Rdn. 453); *H. Köhler*, AT § 14 IV 3a; *D. Medicus*, AT § 48 III 2 (Rdn. 752).

63 RG, 22.11.1905 Rep. II 395/05 RGZ 62, 201 (205); 15.11.1911 Rep. I 512/10 RGZ 77, 309 (312); 3.6.1916 Rep. V 70/16 RGZ 88, 278 (283); BGH, 2.11.1955 IV ZR 100/55 BB 1956, 254; *W. Flume*, AT § 23.2b (S. 453); *H. Köhler*, AT § 14 IV 3a; *H. Hübner*, AT § 36 B II 1b (Rdn. 453); *D. Medicus*, AT § 48 III 2 (Rdn. 752-756); *J. v. Staudinger* (– *H. Dilcher*) Rdn. 15 zu § 119 BGB.

64 BAG, 27.8.1970 2 AZR 519/69 NJW 1971, 639.

65 LAG Hamm, 31.8.1977 11 Sa 451/77 BB 1978, 611; vgl. auch MünchKomm (– *E. A. Kramer*) Rdn. 37 zu § 119 BGB.

66 Anders ist dies aber, wenn das Blankett *unterhalb* der blanko geleisteten „Oberschrift" abredewidrig ausgefüllt wird; „Oberschrift" ist keine *Unterschrift*: BGH, 20.11.1990 XI ZR 107/89 BGHZ 113, 48 = JZ 1991, 406 (mit teilw. kritischer Anm. *H. Köhler*); Grund: Rdn. 138.

herrschende Lehre wollte dem Aussteller der Erklärung die Anfechtung wegen Erklärungsirrtums gestatten (Rdn. 217), weil er eine Erklärung dieses Inhalts gar nicht habe abgeben wollen[67]. Die neuere Lehre und der BGH wollen den Aussteller dagegen nach dem Prinzip des Vertrauensschutzes[68] an der Erklärung ohne Anfechtungsmöglichkeiten festhalten: Durch seine Blankettunterschrift setzt der Unterschreibende einen Rechtsscheintatbestand, auf Grund dessen er – in analoger Anwendung des § 172 II BGB – einem redlichen Dritten auch dann haftet, wenn das Blankett abredewidrig ausgefüllt worden ist[69]. Dazu hat der BGH ausgeführt: „Wer ein Blankett mit seiner Unterschrift aus der Hand gibt, muß auch bei einer seinem Willen nicht entsprechenden Ausfüllung des Blanketts den dadurch geschaffenen Inhalt der Urkunde einem redlichen Dritten gegenüber, dem die Urkunde vorgelegt wird, als seine Willenserklärung gegen sich gelten lassen."[70] Das bedeutet, daß der Unterzeichner des Blanketts die Erklärung bei abredewidriger Ausfüllung nicht wegen Irrtums über den Inhalt der Erklärung nach § 119 I BGB anfechten kann: er hat das Risiko einer abredewidrigen Blankettausfüllung in Kauf genommen und verdient gegenüber einem gutgläubigen Dritten keinen Schutz, obwohl er selbst Opfer eines Erklärungsirrtums geworden ist. Für den von ihm hervorgerufenen Rechtsschein der Urkunde muß er nun selbst geradestehen[71].

Beachte: Hat jemand jedoch das Blankett *eigenmächtig* an sich gebracht (es z.B. gestohlen), dann ausgefüllt und einem redlichen Dritten vorgelegt, so muß der „Erklärende" diese (nicht wirksam abgegebene) Willenserklärung *nicht* gegen sich gelten lassen, auch nicht etwa dann, wenn er die Entwendung des Blanketts durch dessen fahrlässige Verwahrung ermöglicht hat[72]. Der gutgläubig auf die Vollmacht vertrauende Dritte „muß sich in einem solchen Falle vielmehr nach den Grundsätzen, wie sie zu der Haftung auf das negative Interesse entwickelt worden sind, mit dem Ersatz des

67 RG, 25.9.1922 VI 78/22 RGZ 105, 183 (185); vgl. aber auch RG, 11.11.1932 VII 235/32 RGZ 138, 265 (269), sowie zu beiden Entscheidungen auch *W. Flume*, AT § 23.2c.

68 *H. Hübner*, AT § 36 B II 2 (Rdn. 454).

69 BGH, 11.7.1963 VII ZR 120/62 BGHZ 40, 65 (68); 25.11.1963 II ZR 54/61 BGHZ 40, 297 (304-305); ebenso *W. Flume*, AT § 23, 2 c; *K. Larenz*, AT § 33 III (S. 644-646).

70 BGH, 11.7.1963 VII ZR 120/62 BGHZ 40, 65 (68).

71 *H. Brox*, AT Rdn. 376; *H. Köhler*, AT § 14 IV 3e (S. 137).

72 BGH, 30.5.1975 V ZR 206/73 BGHZ 65, 13 (14).

Vertrauensschadens begnügen"[73]. Analog § 122 BGB gilt dies wohl auch dann, wenn der „Erklärende" ohne Verschulden den Vertrauensschaden verursacht hat[74].

3. Abschnitt: Fremdbedingte Willensmängel

Über die Anfechtungstatbestände der bisher (Rdn. 215 ff.) erörterten §§ 119, 120 BGB hinaus eröffnet das Gesetz die Anfechtungsmöglichkeit auch für den, der zur Abgabe einer Willenserklärung „durch *arglistige Täuschung* oder *widerrechtliche Drohung* bestimmt worden ist" (§ 123 I BGB), gleichgültig, um welche Art von Willenserklärung es sich dabei handelt: auch der Motivirrtum ist deshalb hier relevant[1]. Der Grund dafür ist, daß in diesen Fällen die Freiheit der Willensentscheidung des Erklärenden nicht gegeben ist[2], die grundsätzlich von der Privatautonomie des einzelnen her vorausgesetzt werden muß[3]. 282

I. Anfechtung wegen arglistiger Täuschung (§ 123 I, 1. Alt. BGB)

Wer arglistig getäuscht und dadurch zur Abgabe einer Willenserklärung bestimmt worden ist, kann diese Erklärung auch dann anfechten, wenn sie lediglich auf einem Motivirrtum beruht. Die Anfechtungsvoraussetzungen sind die *Täuschungshandlung*, die einen *Irrtum* hervorgerufen und infolgedessen zur Abgabe einer *Willenserklärung* geführt haben muß, sowie die *Arglist* des Täuschenden dem Getäuschten gegenüber. 283

[73] BGH, 30.5.1975 V ZR 206/73 BGHZ 65, 13 (15).
[74] BGH, 30.5.1975 V ZR 206/73 BGHZ 65, 13 (15); 8.10.1974 ZR 17/73 NJW 1975, 43.
[1] *D. Medicus*, AT § 49 (Rdn. 787).
[2] RG, 27.4.1910 248/09 JW 1910, 704 (Nr. 1); 29.10.1931 VI ZR 231/31 RGZ 134, 43 (55); vgl. dazu auch *H. Hübner*, AT § 36 C (Rdn. 462); *O. Jauernig*, Anm. 1 zu § 123 BGB; *J. v. Staudinger* (– *H. Dilcher*) Rdn. 1 zu § 123 BGB.
[3] *K. Larenz*, AT § 20 IV (S. 397).

1. Täuschungshandlung

284 Als *Täuschungshandlung* gilt – wie beim strafrechtlichen Betrug – jedes Verhalten, das darauf abzielt, bei einem anderen einen Irrtum zu erregen, zu bestärken oder aufrechtzuerhalten[4]. Die Täuschungshandlung kann in einem positiven Tun, aber auch in einem Unterlassen bestehen.

285 a) Die Täuschung besteht in einem *positiven Tun*, wenn sie durch Vorspiegelung falscher Tatsachen erfolgt. Hierzu gehören z.B. unrichtige Erklärungen über wertbildende Merkmale des Vertragsgegenstandes.

Beispiele: Wahrheitswidrige Bezeichnung eines Gebrauchtwagens als unfallfrei[5]; Zurückdrehen des Kilometerzählers; wahrheitswidrige Beantwortung von Fragen nach dem Gesundheitszustand bei Abschluß eines Lebensversicherungsvertrages[6]; auch die wahrheitsgemäße Erklärung über den Gewinnauswurf von Spielautomaten kann Täuschung sein, wenn sie den anderen zur unrichtigen Vorstellung veranlaßt (und veranlassen soll), auch er werde diese Gewinne erzielen[7].

286 b) Auch das bloße *Unterlassen* kann in Form des (bewußten) Verschweigens von Tatsachen eine Täuschung darstellen, nämlich dann, wenn gegenüber dem anderen eine Aufklärungspflicht bestand[8]. Entscheidend ist, ob der Vertragspartner nach Treu und Glauben unter Berücksichtigung der Verkehrssitte gem. § 242 BGB redlicherweise Aufklärung erwarten durfte[9]. Insbesondere

4 *H. Brox*, AT Rdn. 401; *H. Köhler*, AT § 14 V 2a; *D. Medicus*, AT § 49 I 1 (Rdn. 788).

5 BGH, 18.3.1981 VIII ZR 44/80 NJW 1981, 1441; weitere Beispiele aus diesem Bereich: *D. Medicus*, AT § 49 II 2 (Rdn. 796).

6 *H. Brox*, AT Rdn. 401 (S. 187).

7 OLG Bamberg, 14.5.1969 1 U 24/69 MDR 1971, 44; zu einem „Krankenversicherungsfall" vgl. LG Köln, 16.4.1980 74 O 119/79 VersR 1980, 1141; vgl. auch *O. Palandt* (– *H. Heinrichs*) Rdn. 3-9 zu § 123 BGB mit zahlreichen Beispielen aus der Rechtsprechung.

8 RG, 15.11.1911 Rep. I 512/10 RGZ 77, 309 (314); BGH, 8.1.1970 VII ZR 130/68 NJW 1970, 656; 27.5.1981 V ZR 184/78 WM 1981, 792; vgl. auch *H. Brox*, AT Rdn. 402; *W. Flume*, AT § 29.1 (S. 541); *O. Palandt* (– *H. Heinrichs*) Rdn. 5 zu § 123 BGB; *J. v. Staudinger* (– *H. Dilcher*) Rdn. 7-18 zu § 123 BGB (Beispiele).

9 RG, 7.7.1925 II 494/24 RGZ 111, 233 (234); BGH, 13.7.1983 VIII ZR 142/82 NJW 1983, 2493; vgl. auch *O. Jauernig*, Anm. 2a zu § 123 BGB (S. 62).

begründen dabei ständige Geschäftsbeziehungen einen besonderen Vertrauenstatbestand, der zu erhöhten Aufklärungspflichten führt[10]. Es besteht zwar grundsätzlich keine Pflicht, alle Umstände zu offenbaren, die für die Entscheidung des anderen Teils von Bedeutung sind[11], deshalb müssen ungünstige Eigenschaften der Person oder des Vertragsgegenstandes auch nicht ungefragt aufgedeckt werden[12], doch muß auf entsprechende – auch relativ allgemeine – Fragen eine richtige und vollständige Antwort erfolgen[13], wenn die Frage selbst zulässig ist[14]. Besondere Anforderungen an die Offenbarungspflichten werden im Gebrauchtwagenhandel aufgestellt (s. auch Rdn. 235). Hier muß der Verkäufer auch über alle Unfallschäden aufklären, die nicht nur ganz unwesentliche Bagatellen (etwa Lackschaden) darstellen[15]. Ebenso darf nicht beim Autoverkauf „ins Blaue hinein" ohne tatsächliche Anhaltspunkte Mängelfreiheit behauptet werden[16]. Als Täuschung kann auch in Betracht kommen die Nichtaufklärung des Käufers darüber, daß der Kaufgegenstand für den vertraglich vorausgesetzten Gebrauch ungeeignet ist[17], das Verschweigen von Vorstrafen, soweit die zu besetzende Position wahrheitsgemäße und vollständige Angaben hierüber erfordert[18]; desgleichen kann das Verschweigen von ge-

10 OLG Saarbrücken, 7.10.1980 2 U 13/80 OLGZ 1981, 248.

11 BGH, 29.6.1977 VIII ZR 43/76 NJW 1977, 1914 (1915); 6.2.1976 V ZR 44/74 WM 1976, 401 (402); 28.4.1971 VIII ZR 258/69 NJW 1971, 1795 (m. Anm. *D. Giesen*).

12 *D. Medicus*, AT § 49 II 2 (Rdn. 797: „Wer aber durch sein eigenes Gesamtverhalten einen bestimmten Eindruck erweckt, so daß womöglich der andere Teil keinen Anlaß zu einer diesbezüglichen Frage sieht, muß diesen Eindruck korrigieren, wenn er falsch ist.")

13 Ständige Rechtsprechung BGH, 29.6.1977 VIII ZR 43/76 NJW 1977, 1914 (1915); 20.3.1967 VIII ZR 288/64 NJW 1967, 1222.

14 Vgl. dazu das interessante Beispiel bei *H. Brox*, AT Rdn. 404 (wahrheitswidrige Beantwortung der Frage nach im Strafregister bereits gelöschten Vorstrafen bei Einstellungsgespräch kann zulässig sein); ähnliche Beispiele auch bei *O. Jauernig*, Anm. 2a zu § 123 BGB (S. 62) sowie aus dem Bereich von Bewerbungsgesprächen auch bei *H. Köhler*, AT § 14 V 2a.

15 BGH, 14.3.1979 VIII ZR 129/78 NJW 1979, 1707; 29.6.1977 VIII ZR 43/76 NJW 1977, 1914 (1915); 16.3.1977 VIII ZR 283/75 NJW 1977, 1055.

16 BGH, 21.1.1975 BGHZ 63, 382 (388); vgl. dazu auch OLG Oldenburg, 11.7.1978 1 S 535/77 NJW 1979, 432-433, das einen anderen Standpunkt vertritt.

17 BGH, 28.4.1971 VIII ZR 258/69 NJW 1971, 1795 (m. Anm. *D. Giesen*).

sundheitlichen Beschwerden, wenn der Arbeitnehmer um seine Leistungsunfähigkeit weiß, eine arglistige Täuschung darstellen[19].

2. Widerrechtlichkeit der Täuschung

287 Die Täuschung muß auch *widerrechtlich* gewesen sein. Zwar fordert der Wortlaut des § 123 I BGB Widerrechtlichkeit ausdrücklich nur für die Drohung; dieses Tatbestandsmerkmal ist aber - wie sich schon aus den Motiven ergibt[20] - „selbstverständlich“[21] auch auf die Täuschung zu beziehen[22]. Die Notwendigkeit dieser Erweiterung des Täuschungstatbestandes zeigen insbesondere Fälle aus dem Arbeitsrecht[23]. Wird ein Arbeitnehmer vor seiner Anstellung in unzulässiger Weise befragt (z.B. Fragen über Vorstrafen, die nach dem Bundeszentralregistergesetz nicht gestellt werden dürfen), so fehlt es an der Widerrechtlichkeit der Täuschung, wenn er diese Fragen wahrheitswidrig beantwortet[24]. Man spricht hier anschaulich vom „Recht auf Lüge“[25].

Beispiele: Als generell unzulässig werden Fragen nach Religions- oder Gewerkschaftszugehörigkeit erachtet, soweit der einstellende Betrieb kein „Tendenzunternehmen“ (Rdn. 234) ist[26]. Eine Frage

18 BAG, 5.12.1957 1 AZR 594/56 NJW 1958, 516; 7.6.1984 2 AZR 270/83 NJW 1985, 645.

19 BAG, 25.3.1976 2 AZR 136/75 Betr. 1976, 1240; vgl. auch *D. Medicus*, AT § 49 II 2c (Rdn. 798-799); *O. Palandt* (- *H. Heinrichs*) Rdn. 6 zu § 123 BGB.

20 Zitiert nach *B. Mugdan*, Die gesamten Motive zum Bürgerlichen Recht des deutschen Reiches, Band 1 (Aalen 1979, Neudruck der Ausgabe Berlin 1899-1900) 965.

21 So die in der Reichstagskommission bei Beratung der Norm vertretene Auffassung, *J. v. Staudinger* (- *H. Dilcher*) Rdn. 26 zu § 123 BGB.

22 *H. Brox*, AT Rdn. 404; *O. Palandt* (- *H. Heinrichs*) Rdn. 10 zu § 123 BGB; MünchKomm (- *E. A. Kramer*) Rdn. 9 zu § 123 BGB.

23 Lesenswert zum Fragerecht des Arbeitgebers bei Einstellungsgesprächen und zur Offenbarungspflicht des Bewerbers *P. Schwerdtner*, „Anfechtbarkeit und Nichtigkeit bei Dauerschuldverhältnissen“, Jura 1989, 642-646 (644-645).

24 *H. Brox*, AT Rdn. 404; *R. Wank*, Übungen im Arbeitsrecht (Berlin, New York 1991) 18-20 (Beispiele).

25 *MünchKomm* (- *E. A. Kramer*) Rdn. 9 zu § 123 BGB.

26 Vgl. ausführlich *P. Hofmann*, „Zur Offenbarungspflicht des Arbeitnehmers“, ZfA 1975, 1-64; *K. Hümmenich*, „Wonach darf ein Arbeitnehmer bei der Einstellung gefragt werden?“, BB 1979, 428-431; s. auch *P. Ha-*

nach einer Schwangerschaft dagegen gilt nach h. M. nicht als generell unzulässig, kann es aber unter bestimmten Voraussetzungen sein[27]. In seinem ersten Grundsatzurteil zu dieser Problematik (der Fall betraf einen Personalfragebogen, der auch nach Vorstrafen fragte) hat das Bundesarbeitsgericht ausgeführt, daß „nicht jede unwahre Beantwortung einer .... Frage [eine] arglistige Täuschung im Sinne des § 123 BGB [ist], sondern nur eine falsche Antwort auf eine zulässigerweise gestellte Frage“[28].

3. Kausalität

Weiterhin muß die Täuschung auch für die Willenserklärung 288
ursächlich gewesen sein, d.h. die Täuschung muß zu einem Irrtum, der Irrtum muß zur Abgabe einer Willenserklärung geführt haben. Entscheidend ist dabei, ob der Getäuschte ohne den in ihm erregten Irrtum die Willenserklärung überhaupt nicht oder jedenfalls nicht so oder nicht zu dieser Zeit wie geschehen abgegeben hätte[29]. Daran fehlt es z.B. dann, wenn der Erklärende seine Willenserklärung unabhängig von der Täuschung aufgrund eigener selbständiger Überlegungen abgegeben[30] oder, anders formuliert, wenn der Erklärende die Täuschung durchschaut hat[31]. Es genügt aber für die Kausalität, daß die Täuschung für den Willensentschluß *mitbestimmend* war. Das ist auch dann der Fall, wenn der Anfechtende die Täuschung zwar erkannt, sich aber über ihr Ausmaß geirrt hat[32]. Ein Mitverschulden des Getäuschten steht der Anfechtung nicht entgegen[33].

Beispiele: Weiß der Käufer eines „Rembrandt“, daß es sich bei dem Bild nicht um ein Original, sondern eine Meisterfälschung von

nau/K. Adomeit, Arbeitsrecht (9. Aufl. Frankfurt/M. 1988) F III 2 (S. 169-170).

27 Vgl. *K. Hümmenich*, „Wonach darf ein Arbeitnehmer bei der Einstellung gefragt werden?“, BB 1979, 428-431 (429).

28 BAG, 5.12.1957 1 AZR 594/56 BAGE 5, 159 (163); vgl. auch *H. Köhler*, AT § 14 V 2a; *J. v. Staudinger* (– *H. Dilcher*) Rdn. 26-29 zu § 123 BGB (anschauliche Beispiele).

29 RG, 29.10.1931 VI 231/31 RGZ 134, 43 (51).

30 BGH, 6.6.1974 II ZR 114/72 WM 1974, 1023.

31 *D. Medicus*, AT § 49 IV 1 (Rdn. 804).

32 RG, 15.11.1915 Rep. I 512/10 RGZ 77, 309 (314); vgl. auch *O. Palandt* (– *H. Heinrichs*) Rdn. 24 zu § 123 BGB.

33 BGH, 2.12.1977 V ZR 155/75 WM 1978, 221 (222); 28.4.1971 VIII ZR 258/69 NJW 1971, 1795 (1798).

späterer Hand handelt, so irrt er sich beim Kauf nicht, auch wenn der Verkäufer die Echtheit des Bildes vorspiegelt. Hält der Käufer den in Wirklichkeit unechten „Rembrandt" aufgrund eigener Ermittlungen (etwa durch Einholung eines Gutachtens) für echt und entschließt er sich aufgrund dieser Überzeugung zum Kauf, so ist die etwaige Vorspiegelung der Echtheit durch den Verkäufer nicht ursächlich geworden. Anders ist es, wenn der Verkäufer den Käufer in dessen unabhängig von ihm entstandenen Irrtum bestätigt. Hätte der von der Echtheit des „Rembrandt" ausgehende Käufer bei etwas mehr Vorsicht unschwer auf die Tatsache der Fälschung stoßen können, unterläßt er die Untersuchung aber, so ändert dies an der Anfechtbarkeit nichts, wenn der Verkäufer ihn im übrigen zur Abgabe der Kaufofferte veranlaßt hat.

289 *Beachte:* Ist die arglistige Täuschung für das *Verpflichtungsgeschäft* (z.B. den Kaufvertrag, § 433 I BGB) kausal, so ist sie es normalerweise (und anders als bei § 119 BGB!) auch für das *Verfügungsgeschäft* (z.B. § 929 S. 1 BGB; Rdn. 8, 11)[34].

4. Arglist

290 Der Täuschende muß schließlich *arglistig* gehandelt haben. Arglistig ist die Täuschung dann, wenn sie vorsätzlich zu dem Zweck vorgenommen wird, den Willen des Getäuschten zu beeinflussen. Es genügt aber auch bedingter Vorsatz, also das Bewußtsein, daß die Täuschung den anderen zu der Erklärung bestimmen könnte[35]. Das ist etwa anzunehmen, wenn der Verkäufer über die Unfalleigenschaft eines Gebrauchtwagens oder dessen Fahrleistungen ohne tatsächliche Anhaltspunkte „ins Blaue hinein" Angaben macht, die nicht zutreffen, weil sich der Verkäufer hier der möglichen Unrichtigkeit seiner Angaben bewußt ist und diese in Kauf nimmt (Rdn. 286)[36]. Fahrlässiges Verhalten ist dagegen nie arglistig, kann daher die Anfechtbarkeit niemals begründen (s. aber Rdn. 306). Nicht erforderlich ist aber, daß der Getäuschte auch einen Vermögensschaden erlitten hat. Der Vorsatz, den anderen zu schädigen, ist deshalb

[34] *O. Jauernig*, Anm. 4 zu § 123 BGB.

[35] RG, 29.10.1931 VI 231/31 RGZ 134, 43 (53); OLG Hamburg, 23.10.1974 5 U 29/74 VersR 1975, 561 (562).

[36] BGH, 21.1.1975 VIII ZR 101/73 BGHZ 63, 382 (388); 11.6.1979 VIII ZR 224/78 BGHZ 74, 383 (391-392); 8.5.1980 IVa ZR 1/80 NJW 1980, 2460; vgl. dazu auch die Beispiele bei *H. Brox*, AT Rdn. 405; *H. Köhler*, AT § 14 V c; *D. Medicus*, AT § 49 I 2 (Rdn. 789-790).

ebensowenig nötig wie die Absicht, sich einen Vermögensvorteil zu verschaffen[37].

5. Weitere Voraussetzungen der Anfechtung

Die arglistige Täuschung muß nicht notwendigerweise vom Erklä- 291
rungsgegner ausgegangen sein[38]. Auch ein *Dritter* kann die Täuschung verübt haben (vgl. § 123 II 1 BGB). In diesem Fall wird der an der Täuschung nicht beteiligte Erklärungsempfänger in seinem Vertrauen auf die Willenserklärung des Getäuschten grundsätzlich geschützt.

a) Der Erklärungsempfänger verdient aber diesen Schutz nicht, 292
wenn er die Täuschung, die ein Dritter verübt hat, kannte oder kennen mußte (§ 123 II 1 BGB). Deshalb ist unter diesen Voraussetzungen auch die auf der Täuschung eines Dritten beruhende Willenserklärung gegenüber dem Erklärungsgegner anfechtbar.

Beispiel: Macht der an dem Geschäft völlig unbeteiligte D dem K vor, im Uhrengeschäft des V gebe es echt goldene Uhren für nur DM 40,--, man brauche den V nur nach einer „Seiko-Uhr für DM 40,--" zu fragen, so kann K den mit V daraufhin abgeschlossenen Kaufvertrag nicht nach § 123 I BGB anfechten. Anders ist dies gem. § 123 II 1 BGB nur, wenn V von dem Treiben des D Kenntnis hatte oder hätte haben müssen (vgl. § 122 II BGB).

b) Die Einschränkung des Anfechtungsrechts in § 123 II 1 293
BGB ist allerdings nur gerechtfertigt, soweit ein im Verhältnis zum Erklärungsgegner außenstehender *Dritter* die Täuschung verübt hat. Dritter im Sinne von § 123 II 1 BGB ist nicht, wer interessenmäßig auf seiten des Erklärungsgegners steht[39] und maßgeblich am Zustandekommen des Rechtsgeschäfts mitgewirkt hat, also z.B. Vertrauensperson des Erklärungsempfängers ist[40] oder jedenfalls zu dem Personenkreis gehört, dessen Verhalten dem Erklärungsempfänger nach Billigkeitsgesichtspunkten unter Berücksichtigung der Interessenlage zuzurechnen ist[41]. Eine Täuschung durch einen

37 *O. Palandt* (– *H. Heinrichs*) Rdn. 11 zu § 123 BGB; *W. Flume*, AT § 29.2 (S. 542).

38 *H. Brox*, AT Rdn. 406-408; *H. Köhler*, AT § 14 V d; *D. Medicus*, AT § 49 III (Rdn. 800-803).

39 *W. Flume*, AT § 29.3 (S. 545-546); *D. Medicus*, AT § 49 III 2 (Rdn. 803).

40 BGH, 17.11.1960 VII ZR 115/59 BGHZ 33, 302 (310).

41 BGH, 6.7.1978 III ZR 63/76 NJW 1978, 2144 (2145); vgl. dazu auch *H. Brox*, AT Rdn. 408; *D. Medicus*, AT § 49 III 2 (Rdn. 801).

anderen ist dem Erklärungsgegner m.a.W. daher stets zuzurechnen, wenn er sich dieses anderen als eines Abschlußgehilfen bei Vertragsschluß bedient hat[42] (im vorangegangenen Beispielsfall der D also etwa ein Angestellter des Geschäftsinhabers V gewesen wäre). An den Begriff des Abschlußgehilfen (Rdn. 370) sind keine strengen Anforderungen zu stellen. Ohne Einschränkung durch § 123 I 1 BGB kann der Getäuschte immer gem. § 123 I BGB anfechten, wenn die Beziehungen zwischen dem Täuschenden und dem Erklärungsgegner so eng sind, daß dieser sich die Täuschung wie eine eigene zurechnen lassen muß[43].

Beispiel: Häufig arbeitet der Verkäufer höherwertiger Waren mit einem Kreditinstitut zusammen, das den potentiellen Käufern ein Darlehen vermittelt, mit dem der Käufer die Ware sofort in bar bezahlen kann. Das Darlehen zahlt er dann in mehr oder weniger unbequemen Monatsraten direkt an das Kreditinstitut zurück (finanzierter Abzahlungskauf). Hat beim finanzierten Abzahlungskauf der V für den Darlehensgeber B die Vertragsverhandlungen geführt und damit dem K Veranlassung gegeben, in ihm eine Vertrauensperson des Darlehensgebers zu sehen, so ist V – wenn er den K bei den Vertragsverhandlungen arglistig täuscht und durch Vorspiegelung falscher Tatsachen zur Beantragung eines Darlehens veranlaßt – im Verhältnis zum Darlehensgeber kein Dritter, ohne daß es auf die Dauer der Geschäftsverbindung zwischen V und Darlehensgeber ankommt[44]. Das zeitliche Auseinanderfallen von Kauf- und Darlehensvertrag und die Tatsache, daß die Verträge von jeweils verschiedenen Personen vermittelt werden, führt ebenfalls nicht dazu, daß der Kreditvermittler Dritter wird. Die Bank kann sich dabei auch nicht „herausreden", indem sie behauptet, den Kreditvermittler nicht beauftragt zu haben: Wenn sie den Anschein erweckt, sie „billige in Kenntnis der objektiven Sachlage die durch die Person ihres Verhandlungsgehilfen vermittelte Anbahnung des Kreditvertrages", dann billigt sie unkontrolliert „ohne eigene Prüfung und Rückfrage" das zwischen den Vermittlern und dem Anfechtenden erzielte Verhandlungsergebnis und ist daher auch nicht Dritte[45].

42 BGH, 17.10.1980 V ZR 30/79 WM 1980, 1452 (1454); 6.7.1978 III ZR 63/76 NJW 1978, 2144; 8.2.1956 IV ZR 282/55 BGHZ 20, 36 (39).

43 Vgl. *K. Larenz*, AT § 20 IV a (S. 399-400).

44 BGH, 8.2.1979 III ZR 2/77 NJW 1979, 1593 (1594); 6.7.1978 III ZR 63/76 NJW 1978, 2144; 20.2.1967 III ZR 40/66 BGHZ 47, 224 (228).

II. Anfechtung wegen widerrechtlicher Drohung (§ 123 I, 2. Alt. BGB)

Die Drohung ist seit je als die „schlimmere, gefährlichere Störung des Rechtszustandes“[46] der beiden in § 123 BGB normierten Anfechtungstatbestände angesehen worden. Die härtere Wertung der Drohung zeigt sich im Gesetz darin, daß im Falle der Drohung stets ein Anfechtungsgrund besteht, gleich von wem sie ausging, während im Falle der arglistigen Täuschung die Anfechtung stets nur gegenüber dem Täuschenden, oder demjenigen Erklärungsgegner möglich ist, der die Täuschung kannte oder kennen mußte. Der Tatbestand der widerrechtlichen Drohung unterscheidet sich von allen anderen Anfechtungstatbeständen auch dadurch, daß hier kein Irrtum des Erklärenden vorliegt. Aber auch hier liegt der Grund der Anfechtung in der Beeinträchtigung der Willensentschließung des Erklärenden[47]. Im einzelnen ist für die Anfechtung wegen widerrechtlicher Drohung erforderlich: 294

1. Drohung

Es muß eine *Drohung* vorliegen, das ist eine Ankündigung eines künftigen Übels, auf dessen Eintritt oder Nichteintritt der Drohende einwirken zu können behauptet[48]. Es muß sich also um die Ausübung psychischen Zwanges (*vis compulsiva*) handeln, die den Bedrohten in eine psychische Zwangslage (vgl. § 124 II 1 BGB) versetzt, in der ihm die Abgabe der Willenserklärung gegenüber der Hinnahme des Angedrohten als das geringere Übel erscheint[49]. Hiervon zu unterscheiden ist die Ausübung unwiderstehlichen körperlichen Zwanges (*vis absoluta*), bei der schon mangels Handlungswillens keine Willenserklärung vorliegt, die anzufechten wäre[50]. 295

45 BGH, 8.2.1979 III ZR 2/77 NJW 1979, 1593 (1595) sub II e; vgl. auch BGH, 6.7.1978 III ZR 63/76 NJW 1978, 2144.

46 *F. K. v. Savigny*, System des heutigen römischen Rechts, Band 3 (1. Aufl. Berlin 1840) 100; s.a. *W. Flume*, AT § 27.2 (S. 530).

47 *W. Flume*, AT § 27.1 (S. 529).

48 BGH, 14.6.1951 IV ZR 42/50 BGHZ 2, 287 (295); 7.6.1988 IX ZR 245/86 NJW 1988, 2599 (2600-2601); auch eine versteckte Drohung genügt: *J. v. Staudinger* (– *H. Dilcher*) Rdn. 51 zu § 123 BGB.

49 *K. Larenz*, AT § 20 IV b (S. 401).

50 Vgl. dazu Rdn. 19.

2. Widerrechtlichkeit

296 Für eine Anfechtung ist erforderlich, daß der Bedrohte zur Abgabe seiner Willenserklärung „widerrechtlich durch Drohung bestimmt worden“ ist (§ 123 I BGB). Die Beeinflussung des Willens durch die Drohung ist widerrechtlich, wenn der Drohende an der Erreichung des von ihm erstrebten Erfolges kein berechtigtes Interesse hat und die Drohung deshalb nach der Auffassung aller billig und gerecht Denkenden kein angemessenes Mittel darstellt[51]. Nach der Rechtsprechung ist eine Drohung im wesentlichen in drei Fällen widerrechtlich[52]:

a) Widerrechtlichkeit des Mittels

297 Wenn das *angedrohte Verhalten* schon für sich allein widerrechtlich ist (= Widerrechtlichkeit des *Mittels*).

Beispiel: Die Drohung mit einem strafbaren Verhalten (z.B. Körperverletzung, Freiheitsberaubung, Sachbeschädigung) berechtigt immer zur Anfechtung[53].

b) Widerrechtlichkeit des Zwecks

298 Wenn der *erstrebte Erfolg* – die vom Bedrohten abzugebende Willenserklärung – schon für sich allein widerrechtlich ist, selbst wenn das dazu eingesetzte Mittel für sich gesehen nicht zu beanstanden ist[54] (= Widerrechtlichkeit des *Zweckes*).

Beispiele: Die Androhung selbst kann hier ein erlaubtes Mittel sein, aber der erzwungene Erfolg ist z.B. widerrechtlich, wenn jemand durch Drohung mit sofortiger Eintreibung einer fälligen Schuld (rechtmäßige Drohung mit einer zulässigen Maßnahme) zur ausbeuterischen Vermietung an Dirnen bestimmt wird[55]. In solchen Fällen wird allerdings die Anfechtung im Hinblick auf den dann anwendbaren § 138 BGB regelmäßig entbehrlich sein. Diese Fallgruppe ist daher praktisch weniger bedeutsam[56].

[51] BGH, 23.9.1957 VII ZR 403/56 BGHZ 25, 217 (220).
[52] Vgl. dazu auch *H. Brox*, AT Rdn. 417-420; *H. Köhler*, AT § 14 V 3c; *D. Medicus*, AT § 50 II 1 (Rdn. 815-819).
[53] *O. Palandt* (– *H. Heinrichs*) Rdn. 19 zu § 123 BGB.
[54] *H. Brox*, AT Rdn. 419.
[55] BGH, 8.1.1975 VIII ZR 126/73 BGHZ 63, 365 (367).
[56] Vgl. *O. Palandt* (– *H. Heinrichs*) Rdn. 20 zu § 123 BGB.

c) Widerrechtlichkeit der Mittel-Zweck-Relation

Wenn Mittel und Zweck zwar für sich allein nicht widerrechtlich 299
sind, aber ihre *Verbindung* – die Benutzung *dieses Mittels zu diesem Zweck* – gegen das Anstandsgefühl aller billig und gerecht Denkenden verstößt (Widerrechtlichkeit der *Mittel-Zweck-Relation*).

Beispiele: Bei Drohung mit einem an sich erlaubten Mittel (z.B. Klage, auch Strafanzeige nach Straftaten) ist die Widerrechtlichkeit in der Regel ausgeschlossen, wenn der Drohende einen Rechtsanspruch auf den erstrebten Erfolg hat[57]. Die Drohung mit einer Strafanzeige kann z.B. zulässig sein, wenn sie den Täter oder seinen Angehörigen zur Wiedergutmachung des Schadens veranlassen soll[58]. Sie ist es aber nicht, wenn die angezeigte Straftat mit dem Schadensfall und der Schadenersatzforderung nichts zu tun hat. Nicht widerrechtlich ist z.B. eine Drohung mit Strafanzeige, um den Bedrohten zu einem Vergleich über einen aus der Sicht des Geschädigten angemessenen Schadenersatz zu bewegen[59]. Nicht widerrechtlich ist die Drohung mit dem Nichtverkauf des Grundstükkes, um den Makler zum Verzicht auf die Maklerprovision gegenüber dem Verkäufer (bei Aufrechterhaltung des Provisionsanspruchs gegen den Käufer) zu bewegen[60]. Ebenso ist es zulässig, daß ein Rechtsanwalt die Niederlegung des Mandats für den Fall ankündigt, daß er keine höhere als die gesetzliche Vergütung erhalte, soweit er nach den Umständen des konkreten Falls ein berechtigtes Interesse an einer zusätzlichen Bezahlung hat[61].

3. Subjektiver Tatbestand der Drohung

Das Merkmal der widerrechtlichen Drohung enthält auch einen 300
subjektiven Tatbestand. Das folgt schon aus der Formulierung des Gesetzes, wonach der Erklärende zur Abgabe einer Willenserklärung *bestimmt* worden sein muß (§ 123 I BGB), was voraussetzt, daß der Drohende den Willen haben muß, den Willen des Bedrohten zu bestimmen[62].

57 BGH, 23.9.1957 VII ZR 403/56 BGHZ 25, 217 (219).
58 BGH, 18.5.1972 VII ZR 191/71 WM 1972, 946.
59 BGH, 23.9.1957 VII ZR 403/56 BGHZ 25, 217; 20.11.1972 VIII ZR 73/71 WM 1973, 36.
60 BGH, 28.5.1969 IV ZR 790/68 NJW 1969, 1627.
61 BGH, 12.1.1978 III ZR 53/76 Betr. 1978, 1174-1175; s.a. *J. v. Staudinger* (– *H. Dilcher*) Rdn. 56-65 zu § 123 BGB (weitere Beispiele).
62 *H. Brox*, AT Rdn. 421.

a) Der Drohende muß die Erregung von Furcht bezwecken. Er muß einen „Erpresserwillen bzw. den Willen zu einem irgendwie nötigenden Verhalten“[63] haben, er muß sich also bewußt sein, daß sein Verhalten eine Drohung ist. Er selbst braucht sie nicht ernst zu meinen: es kommt allein darauf an, wie der Bedrohte sie auffaßt (§ 124 II 1 BGB).

b) Der Drohende braucht sich auch der Widerrechtlichkeit seiner Drohung nicht bewußt zu sein[64]. Umstritten ist allerdings, ob es für die Widerrechtlichkeit der Drohung erforderlich ist, daß der Drohende wenigstens die Umstände kennt oder kennen muß, auf Grund deren die Drohung zu mißbilligen ist. Die Rechtsprechung ist der Auffassung, daß die Widerrechtlichkeit der Drohung durch die Gutgläubigkeit des Drohenden hinsichtlich dieser Umstände ausgeräumt werde[65]. Die ganz herrschende Lehre lehnt dies aber mit guten Gründen ab: einmal kann es nicht vom Irrtum des Handelnden abhängen, ob eine Handlung rechtswidrig ist[66], zum anderen geht es bei § 123 I BGB vor allem darum, die Freiheit der Willensentscheidung des Bedrohten zu schützen. Dieser ist aber auch schutzwürdig, wenn den Drohenden kein Vorwurf trifft[67].

4. Kausalität

301 Die widerrechtliche Drohung muß schließlich auch *ursächlich* geworden sein für die Willenserklärung des Bedrohten. Anders als bei den übrigen Irrtumstatbeständen kommt es für die Beurteilung der Kausalität nicht auf den Standpunkt eines verständigen Beobachters an, sondern allein auf die psychische Verfassung des Bedrohten, auf seine subjektive Veranlagung[68]. Ist die widerrechtliche Drohung für das Verpflichtungsgeschäft (z.B. den Kaufvertrag, § 433 I BGB) kausal, so ist sie es regelmäßig auch für das

63 BAG, 5.4.1978 4 AZR 621/76 BB 1978, 1467; *W. Flume*, AT § 28.3 (S. 538-539).

64 BGH, 23.9.1957 VII ZR 403/56 BGHZ 25, 217 (223).

65 BGH, 23.9.1957 VII ZR 403/56 BGHZ 25, 217 (223-225); RG, 29.2.1924 II 287/23 RGZ 108, 102 (104-105).

66 *D. Medicus*, AT § 50 II 2 (Rdn. 820).

67 *H. Brox*, AT Rdn. 421; *W. Flume*, AT § 28.3 (S. 538-539); *K. Larenz*, AT § 20 IV b (S. 404).

68 *H. Brox*, AT Rdn. 416; *H. Th. Soergel* (– *W. Hefermehl*) Rdn. 43 zu § 123 BGB.

Erfüllungs- oder Verfügungsgeschäft (z.B. § 929 S. 1 BGB; Rdn. 8, 11)[69].

5. Weitere Voraussetzungen

Im übrigen sind die weiteren *Voraussetzungen* einer Anfechtung wegen widerrechtlicher Drohung mit denen einer Anfechtung wegen arglistiger Täuschung identisch. Die Willenserklärung ist also *zunächst* gültig (Grund: Rdn. 201), der Anfechtende kann sie aber durch Anfechtungserklärung *rückwirkend* vernichten (§ 142 I BGB). Die Anfechtung gem. § 123 I BGB muß binnen Jahresfrist erfolgen (§ 124 I BGB). Diese Anfechtungsfrist beginnt im Falle der Drohung mit dem Zeitpunkt, in dem die psychische Zwangslage für den Bedrohten aufhört (§ 124 II 1 BGB). Eigenes Verschulden (selbst eigene Arglist des Getäuschten/Bedrohten) beseitigt sein Anfechtungsrecht nicht[70], doch kann das Anfechtungsrecht dann im Einzelfall nach § 242 BGB ausgeschlossen sein[71]. 302

III. Rechtsfolgen einer Anfechtung nach § 123 BGB

Hinsichtlich der Rechtsfolgen einer wirksamen Anfechtung gem. § 123 I BGB unterscheiden sich arglistige Täuschung und widerrechtliche Drohung nicht. Das angefochtene Rechtsgeschäft ist als von Anfang an nichtig anzusehen (§ 142 I BGB). Die bereits erbrachten Leistungen sind zurückzugeben. Regelmäßig nach Bereicherungsrecht (§§ 812 ff. BGB)[72], meist aber auch nach Vindikationsrecht (§§ 985 ff. BGB), da Täuschung und Drohung nicht nur das Verpflichtungsgeschäft, sondern oft (z.B. bei Fehleridentität, Rdn. 253) auch das Verfügungsgeschäft beeinflussen (Rdn. 288, 301) und deshalb beide Rechtsgeschäfte nichtig sind[73]. Der wegen arglistiger Täuschung oder widerrechtlicher Drohung Anfechtende ist aber anders als der nach §§ 119-120 BGB Anfechtende nicht zum Ersatz des Vertrauensschadens verpflichtet (Rdn. 257). Das 303

69 *O. Jauernig*, Anm. 4 zu § 123 BGB.
70 BGH, 17.11.1960 VII ZR 115/59 BGHZ 33, 302 (310).
71 BAG, 12.2.1970 2 AZR 184/69 NJW 1970, 1565; 18.9.1987 7 AZR 507/86 NZA 1988, 731; vgl. dazu auch *H. Köhler*, AT § 14 V 4b.
72 *H. Brox*, SchuldR BT Rdn. 385-401; *D. Medicus*, SchuldR BT §§ 125-129; *H.P. Westermann* 84-87.
73 BGH, 22.12.1965 V ZR 107/63 Betr. 1966, 816; OLG Hamm, 2.7.1973 5 U 51/73 VersR 1975, 814.

folgt aus dem Wortlaut und Sinn des § 122 I BGB (auch aus der Stellung vor § 123 BGB). Auch für sonstige Schadenersatzansprüche gegen den Bedrohten gibt es weder einen Rechtsgrund noch ein Bedürfnis[74]. Umgekehrt hat aber der Getäuschte wegen der arglistigen Täuschung, der Bedrohte wegen der widerrechtlichen Drohung Schadenersatzansprüche aus unerlaubter Handlung, soweit der Täuschende oder Drohende schuldhaft gehandelt hat, nämlich wegen Verletzung eines strafrechtlichen Schutzgesetzes, § 823 II BGB i.V.m. § 263 StGB einerseits, §§ 240, 253, 239 StGB andererseits. Dieser ist darauf gerichtet, den Erklärenden so zu stellen, wie er im Falle der Nichtabgabe der Willenserklärung stünde. Der Anfechtungsberechtigte kann regelmäßig auch Vertragsaufhebung als Schadenersatz aus *culpa in contrahendo* verlangen[75]. Bei sittenwidriger Schädigung kommt auch ein Schadenersatzanspruch aus § 826 BGB in Betracht.

IV. Konkurrenzfragen

304 Schließlich sind noch einige für die Rechtsanwendung wichtige Konkurrenzfragen zu erwähnen[76].

1. Verhältnis zu § 119 II BGB

305 Wird K über eine verkehrswesentliche Eigenschaft arglistig getäuscht, so kommen zwei Anfechtungsmöglichkeiten in Betracht: die wegen Irrtums über eine verkehrswesentliche Eigenschaft (§ 119 II BGB) und die wegen Irrtums aufgrund arglistiger Täuschung (§ 123 I BGB). K hat hier die Wahl. Die Anfechtung wegen arglistiger Täuschung wird aus zwei Gründen günstiger für ihn sein: einmal hat er eine längere Anfechtungsfrist (vgl. §§ 121 I, 124 I BGB), zum anderen trifft ihn bei § 123 BGB nicht die Pflicht zum Ersatz des Vertrauensschadens (vgl. § 122 I BGB). Kann er die Arglist nicht nachweisen[77], so bleibt ihm § 119 II BGB. Seine Anfechtungserklärung wegen arglistiger Täuschung bzw. wider-

74 *D. Medicus*, AT § 50 III 2 (Rdn. 822).
75 *O. Jauernig*, Anm. 5 zu § 123 BGB.
76 Vgl. auch: *H. Brox*, AT Rdn. 411-413; *H. Köhler*, AT § 14 V 4.
77 *BGH, 14.12.1960 V ZR 40/60 BGHZ 34, 32 (38); 9.10.1980 VII ZR 332/79 BGHZ 78, 216 (221).

rechtlicher Drohung ist dann in eine Irrtumsanfechtung umzudeuten[78].

2. Verhältnis zu den Gewährleistungsrechten

306 Beim Verkauf einer mangelhaften Sache kann auch eine arglistige Täuschung vorliegen (vgl. § 463 S. 2 BGB). Anders als im Verhältnis von Eigenschaftsirrtum (§ 119 II BGB) zur Mängelgewährleistung (§§ 459 ff. BGB), bei dem bezüglich solcher Eigenschaften, die gleichzeitig einen Fehler oder eine zugesicherte Eigenschaft i.S.v. § 459 BGB darstellen, das Gewährleistungsrecht vorgeht (Rdn. 238-239), kann A hier zwischen Anfechtung und Gewährleistungsrechten *wählen*[79]. Das ist gerechtfertigt, weil dem arglistigen Verkäufer die kurze Verjährung aus § 477 BGB nicht zugute kommen soll[80]. K hat also wiederum die Wahl: ficht er an, fällt der Kaufvertrag rückwirkend weg. Dann kann er den Schadenersatzanspruch wegen Nichterfüllung aus § 463 S. 1 BGB nicht mehr geltend machen, da dieser Anspruch zusammen mit dem Kaufvertrag, auf dem er beruht, selbst entfallen ist[81]. Anfechtungsrecht und vertragliche Gewährleistungsansprüche stehen aber zumindest solange wahlweise nebeneinander, wie die Verfolgung eines Rechts erfolglos bleibt; erst der Erfolg eines der Rechte kann frühestens zu einer Bindung führen und das Wahlrecht beseitigen[82].

3. Verhältnis zur culpa in contrahendo

307 Bei einer unter § 123 BGB fallenden arglistigen Täuschung oder widerrechtlichen Drohung werden meistens auch die Voraussetzungen für einen Schadenersatzanspruch des Getäuschten/Bedrohten aus *culpa in contrahendo* (Rdn. 91) gegen den anderen Vertragsteil gegeben sein[83], der gem. § 249 BGB darauf zielt, den Getäuschten/Bedrohten so zu stellen, wie er stehen würde, wenn auf seine

78 BGH, 9.10.1978 VII ZR 332/79 BGHZ 78, 216 (221).
79 Vgl. dazu *O. Palandt* (*-H. Heinrichs*) Rdn. 8 vor § 459 BGB.
80 *O. Palandt* (*– H. Putzo*) Rdn. 8 vor § 459 BGB.
81 *H. Brox*, AT Rdn. 412.
82 *D. Giesen*, Anm. zu BGH, 28.4.1971 VIII ZR 258/69, NJW 1971, 1795-1798 (1797); zust. BGH, 2.2.1990 V ZR 266/88 BGHZ 110, 220 (222-223).
83 *H. Brox*, AT Rdn. 413; *D. Medicus*, BürgerlR § 6 VII (Rdn. 150); vgl. auch *O. Palandt* (*– H. Heinrichs*) Rdn. 27 zu § 123 BGB.

Willensfreiheit nicht eingewirkt worden wäre[84]. Dann wäre der Vertrag nicht abgeschlossen[85] oder vielleicht auch zu wesentlich günstigeren Bedingungen geschlossen worden[86]. Umstritten ist allerdings, ob dies auch gelten soll, wenn z.B. der Verkäufer einer Sache den Käufer nur fahrlässig („ins Blaue hinein") täuscht bzw. irreführt („fahrlässige Täuschung"). Die Rechtsprechung bejaht diese Möglichkeit mit der Konsequenz, daß der durch Täuschung oder Drohung zum Vertragsschluß Veranlaßte seine Ansprüche auch über die *culpa in contrahendo* realisieren und deshalb auch binnen der hier grundsätzlich geltenden Verjährungsfrist von dreißig Jahren (§ 195 BGB), also auch längst nach Verstreichen der Anfechtungsfrist des § 124 BGB noch Vertragsaufhebung (oder gar – Naturalrestitution! – den Abschluß eines Vertrags zu den günstigeren Bedingungen) verlangen kann[87], soweit nicht im Kaufrecht die Mängelgewährleistungsansprüche aus §§ 459 ff., 463 BGB insoweit gegenüber der *culpa in contrahendo* die abschließende Regelung darstellen[88]. In der Lehre wird dem teilweise entgegengehalten, daß die „Anfechtung" unter der Flagge der *culpa in contrahendo* auch bei tendenzieller Erweiterung des Arglisttatbestands um Angaben „ins Blaue hinein" durch die neuere Rechtsprechung[89] nur in den gleichen (engen) zeitlichen Grenzen wie die Irrtumsanfechtung zulässig sein darf, weil andernfalls „die Grenzen der §§ 123, 124 [BGB] völlig niedergerissen"[90], „die Beschränkung der Anfechtung auf arglistiges Verhalten und die Regelung des § 124 BGB ausgehöhlt" würden[91]. Für die Rechtsprechung spricht aber wohl, daß die Anfechtungs- und Schadenersatztatbestände in

84 *H. Hübner*, AT § 36 C III 4 (Rdn. 475); *O. Jauernig*, Anm. 5 zu § 123 BGB; grundsätzlich zum Zweck der Schadenersatzvorschriften gem. §§ 249 ff. BGB auch MünchKomm (– *W. Grunsky*) Rdn. 3-35a vor § 249 BGB.

85 *H. Brox*, AT Rdn. 413 (S. 193).

86 *H. Hübner*, AT § 36 C III 4 (Rdn. 475 [S. 349]).

87 BGH, 31.1.1962 VIII ZR 120/60 NJW 1962, 1196; 23.4.1969 IV ZR 780/68 NJW 1969, 1625; 11.5.1979 V ZR 75/78 NJW 1979, 1983; 5.12.1980 V ZR 160/78 WM 1981, 309 (310); 11.11.1987 VIII ZR 304/86 NJW-RR 1988, 744; zustimmend etwa *H. Hübner*, AT § 36 C III 4 (Rdn. 475, S. 349); *H. Köhler*, AT § 14 V 4d cc (S. 148).

88 BGH, 16.3.1973 V ZR 118/71 BGHZ 60, 319; vgl. dazu auch *H.P. Westermann*, Grundbegriffe 65-67.

89 BGH, 21.1.1975 VIII ZR 101/73 BGHZ 63, 382 (388).

90 *D. Medicus*, BürgerlR § 6 VII (Rdn. 150).

91 *H. Brox*, AT Rdn. 413 (S. 193).

ihren Voraussetzungen und Funktionen ohnehin nicht übereinstimmen und jedenfalls dem Getäuschten/Bedrohten kein Nachteil daraus entstehen darf, daß er nach Verstreichen der Anfechtungsfrist an einen Vertrag gebunden ist, in den er durch Täuschung oder Drohung „hineingetrickst" worden ist. Er soll dann jedenfalls die Erfüllung dieses Vertrags mit der Begründung verweigern dürfen, der Täuschende/Drohende, also sein Vertragsgegner, sei immerhin aus *culpa in contrahendo* (oder unerlaubter Handlung) schadenersatzpflichtig und diese Schadenersatzpflicht bestehe gerade in der Befreiung des Betroffenen von der irrtümlich oder unter Bedrohung eingegangenen Verpflichtung[92].

Drittes Kapitel: Schwebend unwirksame Rechtsgeschäfte

I. Einleitung

In den vorangegangenen Kapiteln wurden die unterschiedlichen 308
Auswirkungen rechtserheblicher Fehler dargestellt: je nach Eigenart des Fehlers ist das Rechtsgeschäft *fehlgeschlagen* oder *fehlerhaft*. So führen etwa Geschäftsunfähigkeit (§ 105 BGB), Gesetzes- oder Sittenwidrigkeit (§§ 134, 138 BGB) zur absoluten Nichtigkeit des Rechtsgeschäfts[1]. Dagegen hindert ein Fehler in der Willensbildung oder Willenserklärung nicht das Zustandekommen des Rechtsgeschäfts, sondern ermöglicht unter bestimmten Voraussetzungen seine nachträgliche Vernichtung durch Anfechtung (§§ 142, 143 BGB)[2]. Schließlich gibt es Fälle, in denen das Gesetz die Rechts-

[92] *H. Köhler*, AT § 15 V 4d cc (S. 148); im Ergebnis so auch *H. Hübner*, AT § 36 C III 4 (Rdn. 475).

[1] Zu dieser Fallgruppe (Nichtigkeit) vgl. Rdn. 114 ff.

[2] Zu dieser Fallgruppe (Anfechtbarkeit) vgl. Rdn. 201 ff.

wirksamkeit eines Geschäfts von der *Zustimmung eines anderen* abhängig macht und, sofern die Zustimmung auch nachträglich erfolgen kann, anordnet, daß das Rechtsgeschäft zunächst als *schwebend unwirksam* anzusehen ist. Das Erfordernis der Zustimmung eines Dritten kann dabei Schutz- oder auch Kontrollfunktion haben[3]. Das hier folgende Kapitel befaßt sich mit der *schwebenden Unwirksamkeit* von Rechtsgeschäften und den von ihr ausgehenden Konfliktsituationen.

II. Zustimmungsbedürftige Rechtsgeschäfte

309 Während anfechtbare Rechtsgeschäfte zunächst *wirksam* (Rdn. 201), durch Anfechtung aber vernichtbar und erst dann hinsichtlich der beabsichtigten Rechtsfolgen als von Anfang an unwirksam anzusehen sind (§ 142 I BGB), handelt es sich bei den sog. „schwebend unwirksamen" Rechtsgeschäften um solche, die anfänglich *unwirksam* bleiben, durch den späteren Eintritt eines weiteren Wirksamkeitserfordernisses aber rückwirkend (*ex tunc*) noch voll wirksam werden können[4]. Solche Wirksamkeitserfordernisse können vom Gesetz selbst vorgesehen, sie können aber auch rechtsgeschäftlich vereinbart werden. Bei den sog. zustimmungsbedürftigen Rechtsgeschäften hängt die Wirksamkeit des Geschäfts von der Mitwirkung eines Dritten ab.

Beachte: Von den zustimmungsbedürftigen Rechtsgeschäften sind die bedingten und befristeten Rechtsgeschäfte (§§ 158-163 BGB) zu unterscheiden (Rdn. 94 ff.). Bei letzteren besteht zwar bis zum Eintritt der Bedingung oder des Termins ebenfalls ein Schwebezustand. Das *Rechtsgeschäft* ist jedoch *von Anfang an gültig*, nur seine *Rechtswirkungen sind* bis zum Eintritt der Bedingung bzw. Befristung *in der Schwebe*[5]. Kann die Voraussetzung nicht mehr eintreten, so ist das Rechtsgeschäft endgültig unwirksam (nichtig)[6].

3 *H. Köhler*, AT § 22 III.

4 *O. Jauernig*, Anm. 3d vor § 104 BGB; *K. Larenz*, AT § 23 VI (S. 482); *D. Medicus*, AT § 34 II (Rdn. 490); *B. Rüthers*, AT Rdn. 172-175.

5 *O. Jauernig*, Anm. 3d vor § 104 BGB, Anm. 3 zu § 158 BGB; *O. Palandt* (– *H. Heinrichs*) Rdn. 31-32 vor § 104 BGB, Rdn. 38 Überbl. vor § 158 BGB.

6 *O. Jauernig*, Anm. 3d vor § 104 BGB.

Normalerweise ist ein Rechtsgeschäft freilich schon wirksam, wenn es von den an ihm unmittelbar beteiligten Personen abgeschlossen worden ist. In vielen wichtigen Fällen bedarf die Wirksamkeit eines Rechtsgeschäfts darüber hinaus aber zusätzlich der *Zustimmung* eines anderen; sei es, um die unmittelbar handelnde Person selbst zu schützen und die Rechtsfolgen des von ihr beabsichtigten Rechtsgeschäfts erst eintreten zu lassen, wenn auch die Zustimmung des Zustimmungsberechtigten vorliegt (Zustimmung kraft Aufsichtsrechts), sei es, um das von einem Dritten vorgenommene Geschäft für den Zustimmungsberechtigten selbst wirksam werden zu lassen oder auch, um einen Dritten zu schützen, weil das betreffende Rechtsgeschäft seinen Rechtskreis tangiert (Zustimmung kraft Rechtsbeteiligung)[7].

1. Rechtsgeschäfte der beschränkt Geschäftsfähigen

Zur ersten Fallgruppe (*Zustimmung kraft Aufsichtsrechts*) gehören 310
insbesondere die Rechtsgeschäfte der beschränkt Geschäftsfähigen, d.h. der Minderjährigen vom vollendeten 7. Lebensjahr bis zur Vollendung des 18. Lebensjahres (§§ 2, 106 BGB)[8] und der wegen Geistesschwäche, Verschwendungssucht oder Rauschgiftsucht Entmündigten (§§ 6, 114 BGB)[9]. Ihre Rechtsgeschäfte bedürfen grundsätzlich der Zustimmung des gesetzlichen Vertreters (§§ 107, 114 BGB); also der Zustimmung der Eltern oder eines Elternteils (§§ 1626 ff. BGB), in besonderen Fällen (§ 1773 BGB) und bei

[7] Die Einteilung der Zustimmungsfälle folgt im wesentlichen MünchKomm (– *W. Thiele*) Rdn. 4-9 vor § 182 BGB; s.a. *H. Brox*, AT Rdn. 453-463; *K. Larenz*, AT § 24 (S. 484-485); vgl. schon *L. Enneccerus/H.C. Nipperdey*, AT § 204 I (S. 1231-1238).

[8] Lesenswert: *K. Schreiber*, „Geschäftsfähigkeit", Jura 1991, 24-30.

[9] *Beachte:* Durch das Betreuungsgesetz v. 12.9.1990 (BGBl. I.2002) wird das gesamte Vormundschafts- und Entmündigungsrecht mit Wirkung vom 1.1.1992 geändert, die §§ 6, 104 Nr. 3, 114 und 115 BGB werden gestrichen. Die Entmündigung wird abgeschafft, die bisherige Zustimmungsbedürftigkeit ersetzt durch einen Einwilligungsvorbehalt (§ 1903 BGB n.F.). Für Volljährige gibt es keinen Vormund mehr, sondern einen Betreuer; auf Anordnung des Vormundschaftsgerichts können Willenserklärungen des Betreuten dem Einwilligungsvorbehalt des Betreuers unterliegen, § 1903 BGB n.F.; vgl. dazu ausführlich *M. Coester*, „Von anonymer Verwaltung zu persönlicher Betreuung. Zur Reform des Vormund- und Pflegschaftsrechts für Volljährige", Jura 1991, 1-9; *D. Henrich*, Familienrecht (4., neubearbeitete Aufl. Berlin, New York 1991) 308-309.

Entmündigten (§ 1896 BGB) des jeweiligen Vormundes oder, falls die Eltern oder der Vormund nicht vertretungsbefugt sind, des Ergänzungspflegers (§ 1909 BGB).

a) Einwilligung und Genehmigung

311 Die jeweils erforderliche Zustimmung kann entweder vorher oder nachträglich erfolgen. Das Gesetz nennt die vorherige Zustimmung *Einwilligung* (§ 183 S. 1 BGB), die nachträgliche Zustimmung *Genehmigung* (§ 184 I BGB)[10].

Beachte: Bei bestimmten zustimmungsbedürftigen Rechtsgeschäften, nämlich den streng einseitigen (z.B. Auslobung [§ 657 BGB], Eigentumsaufgabe [§ 959 BGB], Vaterschaftsanerkenntnis [§ 1600b BGB]) und den einseitig empfangsbedürftigen Rechtsgeschäften (z.B. Anfechtung, Kündigung oder Rücktritt) kann die Zustimmung wirksam nur vorher – also nur als Einwilligung – erteilt werden. Der Geschäftsgegner muß bei diesen Geschäften sofort wissen können, woran er ist, da einseitige Rechtsgeschäfte unabhängig von seinem Willen getätigt werden können. Ein ohne die erforderliche Einwilligung vorgenommenes einseitiges Rechtsgeschäft ist deshalb grundsätzlich nichtig (§ 111 S. 1 BGB)[11]. Was hier folgt, gilt mithin nur für die *zweiseitigen* Rechtsgeschäfte, also für die zustimmungsbedürftigen Verträge.

312 aa) Die mit Einwilligung des gesetzlichen Vertreters geschlossenen Verträge sind sofort wirksam (vgl. § 107 BGB). Ohne Einwilligung geschlossene Verträge sind dagegen schwebend unwirksam; sie können jedoch durch die nachträgliche Genehmigung des gesetzlichen Vertreters rückwirkend volle Wirksamkeit erlangen (§ 108 I BGB)[12]. Steht fest, daß die Genehmigung nicht mehr erteilt wird, so ist das Rechtsgeschäft endgültig unwirksam (nichtig)[13].

Beachte: In wichtigen Fällen reicht die Zustimmung oder das allgemeine Tätigwerden des gesetzlichen Vetreters nicht aus. So ist zu den in §§ 1821, 1822 BGB aufgeführten Rechtsgeschäften des

[10] Zum Sprachgebrauch des BGB vgl. auch *J. v. Staudinger* (– *H. Dilcher*) Rdn. 1-2 zu § 182 BGB.

[11] RG, 17.1.1935 IV 236/34 RGZ 146, 314 (316); *D. Medicus*, AT § 39 III 1 (Rdn. 570); MünchKomm (– *W. Gitter*) Rdn. 10 zu § 111 BGB.

[12] *H. Brox*, AT Rdn. 245; *H.P. Westermann*, Grundbegriffe 23-24.

[13] *O. Jauernig*, Anm. 3d vor § 164 BGB.

Vormundes die Genehmigung des Vormundschaftsgerichts einzuholen; für Eltern gilt diese Einschränkung nur für die in § 1643 BGB in Bezug genommenen Geschäfte. In den Fällen der §§ 1795 (1629), 181 BGB ist die gesetzliche Vertretungsmacht grundsätzlich ausgeschlossen, so z.B. wenn die Vertragspartner bzw. gesetzlichen Vertreter untereinander verwandt sind oder der gesetzliche Vertreter auf beiden Seiten des Rechtsgeschäfts tätig wird (s. Rdn. 441 ff.).

bb) Der Vertragspartner des Minderjährigen hat ein Interesse 313
daran zu wissen, ob der gem. § 108 I BGB bis zur Genehmigung des gesetzlichen Vertreters schwebend unwirksame Vertrag nun gelten soll oder nicht. Liegt die Genehmigung des gesetzlichen Vertreters nicht vor, so kann der Vertragspartner den Vertreter deshalb binnen einer Zwei-Wochen-Frist zur Genehmigung auffordern (§ 108 II 1 BGB); wird sie innerhalb dieser Frist nicht erklärt, so gilt sie als verweigert (§ 108 II 2 BGB)[14]; wird sie hingegen erteilt, wird der Vertrag rückwirkend (*ex tunc*) voll wirksam (§ 184 I BGB). Dann gelten die Rechtsfolgen, die gelten würden, wenn das genehmigte Geschäft von Anfang an wirksam gewesen wäre[15]. Bis zur Genehmigung des Vertrages ist der Minderjährige an ihn nicht gebunden (§ 108 I BGB). Weil aber auch der Vertragspartner ein Interesse daran hat, nicht gebunden zu sein und zu wissen, woran er ist, steht ihm während der Schwebezeit (bis zur Genehmigung des Vertrags) ein Widerrufsrecht zu (§ 109 I BGB), das er mangels eines entsprechenden Schutzbedürfnisses nur dann nicht hat, wenn er die Bindung an einen zustimmungsbedürftigen Vertrag bewußt in Kauf genommen hat (§ 109 II BGB) oder wenn er die beschränkte Geschäftsfähigkeit seines Vertragspartners kannte[16].

cc) Während die Einwilligung widerrufen werden kann (§ 183 314
S. 1 BGB), ist dies bei der Genehmigung nicht möglich: sie soll den Schwebezustand des bis dahin unwirksamen Vertrages rückwirkend beenden, klare Verhältnisse schaffen und ist deshalb unwiderruflich[17]. Auch Verfügungen, die der gesetzliche Vertreter in der

[14] Spätestens dann hat der Vertragspartner also Klarheit: vgl. *D. Medicus*, AT § 39 III 2 (Rdn. 572).

[15] *K. Larenz*, AT § 24 (S. 487); *D. Medicus*, AT § 61 IV 3 (Rdn. 1025).

[16] *H. Brox*, AT Rdn. 247.

[17] BGH, 28.4.1954 II ZR 8/53 BGHZ 13, 179 (187); 14.10.1963 VII ZR 33/62 BGHZ 40, 156 (164).

Zwischenzeit, also bevor er das Rechtsgeschäft des Minderjährigen genehmigte, bereits selbst getroffen hatte, bleiben voll wirksam (§ 184 II BGB).

Beispiel: Verkauft die 17jährige S ihre goldene Uhr an B, so ist der Kaufvertrag (§ 433 I BGB) nur dann wirksam, wenn die Eltern damit vorher einverstanden waren (§§ 107, 183 BGB). Fehlt die Einwilligung, so ist der Vertrag schwebend unwirksam (§ 108 I BGB). Wird die Genehmigung eine Woche später erteilt, so wirkt sie auf den Zeitpunkt des Vertragsschlusses zurück (§ 184 I BGB). Hatte der gesetzliche Vertreter der S die Uhr aber unter der Woche selbst an einen Dritten übereignet (§ 929 S. 1 BGB), so bleibt diese Verfügung auch dann wirksam, wenn der gesetzliche Vertreter nunmehr seine Genehmigung zum vielleicht günstigeren Verkauf seiner Tochter S erklärt, d.h. B kann die Uhr nicht von S herausverlangen. Durch die Rückwirkung der Genehmigung (§ 184 I BGB) werden Rechte Dritter, die diese in der Schwebezeit vor Erteilung der Genehmigung durch die Zwischenverfügung erlangt hatten (z.B. Eigentum gem. § 929 S. 1 BGB) nicht berührt, so daß B die Uhr auch nicht von dem Dritten herausverlangen kann[18].

315 dd) Nach beinahe einhelliger Auffassung[19] führt die *Erfüllungsannahme durch den Minderjährigen* nicht zum Erlöschen des Schuldverhältnisses gem. § 362 I BGB.

Beispiel: Der 15jährige M hat gegen S einen Anspruch auf Zahlung von DM 100,--. S zahlt den Betrag an M, ohne daß dessen Eltern (als gesetzliche Vertreter gem. §§ 1626, 1629 BGB) zustimmen. Hier hat M durch Einigung und Übergabe (§ 929 S. 1 BGB) das Eigentum am Geld erlangt. Insoweit liegt ein lediglich rechtlich vorteilhaftes Geschäft im Sinne von § 107 BGB vor. Davon zu trennen ist aber die Frage, ob durch die Entgegennahme der Leistung auch die Erfüllungswirkung des § 362 I BGB eintritt. Das ist jedoch zu verneinen: Dem Minderjährigen fehlt insoweit die

[18] Vgl. auch das interessante Beispiel bei *D. Medicus*, AT § 61 IV 4 (Rdn. 1027).

[19] *H. Brox*, AT Rdn. 240; MünchKomm (– *W. Gitter*) Rdn. 13 zu § 107 BGB; *H. Hübner*, AT § 33 II 2 (Rdn. 405); *D. Medicus*, BürgerlR § 18 I 1 (Rdn. 171); *A. Wacke*, „Nochmals: Die Erfüllungsannahme durch den Minderjährigen – lediglich ein rechtlicher Vorteil?", JuS 1978, 80-86; a.A. *M. Harder*, „Die Erfüllungsannahme durch den Minderjährigen – lediglich ein rechtlicher Vorteil", JuS 1977, 149-152.

„Empfangszuständigkeit“[20], weil das Erlöschen des Schuldverhältnisses für den Minderjährigen ein rechtlicher Nachteil wäre: Er verlöre einen Anspruch. Die Erfüllungswirkung kann daher nur eintreten, wenn entweder der gesetzliche Vertreter der Leistung an den Minderjährigen zugestimmt hat oder der Leistungsgegenstand an den gesetzlichen Vertreter gelangt. Im Beispiel bleibt S dem M also weiterhin zur Leistung verpflichtet, solange M das Geld nicht an seine Eltern weiterleitet. S kann der Forderung des M jedoch einen Gegenanspruch aus § 812 I 1, 1. Alt. BGB (Leistungskondiktion) entgegenhalten (Aufrechnung: §§ 387 ff. BGB oder Zurückbehaltungsrecht: § 273 I BGB). Der Gegenanspruch entfällt jedoch, wenn M sich auf Entreicherung berufen kann (§ 818 III BGB).

b) Rechtlich vorteilhafte Rechtsgeschäfte

Rechtsgeschäfte, durch die der Minderjährige *lediglich einen rechtlichen Vorteil* erlangt (§ 107 BGB), sind nicht schwebend unwirksam, sondern von Anfang an (voll) *wirksam*[21]. Der Minderjährige ist im Bereich rechtlich lediglich vorteilhafter Rechtsgeschäfte also uneingeschränkt geschäftsfähig; er bedarf nicht der Zustimmung seines gesetzlichen Vertreters. Fraglich kann im Einzelfall allerdings sein, wann ein Rechtsgeschäft lediglich einen rechtlichen Vorteil bringt. Dabei sind Vor- und Nachteile von Verpflichtungs- und Erfüllungsgeschäft (Rdn. 8) stets *getrennt* voneinander zu prüfen (Rdn. 10)[22]. Für Verpflichtungsgeschäfte liegt ein lediglich rechtlicher Vorteil vor, wenn der Minderjährige selbst keine Verpflichtungen übernimmt[23], für Verfügungsgeschäfte dann, wenn zugunsten des Minderjährigen ein Recht übertragen, aufgehoben, verändert oder belastet wird[24]. Für die Beurteilung kommt es nicht auf eine wirtschaftliche Bewertung, sondern allein auf die *recht-* 316

[20] *D. Medicus*, BürgerlR § 8 I 1 (Rdn. 171); s. dazu auch den instruktiven Fall bei *H. Köhler*, PdW BGB AT Fall 31 (S. 35-37).

[21] *H. Brox*, AT Rdn. 235-241; *D. Medicus*, AT § 39 II.

[22] *O. Jauernig*, Anm. 2 zu § 107 BGB (Grund: Abstraktionsprinzip!, Rdn. 7-11); bedenklich deshalb BGH, 9.7.1980 V ZB 16/79 BGHZ 78, 28 (30 ff., wonach es für die Beurteilung der Vorteilhaftigkeit von schuldrechtlichem und dinglichem Vertrag auf eine „Gesamtschau“ ankomme, was aber gerade nicht mit dem Trennungsprinzip vereinbar ist und *in casu* für den BGH auch nicht entscheidungsrelevant war); vgl. auch *U. Eisenhardt*, „Die Einheitlichkeit des Rechtsgeschäfts und die Überwindung des Abstraktionsprinzips“, JZ 1991, 271-277.

[23] *H. Brox*, AT Rdn. 101, 236.

[24] *H. Brox*, AT Rdn. 102-108, 239.

lichen Folgen des Geschäfts an. Selbst wenn das Geschäft wirtschaftlich sehr günstig ist, kann der Minderjährige es nicht selbständig vornehmen, wenn er dadurch irgendwelche rechtlichen Nachteile erleidet[25].

Beispiel: Dem Minderjährigen K wird von V ein hochwertiger, ungebrauchter Heimcomputer zum halben Neupreis zum Kauf angeboten (§ 433 I BGB; Verpflichtungsgeschäft). Er kann das Angebot ohne Zustimmung seines gesetzlichen Vertreters nicht wirksam annehmen[26], da die Offerte nicht nur einen wirtschaftlichen Vorteil, sondern auch die rechtliche Verpflichtung (also einen rechtlichen Nachteil) enthält, den (günstigen) Kaufpreis entrichten zu müssen (s. § 433 II BGB). Der Minderjährige könnte aber das ihm gemachte Übereignungsangebot (§ 929 S. 1 BGB; Verfügungsgeschäft) ohne Zustimmung seines gesetzlichen Vertreters annehmen, weil damit zu seinen Gunsten Eigentum (ein rechtlicher Vorteil) auf ihn übertragen würde, ohne daß er selbst durch diese Annahmeerklärung zu einer Gegenleistung verpflichtet wäre (§ 929 S. 1 BGB): der Minderjährige erlangte durch Annahme des Übereignungsangebots gem. § 929 S. 1 BGB also einen „lediglich rechtlichen Vorteil" (§ 107 BGB)[27].

317 aa) Lediglich einen rechtlichen Vorteil bringt dem Minderjährigen nur ein Rechtsgeschäft, durch das er ausschließlich eine Zuwendung erhält (z.B. Erwerb von Eigentum, Erlaß einer Verbindlichkeit) oder seine Rechtslage sonst uneingeschränkt verbessert[28].

Beispiele: Der Abschluß eines schuldrechtlichen Schenkungsvertrages (§ 516 I BGB) mit einem Minderjährigen ist grundsätzlich wirksam, da er dem Minderjährigen lediglich einen rechtlichen

[25] *O. Jauernig*, Anm. 2 zu § 107 BGB; *D. Medicus*, AT § 39 II (Rdn. 560); MünchKomm (– *W. Gitter*) Rdn. 2 zu § 107 BGB; *D. Schwab*, ZivilR Rdn. 612-616.

[26] Von der Annahme des Angebots streng zu trennen ist aber die Entgegennahme des Angebots (Zugangsproblematik, § 131 II 2 BGB: Rdn. 49-50).

[27] Zur Zahlung des (günstigen) Kaufpreises wäre der Minderjährige nicht gem. § 929 S. 1 BGB (Abstraktionsprinzip!), sondern gem. § 433 II BGB verpflichtet, der aber nicht anwendbar ist, weil der Minderjährige den Kaufvertrag ja gerade nicht ohne seinen gesetzlichen Vertreter abschließen kann; über die dann in solchen Fällen zu ziehenden weiteren Konsequenzen vgl. Rdn. 326-333.

[28] *W. Flume*, AT § 13.7b (S. 191); *H. Th. Soergel* (– *W. Hefermehl*) Rdn. 1 zu § 107 BGB.

Vorteil bringt[29]. Wenn also die 10jährige B von ihrem Patenonkel zur Kommunion einen Walkman geschenkt bekommt, so bedarf der Schenkungsvertrag nicht der Zustimmung der Eltern. Dagegen kann B den Walkman nicht ohne deren Einverständnis weiterverschenken[30].

bb) Umstritten ist aber, ob die schenkweise Übereignung eines 318
Grundstücks gem. §§ 873 I, 925 I BGB[31] trotz der auf dem Grundstück liegenden öffentlichen Lasten (z.B. Steuern, Polizeipflichtigkeit) oder die Zuwendung eines dinglich belasteten Grundstücks (z.B. Hypothek) dem Minderjährigen lediglich einen rechtlichen Vorteil bringt. Die h.M. bejaht diese Frage[32], solange der Beschenkte nur mit dem Grundstück haftet[33] und nicht auch persönlich[34]. Eine unentgeltliche Vermögensübernahme ist dagegen grundsätzlich nicht lediglich rechtlich vorteilhaft, weil mit ihr auch die persönliche Haftung des Übernehmenden gegenüber den Gläubigern des Übertragenden verbunden ist[35] (lies § 419 BGB).

cc) Für rechtlich lediglich vorteilhafte Rechtsgeschäfte gilt auch 319
nicht das Selbstkontrahierungsverbot[36] des § 181 BGB, der sonst zur Verhinderung von Interessenkollisionen den Abschluß von Rechtsgeschäften des gesetzlichen Vertreters mit sich selbst im Namen des Vertretenen (z.B. des Minderjährigen) verbietet (Rdn. 443).

29 Vgl. dazu *BGH, 10.11.1954 II ZR 165/53 BGHZ 15, 168 (170), dort ging es um eine Grundstücksschenkung; Erörterung des Falls bei *H. Brox*, AT Rdn. 238-239.

30 Weitere Beispiele finden sich bei *H. Brox*, AT Rdn. 235-241; *D. Medicus*, AT § 39 II.

31 Dazu etwa *H.P. Westermann*, Grundbegriffe 120-123.

32 *H. Brox*, AT Rdn. 239; *D. Medicus*, AT § 39 II 1c (bes. Rdn. 564); a.A. aber zum Beispiel *H. Köhler*, AT § 17 III 1b (S. 183); *ders.*, PdW BGB AT Fall 29 (S. 31-33).

33 *BGH, 10.11.1954 II ZR 165/53 BGHZ 15, 168 (Schenkung eines Grundstücks); s.a. *O. Jauernig*, Anm. 2c zu § 107 BGB.

34 *BGH, 9.7.1980 V ZB 16/79 BGHZ 78, 29 (31) (Schenkung von Wohnungseigentum).

35 BGH, 29.1.1970 VII ZR 34/68 BGHZ 53, 174 (178).

36 *BGH, 27.9.1972 IV ZR 225/69 BGHZ 59, 236 (240) = JZ 1973, 60 (m. Anm. *D. Giesen*); *25.4.1985 IX ZR 141/84 BGHZ 94, 232 (Leitsatz); vgl. aber *BGH, 9.7.1980 V ZB 16/79 BGHZ 78, 28.

c) Neutrale Rechtsgeschäfte

320 Rechtsgeschäfte, die für den Minderjährigen weder rechtlich vorteilhaft noch rechtlich nachteilig sind (sog. *neutrale Geschäfte*), werden an sich nicht von § 107 BGB erfaßt, der ja gerade einen „lediglich rechtlichen *Vorteil*„ verlangt (Rdn. 316). Gleichwohl soll der Minderjährige solche Rechtsgeschäfte nach ganz h.M. vornehmen können, weil der Minderjährige bei ihrer Vornahme nicht schutzbedürftig ist (da sie ihm keinen *Nachteil* bringen)[37]. Als Beispiel nennt die h.L. hier vor allem die Verfügung über einen dem beschränkt Geschäftsfähigen nicht gehörenden Gegenstand, z.B. durch Übereignung einer diesem nicht gehörenden Sache gem. § 929 S. 1 BGB, die, da der Minderjährige nicht selbst Eigentümer ist, nur gem. §§ 929 S. 1, 932 ff. BGB bei gutem Glauben des Erwerbers möglich ist[38] und dem verfügenden Minderjährigen selbst weder Vorteile noch Nachteile bringt. Hält der Erwerber den nichtberechtigt verfügenden Minderjährigen dabei für den Eigentümer, so erwirbt er nach h.L.[39] gutgläubig das Eigentum. Nach der Gegenauffassung[40] kommt in diesen Fällen ein redlicher Erwerb nicht in Betracht: Zwar sei die Verfügung des Minderjährigen ein „neutrales Geschäft" und damit zustimmungsfrei, dennoch aber scheitere der gutgläubige Erwerb. Konstruktionsmäßig wird dieses Ergebnis durch eine restriktive Auslegung der Gutglaubensvorschriften (§§ 932 ff., 892 BGB) erreicht: Der Schutz der §§ 932 ff., 892 BGB reiche nur so weit, wie auch bei Richtigkeit der Erwerbervorstellung (Minderjähriger als Eigentümer) ein Erwerb möglich wäre. Hätte der Minderjährige aber über eine eigene Sache verfügt, so wäre der Erwerb an § 107 BGB gescheitert. Daher sei auch der gutgläubige Erwerb ausgeschlossen. Weniger bedenkliche Beispiele sind dagegen hier Rechtsgeschäfte, die ein Minderjähriger als Vertreter eines anderen vornimmt (§ 165 BGB, Rdn. 374-375, 406) oder die Bestimmung der Höhe des Kaufpreises bei einem Kaufvertrag, den andere Vertragsparteien miteinander geschlossen haben (§ 317 I BGB).

37 *H. Brox*, AT Rdn. 241; *J. v. Staudinger* (– *H. Dilcher*) Rdn. 10-25 zu § 107 BGB (zahlreiche Beispiele).

38 Dazu *H.P. Westermann*, Grundbegriffe 111-114.

39 *W. Flume*, AT § 13.7b (S. 196); *O. Jauernig*, Anm. 2d zu § 107 BGB; *H. Köhler*, AT § 17 III 1e; *K. Larenz*, AT § 6 III 1 (S. 109-110); *K. Schreiber*, „Neutrale Geschäfte Minderjähriger", Jura 1987, 221-222; kritisch (mit sachenrechtlichen Bedenken) *D. Medicus*, AT § 39 II 2 (Rdn. 568).

40 *D. Medicus*, BürgerlR Rdn. 540 ff. (542).

d) Tatsächliche Handlungen (ärztliche Heilbehandlung)

Ob der Minderjährige zur Vornahme einer *ärztlichen Heilbehandlung* der Einwilligung seiner gesetzlichen Vertreter bedarf, ist umstritten, da in der Einwilligung in eine ärztliche Heilbehandlung nach ganz h.L. keine nach §§ 106 ff. BGB zu beurteilende rechtsgeschäftliche Erklärung, sondern eine Gestattung zur Vornahme *tatsächlicher Handlungen* zu sehen ist, die in den Rechtskreis des Gestattenden eingreifen[41]. Soweit der Minderjährige die erforderliche Einsicht in die Bedeutung und Tragweite eines ärztlichen Eingriffs hat, kann er nach Ansicht des BGH und der h.L. selbst eine wirksame Einwilligung abgeben[42]. Die Rechtswirksamkeit des ärztlichen *Behandlungsvertrages* mit den daran geknüpften zivilrechtlichen Folgen (z.B. Bezahlung des Honorars) ist jedoch stets von der Zustimmung der gesetzlichen Vertreter abhängig[43]. 321

e) Reichweite der Zustimmung

Inwieweit ein *nicht* lediglich rechtlich vorteilhaftes Rechtsgeschäft von der Zustimmung des gesetzlichen Vertreters abgedeckt und dann wirksam ist, richtet sich grundsätzlich nach dem verbindlich geäußerten Willen des gesetzlichen Vertreters[44]. Inhalt und Umfang sind im Zweifel durch *Auslegung* zu bestimmen (§§ 133, 157 BGB). Hierauf ist insbesondere dann zurückzugreifen, wenn der gesetzliche Vertreter dem Minderjährigen nicht nur zur Vornahme eines Rechtsgeschäfts, sondern zu einer Reihe von zunächst noch nicht 322

41 Übersicht: MünchKomm (– *W. Gitter*) Rdn. 88 ff. vor § 104 BGB; *H. Th. Soergel* (– *O. Mühl*) Rdn. 17 zu § 823 BGB.

42 *BGH, 5.12.1958 VI ZR 266/57 BGHZ 29, 33 (36); 28.6.1988 VI ZR 288/87 BGHZ 105, 45 (47-48) = JZ 1989, 93 (94) (*D. Giesen*). Das setzt aber voraus, daß der Minderjährige über die Heilbehandlung und ihre Risiken sowie auch über die Folgen einer Nichtbehandlung angemessen *aufgeklärt* worden ist; vgl. dazu grundsätzlich *D. Belling*, „Die Entscheidungskompetenz für ärztliche Eingriffe bei Minderjährigen", FuR 1990, 68-77; *D. Giesen*, „Grundzüge der zivilrechtlichen Arzthaftung", Jura 1981, 10-24; *D. Giesen*, „Wandlungen im Arzthaftungsrecht", JZ 1990, 1053-1064 (1060); *D. Giesen*, Arzthaftungsrecht (3. Aufl. Tübingen 1990) 38-39, 128-130 (Nachw.); *D. Giesen & K. Walter*, „Die klassische Entscheidung: Ärztliche Aufklärungspflicht und Selbstbestimmungsrecht des Patienten", Jura 1991, 182-186 (zu BGHZ 29, 33).

43 *D. Medicus*, AT § 18 III 3 (bes. Rdn. 201); Einzelheiten auch bei *D. Giesen*, Arzthaftungsrecht (3. Aufl. Tübingen 1990) 128-130; *D. Henrich*, Familienrecht (4., neubearbeitete Aufl. Berlin, New York 1991) 217-218.

44 *D. Medicus*, AT § 39 II 1a (Rdn. 560); *B. Rüthers*, AT Rdn. 178.

individualisierten Rechtsgeschäften seine vorherige Zustimmung erteilt hat. Eine solche sog. *Generaleinwilligung* ist grundsätzlich zulässig[45], sie ist aber im Interesse eines wirksamen *Minderjährigenschutzes* im Zweifel *eng* auszulegen und darf über die gesetzlichen Bestimmungen der §§ 112, 113 BGB hinaus nicht zu einer teilweise erweiterten Geschäftsfähigkeit des Minderjährigen führen[46].

Beispiele: Die elterliche Erlaubnis, den Führerschein zu erwerben, bedeutet im Zweifel nicht auch die vorherige Zustimmung zur Anmietung eines Kfz[47]; die Einwilligung des gesetzlichen Vertreters zum Mopedkauf und zum Abschluß eines Haftpflichtversicherungsvertrages durch einen Minderjährigen deckt in der Regel nicht auch noch die Durchführung oder Abwicklung des Versicherungsvertrages[48] (z.B. im Schadenfalle). So wird der im Einverständnis seiner Eltern in die entfernte Großstadt gezogene Auszubildende alle zum Zweck einer ordnungsgemäßen Ausbildung notwendigen Geschäfte abschließen können, dazu gehört z.B. auch der Abschluß eines Mietvertrages, nicht jedoch die Anschaffung von luxuriösen Einrichtungsgegenständen oder der Kauf eines Mopeds.

f) Generelle Einwilligung und Einwilligung durch Überlassung von Mitteln

323 Von Anfang an auch ohne Zustimmung des gesetzlichen Vertreters voll wirksam sind Verträge, die der Minderjährige mit ihm überlassenen Mitteln (z.B. Taschengeld) erfüllt, vgl. § 110 BGB[49]. Das gilt auch für Rechtsgeschäfte, die der Minderjährige unter den Voraussetzungen des Gesetzes beim selbständigen Betrieb eines Erwerbsgeschäfts (§ 112 I BGB) oder im Rahmen eines Dienst- oder Arbeitsverhältnisses abschließt (§ 113 I BGB).

aa) Der „Taschengeldparagraph“ (§ 110 BGB)

324 Zur Wirksamkeit eines im Rahmen des sog. *Taschengeldparagraphen* (§ 110 BGB) abgeschlossenen Vertrages ist es jedoch erforder-

45 BGH, 12.10.1976 VI ZR 172/75 NJW 1977, 622; s.a. *D. Medicus*, AT § 39 IV 3; MünchKomm (– *W. Gitter*) Rdn. 24 zu § 107 BGB.

46 BGH, 17.4.1967 II ZR 228/64 BGHZ 47, 352 (359); *O. Palandt* (– *H. Heinrichs*) Rdn. 9 zu § 107 BGB.

47 BGH, 19.6.1973 VI ZR 95/71 NJW 1973, 1790.

48 Vgl. hierzu BGH, 17.4.1967 II ZR 228/64 BGHZ 47, 352 (359-360); 12.10.1976 VI ZR 172/75 NJW 1977, 622.

49 Lesenswert: *R. Nierwetberg*, „Der Taschengeldparagraph (§ 110 BGB) im System des Minderjährigenrechts“, Jura 1984, 127-133.

lich, daß die dem Minderjährigen überlassenen Mittel vom gesetzlichen Vertreter (z.B. das monatliche Taschengeld) oder mit dessen ausdrücklicher Zustimmung von einem Dritten (z.B. das dem Minderjährigen belassene Arbeitsentgelt oder Bafögmittel) stammen; andere Mittel von dritter Seite fallen also nicht unter den Taschengeldparagraphen; mit ihnen getätigte Verträge sind deshalb unwirksam[50]. Ferner muß die vom Minderjährigen vertraglich zu erbringende Leistung auch wirklich mit den ihm auf diese Weise überlassenen Mitteln *bewirkt*, also voll erbracht, werden[51]. Raten- und Kreditgeschäfte (Abzahlungsgeschäfte) werden deshalb nicht vom „Taschengeldparagraphen" gedeckt; sie sind stets nur mit Einwilligung des gesetzlichen Vertreters wirksam (§ 107 BGB), ansonsten aber bis zur Genehmigung schwebend unwirksam (§ 107 I BGB) und bei Verweigerung der Genehmigung von Anfang an unwirksam[52].

Beispiele: Hat etwa die 17jährige S von ihrer Großtante (oder einem anderen Dritten) *ohne* Wissen ihrer Eltern DM 500,-- erhalten und sich hiervon einen speziellen Tennisschläger gekauft, so ist das Geldgeschenk, das der S lediglich einen rechtlichen Vorteil, nämlich Eigentum am Geld bringt (§§ 107, 929 S. 1 BGB), auch ohne Einwilligung ihrer Eltern wirksam übereignet worden. Diese Mittel sind damit aber noch kein Taschengeld geworden. Der Abschluß des Kaufvertrages durch S ist von der Genehmigung ihrer Eltern abhängig, da sie den Kaufpreis nicht mit Mitteln des Taschengelds bewirkt hat, sondern mit Mitteln, die ihr von Dritten ohne Zustimmung der Eltern überlassen worden sind.- Kauft S von ihrem Taschengeld z.B. ein Lotterielos, so ist dieser Vertrag gem. § 110 BGB wirksam; entfällt auf dieses Los nun ein größerer Geldgewinn und kauft sich S hiervon einen Heimcomputer zum Preis von DM 5.000,--, so ist dieser Kaufvertrag nicht von der generellen Zustimmung des gesetzlichen Vertreters gem. § 110 BGB mitumfaßt, sondern schwebend unwirksam und bei Verweigerung der Zustimmung endgültig unwirksam[53].- Kauft sich S von ihrem monatlichen Taschengeld den Tennisschläger, jedoch auf

50 *D. Medicus*, AT § 39 IV 4b (Rdn. 582: das elterliche Bestimmungsrecht soll von Dritten nicht ausgeschaltet werden können).

51 *H. Brox*, AT Rdn. 244; *K. Larenz*, AT § 6 III 3 (S. 111-113); *D. Medicus*, AT § 39 IV 3 (Rdn. 579, 582); *D. Schwab*, ZivilR Rdn. 621-623.

52 *O. Palandt* (- *H. Heinrichs*) Rdn. 1 und 3 zu § 108 BGB; *H. Hübner*, AT § 33 III 1 (Rdn. 410).

53 Instruktiv *RG, 29.9.1910 Rep. IV 566/09 RGZ 74, 234 (235).

Raten, so ist auch dieser Vertrag nur bei Einwilligung ihrer Eltern (§ 107 BGB) oder deren nachträglicher Zustimmung voll wirksam (§ 108 I BGB). Zahlt jedoch S regelmäßig ihre Raten, so wird die „vertragsmäßige“ Leistung am Ende aus Taschengeldmitteln erbracht, also „bewirkt“ i.S.v. § 110 BGB; dann ist der (bis dahin schwebend unwirksam gewesene) Vertrag mit der Zahlung der letzten Rate gem. § 110 BGB nach h.L. als von Anfang an wirksam anzusehen[54].

Die Vorschrift des § 110 BGB ist also stets im Zusammenhang mit den Bestimmungen der §§ 107, 108 BGB zu sehen. Für lediglich rechtlich vorteilhafte Rechtsgeschäfte ist die Anwendung des „Taschengeldparagraphen“ ohnehin nicht von Bedeutung.

bb) Ermächtigung gem. §§ 112-113 BGB

325 Im Rahmen der gesetzlich partiell erweiterten Geschäftsfähigkeit (§§ 112, 113 BGB, Teilgeschäftsfähigkeit) ist zu beachten, daß der Minderjährige z.B. den Arbeitsverdienst vom Arbeitgeber herausverlangen und mit befreiender Wirkung entgegennehmen kann (§ 113 BGB), nicht aber über das empfangene Entgelt ohne Zustimmung des gesetzlichen Vertreters frei verfügen kann. Wird ihm das Geld aber zur freien Verfügung überlassen, so ist darin in der Regel die generelle Einwilligung in die Vornahme der üblicherweise zur Bestreitung der eigenen Lebensbedürfnisse verbundenen Rechtsgeschäfte zu sehen; vielfach werden hier die Voraussetzungen des § 110 BGB vorliegen[55].

Beispiele: Die elterliche Zustimmung, eine Ausbildung zu beginnen, wird auch ohne freie Überlassung von Geldmitteln den Beitritt zu einer Gewerkschaft abdecken[56], nicht jedoch die Darlehensaufnahme bei der Gewerkschaft[57] und auch nicht die Anmietung einer selbständigen Wohnung am Wohnort des gesetzlichen Vertreters[58].

54 *E. Wieser*, „Der Anwendungsbereich des ‚Taschengeldparagraphen‘ (§ 110 BGB)“, FamRZ 1973, 434-435 (435); *J. v. Staudinger* (– *H. Dilcher*) Rdn. 6 zu § 110 BGB; vgl. aber andererseits auch *K. Larenz*, AT § 6 III 3 (S. 112).

55 MünchKomm (– *W. Gitter*) Rdn. 18 ff. zu § 113 BGB.

56 LG Frankfurt, 5.4.1967 1 S 472/66 FamRZ 1967, 680.

57 LG Münster, 10.10.1967 5 T 500/67 MDR 1968, 146.

58 LG Mannheim, 30.10.1968 6 S 66/68 NJW 1969, 239.

g) Rückabwicklung nach Verweigerung der Zustimmung

Schwierigkeiten bereitet auch die *Rückabwicklung* unwirksamer Verträge Minderjähriger. Diese ist erforderlich, wenn die Zustimmung der gesetzlichen Vertreter zu dem Vertrag verweigert wird und der Vertrag bereits (teilweise) erfüllt ist. 326

aa) Grundsätzliche Haftung des Minderjährigen nach Bereicherungsrecht

Die abgeschlossenen Verträge sind dann wegen Verweigerung der nachträglichen Zustimmung als von Anfang an unwirksam anzusehen (Rdn. 312), und der gesetzliche Vertreter kann etwa schon geleistete Zahlungen des Minderjährigen vom Vertragspartner *zurückfordern* (§ 812 I 1, 1. Alt. BGB, *condictio indebiti*). Der Geschäftspartner kann umgekehrt auch seine dem Minderjährigen etwa selbst schon erbrachten Leistungen (z.B. den bereits ausgehändigten Heimcomputer) nach den Regeln der ungerechtfertigten Bereicherung (auch in diesem Fall gem. § 812 I 1, 1. Alt. BGB) zurückverlangen[59]. Ein Herausgabeanspruch aus § 985 BGB scheidet hingegen aus, da die Übereignung als vom schuldrechtlichen Vertrag unabhängiges Geschäft (Abstraktionsprinzip!, Rdn. 7-11) dem Minderjährigen lediglich einen rechtlichen Vorteil, nämlich das Eigentum, verschafft hat; mit der Folge, daß trotz nichtigen schuldrechtlichen Vertrages die Übereignung, das Verfügungsgeschäft, wirksam ist und der Geschäftspartner Rückgabe und Rückübereignung nur nach § 812 I 1, 1. Alt. BGB verlangen kann. Er ist im Regelfall aber auf die Rückforderung der noch vorhandenen Bereicherung beschränkt (§ 818 III BGB) und trägt also das Risiko der Verschlechterung oder des Untergangs der Sache (z.B. der Beschädigung des Heimcomputers). Der Vertragspartner (Bereicherungsschuldner), der die Sache aufgrund eines unwirksamen Verpflichtungsgeschäfts erhalten hat, kann sich, soweit die Sache beschädigt oder zerstört ist, und er dafür keinen Ersatz erlangt hat, uneingeschränkt auf den Wegfall der Bereicherung berufen[60], da die Herausgabepflicht nicht zu einer Verminderung des Vermögens über den Betrag der wirklichen (noch vorhandenen) Bereicherung hinaus führen soll[61]. Die Berufung auf den Wegfall der Bereicherung ist gem. § 818 III BGB aber nur dem gutgläubigen Emp- 327

59 *H. Brox*, SchuldR BT Rdn. 385-401; *D. Medicus*, SchuldR BT §§ 125-129; *H.P. Westermann*, Grundbegriffe 84-87.

60 *J. von Staudinger* (– *W. Lorenz*) Rdn. 34 ff. zu § 818 BGB.

61 *BGH, 7.1.1971 VII ZR 9/70 BGHZ 55, 128 (134).

fänger gestattet. Wenn der Empfänger der Leistung den Mangel des Rechtsgrundes (z.B. Nichtigkeit des Kaufvertrages) kannte oder zwischenzeitlich erfahren hat, kann er sich nicht auf den Wegfall der Bereicherung berufen, wenn er in Kenntnis des z.B. fehlerhaften Kaufvertrages die empfangene Sache beschädigt oder vernichtet (vgl. § 819 I BGB). Der in diesem Sinne Bösgläubige wird also nicht gem. § 818 III BGB von seiner Rückerstattungspflicht frei, er haftet vielmehr im Falle schuldhafter Beschädigung oder Zerstörung auf vollen Schadenersatz (§§ 819 I, 818 IV, 292, 990, 989 BGB).

bb) Haftung des Minderjährigen bei Bösgläubigkeit

328 Fraglich ist aber, ob diese *strenge* Haftung auch gilt, wenn es sich bei dem den Mangel des Rechtsgrundes kennenden Bösgläubigen um einen *Minderjährigen* handelt[62].

329 α) Käme es im Rahmen der verschärften Haftung gem. § 819 I BGB allein auf die Kenntnis des *Minderjährigen* an, so träfe ihn regelmäßig über den Bereicherungsausgleich eine Haftung, die zu einer durch rechtsgeschäftliches Handeln herbeigeführten Vermögensminderung führt, vor der der nicht voll Geschäftsfähige nach dem Grundgedanken des Minderjährigenschutzes (§§ 106 ff. BGB) gerade bewahrt werden soll. Denn bei direkter Anwendung des § 819 I BGB müßte der Minderjährige den Wert des erlangten Gegenstandes (§ 818 II BGB) herausgeben, obwohl er nach dessen Zerstörung oder Beschädigung aktuell gar nicht mehr um diesen Wert bereichert ist. Der Umfang der Bereicherungshaftung würde also – wenn auch nicht in allen Fällen – der vom Gesetz zum Schutz des Minderjährigen abgelehnten vertraglichen Haftung entsprechen, die nach den §§ 106 ff. BGB gerade nur bei Zustimmung des gesetzlichen Vertreters des Minderjährigen in Betracht kommen soll[63]. Der Anwendungsbereich der strengen bereicherungsrechtlichen Haftung gem. § 819 I BGB ist daher bei Minderjährigen *einzuschränken*. Wie dies geschehen soll, ist allerdings umstritten.

330 β) Verschiedene Autoren, die den Minderjährigenschutzzweck besonders betonen, stellen auch im Bereicherungsrecht stets auf die

62 *H. Brox*, SchuldR BT Rdn. 433; *D. Medicus*, BürgerlR Rdn. 176; *B. Rüthers*, AT Rdn. 176-177; *H. Th. Soergel* (– *O. Mühl*) Rdn. 32 zu § 818 BGB, Rdn. 6 zu § 819 BGB; zum Problem auch *H. Köhler*, PdW SchuldR BT Fall 159 (S. 212-213).

63 *H. Brox*, SchuldR BT Rdn. 433.

Kenntnis des gesetzlichen Vertreters ab[64]. Andere Autoren wollen dagegen stets die *Einsichtsfähigkeit des Minderjährigen* ausreichen lassen und wenden daher bei der Frage der Bösgläubigkeit die §§ 827 ff. BGB entsprechend an[65].

γ) Soweit es der mit der Beschränkung der Geschäftsfähigkeit 331
verfolgte *Schutzzweck* erfordert, sollte jedoch auch im Bereicherungsrecht *stets* auf die *Kenntnis des gesetzlichen Vertreters* abgestellt werden. Das trifft mit den Worten des BGH jedenfalls „vor allem für die Abwicklung etwaiger von beschränkt Geschäftsfähigen abgeschlossener Rechtsgeschäfte" zu[66], also auch gerade für die bereicherungsrechtliche Rückabwicklung bereits erbrachter Leistungen, speziell also für die *Leistungskondiktion*[67]. Der Minderjährige kann deshalb nur dann nach Bereicherungsrecht ersatzpflichtig sein, wenn er (z.B. durch die Benutzung des unwirksam angemieteten Mopeds) Kosten erspart hat, deren Entstehung dem Willen der Eltern entsprach[68]. Dieser Gesichtspunkt kann jedoch dann keine Geltung beanspruchen, wenn es nicht um die Rückabwicklung fehlerhafter Rechtsgeschäfte, sondern um die Rückabwicklung nicht rechtsgeschäftlicher, sondern deliktischer oder deliktsähnlicher Tatbestände, wie dies z.B. bei der Eingriffskondiktion der Fall sein kann, geht[69].

δ) Zu dieser Ansicht neigt – wenngleich mit einer etwas anderen 332
rechtsdogmatischen Begründung - auch der BGH: „Der der Beschränkung der Geschäftsfähigkeit Minderjähriger zugrundeliegende Schutzgedanke findet jedoch seine *Grenze im Recht der unerlaubten Handlungen*, das die Verantwortlichkeit Jugendlicher für von ihnen verursachte Schäden nach anderen Merkmalen [lies § 828 II

64 *H. Brox*, SchuldR BT Rdn. 433; *D. Medicus*, BürgerlR § 8 III 2 (Rdn. 176); *C.-W. Canaris*, Anmerkung zum Urteil des BGH vom 7.1.1971 (*BGHZ 55, 128) in: JZ 1971, 560-563 (562); *J. von Staudinger* (– *W. Lorenz*) Rdn. 10 zu § 819 BGB.

65 *H. Th. Soergel* (– *O. Mühl*) Rdn. 6 zu § 819 BGB.

66 *BGH, 7.1.1971 VII ZR 9/70 BGHZ 55, 128 (136) (Flugreisefall).

67 *K. Larenz*, SchuldR BT § 70 IV (S. 584-587); *O. Palandt* (– *H. Thomas*) Rdn. 6 zu § 819 BGB; *H. Th. Soergel* (– *O. Mühl*) Rdn. 6 zu § 819 BGB.

68 So auch *D. Medicus*, BürgerlR § 8 III 2 (Rdn. 176): Bereicherungsansprüche sind durch den Schutzzweck der die Vertragswirksamkeit hindernden Norm beschränkt.

69 *K. Larenz*, SchuldR BT § 70 IV (S. 584-587); *O. Palandt* (– *H. Thomas*) Rdn. 6 zu § 819 BGB.

BGB] bestimmt[70], unabhängig davon, in welchem Umfang sie in der Lage sind, sich rechtsgeschäftlich zu verpflichten. Wird nun aber ein Minderjähriger ohnehin nicht uneingeschränkt vor Nachteilen aus seinem eigenen Verhalten bewahrt, so besteht jedenfalls dann kein Anlaß, ihm die Folgen der verschärften Haftung des § 819 BGB zu ersparen, wenn und soweit er sich das Erlangte durch eine vorsätzliche unerlaubte Handlung [hier: durch Erschleichung einer Flugreise von Hamburg nach New York] verschafft hat. In diesem Falle ist kein einleuchtender Grund zu erkennen, sein Verhalten bereicherungsrechtlich nach anderen als den auch für unerlaubte Handlungen maßgebenden Gesichtspunkten zu beurteilen ... Infolgedessen ist bei der Beurteilung seiner Haftung aus ungerechtfertigter Bereicherung nach § 819 BGB auf *seine* Kenntnis vom fehlenden Rechtsgrund abzuheben und im Rahmen dieser Vorschrift § 828 Abs. 2 BGB entsprechend anzuwenden“[71]. Für den BGH war damit der Weg zur verschärften Haftung des Minderjährigen gem. §§ 812, 818 II und IV, 819 I, 292, 987 I, 990 I, 100 BGB auf den Wert der von ihm in Anspruch genommenen Leistung, also auf die für den Flug nach New York üblicherweise zu zahlende tarifliche Vergütung, frei[72].

333 ε) Diese BGH-Entscheidung ist nicht ohne Widerspruch geblieben. Nach Ansicht der Kritiker ist der Minderjährigenschutzgedanke nicht nur bei Rückabwicklung fehlerhafter rechtsgeschäftlicher *Leistungs*beziehungen (also im Bereich der Leistungskondiktion), sondern auch in allen anderen Bereicherungsfällen (auch bei der *Eingriffs*kondiktion) vorrangig (Rdn. 330); auch in diesen Fällen muß die Wertung der dem Minderjährigenschutz dienenden §§ 106 ff. BGB wirksam bleiben (Rdn. 331). „So wenig wie der Minderjährige mit vertraglichen Vergütungsansprüchen belastet werden darf, darf er auch belastet werden mit Bereicherungsansprüchen auf Wertersatz (§ 818 II), denen keine wertgleiche Bereicherung entspricht. Denn Bereicherungsansprüche sind durch den Schutzzweck der die Vertragswirksamkeit hindernden Norm beschränkt.“[73] Einzelheiten sind hier aber schon Vorgerücktenwissen[74].

[70] Lies dazu *BGH, 10.3.1970 VI ZR 182/68 NJW 1970, 1038; 28.2. 1984 VI ZR 132/82 NJW 1984, 1958.

[71] *BGH, 7.1.1971 VII ZR 9/70 BGHZ 55, 128 (136-137).

[72] *BGH, 7.1.1971 VII ZR 9/70 BGHZ 55, 128 (137).

[73] *D. Medicus*, BürgerlR § 8 III 2 (Rdn. 176, S. 98).

[74] Lesenswert ist jedoch schon jetzt *BGH, 7.1.1971 VII ZR 9/70 BGHZ 55,

2. Rechtsgeschäfte mit Wirkung für und gegen Dritte

Die zweite Fallgruppe (Zustimmung bei der Vornahme von Rechtsgeschäften in Arbeitsteilung) ist dadurch gekennzeichnet, daß die Rechtsfolge eines vorgenommenen Rechtsgeschäfts nicht denjenigen trifft, der die Willenserklärung abgegeben oder entgegengenommen hat, sondern nach dessen Willen oder wegen der Sachbezogenheit des Geschäfts mit Wirkung *für und gegen einen anderen* eintreten soll. Das läßt sich mit der Rechtsordnung freilich nur vereinbaren, wenn der andere mit der Fremdwirkung des Rechtsgeschäfts *einverstanden* ist. Die beiden wichtigsten Anwendungsfälle dieser Fallgruppe sind die *vorherige* Erteilung der rechtsgeschäftlichen Vertretungsmacht (§ 166 II 1 BGB, Rdn. 336, 395 ff.) und die Einwilligung des Berechtigten in die Verfügung eines Nichtberechtigten (§ 185 I BGB, Rdn. 337 ff.). 334

Der zustimmungsberechtigte Dritte kann über die Wirksamkeit eines zwischen zwei anderen Personen abgeschlossenen Geschäfts, das ihn selbst betrifft, aber auch durch *nachträgliche* Zustimmung (Genehmigung) entscheiden. Zweiseitige Rechtsgeschäfte (Verträge)[75], die ein Vertreter ohne Vertretungsmacht abschließt, oder Verfügungen, die ein Nichtberechtigter ohne Verfügungsmacht trifft, sind deshalb grundsätzlich nicht nichtig, sondern *schwebend unwirksam*, sie können also durch nachträgliche Zustimmung von seiten des Zustimmungsberechtigten[76] rückwirkend wirksam werden (§§ 177 I, 185 II BGB)[77]. 335

128 (erschlichene Flugreise eines Minderjährigen ohne Kenntnis der Eltern); dazu kritisch *C.-W. Canaris*, Anmerkung zum Urteil des BGH vom 7.1.1971 in: JZ 1971, 560-563 (563); *D. Medicus*, Anmerkung zum Urteil des BGH vom 7.1.1971, in: FamRZ 1971, 250-252 (251); generell auch: *H. Brox*, SchuldR BT Rdn. 429, 433; *H.-G. Koppensteiner & E.A. Kramer*, Ungerechtfertigte Bereicherung [Jura-Studienbuch] (2. Aufl. Berlin, New York 1988) 115-116; *D. Medicus*, BürgerlR § 8 III 2 (Rdn. 176), § 26 II 3 (Rdn. 665).

75 Bei einseitigen Rechtsgeschäften (z.B. einer Kündigung oder einer Anfechtung) gilt dies allerdings nicht, § 180 S. 1 BGB. Diese Geschäfte sind deshalb nicht schwebend unwirksam, sondern nichtig, es sei denn, einer der Ausnahmefälle des § 180 S. 2 und 3 BGB läge vor; vgl. zum ganzen zunächst *D. Medicus*, AT § 59 I 2 (Rdn. 980-983), sowie Rdn. 451.

76 Wer die Verfügung eines Nichtberechtigten genehmigen will, muß im Zeitpunkt der Genehmigung die Verfügungsmacht hierfür haben: BGH, 23.5.1989 IX ZR 135/88 BGHZ 107, 340 (341-342).

77 *H. Brox*, AT Rdn. 464 ff.; *W. Flume*, AT §§ 43-58; *D. Medicus*, AT §§ 54-58.

a) Vertreter ohne Vertretungsmacht

336 Die Voraussetzungen der wirksamen Stellvertretung, inbesondere der Vertretungsmacht, und die Rechtsfolgen bei fehlender Vertretungsmacht des für einen Dritten Handelnden werden im einzelnen bei der Stellvertretung (Rdn. 363 ff.) behandelt. Liegt eine wirksame Stellvertretung vor, so taucht das hier zu behandelnde Problem einer schwebenden Unwirksamkeit des abgeschlossenen Rechtsgeschäfts gar nicht erst auf. Im vorliegenden Zusammenhang ist zunächst nur wichtig zu verstehen, daß auch bei Handeln des Vertreters *ohne* Vertretungsmacht ein Zustand *schwebender Unwirksamkeit* des Rechtsgeschäfts eintritt, für dessen Beendigung (lies nur § 177 II BGB) das Gesetz mit den §§ 177 ff., 182 ff. BGB ein differenziertes Instrumentarium zur Verfügung stellt[78]. Wird die Genehmigung verweigert, so sind die abgeschlossenen Verträge endgültig unwirksam (nichtig)[79] und haftet der Vertreter ohne Vertretungsmacht unter den Voraussetzungen des § 179 BGB selbst (Rdn. 447 ff.).

b) Verfügung eines Nichtberechtigten

337 Nach § 185 I BGB ist eine Verfügung, die ein Nichtberechtigter über einen Gegenstand trifft, *wirksam*, wenn sie *mit der Einwilligung* des Berechtigten erfolgt. Verfügungen sind Rechtsgeschäfte, die unmittelbar auf ein bestehendes Recht einwirken oder einzuwirken bestimmt sind (Rdn. 8), etwa durch Belastung, Inhaltsänderung, Übertragung oder Aufhebung[80].

338 aa) Während § 185 BGB von der h.L. auf die Empfangsermächtigung (Ermächtigung des Gläubigers an einen Dritten, die geschuldete Leistung mit befreiender Wirkung in Empfang zu nehmen)[81] und die Einziehungsermächtigung (Ermächtigung des Gläubigers einer Forderung an einen Dritten, die Forderung im eigenen Namen gegen den Schuldner geltend zu machen)[82] ausgedehnt wird, ist eine

[78] Gleiches gilt für die Berücksichtigung der jeweiligen Interessen in diesem Drei-Personen-Verhältnis, wenn die Genehmigung versagt und das Geschäfts endgültig unwirksam wird (lies nur § 179 I-III BGB). Einzelheiten: Rdn. 452 ff.

[79] *O. Jauernig*, Anm. 3d vor § 104 BGB.

[80] BGH, 15.3.1951 IV ZR 9/50 BGHZ 1, 294 (304); MünchKomm (– *W. Thiele*) Rdn. 5 zu § 185 BGB.

[81] *D. Medicus*, AT § 60 II 1 (Rdn. 1005).

[82] *K. Larenz*, SchuldR AT § 34 V c (S. 597-600); *H. Hübner*, AT § 185 (Rdn. 38-40).

solche Erweiterung auf Verpflichtungsgeschäfte (Rdn. 8, sog. Verpflichtungsermächtigung) heftig umstritten[83].

Beispiel: D ermächtigt E, im eigenen (E's) Namen Verträge zu schließen, aus denen D verpflichtet werden soll. E schließt daraufhin mit G im eigenen Namen einen Vertrag. Ist D aus diesem Vertrag verpflichtet? Nach der wohl h.M. nicht[84]. Sie lehnt die entsprechende Anwendung des § 185 I BGB auf Verpflichtungsgeschäfte ab. Dem G kann es nämlich nicht gleichgültig sein, wer sein Schuldner ist. Seine Interessen verdienen vorrangige Beachtung. Daher bleibt der im eigenen Namen auftretende E dem G verpflichtet[85]. Aber eine Mitverpflichtung kann unproblematisch dadurch erreicht werden, daß E zugleich im eigenen und im Namen des D als dessen Vertreter auftritt (§§ 164, 427 BGB)[86]. So erfährt auch G die Namen aller seiner Schuldner.

bb) Trifft ein Nichtberechtigter[87] über einen Gegenstand eine 339
Verfügung *ohne Einwilligung* des Berechtigten, so ist diese Verfügung nicht etwa nichtig, sondern lediglich *schwebend unwirksam*[88]. Sie wird rückwirkend wirksam, wenn der *Berechtigte* sie genehmigt (§ 185 II 1, 1. Alt. BGB)[89]. Nichtberechtigt ist auch der Verfügungsberechtigte, der seine Verfügungsbefugnis überschreitet[90]. Für die Einzelheiten der Genehmigung gelten die allgemeinen Grundsätze der §§ 182, 184 BGB.

83 Zum Streitstand s. z.B. *D. Medicus*, AT § 60 II 1 (Rdn. 1006); *K. Larenz*, SchuldR AT § 17 IV (S. 232-234); *W. Flume*, AT § 57.1d (S. 905 ff.); MünchKomm (– *W. Thiele*) Rdn. 42-46 zu § 185 BGB.

84 Vgl. BGH, 21.12.1960 VIII ZR 89/59 BGHZ 34, 122 (125); *D. Medicus*, AT § 60 II 1 (Rdn. 1006); *K. Larenz*, SchuldR AT § 17 IV (S. 233); *W. Flume*, AT § 57.1d (S. 905 ff.); *H. Hübner*, AT § 50 VI 2 (Rdn. 710); MünchKomm (– *W. Thiele*) Rdn. 42 zu § 185 BGB.

85 *K. Larenz*, SchuldR AT § 17 IV (S. 233).

86 So zutreffend *D. Medicus*, AT § 60 II 1 (Rdn. 1006); s.a. *H. Hübner*, AT § 50 VI 2 (Rdn. 710); zum Teil abweichend *K. Larenz*, SchuldR AT § 17 IV (S. 233).

87 Nichtberechtigter i.S.d. § 185 ist auch der nichtverfügungsberechtigte Rechtsinhaber, etwa der Gemeinschuldner, s. nur MünchKomm (– *W. Thiele*) Rdn. 21-26 zu § 185 BGB.

88 *D. Medicus*, AT § 61 V (Rdn. 1030); MünchKomm (– *W. Thiele*) Rdn. 50 zu § 185 BGB.

89 Berechtigt muß der Genehmigende im Zeitpunkt der Genehmigung sein; andernfalls würde er in das Recht eines anderen, nämlich des wahren Berechtigten, eingreifen, BGH, 23.5.1989 IX ZR 135/88 BGHZ 107, 340 (341).

90 *BGH, 28.10.1988 V ZR 14/87 BGHZ 106, 1 (4).

Beispiel: Hat der geschäftstüchtige Neffe N ein wertloses Bild seiner Tante T um 12 Uhr für DM 200,-- veräußert, die T dagegen dasselbe Bild um 15 Uhr für DM 50,--, so ist trotz einer späteren Genehmigung des Geschäfts des N durch T nur das spätere Geschäft wirksam, da gemäß § 184 II BGB die in der Zwischenzeit (zwischen der Verfügung des Nichtberechtigten und der Genehmigung) getroffenen Verfügungen wirksam bleiben.

Außer durch Genehmigung kann die Verfügung schließlich in zwei weiteren Fällen Wirksamkeit erlangen, allerdings ohne Rückwirkung (sog. Konvaleszenz)[91]: Wenn der Verfügende den Gegenstand erwirbt (§ 185 II 1, 2. Alt. BGB) oder wenn er vom Berechtigten beerbt wird und dieser für die Nachlaßverbindlichkeiten unbeschränkt (vgl. §§ 1993 ff. BGB) haftet (§ 185 II 1, 3. Alt. BGB). Der Verfügende muß aber in allen Fällen des § 185 BGB im eigenen Namen handeln; handelt er im fremden Namen als Nichtberechtigter, so greift § 177 BGB ein[92].

340 cc) Das oben Rdn. 339 Ausgeführte gilt jedoch nur für zweiseitige Verfügungen eines Nichtberechtigten. Einseitige Verfügungsgeschäfte des Nichtberechtigten sind nach h.M. nur wirksam, wenn die Einwilligung des Berechtigten bereits bei der Vornahme der Verfügung vorlag[93]. Das ist im Gesetz zwar nicht ausdrücklich angeordnet, die Regelung der §§ 111, 180, 183 S. 1 BGB muß aber auch für diesen Fall gelten[94].

3. Zustimmung kraft Rechts- oder Interessenbeteiligung

341 Schließlich ist noch kurz auf die oben bereits genannte dritte Fallgruppe der zustimmungsbedürftigen Rechtsgeschäfte, der Zustimmung kraft Rechts- oder Interessenbeteiligung, einzugehen[95]. Hierunter fallen die meisten der gesetzlichen Zustimmungstatbestän-

[91] Einzelheiten bei *D. Medicus*, AT § 61 V (Rdn. 1031-1035; *H. Hübner*, AT § 50 V 3 (Rdn. 707-708).

[92] BGH, 15.6.1960 V ZR 191/58 BGHZ 32, 375 (382); *D. Medicus*, AT § 60 II 1 (Rdn. 1004).

[93] H.M.: MünchKomm (– *W. Thiele*) Rdn. 19 zu § 185 BGB; *K. Larenz*, AT § 24 (S. 485-486) und schon RG, 17.1.1935 IV 236/34 RGZ 146, 314 (316).

[94] *K. Larenz*, AT § 24 (S. 486 Fn. 3); noch weiter (auch für diesen Fall analoge Anwendung von § 180 BGB) *W. Flume*, AT § 54.6c.

[95] S. Rdn. 309; vgl. auch MünchKomm (– *W. Thiele*) Rdn. 4 vor § 182 BGB; *D. Medicus*, AT § 60 II 2 (Rdn. 1010-1111).

de, etwa die §§ 415, 876, 877, 1423 ff. BGB.[96] Ihnen ist gemeinsam, daß das Rechtsgeschäft des Handelnden nicht nur diesen selbst (und seinen Partner), sondern außerdem einen Dritten berührt. Eine ähnliche Struktur findet sich bei den ehegüterrechtlichen Vorschriften der §§ 1365-1366, 1369 BGB. Die Rechtsordnung bestimmt daher in diesen Fällen, daß die Wirksamkeit des Geschäfts von der Zustimmung dieses betroffenen und schutzwürdigen Dritten abhängt. Bis dahin ist das Geschäft schwebend unwirksam.

96 MünchKomm (– *W. Thiele*) Rdn. 4 vor § 182 BGB mit weiteren Beispielen.

Viertes Kapitel: Relativ unwirksame Rechtsgeschäfte[1]

I. Einleitung und Überblick

342 1. Von der in diesem Buch bereits dargestellten schwebenden Unwirksamkeit (Rdn. 308 ff.) ist die relative Unwirksamkeit[2] zu unterscheiden. Während bei ersterer das betreffende Rechtsgeschäft zunächst für und gegen *jedermann* unwirksam ist und erst nachträglich durch Genehmigung des hierzu Berechtigten Wirksamkeit erlangen kann (Rdn. 309), ist ein relativ unwirksames Rechtsgeschäft nur gegenüber *einer bestimmten Person* unwirksam, für alle anderen Teilnehmer am Rechtsverkehr dagegen rechtlich wirksam. Die Rechtsfigur der relativen Unwirksamkeit bezweckt also den Schutz bestimmter Einzelpersonen, die durch ein Rechtsgeschäft zwischen zwei oder mehreren anderen einen Nachteil erleiden würden[3]. Deren Schutzbedürfnis bewertet die Rechtsordnung höher als das der anderen Beteiligten. Der Konflikt zwischen den widerstreitenden (Vermögens-) Interessen der Beteiligten wird (u.a.

1 Zur Illustration der hier behandelten Fallgruppen der relativen Unwirksamkeit muß häufig auf das Sachenrecht (insbesondere das Grundstücksrecht) und das Recht der Zwangsvollstreckung zurückgegriffen werden. Vom Anfänger kann eine tiefergehende Kenntnis dieser Rechtsgebiete nicht erwartet werden. Er sollte aber zumindest den Text der angeführten Normen lesen und sich so einen Überblick über den Anwendungsbereich des Konfliktlösungsmodells der relativen Unwirksamkeit verschaffen.

2 Hierzu grundlegend *H. Beer*, Die relative Unwirksamkeit (Berlin 1975); weitere Literaturhinweise bei *D. Medicus*, AT § 45 (vor Rdn. 663). Zu den verschiedenen dogmatischen Deutungsversuchen der Konstruktion der relativen Unwirksamkeit s. *W. Flume*, AT § 17.6d (S. 356-361); *K. Larenz*, AT § 23 IV (S. 471); MünchKomm (– *Th. Mayer-Maly*) Rdn. 25-30 zu § 135 BGB; s. außerdem auch den kurzen Überblick bei *H. Köhler*, AT § 22 IV (S. 244).

3 Vgl. MünchKomm (– *Th. Mayer-Maly*) Rdn. 1 zu § 135 BGB; s. auch *H. Beer*, Die relative Unwirksamkeit (Berlin 1975) 115; *H. Brox*, AT Rdn. 302; *J. Denck*, „Die Relativität im Privatrecht", JuS 1981, 9-14 (12); *O. Jauernig*, Anm. 3c vor § 104 BGB, Anm. 1-3 zu §§ 135, 136 BGB; *E. Ruhwedel*, „Grundlagen und Rechtswirkungen sogenannter relativer Verfügungsverbote", JuS 1980, 161-168 (164).

mittels des Instruments relativer Verfügungsverbote[4]) im Grundsatz zugunsten des von der Rechtsordnung als schutzbedürftig Beurteilten gelöst: das Geschäft ist ihm gegenüber unwirksam. Der Eingriff der Rechtsordnung bleibt allerdings streng auf das konkrete Schutzbedürfnis des Geschützten beschränkt[5]. Das Geschäft ist *nur* ihm gegenüber unwirksam, allen anderen Teilnehmern am Rechtsverkehr gegenüber dagegen wirksam. Anders als etwa bei der Nichtigkeit oder Anfechtbarkeit hält sich die Rechtsordnung hier deutlich zurück, da die Rechtsinteressen der Allgemeinheit nicht berührt sind.

2. Seinen gesetzlichen Niederschlag hat dieses Konfliktlösungs- 343
modell vor allem in den §§ 135-136 BGB gefunden. Dabei bildet § 135 BGB die Grundnorm. Er bestimmt als Rechtsfolge einer entgegen einem gesetzlichen Veräußerungsverbot vorgenommenen (oder im Wege der Zwangsvollstreckung oder Arrestvollziehung erfolgten) Verfügung[6] deren relative Unwirksamkeit gegenüber dem durch das Verbot Geschützten. § 135 II BGB schützt dagegen den guten Glauben desjenigen, dem gegenüber die Verfügung vorgenommen wurde. Für gerichtliche und behördliche Veräußerungsverbote verweist § 136 BGB mit demselben Ziel auf § 135 BGB.

Beachte: Eine ähnliche Struktur wie § 135 BGB weist § 161 BGB auf (beide Vorschriften nebeneinander lesen!). § 161 BGB regelt die Wirksamkeit sog. *Zwischenverfügungen.* Dies sind Verfügungen, die während der Schwebezeit zwischen einer unter einer Bedingung oder Befristung (lies §§ 158, 163 BGB!) vorgenommenen Verfügung und dem Eintritt der Bedingungen oder Befristung vorgenommen werden (Rdn. 94 ff.). Solche Zwischenverfügungen sind nach § 161 BGB insoweit unwirksam, als sie die von der Bedingungen/Befristung abhängige Wirkung vereiteln oder beeinträchtigen würden. § 161 III BGB enthält eine § 135 II BGB entsprechende Gutglaubensregelung. Der Rechtsinhaber ist demnach in seiner Verfügungsmacht beschränkt. Hat V also unter der aufschiebenden Bedingungen vollständiger Kaufpreiszahlung dem

4 Dazu sogleich unten Rdn. 345-357.

5 MünchKomm (– *Th. Mayer-Maly*) Rdn. 1 zu § 135 BGB; *J. Denck*, „Die Relativität im Privatrecht", JuS 1981, 9-14 (12).

6 Zur Wiederholung: Verfügungen sind Rechtsgeschäfte, die unmittelbar auf ein bestehendes Recht einwirken oder einzuwirken bestimmt sind, etwa durch Belastung, Übertragung, Inhaltsänderung oder Aufhebung (s. BGH, 15.3.1951 IV ZR 9/50 BGHZ 1, 294 [304]); Rdn. 8, 337.

K eine Sache verkauft und übereignet (§§ 433, 929 S. 1 BGB)[7], so ist eine hiernach vorgenommene erneute Übereignung der Sache durch V an den bösgläubigen D gem. § 161 I 1 BGB unwirksam, wenn K jetzt den vollen Kaufpreis bezahlt. Im Unterschied zu §§ 135, 136 BGB ist jedoch diese Unwirksamkeit keine relative, sondern eine absolute[8]: Jedermann kann sich auf sie berufen. Der bedingt Berechtigte (hier der K) kann jedoch entsprechend § 185 BGB durch Einwilligung oder Genehmigung der Verfügung Wirksamkeit verleihen[9].

344 3. *Relative* Unwirksamkeit ist außerdem im Fall der Vormerkung (§§ 883 ff. BGB)[10] vorgesehen: V verkauft sein Grundstück an K (§§ 433 I, 313 BGB). K läßt sich seinen Übereignungsanspruch aus § 433 I 1 BGB gegen V durch Eintragung einer Vormerkung im Grundbuch sichern (lies §§ 883, 885 BGB!). Gleichwohl ist V in keiner Weise daran gehindert, das Grundstück wirksam an einen Dritten zu übereignen (§§ 873, 925 BGB): Da V noch nicht an K übereignet hatte, ist V noch Eigentümer des Grundstücks, als Eigentümer auch im Grundbuch eingetragen und damit verfügungsberechtigt. Erst mit der Übereignung an D verliert V sein Eigentum am Grundstück, wird D neuer Eigentümer gegenüber jedermann außer gegenüber K: § 883 II BGB ordnet hier die relative Unwirksamkeit der Verfügung des V, also der Übereignung an D, an. K kann nun von D gem. § 888 BGB die Zustimmung zu seiner Eintragung in das Grundbuch verlangen[11].

II. Der Regelungsbereich der §§ 135, 136 BGB

1. Grundsätzlicher Anwendungsbereich

345 Die §§ 135, 136 BGB regeln einen sehr viel weiteren Bereich, als es ihr Wortlaut vermuten läßt. Beide Vorschriften sprechen zwar (nur) von *Veräußerungs*verboten; da sie aber andererseits auf Verfü-

[7] Zur Übereignung beweglicher Sachen vgl. *H.P. Westermann*, Grundbegriffe 108-111.

[8] RG, 29.3.1911 Rep. V 335/10 RGZ 76, 89 (91); *J. v. Staudinger* (– *H. Dilcher*) Rdn. 10 zu § 161 BGB.

[9] RG, 29.3.1911 Rep. V 335/10 RGZ 76, 89 (91); *J. v. Staudinger* (– *H. Dilcher*) Rdn. 11 zu § 161 BGB.

[10] Dazu *H.P. Westermann*, Grundbegriffe 124-125.

[11] *Für Vorgerückte:* Weitere Fälle der relativen Unwirksamkeit finden sich in den §§ 1124 II und 1126 S. 3 BGB (lesen!).

gungen Bezug nehmen (s. § 135 S. 1 und 2 BGB), werden sie von der h.L. weit verstanden und als Normen über die Verletzung von *Verfügungs*verboten gelesen[12]. *Verpflichtungs*verbote werden im Gegensatz dazu aber nicht erfaßt (Abstraktionsprinzip!)[13]. Den rechtsgeschäftlichen Verfügungen stellt § 135 I 2 BGB solche gleich, die im Wege der Zwangsvollstreckung oder Arrestvollziehung erfolgen[14].

2. Ausdehnung auf Erwerbsverbote?

Eine umstrittene reichsgerichtliche Rechtsprechung hat den Anwen- 346
dungsbereich der §§ 135, 136 BGB schließlich auch auf *Erwerbs*verbote ausgedehnt. Grundlegend hierfür war die Entscheidung des Reichsgerichts vom 21. Juni 1927[15]:

Beispiel: V verkaufte sein Grundstück an K. Im notariellen Kaufvertrag (§ 313 BGB!) wurde aber ein geringerer als der tatsächlich vereinbarte Kaufpreis angegeben (sog. *Schwarzkauf*[16]). Der Vertrag war damit zwar gem. §§ 313, 125 BGB zunächst formnichtig, hätte aber, da V die Auflassung (§§ 873, 925 BGB) bereits erklärt hatte, durch Eintragung des K in das Grundbuch zum vereinbarten Preis wirksam werden können (lies §§ 873, 117 II, 313 S. 2 BGB [Heilung des Formmangels]). Nach Abschluß des Vertrags und Erklärung der Auflassung bekam V aber Reue wegen des Verkaufs und erwirkte gegen K eine einstweilige Verfügung gem. §§ 935, 938 II ZPO, die dem K untersagte, den Antrag auf Eintragung als Eigentümer des Grundstücks in das Grundbuch zu stellen.

Das Reichsgericht hat in diesem Beispielsfall die einstweilige Verfügung als Erwerbsverbot angesehen und dieses einem gerichtlichen Verfügungsverbot i.S.d. §§ 135, 136 BGB gleichgestellt, weil die „Anforderungen des Rechtsverkehrs" dazu nötigten[17]. Es ist

12 *W. Flume*, AT § 17.6a (S. 351); *H.Th. Soergel* (– W. Hefermehl) Rdn. 1 zu §§ 135, 136 BGB; *K. Larenz*, AT § 23 IV (S. 472); *J. v. Staudinger* (– *H. Dilcher*) Rdn. 1 zu § 135 BGB.

13 S. etwa *H.Th. Soergel* (– *W. Hefermehl*) Rdn. 4 zu §§ 135, 136 BGB.

14 Einzelheiten bei MünchKomm (– *Th. Mayer-Maly*) Rdn. 37-43 zu § 135 BGB.

15 RG, 21.6.1927 III 282/26 RGZ 117, 287.

16 *D. Medicus*, AT § 40 I 2 (Rdn. 595).

17 RG, 21.6.1927 III 282/26 RGZ 117, 287 (291). Eine Kondiktion der Auflassungserklärung des V nach § 812 I 1, 1. Alt. BGB kam hier nicht mehr in Betracht, weil der klagende V im Vorprozeß bereits mit der Kondik-

allerdings zu Recht darauf hingewiesen worden, daß der (gesetzwidrig handelnde) Schwarzverkäufer nicht schutzwürdig ist und dessen angebliches Schutzbedürfnis die dargestellte Rechtsprechung schwerlich rechtfertigen kann[18]. Sie widerspricht zudem grundbuchrechtlichen Prinzipien[19] und dem Wortlaut und Sinn von § 313 S. 2 BGB[20]. Zudem ist auch kein Bedürfnis für die vom Reichsgericht vorgenommene Gleichsetzung von Verfügungs- und Erwerbsverboten erkennbar: Verfügung und Erwerb sind nicht miteinander vergleichbar, da es keine der Verfügungsbefugnis entsprechende Erwerbsbefugnis gibt[21]. Auch wertungsmäßig ist es nicht geboten, dem Schwarzverkäufer noch dann die Möglichkeit zu geben, den Eigentumserwerb des Schwarzkäufers zu verhindern, wenn er bereits alles getan hat, um eben diesen Erwerb zu ermöglichen[22]. Der Verkäufer muß sich im Interesse der Rechtssicherheit an seiner einmal abgegebenen Erklärung festhalten lassen. Es ist nicht erforderlich, zusätzlich zu den vorhandenen gesetzlich vorgesehenen Möglichkeiten, ein Rechtsgeschäft rückgängig zu machen (z.B. Anfechtung, vertragliche Vereinbarung eines Rücktrittsrechts), eine weitere derartige Kategorie zu schaffen. Gleichwohl und ohne sich mit der gut begründeten Kritik auseinanderzusetzen hält auch die neuere Rechtsprechung an den vom Reichsgericht aufgestellten Grundsätzen zum Erwerbsverbot fest[23].

tionsklage gescheitert war. Sie wäre auch wegen § 814 BGB sehr zweifelhaft gewesen und zudem durch das zwischenzeitliche Wirksamwerden des Kaufs (Eintragung des K!) leergelaufen, da nunmehr ein Rechtsgrund bestanden hätte: s. *D. Medicus*, AT § 45 II 1 (Rdn. 665).

18 *W. Flume*, AT § 17.6e (S. 362).

19 S. dazu *W. J. Habscheid*, „Richterliches Erwerbsverbot und Grundbuchrecht", in Festschrift für G. Schiedermair (München 1976) 245-255.

20 *W. Flume*, AT § 17.6e (S. 362); *D. Medicus*, AT § 45 II 1 (Rdn. 665).

21 *K. Larenz*, AT § 23 IV (S. 475); *D. Medicus*, AT § 40 II 1 (Rdn. 665); das Reichsgericht hat in besonders gelagerten Fällen den Veräußerungsverboten jedoch ein entsprechendes Erwerbsverbot gleichgestellt: RG, 21.6.1927 III 282/26 RGZ 117, 287 (291); 4.2.1928 V 117/27 RGZ 120, 118; zustimmend MünchKomm (– *Th. Mayer-Maly*) Rdn. 9 zu § 136 BGB.

22 *K. Larenz*, AT § 23 IV (S. 475).

23 BGH, 27.10.1982 V ZR 136/81 NJW 1983, 565.

3. Absolute Verfügungsverbote und Beschränkung der Verfügungsmacht

Nicht unter die Regelung der §§ 135, 136 BGB fallen dagegen *absolute* Verfügungsverbote sowie bloße Beschränkungen der Verfügungsmacht[24]. 347

a) *Absolute* Verfügungsverbote (im Gegensatz zu relativen Verfügungsverboten) bezwecken den Schutz der Allgemeinheit und nicht nur einzelner Mitglieder derselben[25]. Der Verstoß gegen ein solches Verbot macht die Verfügung gegenüber jedermann, also absolut, unwirksam[26]. Als Beispiel[27] können hier die §§ 3 und 4 LebensmittelG genannt werden, nach denen die Veräußerung gesundheitsschädlicher Lebensmittel untersagt ist (Rdn. 161). Bei einer Verletzung solcher Normen greift § 134 BGB ein (Rdn. 158 ff.)[28]. 348

b) In den Fällen von Beschränkungen der Verfügungsmacht ist ein gesondertes Verbot zum Schutz einer bestimmten Person entbehrlich, weil der Rechtsinhaber hier von vorneherein nicht frei über sein Recht verfügen kann. Daher greifen die §§ 135, 136 BGB hier ebenfalls nicht ein[29]. 349

Beispiel (für Vorgerückte)[30]:

Ein Mitkommanditist einer Kommanditgesellschaft (§§ 161 I und II HGB i.V.m. §§ 705 ff. BGB) verkauft seinen Gesellschaftsanteil (vgl. § 718 BGB) entgegen dem Übertragungsverbot des § 719 I BGB (lesen!) an einen Gesellschaftsfremden. Das Reichs-

24 *O. Palandt* (– *H. Heinrichs*) Rdn. 2 zu §§ 135-136 BGB; *D. Medicus*, AT § 40 II 2 (Rdn. 666, 669); *H.Th. Soergel* (– *W. Hefermehl*) Rdn. 2-3 zu §§ 135-136 BGB.

25 Vgl. *H.Th. Soergel* (– *W. Hefermehl*) Rdn. 2, 5 zu §§ 135-136 BGB.

26 *H.Th. Soergel* (– *W. Hefermehl*) Rdn. 5 zu §§ 135-136 BGB.

27 Zusätzliche Beispiele sind nach h.A. die §§ 1365, 1369 BGB: vgl. BGH, 13.11.1963 V ZR 56/62 BGHZ 40, 218 (219-220); 25.6.1980 IVb 516/80 BGHZ 77, 293 (295-300); *O. Palandt* (– *U. Diederichsen*) Rdn. 1 zu § 1365 BGB; weitere Beispiele finden sich bei MünchKomm (– *Th. Mayer-Maly*) Rdn. 9 zu § 135 BGB; *J.v. Staudinger* (– *H. Dilcher*) Rdn. 7 zu § 135 BGB.

28 MünchKomm (– *Th. Mayer-Maly*) Rdn. 6 zu § 135 BGB; *O. Palandt* (– *H. Heinrichs*) Rdn. 2 zu §§ 135, 136 BGB.

29 *D. Medicus*, AT § 45 II 2 (Rdn. 669); *O. Palandt* (– *H. Heinrichs*) Rdn. 2 zu §§ 135, 136 BGB.

30 Nach BGH, 28.4.1954 II ZR 8/53 BGHZ 13, 179.

gericht[31] hatte hier die relative Unwirksamkeit der Übertragung gegenüber den anderen Mitgesellschaftern gem. § 135 BGB angenommen, da § 719 I BGB nur deren Schutz bezwecke und daher ein gesetzliches relatives Verfügungsverbot sei. Der Bundesgerichtshof[32] hat dagegen in § 719 I BGB eine bloße Verfügungsbeschränkung gesehen. Die Veräußerung des Anteils eines Gesellschafters stelle einen Eingriff in die Rechtssphäre der anderen Gesellschafter dar, der schon nach allgemeinen Grundsätzen der Zustimmung der anderen Betroffenen bedürfe[33]. § 719 I BGB habe daher insoweit nur eine Klarstellungsfunktion; ein Verstoß gegen die Vorschrift führe zur schwebenden Unwirksamkeit des Übertragungsgeschäfts[34], die die Mitgesellschafter durch Erteilung der Zustimmung beenden können.

III. Eigentlicher Anwendungsbereich der §§ 135 und 136 BGB

350 Bereits aus dem eben Dargestellten ergibt sich, daß der eigentliche Anwendungsbereich des § 135 BGB eher *klein* ist, da die meisten gesetzlichen Veräußerungsverbote entweder absolute Verfügungsverbote oder Beschränkungen der Verfügungsmacht darstellen, die nicht in den Anwendungsbereich dieser Norm fallen[35].

1. Gerichtliche und behördliche Verfügungsverbote

351 Nach ganz h.A. hat § 135 überhaupt keinen unmittelbaren Anwendungsbereich im Rahmen des BGB[36]. Seine Bedeutung erschöpft

31 RG, 24.4.1918 Rep. V 5/18 RGZ 92, 398 (401); s.a. RG, 18.9.1918 Rep. V 80/18 RGZ 93, 292 (294).

32 BGH, 28.4.1954 II ZR 8/53 BGHZ 13, 179.

33 BGH, 28.4.1954 II ZR 8/53 BGHZ 13, 179 (184).

34 Heute h.M.; s. BGH, 28.4.1954 II ZR 8/53 BGHZ 13, 179; *W. Flume*, AT § 17.6b (S. 352); *O. Palandt* (– *H. Thomas*) Rdn. 3 zu § 719 BGB; *J.v. Staudinger* (– *H. Dilcher*) Rdn. 3 zu § 135 BGB.

35 So auch *D. Medicus*, AT § 45 II 2 (Rdn. 670).

36 *W. Flume*, AT § 17.4c (S. 355); *O. Jauernig*, Anm. 1d zu §§ 135, 136 BGB; *K. Larenz*, AT § 23 IV (S. 472); *D. Medicus*, AT § 45 II 2 (Rdn. 671); *J.v. Staudinger* (– *H. Dilcher*) Rdn. 9 zu § 135 BGB mit Beispielen für gesetzliche Verfügungsverbote außerhalb des BGB; a.A. aber z.B. *O. Palandt* (– *H. Heinrichs*) Rdn. 3 zu §§ 135, 136 BGB und *O. Palandt* (– *H. Putzo*) Rdn. 2 zu § 514 BGB.

sich darin, daß § 136 BGB für die gerichtlichen und behördlichen Veräußerungsverbote auf seine Rechtsfolge verweist[37].

a) Bei den *gerichtlichen* Verfügungsverboten ist zunächst das im 352
Wege der einstweiligen Verfügung nach §§ 935, 938 II ZPO anzusprechende Verbot zu nennen[38]. *Einstweilige Verfügungen* sichern die Verwirklichung von anderen Ansprüchen als Geldansprüchen; zur Sicherung von Geldansprüchen sieht das Gesetz den Arrest nach §§ 916 ff. ZPO vor[39].

Beispiel: Befürchtet der Käufer einer Sache, daß der Verkäufer seinen auf Eigentumserwerb gerichteten Erfüllungsanspruch (§ 433 I 1 BGB) vereiteln will und die Sache an einen Dritten veräußert, so kann er gegen den Verkäufer beim zuständigen Gericht den Erlaß einer einstweiligen Verfügung beantragen, welche dem Verkäufer die Übereignung der Kaufsache an Dritte untersagt. Diese einstweilige Verfügung stellt ein gerichtliches Veräußerungsverbot i.S.d. §§ 135, 136 BGB für den Verkäufer dar, deren Rechtsfolgen daher bei einer entgegen dem durch die einstweilige Verfügung ausgesprochenen Verbot vorgenommenen Verfügung eintreten. Wird die Sache dennoch in Verletzung des gerichtlichen Veräußerungsverbots übereignet, so wird der Erwerber gegenüber der Allgemeinheit Eigentümer, dagegen bleibt im Verhältnis zum Geschützten das Eigentum beim Veräußerer.

b) Ein weiterer wichtiger Fall des gerichtlichen Verfügungsver- 353
bots ist die *Pfändung* von Forderungen und Rechten nach §§ 829 I, 857 ZPO[40]. Im Falle der Forderungspfändung spricht das Gericht gegenüber einem Drittschuldner das Verbot aus, an den Schuldner zu zahlen. Der Schuldner bleibt zwar weiterhin Inhaber der Forderung, darf aber keine Verfügungen vornehmen, die die Stellung seines Gläubigers beeinträchtigen könnten[41].

37 *K. Larenz*, AT § 23 IV (S. 472); *D. Medicus*, AT § 45 II 2 (Rdn. 671).

38 RG, 7.3.1932 VI 447/31 RGZ 135, 378 (384); *H. Köhler*, AT § 22 IV.

39 Einzelheiten werden in den Vorlesungen zum Zwangsvollstreckungsrecht erörtert; als Lektüre für besonders Interessierte sei empfohlen *O. Jauernig*, Zwangsvollstreckungs- und Konkursrecht (18. Aufl. München 1987) §§ 34-37 (S. 145-160).

40 RG, 9.11.1934 VII 185/34 RGZ 145, 328 (332); BGH, 22.12.1971 VIII ZR 162/70 BGHZ 58, 25; *H. Köhler*, AT § 22 IV.

41 *H. Thomas/H. Putzo*, Zivilprozeßordnung. Kommentar (15. Aufl. München 1987) Anm. 6c zu § 829 ZPO; *W. Münzberg*, in *F. Stein/M. Jonas*, Zivilprozeßordnung. Kommentar (20. Aufl. Tübingen 1983) Rdn. 89 ff. zu § 829 ZPO.

354 c) Zu erwähnen sind in diesem Zusammenhang auch noch die *Zahlungssperre* nach § 1019 ZPO während eines Aufgebotsverfahrens, die Grundstücksbeschlagnahme nach §§ 20, 23 I, 146 I ZVG sowie das *Veräußerungsverbot* des Konkursgerichts nach § 106 I 3 KO[42].

355 d) In den Bereich der *behördlichen* Verfügungsverbote gehört in erster Linie die durch einen Gerichtsvollzieher vorzunehmende Pfändung beweglicher Sachen gem. §§ 803 I, 804 I ZPO[43]. Anders als bei der Pfändung von Forderungen, wo das Verfügungsverbot vom zuständigen Vollstreckungsgericht (§ 828 I ZPO) ausgesprochen wird, erfolgt die Pfändung beweglicher Sachen durch den Gerichtsvollzieher (§ 753 ZPO). Dieser aber nimmt die Pfändung unter eigener Verantwortung und in Ausübung staatlicher Vollstreckungsgewalt wahr; bei der Ausübung der Vollstreckungshandlung handelt er weder als Vertreter des Gerichts noch als Vertreter des Gläubigers[44]. Als weiteres Beispiel eines (sonst seltenen) behördlichen Verfügungsverbots sei noch der Enteignungsbeschluß gem. § 113 BauGB[45] genannt.

2. Rechtsgeschäftlich vereinbarte Verfügungsverbote

356 Von den in § 136 BGB angesprochenen gerichtlichen und behördlichen Veräußerungsverboten sind *rechtsgeschäftlich vereinbarte Veräußerung- und Verfügungsverbote* zu unterscheiden. Sie *führen nicht zur relativen Unwirksamkeit* der verbotswidrig vorgenommenen Verfügung[46], sondern begründen nur die schuldrechtliche Verpflichtung, diese Verfügung zu unterlassen (§ 137 BGB). Bei einem Verstoß gegen ein solches Verbot ist die Verfügung uneingeschränkt wirksam, der Verfügende macht sich aber nach allgemeinen schuldrechtlichen Grundsätzen (lies §§ 280, 282, 276 BGB) schadenersatzpflichtig[47].

42 Zu weiteren Fällen gerichtlicher Verfügungsverbote vgl. *H.Th. Soergel* (– *W. Hefermehl*) Rdn. 17 zu §§ 135-136 BGB.

43 *L. Rosenberg*, *H.F. Gaul*, *E. Schilken*, Zwangsvollstreckungsrecht (10. Aufl. München 1987) § 50 III 2; vgl. auch den instruktiven Fall bei H. Köhler, PdW BGB AT Fall 78 (S. 98-100).

44 *L. Rosenberg*, *H.F. Gaul*, *E. Schilken*, Zwangsvollstreckungsrecht (10. Aufl. München 1987) § 25 II.

45 I.d.F. der Bekanntmachung vom 8.12.1986 (BGBl I.2253).

46 *H. Brox*, AT Rdn. 303.

47 Vgl. BGH, 30.9.1959 V ZR 66/58 BGHZ 31, 13 (19); *U. Diederichsen*, AT

Beispiel: Erteilt etwa der Kunstliebhaber E dem Kunstsachverständigen V eine Vollmacht zur Veräußerung seines wertvollen Van Gogh und enthält die von E unterzeichnete Vollmachtsurkunde den Passus „Eine Veräußerung des Gemäldes durch E ist ausgeschlossen", bleibt die Verfügungsbefugnis des Vollmachtgebers E gleichwohl unberührt. Denn diese kann auch nicht im Geschäftsinteresse des Bevollmächtigten V durch einen in der Vollmacht ausgesprochenen Verzicht auf die Verfügung im eigenen Namen ausgeschlossen werden, da dies gegen § 137 S. 1 BGB verstieße. Eine den Vollmachtgeber E „verdrängende Vollmacht" mit dinglicher Wirkung gibt es nach geltendem Recht nicht[48]. Eine entsprechende schuldrechtliche Verpflichtung des Vollmachtgebers ist natürlich wirksam (§ 137 S. 2 BGB).

Zur Vertiefung: Ein rechtsgeschäftliches Veräußerungsverbot ist auch in § 399, 2. Alt. BGB geregelt. Ein solches sog. *pactum de non cedendo* ist nach dieser Vorschrift für Forderungen zulässig und wirksam. § 399, 2. Alt. BGB wird von der h.A. nicht als Ausnahmebestimmung zu § 137 BGB, sondern als Inhaltsbestimmung der betreffenden Forderung verstanden, welche gar nicht erst als veräußerliche entstehe[49]. Eine gegen § 399, 2. Alt. BGB verstoßende Verfügung ist daher absolut unwirksam. Eine Vereinbarung des Abtretungsausschlusses gem. § 399, 2. Alt. BGB führt also zur Unübertragbarkeit der Forderung.

Nach h.A.[50] kann aber auch ein rechtsgeschäftliches Veräußerungs- und Verfügungsverbot durch *Vereinbarung einer auflösenden Bedingung* (lies § 158 II BGB!, Rdn. 97) dingliche Wirkung entfalten: Die Parteien einer Eigentumsübertragung (lies

Rdn. 352; *D. Medicus*, AT § 45 III 2; *H.Th. Soergel* (– *W. Hefermehl*) Rdn. 11 zu § 137 BGB.

48 BGH, 13.5.1971 VII ZR 310/69 WM 1971, 956 (957).

49 BGH, 13.1.1956 V ZB 49/55 BGHZ 19, 355 (359); 14.10.1963 VII ZR 33/62 BGHZ 40, 156 (160); 27.5.1971 VII ZR 85/69 BGHZ 56, 228 (231); *H. Beer*, Die relative Unwirksamkeit (Berlin 1975) 180; *H. Hübner*, AT § 39 IV (Rdn. 527); *H.Th. Soergel* (– *W. Hefermehl*) Rdn. 6 zu § 137 BGB; *J. v. Staudinger* (– *H. Dilcher*) Rdn. 13 zu § 137 BGB. Der Streit wird aber allgemein als „nicht wichtig" bezeichnet, s. MünchKomm (– *Th. Mayer-Maly*) Rdn. 20 zu § 137 BGB.

50 BayObLG, 16.11.1977 BReg. 2 Z 62/77 NJW 1978, 700; OLG Düsseldorf, 3.8.1983 9 U 35/83 OLGZ 1984, 90; *H. Hübner*, AT § 39 IV (Rdn. 527); *D. Medicus*, AT § 52 III 2 (Rdn. 852); MünchKomm (– *Th. Mayer-Maly*) Rdn. 15 zu § 137 BGB; *O. Palandt* (– *H. Heinrichs*) Rdn. 2-3 zu § 137 BGB; *J. v. Staudinger* (– *H. Dilcher*) Rdn. 6 zu § 137 BGB.

§§ 929-931 BGB) vereinbaren, daß das Eigentum an den ursprünglichen Eigentümer zurückfällt, wenn der Erwerber abredewidrig über die Sache verfügt[51]. Im Ergebnis kommt die Vereinbarung einer solchen Bedingung einem nach § 137 BGB eigentlich unzulässigen rechtsgeschäftlich vereinbarten Verfügungsverbot gleich: der Erwerber darf nicht abredewidrig verfügen. Doch wird die Zulässigkeit einer solchen Abrede damit begründet, daß die Parteien sich gesetzlich vorgesehener Gestaltungsmöglichkeiten bedienen. In den §§ 161, 883, 2113 und 2115 BGB werden nämlich von Gesetzes wegen Ansprüche mit Drittwirkung gegen Zwischenverfügungen geschützt[52].

3. Rechtsfolge von Verstößen gegen ein Veräußerungsverbot

357 Rechtsfolge eines Verstoßes gegen ein *Veräußerungsverbot i.S.v. §§ 135, 136 BGB* ist die oben (Rdn. 342-344) schon kurz umrissene relative Unwirksamkeit der verbotswidrigen Verfügung: diese ist nur dem Geschützten gegenüber unwirksam. Eine Ausnahme macht § 135 II BGB für den Fall, daß der Erwerber *gutgläubig* ist. Der gute Glaube muß sich dabei auf das Nichtbestehen des relativen Verfügungsverbots beziehen[53]. § 135 II BGB verweist hierfür auf die Erwerbstatbestände des BGB, also für bewegliche Sachen auf die §§ 932 ff., 1032, 1207, 1244 BGB (s.a. § 366 HGB!); für Grundstücksrechte auf die §§ 892 ff., 1138, 1155 BGB, und für Forderungen auf die §§ 407, 408 BGB[54] (alle Vorschriften gründlich lesen!). Diese werden aber insofern erweitert, als sie nicht nur auf den Erwerb vom Nichtberechtigten anwendbar sind, sondern auch auf den Erwerb von einem durch ein Verfügungsverbot betroffenen Berechtigten[55]. Der Gutglaubensschutz greift aber nur bei *rechtsgeschäftlichem* Erwerb ein; bei Erwerb im Wege der Zwangsvollstreckung ist er ausgeschlossen[56].

51 Vgl. *H. Hübner*, AT § 39 IV (Rdn. 527); *D. Medicus*, AT § 52 III 2 (Rdn. 852).
52 *D. Medicus*, AT § 52 III 2 (Rdn. 852).
53 RG, 20.6.1917 Rep. V 70/17 RGZ 90, 335 (338); *K. Larenz*, AT § 23 IV (S. 473); *J. v. Staudinger* (– *H. Dilcher*) Rdn. 12 zu § 135 BGB.
54 Einzelheiten bei *W. Flume*, AT § 17.6 (S. 360); *J. v. Staudinger* (– *H. Dilcher*) Rdn. 12-14 zu § 135 BGB.
55 So zutr. *D. Medicus*, AT § 45 II 3 (Rdn. 674).
56 H.A.: RG, 12.3.1914 Rep. V 368/13 RGZ 84, 265 (280); 20.6.1917 Rep. V 70/17 RGZ 90, 335 (338); *Larenz*, AT § 23 IV (S. 475); MünchKomm (– *Th. Mayer-Maly*) Rdn. 43 zu § 135 BGB; *O. Palandt* (– *H. Heinrichs*)

Beispiel: Verkauft (§ 433 I BGB) und übereignet (§ 929 S. 1 BGB) der Verkäufer in dem Beispiel oben Rdn. 352 entgegen der einstweiligen Verfügung die Kaufsache an einen Dritten, der von der einstweiligen Verfügung nichts weiß, so wird der Dritte gegenüber jedermann Eigentümer, da er hinsichtlich der Verfügungsbefugnis des Verkäufers gutgläubig ist: §§ 135 II, 932 I 1 BGB. Das Verfügungsverbot hat keine Wirkung, so daß der Käufer auf Schadenersatzansprüche gegen den Verkäufer beschränkt ist.

Der Schutz des Verbotsbegünstigten durch die relative Unwirksamkeit reicht also nicht sehr weit: sobald Allgemeininteressen (Verkehrsschutz!) ihre Berücksichtigung fordern, tritt das Individualinteresse des Geschützten zurück.

IV. Geltendmachung der relativen Unwirksamkeit

Das Individualinteresse wird von der Rechtsordnung in diesem 358
Zusammenhang auch nicht als so bedeutend angesehen, daß die relative Unwirksamkeit etwa von Amts wegen berücksichtigt würde[57]. Vielmehr muß der Geschützte sie geltend machen. Wie dies zu geschehen hat, richtet sich nach dem Objekt der relativ unwirksamen Verfügung. Nachfolgend seien die wichtigsten Fallgruppen herausgegriffen[58].

1. Grundstücke

Bei Grundstücken sind die Vorschriften über die Vormerkung 359
(§§ 883 II, 888 BGB) entsprechend anzuwenden[59]. Der Geschützte hat gegen den Erwerber Anspruch auf Zustimmung zu seiner Eintragung in das Grundbuch und auf Löschung der Eintragung des Erwerbers. Vom Veräußerer kann er Auflassung und Eintragung

[57] MünchKomm (– *Th. Mayer-Maly*) Rdn. 31 zu § 135 BGB; *J. v. Staudinger* (– *H. Dilcher*) Rdn. 15 zu § 135 BGB.

[58] Zur Wirkung der relativen Unwirksamkeit in Zwangsvollstreckung und Konkurs s. MünchKomm (– *Th. Mayer-Maly*) Rdn. 35-36 zu § 135 BGB.

[59] MünchKomm (– *Th. Mayer-Maly*) Rdn. 32 zu § 135 BGB; *O. Palandt* (– *H. Heinrichs*) Rdn. 7 zu §§ 135, 136 BGB; *J. v. Staudinger* (– *H. Dilcher*) Rdn. 16 zu § 135 BGB; *H.P. Westermann*, Grundbegriffe 124-125; zur Vormerkung s. auch Rdn. 344.

verlangen und behält seinen normalen Erfüllungsanspruch (s. schon das Beispiel in Rdn. 344)[60].

2. Bewegliche Sachen

360 Bei beweglichen Sachen kann der Geschützte, dem gegenüber ja die verbotswidrige Verfügung unwirksam ist, vom Veräußerer Übereignung verlangen.

Für Vorgerückte: Fraglich ist, wie dies sachenrechtlich zu konstruieren ist[61]. Nach h.A. soll der Geschützte vom Veräußerer Abtretung seines (des Veräußerers) Herausgabeanspruchs aus § 985 BGB gegen den Erwerber verlangen können und sodann, nachdem er nunmehr gem. §§ 929 S. 1, 931 BGB Eigentum erworben hat, die Sache gem. § 985 BGB vom Erwerber herausverlangen können. Obwohl der Veräußerer wirksam an den Erwerber veräußert hatte (diese Übereignung war ja gem. §§ 135, 136 BGB nur im Verhältnis des Geschützten zum Erwerber unwirksam) soll unterstellt werden, daß er weiterhin einen Herausgabeanspruch gegen den Erwerber hat, weil anders der Zweck der relativen Unwirksamkeit nicht zu erreichen sei[62]. Nach einer Mindermeinung steht dem Geschützten ein direkter Herausgabeanspruch gegen den Erwerber zu[63]. Keine dieser Konstruktionen erscheint einleuchtend. Der BGH läßt in seiner jüngsten Stellungnahme ausdrücklich offen, auf welche Weise der Geschützte vom Veräußerer Eigentum erwirbt: letzterer habe jedenfalls noch die Rechtsmacht, ihm dieses zu verschaffen[64]. Eine

[60] Zur Durchsetzung des Schutzes der Vormerkung s. *K. H. Schwab & H. Prütting*, Sachenrecht (23., neubearbeitete Aufl. München 1991) § 18 IV (S. 71-72).

[61] *BGH, 7.6.1990 IX ZR 237/80 BGHZ 111, 364 = JZ 1991, 40-41 (krit. *Th. Mayer-Maly*) = NJW 1990, 2459 (mit gutem Überblick über den Meinungsstand); vgl. auch *J. Kohler*, „Eigentumserwerb des durch Verfügungsverbot Geschützten an verbotswidrig veräußerten Mobilien", Jura 1991, 349-352; *D. Coester-Waltjen*, JK 1991, BGB § 135/1.

[62] *H. Brox*, AT Rdn. 302; *K. Larenz*, AT § 23 IV (S. 473); *J. v. Staudinger* (– *H. Dilcher*) Rdn. 16 zu § 135 BGB.

[63] MünchKomm (– *Th. Mayer-Maly*) Rdn. 33 zu § 135 BGB.

[64] *BGH, 7.6.1990 IX ZR 237/89 BGHZ 111, 364 = JZ 1991, 40-41 = NJW 1990, 2459; ebenso vorher schon *H. Th. Soergel* (– *W. Hefermehl*) Rdn. 26 zu §§ 135, 136 BGB: Übergang des Eigentums durch einfache Einigung (§ 929 S. 1 BGB); vgl. jetzt auch *D. Coester-Waltjen*, JK 1991, BGB § 135/1.

entsprechende Anwendung der §§ 883 II, 888 BGB kommt hier jedenfalls nicht in Betracht, weil insoweit keine Regelungslücke besteht[65].

3. Forderungen

Entsprechend hierzu kann der Geschützte bei der Verfügung über 361 Forderungen und andere Rechte Abtretung (lies §§ 398 ff. BGB) an sich verlangen, unbeschadet der bereits erfolgten Abtretung an den Erwerber[66].

V. Anwendungsbeispiel

Den Regelungsmechanismus der §§ 135, 136 BGB soll abschlie- 362 ßend folgender Fall verdeutlichen[67]: Buchhändler V verkauft (§ 433 I BGB) an Sammler K eine seltene Erstausgabe von Johann Wolfgang von Goethes „Die Leiden des jungen Werthers", ohne diese allerdings an K zu übereignen (§ 929 S. 1 BGB; Abstraktionsprinzip!). Kurz darauf erfährt K, daß sein Konkurrent D bereit ist, dem V einen wesentlich höheren Preis für den „Werther" zu zahlen, und V daher D die Erstausgabe verkaufen (§ 433 I BGB) und sofort übereignen (§ 929 S. 1 BGB) will. Um seinen kaufvertraglichen, auf Eigentumsverschaffung gerichteten Erfüllungsanspruch (§ 433 I 1 BGB) gegen V zu sichern, erwirkt K daraufhin gegen V eine einstweilige Verfügung (§§ 935, 938 II ZPO), die es V gerichtlich untersagt, das Buch an D zu übereignen und läßt diese dem V zustellen (§§ 922 II, 936 ZPO).

a) Wenn V nun trotz des Verbots die Erstausgabe an D übereignet, so hat D wirksam Eigentum daran erworben: wer vom Eigentümer erwirbt, erwirbt eben Eigentum. Im Verhältnis zu K ist

65 MünchKomm (– *Th. Mayer-Maly*) Rdn. 33 zu § 135 BGB; *O. Palandt* (– *H. Heinrichs*) Rdn. 37 zu §§ 135, 136 BGB; *J. v. Staudinger* (– *H. Dilcher*) Rdn. 16 zu § 135 BGB.

66 *O. Palandt* (– *H. Heinrichs*) Rdn. 37 zu §§ 135, 136 BGB; *E. Ruhwedel*, „Grundlagen und Rechtswirkungen sogenannter relativer Verfügungsverbote", JuS 1980, 161-168 (167); *J. v. Staudinger* (– *H. Dilcher*) Rdn. 16 zu § 135 BGB.

67 Nach *H. Hübner*, AT § 39 III 1 (Rdn. 525); s.a. *E. Ruhwedel*, „Grundlagen und Rechtswirkungen sogenannter relativer Verfügungsverbote", JuS 1980, 161-168 (166).

aber V noch als Eigentümer anzusehen (§§ 136, 135 BGB)[68]. K kann also nach h.A. (Rdn. 360) von V Einigung (§ 929 S. 1 BGB) und Abtretung des Herausgabeanspruchs gegen D (§§ 931, 985 BGB) verlangen. Anschließend kann K von D Herausgabe des Buches gem. § 985 BGB verlangen.

b) Anders ist es dagegen, wenn D bei der Übereignung an ihn das Veräußerungs- und Verfügungsverbot (sprich hier: die einstweilige Verfügung) weder gekannt hat noch kennen mußte. Dann schützt § 135 II i.V.m. § 932 BGB seinen guten Glauben an die Verfügungsbefugnis des V. K kann sich dann nicht auf die relative Unwirksamkeit der Verfügung des V berufen, auch ihm gegenüber ist der Eigentumserwerb des D voll wirksam. K bleiben dann nur vertragliche Schadenersatzansprüche gegen V. Um dies zu vermeiden, sollte K daher auch D die einstweilige Verfügung zustellen lassen.

[68] S. dazu *H. Hübner*, AT § 39 III 1 (Rdn. 525); *J. v. Staudinger* (– *H. Dilcher*) Rdn. 11 zu § 135 BGB.

Dritter Teil: Grundsätze der Konfliktlösung beim Handeln durch Stellvertreter

I. Begriff und Voraussetzungen

War bisher von der Willenserklärung bzw. von den Folgen der fehlgeschlagenen oder fehlerhaften Willenserklärung die Rede, so bezogen sich diese Ausführungen nur auf die Wirkungen der rechtsgeschäftlichen Erklärung für den Erklärenden selbst. Dagegen ermöglicht die Stellvertretung das rechtsgeschäftliche Handeln für einen anderen. Unter den Voraussetzungen der wirksamen Stellvertretung wirkt die Willenserklärung des Vertreters unmittelbar für und gegen den Vertretenen (lies § 164 I BGB). Ein Bedürfnis für diese Regelung[1] besteht in vielerlei Hinsicht[2]: 363

Beispiele: Der zwar kunstinteressierte aber in dieser Beziehung wenig sachkundige A bevollmächtigt seinen kompetenten Freund B zum Kauf eines Gemäldes in seinem (A's) Namen. Der Grund für die Stellvertretung liegt hier in der fehlenden Sachkunde des A. – Der Inhaber eines Supermarktes ist aus tatsächlichen Gründen nicht in der Lage, persönlich Kaufverträge mit den Kunden abzuschließen. Deshalb beschäftigt er Verkäuferinnen und Verkäufer.

1. Gewillkürte und gesetzliche Stellvertretung

Fälle des rechtsgeschäftlichen Handelns für einen anderen, der auch selbst wirksam hätte handeln können, bezeichnet man als *gewillkürte* Stellvertretung. Stellvertretung ist aber auch und gerade in *den* Fällen eine Notwendigkeit, in denen der Vertretene selbst nicht oder nur begrenzt rechtsgeschäftlich handeln kann. Diese Fälle werden als *gesetzliche* Stellvertretung bezeichnet. 364

Beispiele: Gemäß § 1629 I BGB sind die Eltern des Minderjährigen dessen gesetzliche Vertreter. Der Mündel wird gemäß § 1793 BGB von seinem Vormund vertreten. Zur gesetzlichen Vertretung

[1] Dazu Mot. I.223.

[2] Vgl. dazu auch *B. Rüthers*, AT Rdn. 464; *H.P. Westermann*, Grundbegriffe 49-50.

zählt auch die organschaftliche Vertretung: So wird z.B. der als solcher handlungsunfähige eingetragene Verein (e.V.) durch seinen Vorstand gerichtlich und außergerichtlich vertreten (§ 26 II BGB).

2. Aktive und passive Stellvertretung

365 Rechtsgeschäftliche Vertretung ist nicht nur bei der Abgabe einer Erklärung (§ 164 I BGB: sog. *aktive* Stellvertretung), sondern auch beim Empfang einer Willenserklärung (§ 164 III BGB: sog. *passive* Stellvertretung) für einen anderen möglich:

Beispiel: V bietet als Vertreter des A dessen Auto dem B für DM 5.000,-- zum Kauf an (aktive Stellvertretung). Nach Vertragsschluß ficht B den Kaufvertrag wegen Irrtums an. V nimmt die Anfechtungserklärung als Vertreter des A entgegen (passive Stellvertretung).

3. Sonderregeln des Handelsrechts

366 Im Handelsgesetzbuch (HGB) finden sich Sonderregelungen der Vertretung von Kaufleuten, so insbesondere die Regelungen über die Prokura (§§ 48 ff. HGB) und die Handlungsvollmacht (§§ 54 ff. HGB), die Abweichungen gegenüber der bürgerlichrechtlichen Grundkonzeption der §§ 164 ff. BGB normieren: So ist z.B. eine Beschränkung des Umfangs der Prokura Dritten gegenüber unwirksam (§ 50 I HGB).

4. Voraussetzungen wirksamen Vertreterhandelns im Überblick

367 Die Stellvertretung ist *grundsätzlich* bei jedem Rechtsgeschäft *möglich*[3]; *Ausnahmen* von diesem Grundsatz bestehen jedoch, soweit das Gesetz die Vornahme des Rechtsgeschäfts durch einen Vertreter ausschließt (z.B. § 1595 I 1 BGB: Anfechtung der Ehelichkeit eines Kindes) oder die persönliche Vornahme fordert(z.B. § 13 I EheG: Eheschließung). Neben der Zulässigkeit

[3] Das ist, worauf die führenden Lehrbücher und Kommentare auch heute noch hinweisen, keineswegs selbstverständlich; unter dem Einfluß des römischen Rechts, das überhaupt keine Stellvertretung kannte, wurde die unmittelbare Stellvertretung noch bis ins 19. Jh. für unmöglich gehalten: vgl. *W. Flume*, AT § 43.2 (S. 751); *K. Larenz*, AT § 30 I (S. 583); *J. v. Staudinger* (– *H. Dilcher*) Rdn. 3-15 vor § 164 BGB.

setzt die wirksame Stellvertretung dreierlei voraus[4], nämlich (1) die Abgabe bzw. den Empfang einer Willenserklärung (2) ein Handeln im Namen des Vertretenen (sog. Offenkundigkeit) (3) und Vertretungsmacht. Dazu nun im einzelnen:

II. Abgabe bzw. Empfang einer Willenserklärung

Die §§ 164-181 BGB betreffen die Zurechnung von Willenserklä- 368
rungen (Abgabe: § 164 I BGB, Empfang: § 164 III BGB): Die Stellvertretung vollzieht sich also nur im rechtsgeschäftlichen Bereich.

1. Abgrenzung zu anderen Zurechnungsnormen

Hiervon abzugrenzen sind diejenigen Normen, die sich nicht auf die 369
Zurechnung von Willenserklärungen, sondern auf die Zurechnung von pflichtverletzendem Verhalten beziehen: Zu nennen sind insbesondere § 278 BGB (Erfüllungsgehilfe), § 831 BGB (Verrichtungsgehilfe) und §§ 31, 89 BGB (Organhaftung). Im einzelnen:

a) Zum Erfüllungsgehilfen (§ 278 BGB)
§ 164 BGB rechnet die Willenserklärung des Vertreters dem 370
Vertretenen zu; § 278 BGB rechnet das pflichtverletzende Verhalten des Erfüllungsgehilfen innerhalb eines bestehenden Schuldverhältnisses[5] dem Schuldner zu (Rdn. 292). Die Normen betreffen demnach unterschiedliche Zurechnungselemente[6], was nicht bedeutet, daß die Eigenschaft des Erfüllungsgehilfen nicht mit der Stellung des Vertreters in einer Person zusammenfallen könnte.

Beispiel: A kauft im Porzellangeschäft des B ein wertvolles Service. Den Kaufvertrag (§ 433 BGB) und die Übereignung (§ 929 S. 1 BGB) wickelt A mit dem Verkäufer V ab. Als V den A noch zur Tür geleiten will, stößt V fahrlässig ein Regal an, was zur Folge hat, daß eine herabfallende Vase den A verletzt. V ist sowohl Vertreter als auch Erfüllungsgehilfe des B: Die Willenserklärungen bzgl. Kauf und Übereignung(en) gibt V als Vertreter des B ab. V handelt als Erfüllungsgehilfe (§ 278 BGB) des B, deshalb kann A

4 *O. Jauernig*, Anm. 1 zu § 164 BGB; *D. Schwab*, ZivilR Rdn. 632-656; *H.P. Westermann*, Grundbegriffe 50-52.
5 Vgl. *O. Palandt* (– *H. Heinrichs*) Rdn. 2 zu § 278 BGB.
6 *D. Medicus*, AT § 54 II 3 (Rdn. 890); *H.P. Westermann*, Grundbegriffe 68-69.

wegen der Verletzung einen vertraglichen Schadenersatzanspruch (hier aus positiver Vertragsverletzung) gegen B geltend machen.

Beachte daher: Welche der Zurechnungsnormen in Betracht zu ziehen ist, hängt von der Fragestellung ab: Sind Schadenersatzansprüche zu prüfen, so kommt § 278 BGB in Betracht. Ist dagegen der Vertragsschluß problematisch, so ist nach wirksamer Stellvertretung, also nach den §§ 164 ff. BGB zu fragen.

b) Zum Verrichtungsgehilfen (§ 831 BGB)

371 Auch in § 831 BGB geht es um Schadenersatzansprüche und nicht um rechtsgeschäftliche Erklärungen. Zwischen § 278 BGB und § 831 BGB bestehen jedoch Unterschiede in zweierlei Richtung:

aa) § 278 BGB greift nur innerhalb eines bestehenden Schuldverhältnisses ein (wofür allerdings eine rechtliche Sonderverbindung genügt[7]), während § 831 BGB sich allgemein auf widerrechtliche Schädigungen bezieht, also auf das, was jedermann verboten ist[8].

bb) § 831 BGB stellt eine eigenständige Anspruchsgrundlage für (vermutetes) Eigenverschulden des Geschäftsherren dar, während § 278 BGB ausschließlich Zurechnungsnorm ist und aus sich heraus keine Ansprüche begründet[9]. Auch der Verrichtungsgehilfe kann zugleich Erfüllungsgehilfe und Vertreter sein:

Beispiel: Im vorangegangenen Fall (Rdn. 370) war V Vertreter und Erfüllungsgehilfe des B. Gleichzeitig war er auch Verrichtungsgehilfe des B und hat eine fahrlässige Körperverletzung an A begangen. Neben die vertragliche Haftung des B aus positiver Vertragsverletzung tritt daher unter den Voraussetzungen des § 831 BGB auch eine deliktische Haftung.

c) Zur Organhaftung (§§ 31, 89 BGB)

372 Auch die Organhaftung nach den §§ 31 und 89 BGB bezieht sich auf zum Schadenersatz verpflichtende Handlungen und nicht auf die Zurechnung von Willenserklärungen. Also ist auch hier wieder eine andere rechtliche Ebene betroffen als bei den §§ 164 ff. BGB[10].

7 BGH, 7.3.1972 VI ZR 158/70 BGHZ 58, 207 (214-215).

8 *D. Medicus*, AT § 54 II 4 (Rdn. 892); *H.P. Westermann*, Grundbegriffe 70-71.

9 Zu weiteren Unterschieden (Exkulpation/Schmerzensgeld): *O. Palandt* (– *H. Thomas*) Rdn. 3 zu § 831 BGB.

10 *H.P. Westermann*, Grundbegriffe 68-73.

2. Abgrenzung des Vertreterhandelns vom Botenhandeln

a) Aus dem rechtsgeschäftlichen Charakter der Stellvertretung (Abgabe/Empfang von Willenserklärungen, Rdn. 32 ff., 37 ff.) folgt ohne weiteres der Ausschluß von Geschäftsunfähigen (§ 104 BGB) von jedwedem Vertreterhandeln (§ 105 I BGB: die Willenserklärung eines Geschäftsunfähigen ist nichtig). 373

aa) Andererseits ist die volle Geschäftsfähigkeit auf Seiten des Vertreters auch nicht erforderlich, da gemäß § 164 I BGB die Wirkung des Vertretergeschäfts nur in der Person des Vertretenen eintritt. Gem. § 165 BGB kann eine wirksame Willenserklärung daher auch von oder gegenüber einem in der Geschäftsfähigkeit beschränkten Vertreter erfolgen (Rdn. 320). Selbst bei vollmachtlosem Vertreterhandeln wird der beschränkt Geschäftsfähige durch § 179 III 2 BGB ausreichend geschützt (Rdn. 455). 374

bb) Hieraus ergibt sich der *Hauptunterschied zwischen Stellvertretung und Botenschaft*[11]: Der Stellvertreter gibt selbst eine *eigene* Willenserklärung anstelle des und für den Vertretenen ab; der Bote übermittelt lediglich eine *fremde* Willenserklärung an den Empfänger (Rdn. 46)[12]. Beachte also: Der Bote äußert keinen eigenen rechtsgeschäftlichen Willen, daher kommt es auf seine Geschäftsfähigkeit nicht an. Merksatz: Ist das Kindlein noch so klein, kann es doch schon Bote sein! 375

Beispiel: Die fünfjährige A geht auf Geheiß ihres Vaters zum Zeitungskiosk und sagt:" Ich soll für meinen Papa den Tagesspiegel holen." Nach Bezahlung bringt sie die Zeitung nach Hause. A überbringt hier die Willenserklärungen (bzgl. Kauf und Übereignung) ihres Vaters als Erklärungsbotin und die Erklärungen des Verkäufers als Empfangsbotin. Die Geschäfte sind daher zustandegekommen; die Geschäftsunfähigkeit der A ist unschädlich.

b) Für die Unterscheidung zwischen Stellvertretung und Botenschaft kommen zwei Ansatzpunkte in Betracht: Möglich ist es, auf das *Innenverhältnis* zwischen Geschäftsherrn und Mittler abzustellen. Dieser Ansatz widerspricht aber der im Interesse des Erklärungsempfängers aufgestellten Regel, wonach Willenserklärungen 376

[11] Vgl. hierzu auch *B. Rüthers*, AT Rdn. 490-491; *J. v. Staudinger* (– *H. Dilcher*) Rdn. 73-81 vor § 164 BGB.

[12] MünchKomm (– *W. Thiele*) Rdn.40 vor § 164 BGB; *W. Flume*, AT § 43.4 (S. 755); *K. Larenz*, AT § 30 I (S. 590-593).

vom objektiven Empfängerhorizont auszulegen (Rdn. 86-87, 207) sind: der Dritte hat regelmäßig keinen Einblick in das Innenverhältnis. Daher wird zwischen Botenschaft und Stellvertretung nach dem dem Dritten erkennbaren Auftreten des Mittlers im *Außenverhältnis* abgegrenzt[13]: Stellvertretung liegt jedenfalls immer dann vor, wenn der Mittler nach außen dem Dritten als ein mit einem gewissen Entscheidungsspielraum ausgestatteter Verhandlungspartner gegenübertritt, wenn er also über das „ob" und/oder „wie" des Vertragsschlusses entscheidungsberechtigt zu sein vorgibt.

Beispiel: A möchte sich unbedingt einen gebrauchten Opel Manta kaufen. Weil sein intelligenterer Freund B mehr von der Materie versteht, bevollmächtigt er diesen zum Kauf eines solchen Gebrauchtwagens bis zum Preis von DM 5.000,--. B läßt sich von Autohändler C mehrere Modelle vorführen und kauft schließlich im Namen des A einen gebrauchten Opel Manta für DM 4.200,--. Hier ist B dem C gegenüber als Vertreter aufgetreten, da er erkennbar einen eigenen Spielraum bei der Vertragsgestaltung hatte.

Beachte aber: Das Abgrenzungskriterium des Entscheidungsspielraums bildet nur den Grundsatz. Ein Vertretergeschäft (und nicht Botenschaft) kann nämlich auch im Fall der „Stellvertretung mit gebundener Marschroute" vorliegen, also wenn die Vertretererklärung vom Vertretenen in allen Einzelheiten *vorgegeben* war: So ist z.B. nicht davon auszugehen, daß die Verkäuferin im Warenhaus befugt ist, einen anderen als den ausgezeichneten Preis zu verlangen, ja sie wird noch nicht einmal einen ihr angebotenen Vertragsschluß ablehnen dürfen. Dennoch nimmt sie die Geschäfte selbst und anstelle des Vertretenen vor, sie übermittelt nicht lediglich die fertige Erklärung der Geschäftsleitung. Diese Vornahme gibt aber letztlich den Ausschlag zugunsten der Stellvertretung, da die Geschäftsleitung keinen Willen bezüglich der konkreten Vertragsschlüsse gebildet hat[14].

377 c) Aus dem Abgrenzungskriterium des erkennbaren Entscheidungsspielraumes können sich jedoch Probleme ergeben. Folgende Konstellationen sind denkbar:

aa) Tritt der Bote als *Vertreter* auf, indem er vorgibt, einen Auswahlspielraum zu haben, so ist danach zu unterscheiden, wozu er im Innenverhältnis ermächtigt war: hält er sich an die ihm gesetzte Botenmacht, so ist die Erklärung dem Geschäftsherren

13 BGH, 24.2.1954 II ZR 63/53 BGHZ 12, 327 (334); *H. Brox*, AT Rdn. 475; *K. Larenz*, AT § 30 I c (S. 591); *D. Medicus*, BürgerlR § 5 I (Rdn. 77).

14 Dazu MünchKomm (– *W. Thiele*) Rdn.45 vor § 164 BGB.

zuzurechnen, denn er hat das Geschäft gewollt, also hängt seine Bindung nicht davon ab, ob der Bote sich als Vertreter aufführt oder nicht. Gibt der Mittler jedoch eine von der Weisung abweichende Erklärung ab, sind die §§ 177 ff. BGB anwendbar [15], nicht jedoch die Regeln über den Boten ohne Botenmacht (§ 120 BGB, Rdn. 222).

bb) Tritt der bevollmächtigte Vertreter als Bote auf, indem er vorgibt, keinen Spielraum zu haben, so ist die Erklärung dem Geschäftsherrn zuzurechnen, wenn der Rahmen der Vollmacht eingehalten wird. Dieses Ergebnis läßt sich damit rechtfertigen, daß es dem Geschäftsherren regelmäßig gleichgültig ist, wie sein Mittler auftritt, solange nur seine Weisung beachtet wird[16].

Beachte: Völlig unproblematisch ist dieses Ergebnis jedoch nicht, da in diesem Fall streng genommen keine Willenserklärung vorliegt. Der Geschäftsherr hat die Vornahme der Erklärung seinem Mittler überlassen, letzterer ist als Bote aufgetreten und hat folglich auch keine Willenserklärung abgegeben, sondern nur die vermeintlich existente Erklärung des Geschäftsherren überbracht[17].

cc) Hält sich der als Bote auftretende Vertreter jedoch *nicht* an die Grenzen der Vollmacht, so greifen, sofern eine *un*bewußte Überschreitung vorliegt, die Regeln über den Boten ohne Botenmacht (§ 120 BGB, Rdn. 220 ff.) ein, nicht aber die §§ 177 ff. BGB. Bei bewußter Überschreitung sind hingegen die §§ 177 ff. BGB entsprechend heranzuziehen[18].

dd) Von Bedeutung ist die Abgrenzung zwischen Botenschaft und Stellvertretung auch noch für die *Formbedürftigkeit* der Willenserklärung.

Beispiel: A schließt mit B einen Grundstückskaufvertrag. A's Angebot (§ 433 I BGB) gibt in dessen Namen der Vertreter V ab (§ 164 BGB). Formbedürftig (§ 313 S.1 BGB) ist die Erklärung des V. Bei Botenschaft müßte der Bote die formgerechte Erklärung des A überbringen[19].

ee) Für die Kenntnis bzw. das Kennenmüssen von Umständen kommt es bei Botenschaft auf die Kenntnis des Geschäftsherrn, bei Stellvertretung jedoch auf die des Vertreters an (§ 166 I BGB). Da

15 *D. Medicus*, BürgerlR § 5 I (Rdn. 78); MünchKomm (– *W. Thiele*) Rdn. 50 vor § 164 BGB.

16 *W. Flume*, AT § 43.4 (S. 757).

17 Dazu eingehend MünchKomm (– *W. Thiele*) Rdn.49 vor § 164 BGB.

18 *H. Th. Soergel* (– *U. Leptien*) Rdn. 52 vor § 164.

19 *W. Flume*, AT § 43.4 (S. 755).

letzterer die Erklärung selbst vornimmt, hängt die Anfechtbarkeit davon ab, ob *er* sich selbst in einem erheblichen Irrtum (§§ 119 ff. BGB) befand. Dagegen macht die (unbewußte) Falschübermittlung des Boten die Erklärung gemäß § 120 BGB anfechtbar (Rdn. 220 ff.).

Beispiel: A trägt dem B auf, an C ein Kaufangebot zu übermitteln (Angebot, ein bestimmtes Buch zum Preis von DM 96,-- zu verkaufen). B, der erkennbar als Bote auftritt, verwechselt unbewußt die Zahlen und übermittelt einen Preis von DM 69,--. Nimmt C an, so ist ein Kaufvertrag über das Buch zu einem Preis von DM 69,-- zustandegekommen; jedoch kann A seine Erklärung gemäß § 120 BGB anfechten.

3. Anwendbarkeit der §§ 164 ff. BGB auf rechtsgeschäftsähnliche Handlungen

378 § 164 BGB bezieht sich ausdrücklich nur auf Willenserklärungen. Die §§ 164 ff. BGB sind jedoch auf die sogenannten *rechtsgeschäftsähnlichen Handlungen* analog anwendbar[20].

379 a) Rechtsgeschäftsähnliche Handlungen sind Willensäußerungen, die auf einen *tatsächlichen Erfolg* gerichtet sind; ihre Rechtsfolgen treten kraft Gesetzes ein und nicht durch den Willen des Erklärenden. Wichtige Beispiele dafür sind z.B. die Mahnung (§ 284 BGB), die Fristsetzung mit Ablehnungsandrohung (§ 326 BGB), sowie die Aufforderung, sich über die Genehmigung zu erklären (§§ 108 II und 177 II BGB). All diese Handlungen stehen jedoch der echten Willenserklärung so nahe, daß die Vorschriften über die Willenserklärung entsprechend anwendbar sind.

380 b) Die §§ 164 ff. BGB sind allerdings weder direkt noch analog auf die sogenannten *Tathandlungen* (oder auch Realakte) anzuwenden. Auch bei Tathandlungen treten Rechtsfolgen allein kraft Gesetzes ein, allerdings sind sie im Unterschied zu geschäftsähnlichen Handlungen keine Erklärungen. Zu den Tathandlungen gehören insbesondere die Verbindung und Vermischung (§§ 946-948 BGB), die Verarbeitung (§ 950 BGB), sowie der Besitzerwerb bzw. die Besitzaufgabe gemäß § 854 I BGB.

20 BGH, 17.9.1986 IVb ZR 59/85 NJW 1987, 1546 (1547 links); 17.4.1967 II ZR 228/64 BGHZ 47, 352 (357); *O. Palandt* (– *H. Heinrichs*) Rdn. 7 Überbl. vor § 104 BGB; zur Anfechtbarkeit einer rechtsgeschäftsähnlichen Handlung: BGH, 6.12.1988 XI ZR 81/88 NJW 1989, 1792 (1792 rechts).

Beachte: Der Besitzerwerb gemäß § 854 II BGB erfolgt durch Einigung. Diese Einigung ist ein Rechtsgeschäft, daher gelten im Falle des § 854 II BGB die §§ 164 ff. BGB wie auch alle anderen Vorschriften über die Willenserklärung direkt[21].

III. Die Offenkundigkeit[22]

1. Der Regelfall

Neben dem Vorliegen einer Willenserklärung (oder rechtsgeschäfts- 381
ähnlichen Handlung) ist regelmäßig die *Offenlegung des Vertretungsverhältnisses* erforderlich, d.h. der Geschäftspartner muß erkennen können, daß ein Vertreter handelt (§ 164 I 1 BGB: „Eine Willenserklärung, die jemand ... im Namen des Vertretenen abgibt...“).

a) Ausdrückliche Erklärung

Diesem *Offenkundigkeitsprinzip* kann zunächst durch *ausdrückliche* 382
Erklärung gegenüber dem Geschäftspartner genügt werden. *Beispiel:* V erklärt dem Gebrauchtwagenhändler H: „Ich kaufe diesen Opel Manta als Vertreter des X!“

b) Offenkundigkeit aus den Umständen

Ausreichend ist jedoch, wenn sich *aus den Umständen* ergibt, daß 383
die Erklärung im Namen des Vertretenen erfolgt (lies: § 164 I 2 BGB). Tritt z.B. jemand innerhalb des Gewerbebetriebs eines anderen auf, so ergibt sich bei unternehmensbezogenen Geschäften regelmäßig aus den Umständen, daß im Namen des Inhabers gehandelt wird; die ausdrückliche Offenlegung des Vertretungsverhältnisses ist nicht erforderlich[23].

Beispiel: K kauft im Fahrradladen des V ein Rennrad. Die Willenserklärungen geben K und die im Geschäft des V angestellte A ab, wobei A nicht darauf hinweist, daß sie im Namen des V handelt. Zu Hause angekommen stellt K fest, daß der Fahrradrahmen an einer Stelle angerostet ist („Fehler“ im Sinne des § 459 I BGB): Er möchte nun einen Teil des gezahlten Kaufpreises zurückhaben (Minderung gemäß § 462 BGB): Muß K im Ernstfall

21 Dazu *O. Palandt* (– *P. Bassenge*) Rdn. 9 zu § 854 BGB.

22 Dazu *K. Schmidt*: „Offene Stellvertretung“, JuS 1987, 425-433; vgl. auch *K. Larenz*, AT § 30 II b (S. 601-605); *D. Medicus*, AT § 56.

23 BGH, 28.2.1985 III ZR 183/83 NJW 1986, 1675 (1675); 12.12.1983 II ZR 238/82 NJW 1984, 1347 (1348); vgl. *W. Flume*, AT § 44 I (S. 764).

gegen V oder gegen A klagen? K kann sein Minderungsbegehren begründeterweise nur gegen seinen Vertragspartner geltend machen. Wer Vertragspartner ist, hängt davon ab, ob A im Namen des V aufgetreten ist: Zwar hat A nicht ausdrücklich im Namen des V gehandelt, dennoch hat sich aber *aus den Umständen* ergeben, daß V verpflichtet sein soll (§ 164 I 2 BGB). Daher war V Vertragspartner des K. K muß seine Klage also gegen V richten.

Bei unternehmensbezogenen Geschäften mit dem Inhaber eines Gewerbebetriebes greift § 164 I 2 BGB selbst dann ein, wenn der Dritte entweder den Vertreter für den Inhaber hält, oder wenn er überhaupt keine Vorstellung davon hat, wer Inhaber ist[24].

c) Eigengeschäft als Folge fehlender Offenlegung

384 Ist das Vertretungsverhältnis jedoch weder ausdrücklich offengelegt (§ 164 I 1 BGB) noch aus den Umständen erkennbar (§ 164 I 2 BGB), so hat die Erklärung keine Wirkung für und gegen den Vertretenen; vielmehr greift § 164 II BGB ein (lesen!). Diese zunächst etwas schwer verständliche Regelung besagt folgendes: zum einen stellt sie klar, daß derjenige, der die Offenkundigkeit bei der Abgabe einer Erklärung weder nach § 164 I 1 BGB noch nach § 164 I 2 BGB wahrt, selbst Geschäftspartner des Dritten wird[25]; zum anderen schneidet sie dem ohne erkennbaren Vertreterwillen Handelnden das Anfechtungsrecht nach § 119 I BGB ab: Der Mangel des Willens zum Eigenhandeln ist damit kein relevanter Irrtum im Sinne des § 119 I BGB.

Beispiel: A will als Vertreter des B für diesen einen Gebrauchtwagen kaufen. Er wendet sich daher an den Autohändler C und kauft einen gebrauchten Golf. A leistet eine Anzahlung auf den Kaufpreis; sein Wille, für B zu handeln, wird allerdings nicht erkennbar. Eine Woche später verlangt C von A Kaufpreiszahlung. Daraufhin erklärt A, er habe doch nicht für sich selbst, sondern nur für B handeln wollen. Kann C von A die Zahlung des Kaufpreises verlangen? Anspruchsgrundlage für C ist § 433 II BGB. Ein Kaufvertrag zwischen A und C ist mangels erkennbaren Vertreterwillens zustandegekommen. Die Wirksamkeit dieses Vertrages könnte aber *ex tunc* durch eine Anfechtung des A weggefallen sein

24 BGH, 18.3.1974 II ZR 167/72 BGHZ 62, 216 (220-221).

25 Insofern stellt Abs. 2 nur fest, was sich ohnehin aus den allgemeinen Auslegungsgrundsätzen und aus Abs. 1 ergibt; vgl. *O. Palandt* (– *H. Heinrichs*) Rdn. 16 zu § 164 BGB; MünchKomm (– *W. Thiele*) Rdn. 54 zu § 164 BGB.

(§ 142 I BGB). Hier zeigt sich aber die Auswirkung des § 164 II BGB : A's Irrtum stellt keinen Anfechtungsgrund dar, damit ist der Vertrag nicht wirksam angefochten worden. Der Anspruch des C besteht somit.

2. Sonderfälle

Im Rahmen des Offenkundigkeitsprinzips sind jedoch Sonderfälle 385
zu beachten, die – teilweise – von der Regelung des § 164 I BGB abweichen. Vom Handeln *im* fremden Namen sind zu unterscheiden:

a) Handeln unter falscher Namensangabe[26]

Vom Handeln in fremdem Namen ist zunächst das Handeln unter 386
falscher *Namensangabe* zu unterscheiden:

Beispiel: Der verheiratete Direktor D bestellt im Hotel Alpenblick für das Wochenende ein Doppelzimmer, um zwei schöne Tage mit seiner attraktiven Sekretätin S zu verbringen. Dabei gibt er sich als Karl Müller aus. Hier wird nicht etwa ein beliebiger Herr Müller verpflichtet; vielmehr ergibt sich aus dem Parteiwillen, daß unabhängig von der Namensangabe (Allerwelts- oder Phantasiename) Direktor D Vertragspartei sein soll. Die Namensangabe hatte keinerlei Identifikationswirkung, daher könnte der -möglicherweise existierende – wirkliche Namensträger das Geschäft auch nicht durch Genehmigung (§ 177 I BGB) an sich ziehen[27].

b) Handeln unter fremdem Namen

Beim Handeln unter falscher Namensangabe hat der Name keine 387
Identifikationswirkung. Dagegen wird beim Handeln unter *fremdem Namen* gerade auf eine bestimmte Person hingewiesen[28]. Der Unterschied zur offengelegten Stellvertretung besteht darin, daß der Handelnde nicht deutlich macht, mit dem Namensträger nicht

[26] Überwiegend (s. dazu *O. Palandt* [– *H. Heinrichs*] Rdn. 10-12 zu § 164 BGB) wird das „Handeln unter falscher Namensangabe“ terminologisch als Unterfall des „Handelns unter fremdem Namen“ behandelt. Gründe der Übersichtlichkeit lassen uns die Begrifflichkeit von *D. Medicus*, AT § 56 I (Rdn. 907-908) übernehmen.

[27] *D. Medicus*, AT § 56 I 1 (Rdn. 907).

[28] Vgl. dazu die instruktiven Fälle 16 und 17 bei *B. Rüthers*, AT Rdn. 500-501.

identisch zu sein[29]: Es fehlt daher hier – ebenso wie beim Handeln unter falscher Namensangabe – an der nach außen erkennbaren Trennung zwischen Handelndem und Namensträger. Dem Dritten kommt es hier jedoch gerade darauf an, mit dem Namensträger abzuschließen.

Beispiel: Der kreditunwürdige A kauft bei B ein Auto zum Preis von DM 5.000,--. Dabei gibt sich A als der dem B vom Hörensagen bekannte Kaufmann K aus. Weil B auf die Solvenz des vermeintlichen K vertraut, verzichtet er auf Barzahlung und nimmt stattdessen einen mit gefälschter Unterschrift versehenen Scheck von B (§ 364 II BGB). Hier ist zwar die Offenkundigkeit nicht gewahrt, dennoch aber sind in diesem Fall die §§ 177 ff. BGB analog heranzuziehen: Die Interessenlage entspricht derjenigen des – zwar offenkundig – aber ohne Vertretungsmacht handelnden Vertreters. Der wirkliche Namensträger kann daher analog § 177 I BGB das Geschäft durch Genehmigung an sich ziehen[30].

c) Abgrenzung

388 Die *Abgrenzung* zwischen Handeln unter falscher Namensangabe und Handeln unter fremdem Namen hat wegen der unterschiedlichen Rechtsfolgen erhebliche Bedeutung, kann aber im Einzelfall durchaus schwierig sein[31].

Beispiel[32]: A übereignet B sein Auto unter Eigentumsvorbehalt (§§ 929 S. 1, 158 I BGB)[33]. Weil A dem B vertraut, übergibt er ihm auch gleich Kfz-Schein und Kfz-Brief. B jedoch denkt nicht daran, das Auto zu bezahlen; vielmehr veräußert er es an C. Dabei legt B dem C den Kfz-Brief vor und gibt sich selbst als der im Brief verzeichnete A aus. Da aus den Papieren hervorgeht, daß A Eigentümer des Wagens ist, und C den B aufgrund der Täuschung für A hält, wird das Geschäft sofort „perfekt" gemacht. Nach Erhalt des Kaufpreises setzt sich B unauffindbar nach Südamerika ab. Als A kurze Zeit später mit „seinem" Wagen den C fahren sieht,

29 *D. Medicus*, AT § 56 I 2 (Rdn. 908).

30 OLG Düsseldorf, 2.11.1988 11 U 40/88 NJW 1989, 906 (906, obiter dictum); ebenso BGH, 18.1.1988 II ZR 304/86 NJW-RR 1988, 814 (815 rechts); 3.3.1966 II ZR 18/64 BGHZ 45, 193 (195); *H. Brox*, AT Rdn. 486.

31 Lehrreiches Beispiel zur Abgrenzungsfrage bei *H. Köhler*, PdW BGB AT Fall 123 (S. 173-175).

32 Verändert nach: OLG Düsseldorf, 1.3.1985 22 U 230/84 NJW 1985, 2484.

33 Eine lesenswerte Vertiefung des Eigentumsvorbehalts findet sich bei *P. Bülow*, „Kauf unter Eigentumsvorbehalt", Jura 1986, 169-174, 234-241.

verlangt er von C die Herausgabe des Wagens. Zu Recht? Für einen Herausgabeanspruch aus § 985 BGB müßte A noch Eigentümer des Wagens sein: A hat sein Eigentum nicht an B verloren, da die aufschiebende Bedingung der vollständigen Kaufpreiszahlung (§ 158 I BGB) nicht eingetreten ist. Der Eigentumsverlust könnte aber gemäß § 929 S. 1 BGB durch Einigung und Übergabe von B an C eingetreten sein. Auf die dingliche Einigung (Vertrag im Sinne der §§ 145 ff. BGB) sind die Vorschriften über Rechtsgeschäfte, also auch die §§ 164 ff. BGB, unmittelbar anwendbar. Fraglich ist hier, wer die Vertragspartner einer möglichen dinglichen Einigung sind: Wendet man die Regeln über das Handeln unter fremdem Namen an (Rdn. 387), so gelangt man zu dem Ergebnis, daß der wirkliche Namensträger, also A, Vertragspartner des C ist. In diesem Fall wäre die Einigung analog § 177 I BGB schwebend unwirksam. Das Herausgabeverlangen wäre als Verweigerung der Genehmigung anzusehen mit der Folge, daß die dingliche Einigung endgültig unwirksam (nichtig) wäre[34]. Da auch der gutgläubige Erwerb gemäß §§ 929 S. 1, 932 I BGB eine wirksame Einigung voraussetzt, wäre der Anspruch des A aus § 985 BGB begründet[35]. Geht man dagegen davon aus, daß es dem C nicht unbedingt darauf ankam, mit dem wirklichen Namensträger abzuschließen (Rdn. 386), so gelangt man zu einer dinglichen Einigung zwischen C und B. Da B aber nicht Eigentümer des Wagens war, kann sich die Übereignung nicht nach § 929 S. 1 BGB, sondern nur nach §§ 929 S. 1, 932 I BGB vollzogen haben. Der Gutglaubenstatbestand läge dann auch vor, weil C den Kfz-Brief eingesehen hat[36]. Nach dieser Lösung hätte C gutgläubig das Eigentum am Wagen erworben mit der Folge, daß der Anspruch des A aus § 985 BGB unbegründet wäre. Für diese Lösung spricht, daß es dem C angesichts der sofortigen Abwicklung des Geschäfts wohl nicht darauf ankam, mit dem wirklichen Namensträger zu kontrahieren[37]. Vertretbar ist aber auch die Gegenauffassung mit dem Argument, daß es dem C

34 *O. Jauernig*, Anm. 3d vor § 104 BGB.

35 So OLG Düsseldorf, 1.3.1985 22 U 230/84 NJW 1985, 2484; *O. Palandt* (– *H. Heinrichs*) Rdn. 11 zu § 164 BGB.

36 Vgl. dazu *O. Palandt* (– *P. Bassenge*) Rdn. 13 zu § 932 BGB.

37 So OLG Düsseldorf, 2.11.1988 11 U 40/88 NJW 1989, 906-907 mit ausdrücklicher Ablehnung des Urteils des 22. Senats v. 1.3.1985 22 U 230/84 NJW 1985, 2484; vgl. auch *Th. Giegerich*: „Geht der gutgläubige Erwerb im Dickicht der Stellvertretungslehre verloren?", NJW 1986, 1975-1976; ebenso *I. Mittenzwei*: „Gutgläubiger Erwerb gebrauchter Kraftfahrzeuge bei Handeln unter fremdem Namen", NJW 1986, 2472-2475.

angesichts des Briefs gerade darauf ankam, mit dem Eigentümer A abzuschließen[38].

d) Geschäft für den, den es angeht

389 Eine weitere Einschränkung des Offenkundigkeitsprinzips stellt – wenigstens zum Teil – das Geschäft *für den, den es angeht*, dar. Unter diesen Oberbegriff fallen zwei unterschiedliche Fallgruppen:

aa) Das offene Geschäft für den, den es angeht

Unter diese Fallgruppe werden diejenigen Fälle subsumiert, bei denen der Vertreter dem Geschäftsgegner zwar zu erkennen gibt, daß er nicht für sich selbst handelt, nicht aber, für wen er handelt.

Beispiel: Auktionator A versteigert Kunstgegenstände für eine bekannte Schauspielerin, die sich in Geldnot befindet und deshalb Wert darauf legt, nicht namentlich bezeichnet zu werden. Hier liegt keine Einschränkung des Offenkundigkeitsprinzips vor, weil deutlich wird, daß A für einen anderen handelt. Wem das Risiko, mit einem Unbekannten abzuschließen, zu groß ist, der kann vom Vertragsschluß absehen; er ist nicht schutzbedürftig.

bb) Das verdeckte Geschäft für den, den es angeht

Diese Fallgruppe stellt im Gegensatz zum offenen Geschäft für den, den es angeht, eine echte Ausnahme vom Offenkundigkeitsprinzip dar[39]:

Beispiel: A kauft im Warenhaus einen Videorecorder, bezahlt diesen und nimmt ihn gleich mit. A will dabei für seinen Freund B handeln, der ihm einen entsprechenden Auftrag erteilt hatte, er macht dies aber beim Geschäftsabschluß nicht deutlich. Dem Warenhausinhaber wird gleichgültig sein, mit wem er Verträge geschlossen hat, deshalb wird bei *Bargeschäften des täglichen Lebens* (also nur, wenn beide Leistungen sofort vollständig bewirkt werden) eine *Ausnahme* vom Prinzip der Offenkundigkeit zugelassen, wenn der Erklärende für einen anderen handeln will. Etwaige Gewährleistungsansprüche könnte deshalb B gegenüber dem Warenhausinhaber geltend machen, sofern er im Besitz von Ware und Kassenbon ist. Soweit das schuldrechtliche Geschäft (z.B. der Kaufvertrag, § 433 BGB) betroffen ist, erklärt das verdeckte Geschäft für den, den es angeht, also nur, was ohnehin alltägliche Geschäftspraxis

38 So OLG Düsseldorf, 1.3.1985 22 U 230/84 NJW 1985, 2484.

39 Daher lehnt *W. Flume*, AT § 44 II diese Konstruktion ab.

ist[40]. Bedeutend ist die Konstruktion aber im dinglichen Bereich der Übereignung (§ 929 S. 1 BGB): Es kann nämlich von entscheidender Bedeutung sein, ob zunächst A Eigentümer des Recorders wird, und erst danach B das Eigentum erlangt (Durchgangserwerb des A), oder ob B unmittelbar das Eigentum erlangt (Direkterwerb des B). Die Erörterung dieser Frage soll jedoch dem Sachenrecht vorbehalten werden[41].

Beachte: Das verdeckte Geschäft für den, den es angeht, ersetzt die fehlende Offenlegung des Vertretungsverhältnisses nur dann, wenn *erstens* dem Dritten die Person seines Gesschäftspartners gleichgültig ist und *zweitens* der Vertreter den Willen hat, für einen anderen zu handeln[42].

e) Die mittelbare Stellvertretung

Die *mittelbare* Stellvertretung ist dadurch gekennzeichnet, daß der 390
Mittler im eigenen Namen – also gerade nicht offenkundig – handelt; die §§ 164 ff. BGB können *nicht* angewendet werden (es sei denn, daß im Einzelfall die Voraussetzungen des Geschäfts für den, den es angeht, vorliegen[43]).

Charakteristisch für die mittelbare Stellvertretung ist, daß die Wirkungen des Mittlergeschäfts nicht unmittelbar den Geschäftsherrn treffen, sondern ausschließlich den Mittler, der aber dann aufgrund des zwischen ihm und seinem Geschäftsherren bestehenden Grundverhältnisses verpflichtet ist, das Erlangte an den Geschäftsherren zu übertragen.

Beispiel: A kauft (wie in Rdn. 389) einen Videorecorder, ohne ein Vertretungsverhältnis offenzulegen. Die Zahlung des Kaufpreises soll in Raten erfolgen. Zum Kauf wurde A von B beauftragt. Hier sind die §§ 164 ff. BGB *nicht* anwendbar, da weder die Offenkundigkeit gewahrt wurde, noch die Voraussetzungen des Geschäfts für den, den es angeht, vorliegen: Bei Ratenzahlung ist die Person des Geschäftspartners nicht gleichgültig (Rdn. 234). Kaufvertrag (§ 433 BGB) und Übereignung (§ 929 S. 1 BGB) wurden zwischen Warenhausinhaber und A vorgenommen. Aufgrund des Auftragsverhältnisses (§§ 662 ff. BGB) ist A jedoch gem. § 667 BGB verpflichtet, dem B den Recorder zu übereignen.

40 *D. Medicus*, BürgerlR § 5 II (Rdn. 90).

41 Instruktiv dazu MünchKomm (– *W. Thiele*) Rdn. 42 ff. (insbes. Rdn. 45) zu § 164 BGB.

42 Vgl. *K. Schmidt*: „Offenen Stellvertretung", JuS 1987, 425-433 (429).

43 MünchKomm (– *W. Thiele*) Rdn. 19 zu § 164 BGB.

Hauptfall der mittelbaren Stellvertretung ist das handelsrechtliche Kommissionsgeschäft (§§ 383 ff. HGB). Im BGB selbst ist sie nicht vorgesehen[44].

f) § 1357 BGB[45] (Schlüsselgewalt)

391 Gemäß § 1357 BGB ist jeder Ehegatte berechtigt, Geschäfte zur angemessenen Deckung des Lebensbedarfs der Familie mit Wirkung auch für den anderen Ehegatten zu besorgen. Durch solche Geschäfte werden beide Ehegatten berechtigt und verpflichtet, es sei denn, daß sich aus den Umständen etwas anderes ergibt[46]. Diese Vorschrift regelt keinen Fall der direkten Stellvertretung: erstens tritt die Wirkung für den anderen Ehegatten unter den Voraussetzungen des § 1357 BGB automatisch ein; es bedarf dabei keinerlei Offenlegung: es ist im Gegenteil sogar für den Nichteintritt der Fremdwirkung erforderlich, „daß sich aus den Umständen etwas anderes ergibt". Der zweite Unterschied betrifft die im Recht der Stellvertretung vorausgesetzte alleinige Wirkung für und gegen den Vertretenen: während die wirksame Stellvertretung ausschließlich den Vertretenen berechtigt und verpflichtet und nicht zugleich auch den Vertreter, führt § 1357 BGB zu einer Berechtigung bzw. Verpflichtung sowohl des handelnden als auch des anderen Ehegatten. Wegen dieser dogmatischen Unterschiede zum Recht der Stellvertretung sollte § 1357 BGB am ehesten als Rechtsmacht eigener Art angesehen werden[47].

g) Die Verpflichtungsermächtigung

392 Unter dem Begriff „Verpflichtungsermächtigung" versteht man die Möglichkeit eines entsprechend Ermächtigten, den Ermächtigenden

44 *H. Brox*, AT Rdn. 472.

45 Zur Verfassungsmäßigkeit der Vorschrift: BVerfG, 3.10.1989 1 BvL 78, 79/86 BVerfGE 81, 1.

46 Zum Kreis der durch § 1357 BGB erfaßten Geschäfte vgl. *BGH, 13.2.1985 IVb ZR 72/83 BGHZ 94, 1 (4-9).

47 *O. Jauernig* (– *P. Schlechtriem*) Anm. 4 zu § 1357 BGB; zu Fragen der Schlüsselgewalt vgl.: *H. Brox*, „'Schlüsselgewalt' und ‚Haustürgeschäft'", in Staat, Kirche, Wissenschaft in einer pluralistischen Gesellschaft. Festschrift für P. Mikat (Berlin 1989) 841-853; *C. Dörr*: „Ehewohnung, Hausrat, Schlüsselgewalt, Verfügungsbeschränkungen des gesetzlichen Güterstandes und vermögensrechtliche Beziehungen der Ehegatten in der Entwicklung seit dem 1.EheRG", NJW 1989, 810-817 (zur Schlüsselgewalt: 813-814); grundlegend: *P. Mikat*, Rechtsprobleme der Schlüsselgewalt. Rheinisch-Westfälische Akademie der Wissenschaften (Opladen 1981).

durch ein Handeln in eigenem Namen zu verpflichten. Diese Konstruktion ist jedoch mit der h.M. *abzulehnen*, da sie die Grenzen zwischen mittelbarer und unmittelbarer Stellvertretung unbestimmbar machen würde. Darüberhinaus besteht für einen solchen Kunstgriff angesichts der Möglichkeit der Vollmachtserteilung auch keine Notwendigkeit[48].

IV. Die Vertretungsmacht

Die letzte Wirksamkeitsvoraussetzung der Stellvertretung ist – last but not least – das Handeln innerhalb der dem Vertreter zustehenden Vertretungsmacht (§ 164 I BGB). 393

1. Gesetzliche Vertretungsmacht

Vertretungsmacht kann durch gesetzliche Vorschrift begründet werden: 394

Beispiele: Die Eltern sind gesetzliche Vertreter ihrer Kinder (§ 1629 I BGB). Der Vormund vertritt seinen Mündel (§ 1793 BGB). Hierher gehören auch die Fälle der sogenannten organschaftlichen Vertretungsmacht: der eingetragene Verein (§ 26 II BGB) und die Aktiengesellschaft (§ 78 AktienG) werden durch ihren Vorstand vertreten, die Gesellschaft mit beschränkter Haftung durch ihre(n) Geschäftsführer (§ 35 I GmbHG).

2. Die Vollmacht

Außer durch Gesetz kann Vertretungsmacht aber auch durch Rechtsgeschäft eingeräumt werden: In diesem Fall wird die Vertretungsmacht als *Vollmacht* bezeichnet (§ 166 II 1 BGB). Die Notwendigkeit der Vollmacht für eine wirksame Stellvertretung folgt aus dem Prinzip der privatautonomen Selbstbestimmung (Rdn. 5, 114, 118): Das diesbezügliche Schutzinteresse des Vertretenen wäre nicht gewahrt, wenn auf die Bevollmächtigung verzichtet würde. 395

a) Arten der Vollmacht

aa) Nach dem *Umfang* der Bevollmächtigung werden unterschieden: 396

48 *D. Medicus*, BürgerlR § 3 I (Rdn. 29).

- *Spezialvollmacht*: Sie berechtigt zur Vornahme eines ganz bestimmten Geschäfts (Kauf eines Gebrauchtwagens im Namen des Vertretenen).
- *Gattungsvollmacht*: Sie gilt für eine bestimmte Gattung von Geschäften (Anknüpfungspunkt ist dabei entweder eine wiederkehrende Geschäftsart, z.B. Inkassovollmacht, oder eine bestimmte Funktion, z.B. Hausverwalter, Kellner).
- *Generalvollmacht*: Sie berechtigt grundsätzlich[49] zur Vornahme aller Rechtsgeschäfte, soweit Vertretung zulässig ist.

Welchen Umfang eine Vollmacht im Einzelfall hat, ist durch Auslegung (§§ 133, 157 BGB) festzustellen: Dabei sind insbesondere die erkennbaren begleitenden Umstände, der Zweck der Vollmacht und das zugrundeliegende Rechtsgeschäft zu berücksichtigen[50].

397 bb) Je nachdem, ob der Vertreter zu alleinigem Handeln befugt sein soll oder nicht, sind *Einzel-* und *Gesamt*vollmacht zu trennen. Bei der *Prokura* ist die Möglichkeit der Erteilung von Gesamtvertretungsmacht ausdrücklich gesetzlich vorgesehen (§ 48 II HGB: Gesamtprokura).

Beispiel: Kaufmann K erteilt P1 und P2 Gesamtprokura. P1 schließt für K mit D einen Kaufvertrag, ohne daß P2 davon weiß. P1 hat als Vertreter ohne Vertretungsmacht gehandelt. Durch nachträgliche Genehmigung entweder des P2 oder des K gem. § 177 I BGB kann jedoch rückwirkend (§ 184 I BGB) die Wirksamkeit herbeigeführt werden.

Beachte: Gesamtbevollmächtigung bezieht sich immer nur auf die *Abgabe* einer Willenserklärung (§ 164 I BGB). Für die wirksame *Entgegennahme* einer Willenserklärung (§ 164 III BGB) genügt regelmäßig der Empfang durch einen der Gesamtbevollmächtigten: Die Erteilung der Gesamtvollmacht soll nicht den Zugang von Willenserklärungen an den Vertretenen erschweren!

Gesamtvertretungsmacht kann auch bei der gesetzlichen Vertretungsmacht vorliegen: Die Eltern vertreten das Kind gemeinschaftlich (§ 1629 I 2 BGB). Auch die Geschäftsführer einer GmbH sind Gesamtvertreter (§ 35 II 2 GmbHG).

398 cc) *Haupt-* und *Unter*vollmacht: Der gesetzliche Vertreter und, sofern ein entsprechender Vollmachtsinhalt vorliegt, auch der Bevollmächtigte können Unterbevollmächtigte bestellen. Durch die

49 Zu Ausnahmen MünchKomm (– *W. Thiele*) Rdn. 68 zu § 167 BGB.
50 BGH, 18.5.1988 IVa ZR 59/87 NJW 1988, 3012 (3012 links).

Erteilung einer solchen Untervollmacht entsteht ein mehrstufiges Vertretungsverhältnis.

dd) Zur Duldungs- bzw. Anscheinsvollmacht siehe unten Rdn. 417-423.

b) Erteilung der Vollmacht

Gem. § 167 I BGB erfolgt die Erteilung der Vollmacht gegenüber dem zu Bevollmächtigenden oder gegenüber dem Dritten, dem gegenüber die Vertretung stattfinden soll. Die Bevollmächtigung ist eine einseitige, *empfangsbedürftige* Willenserklärung (Rdn. 32). Sie bedarf keiner Annahmeerklärung. 399

aa) Die Erteilung der Vollmacht durch Erklärung gegenüber dem zu Bevollmächtigenden (§ 167 I, 1. Alt. BGB) wird als *Innenvollmacht* (auch: interne Vollmacht) bezeichnet. Sie liegt etwa vor, wenn die A zu B sagt, er sei bevollmächtigt, für sie ein Auto beim Gebrauchtwagenhändler C zu kaufen. Ein Fall der Innenvollmacht liegt auch bei der sogenannten nach außen mitgeteilten Innenvollmacht vor (für das Erlöschen der nach außen mitgeteilten Innenvollmacht trifft § 171 BGB jedoch eine Sonderbestimmung). Ein solcher Fall liegt etwa vor, wenn die A im obigen Beispiel den B bevollmächtigt hat und dies dem C mitteilt.

bb) Die Erteilung der Vollmacht gegenüber dem Dritten heißt *Außenvollmacht* (auch: externe Vollmacht). Sie liegt nur dann vor, wenn die Erklärung gegenüber dem Geschäftsgegner der Erklärung gegenüber dem Bevollmächtigten zeitlich vorausgeht. Im umgekehrten Fall handelt es sich um eine nach außen mitgeteilte Innenvollmacht. Zur Außenvollmacht zählt nach h.M.[51] auch die Erklärung an die Öffentlichkeit. Diese ist – anders als die übrigen Arten der Vollmachterteilung – nicht empfangsbedürftig 400

c) Die Form der Bevollmächtigung

Gemäß § 167 II BGB ist die Bevollmächtigung selbst dann *formfrei*, wenn das Rechtsgeschäft, auf das sie sich bezieht, formbedürftig ist. 401

Beispiel: A bevollmächtigt den B zum Kauf eines Grundstücks. Der Kaufvertrag (§ 433 BGB) bedarf gem. § 313 S. 1 BGB der notariellen Form. Dennoch ist die Erteilung der entsprechenden Vollmacht auch mündlich möglich (§ 167 II BGB).

aa) Die Regelung des § 167 II BGB wird jedoch von einigen 402

[51] *O. Palandt* (– *H. Heinrichs*) Rdn. 1 zu § 167 BGB; *K. Larenz*, AT § 31 II (S. 619); MünchKomm (– *W. Thiele*) Rdn. 10 zu § 167 BGB; kritisch: *H. Brox*, AT Rdn. 498.

Ausnahmen durchbrochen, für die Formerfordernisse aufgestellt worden sind: Zunächst verlangt das Gesetz selbst an einigen Stellen – abweichend von § 167 II BGB – eine bestimmte Form für die Bevollmächtigung: So muß z.B. die Vollmacht zur Ausschlagung einer Erbschaft nach § 1945 III BGB öffentlich beglaubigt (Rdn. 141) sein. Über diese gesetzlich geregelten Ausnahmen hinaus wird § 167 II BGB in den Fällen *teleologisch reduziert*, in denen die Erteilung der Vollmacht den Bevollmächtigenden ebenso bindet wie das formbedürftige Rechtsgeschäft selbst, wie z.B. bei einer unwiderruflichen Vollmacht für Grundstücksgeschäfte.

Beispiel: Es wird eine unwiderrufliche Vollmacht erteilt[52]: Gälte hier § 167 II BGB , so hätte die Warnfunktion des § 313 BGB für den Erteilenden keine Wirkung mehr, denn bereits mit der Erteilung hätte der Bevollmächtigende rechtlich keine Möglichkeit mehr, die Vornahme des Grundsücksgeschäfts zu verhindern.

403 bb) *Formbedürftig* kann jedoch auch eine *widerrufliche* Bevollmächtigung sein, wenn durch sie bereits eine tatsächliche Bindung herbeigeführt wird: Dafür genügt es allerdings nicht, daß der Bevollmächtigte vom Verbot des Selbstkontrahierens (§ 181 BGB, Rdn. 441 ff.) befreit wird; vielmehr müssen im Einzelfall zusätzlich Umstände vorliegen, die ergeben, daß der Bevollmächtigende tatsächlich gebunden war oder sich gebunden glaubte[53].

Beispiel[54]: Die schwerkranke und ans Bett gefesselte Witwe W will ihrem Pflegesohn S ein Grundstück schenken. Sie erteilt dem S in notariell beglaubigter Form unter Befreiung vom Verbot des § 181 BGB die Vollmacht, das Grundstück an sich selbst zu übertragen und aufzulassen. Zwei Tage später geschieht dies. Nach einem weiteren Monat wird S als Eigentümer im Grundbuch eingetragen. Nunmehr verstirbt die W. Der Erbe E der W verlangt nun von S gem. § 894 BGB die Zustimmung zur Grundbuchberichtigung. Zu Recht? Der Grundbuchberichtigungsanspruch gem. § 894 BGB setzt voraus, daß S zu Unrecht als Eigentümer im Grundbuch eingetragen und daß stattdessen E wirklicher Eigentümer ist. Der Eigentumsübergang von W auf S könnte an der nicht vorhandenen notariellen Beurkundung der Bevollmächtigung des S gescheitert sein (Merke: Notarielle Beglaubigung ist nicht notarielle Beurkundung!, Rdn. 141-144). Hier war für die W zwar keine rechtliche,

52 BGH, 25.11.1964 V ZR 159/62 LM BGB § 173 Nr. 1.

53 *BGH, 23.2.1979 V ZR 171/77 NJW 1979, 2306 (2307); anders noch: RG, 19.3.1924 V 427/22 RGZ 108, 125 (126).

54 Nach BGH, 21.5.1965 V ZR 156/64 WM 1965, 1006-1008.

wohl aber eine tatsächliche Bindung im Verhältnis zu S eingetreten, und zwar aufgrund ihrer schweren Krankheit. Daher genügte die Bevollmächtigung nicht der Form des § 313 S. 1 BGB, sie war gem. § 125 BGB nichtig. Folglich ist S nicht Eigentümer des Grundstücks geworden. Durch den Tod der W hat vielmehr der E gem. § 1922 BGB das Eigentum erlangt. E hat damit gegen S den Grundbuchberichtigungsanspruch aus § 894 BGB.

d) Vollmacht und Grundverhältnis

In der Regel liegt der Erteilung der Vollmacht ein Vertragsverhält- 404
nis zwischen Vollmachtgeber und Bevollmächtigtem zugrunde (sog. Grund- oder Innenverhältnis)[55]. Dabei regelt die Vollmacht (bzw. deren Umfang) das rechtliche *Können* des Bevollmächtigten *im Außenverhältnis*, also im Verhältnis zwischen Vollmachtgeber und Drittem. Die Erteilung der Vollmacht ist ein einseitiges Rechtsgeschäft des Vollmachtgebers. Eine Annahmeerklärung des Bevollmächtigten ist nicht erforderlich, da die Vollmacht für den Bevollmächtigten ausschließlich eine Berechtigung, jedoch keine Verpflichtung darstellt[56].

aa) Im Gegensatz dazu betrifft das Vertragsverhältnis zwischen 405
Vollmachtgeber und Bevollmächtigtem lediglich das Verhältnis dieser beiden untereinander (sog. *Innenverhältnis*). Das Grundverhältnis hat gegenseitige Verpflichtungen zum Inhalt; deshalb erfordert das Zustandekommen des Grundverhältnisses übereinstimmende Willenserklärungen. Die Rechtsnatur des Grundverhältnisses kann z.B. bestehen in einem Auftrag (§§ 662 ff. BGB), einem Dienst- bzw. Arbeitsvertrag (§§ 611 ff. BGB) oder einem Geschäftsbesorgungsvertrag (§ 675 BGB). Das Innenverhältnis regelt jedoch nicht das rechtliche Können des Bevollmächtigten, sondern ausschließlich sein rechtliches *Dürfen*. Rechtliches Können im Außenverhältnis und rechtliches Dürfen im Innenverhältnis müssen aber durchaus nicht deckungsgleich sein.

Beispiele: (1) Prokurist P arbeitet für Kaufmann K. Nach dem Arbeitsvertrag (Grundverhältnis) darf P Verpflichtungen nur bis zur Höhe von DM 50.000,-- eingehen. P bestellt gleichwohl bei D eine Warenlieferung für DM 60.000,--. K ist an das Geschäft gebunden: Zwar durfte P, wie sich aus dem Innenverhältnis ergab, den K nur bis maximal DM 50.000,-- verpflichten, dennoch aber lag das Geschäft im Außenverhältnis im Rahmen der erteilten Voll-

55 *K. Larenz*, AT § 31 I (S. 613-616); *D. Medicus*, AT § 57 II 6 (Rdn. 949).
56 *H. Brox*, AT Rdn. 505.

macht: Die Prokura ermächtigt gem. § 49 I HGB zur Vornahme aller Geschäfte, die der Betrieb des Handelsgewerbes mit sich bringt (einzige Ausnahme: § 49 II HGB); dabei schlagen Beschränkungen aus dem Innenverhältnis *nicht* auf das Außenverhältnis durch (§ 50 I HGB). Der Umfang der Prokura ist also gesetzlich festgelegt. Die Verletzung der Pflicht aus dem Innenverhältnis führt zu einem Schadenersatzanspruch des K gegen P aus positiver Vertragsverletzung, läßt jedoch die Wirksamkeit des Vertrages zwischen K und D unberührt.- (2) Die A teilt dem Gebrauchtwagenhändler C mit, daß B ermächtigt sei, für sie ein schönes Automobil zu erwerben. Sodann erteilt sie dem B den Auftrag, das Geschäft durchzuführen, allerdings solle B die A nur bis höchstens DM 10.000,-- verpflichten dürfen. Bald darauf erscheint B bei C und kauft namens der A einen Wagen zum Preis von DM 15.000,--. Ist A aus dem Kaufvertrag verpflichtet? Ja: B hat eine Willenserklärung im Namen der A abgegeben und hatte auch Vertretungsmacht. Der Umfang der Vertretungsmacht richtet sich nach der Erteilung der Vollmacht; hier wurde eine Außenvollmacht (§ 167 I, 2. Alt. BGB erteilt, die eine Preisbeschränkung nicht vorsah, daher wurde A wirksam verpflichtet. Wegen der Pflichtverletzung kommt hier nur ein Schadenersatzanspruch der A gegen B aus positiver Forderungsverletzung des Innenverhältnisses in Betracht.

406 bb) Die Wirksamkeit der Vollmacht ist grundsätzlich unabhängig vom Bestand des Grundverhältnisses. Insoweit gilt – ähnlich wie beim Verhältnis zwischen obligatorischem Grundgeschäft und dinglichem Erfüllungsgeschäft (Rdn. 7-11) – das *Abstraktionsprinzip*[57].

Beispiel: Die minderjährige M wird ohne Wissen ihrer Eltern in dem Lebensmittelgeschäft L für die Zeit der Sommerferien als Verkäuferin angestellt. Zwei Wochen später erfahren sie zufällig von der Beschäftigung ihrer Tochter, sind darüber äußerst ungehalten und verbieten ihr die weitere Tätigkeit für L. Fehlte M die Vertretungsmacht für die zwischenzeitlich abgeschlossenen Kaufverträge? Nein: Zwar ist der Dienstvertrag, der Grundlage für die Erteilung der Verkaufsvollmacht an M war, wegen fehlender Zustimmung der Eltern (§§ 107, 108 BGB) nicht wirksam geworden; daraus folgt jedoch nicht, daß auch die Bevollmächti-

[57] Dazu vgl. *H. Brox*, AT Rdn. 115-121; *H. Brox*, SchuldR AT Rdn. 6-7; *W. Fikentscher*, SchuldR §§ 13-14, § 66 III; *D. Medicus*, AT § 20 II; *J. v. Staudinger* (– *H. Dilcher*) Rdn. 33 vor § 164 BGB; *H.P. Westermann*, Grundbegriffe 53-57.

gung unwirksam war: Vollmacht kann der Minderjährigen ohne Mitwirkung des gesetzlichen Vertreters erteilt werden, da sie die Minderjährige nur *berechtigt*, nicht aber auch *verpflichtet*. Gemäß § 165 BGB ist die Beschränkung in der Geschäftsfähigkeit unschädlich (Rdn. 320)[58].

cc) Die Abstraktheit von Grundverhältnis und Vollmacht ist bezüglich des Erlöschens durch § 168 S. 1 BGB eingeschränkt, denn das Erlöschen der Vollmacht bestimmt sich nach dem ihrer Erteilung zugrunde liegenden Rechtsverhältnis. Darüber hinaus wird teilweise die Beziehung zwischen Innenvollmacht und Grundverhältnis der Regelung des § 139 BGB (Rdn. 193 ff.) unterworfen[59]. 407

e) Erlöschen der Vollmacht

Die Vollmacht kann erlöschen durch Beendigung des Grundverhältnisses oder durch Widerruf. 408

aa) Beendigung des Grundverhältnisses

Gemäß § 168 S. 1 BGB bestimmt sich das Erlöschen der Vollmacht nach dem ihrer Erteilung zugrunde liegenden Rechtsverhältnis. Das bedeutet, daß die Beendigung des Grundverhältnisses automatisch das Erlöschen der Vollmacht nach sich zieht. 409

Beispiel: A arbeitet im Warenhaus des B als Verkäufer. Weil A einen besser bezahlten Arbeitsplatz gefunden hat, kündigt er. Mit Wirksamkeit der Kündigung entfällt auch die Vertretungsmacht des A (§ 168 S. 1 BGB).

α) Das Grundverhältnis wird im Zweifel *nicht* durch den Tod oder den Eintritt der Geschäftsunfähigkeit des *Auftraggebers* beendet, § 672 BGB. Dies gilt gem. § 675 BGB auch für den Geschäftsbesorgungsvertrag. Soweit keine gegenteilige Bestimmung getroffen wurde, erlischt die Vertretungsmacht nicht. Der Bevollmächtigte vertritt die Erben des Auftraggebers. Man spricht in diesem Fall von einer sog. postmortalen Vollmacht.

β) Wird bestimmt, daß das Auftragsverhältnis den Tod des Auftraggebers nicht überdauern soll, oder ergibt sich dies aus den Umständen, greift § 672 BGB nicht. Hier liefe der Bevollmächtigte

[58] Insoweit stellt § 165 BGB nur klar, was die teleologische Interpretation des § 107 BGB bezüglich neutraler Geschäfte ohnehin ergibt: vgl. MünchKomm (– *W. Thiele*) Rdn. 1 zu § 165 BGB.

[59] vgl. dazu: BGH, 8.11.1984 III ZR 132/83 NJW 1985, 730 (730 rechts), sowie MünchKomm (– *W. Thiele*) Rdn. 93-94 zu § 164 BGB.

Gefahr, fortan als Vertreter ohne Vertretungsmacht (Rdn. 447 ff.) zu handeln (mit der Haftungsfolge aus § 179 II BGB). Daher fingiert § 674 BGB zu seinem Schutz das Fortbestehen des Grundverhältnisses, bis er von dessen Ende erfährt.

Beispiel[60]: A wurde von B gegen ein Entgelt beauftragt, dessen Vermögen zu verwalten (§ 675 BGB). Das Vertragsverhältnis sollte mit dem Tod des B enden. B erleidet unerwartet auf einer Auslandsreise einen Herzanfall und verstirbt. A, der von diesem Vorfall zunächst noch keine Kenntnis hat, schließt noch nach dem Tod des B einige Geschäfte in dessen Namen ab. Hatte A für die nach dem Tode des B abgeschlossenen Geschäfte Vertretungsmacht? Nach § 168 S. 1 BGB erlischt mit dem Grundverhältnis auch die Vollmacht: Der Geschäftsbesorgungsvertrag sollte hier mit B's Tod enden. Die Fiktion des § 674 BGB bewirkt aber den Fortbestand der Vollmacht (i.V.m. § 168 S. 1 BGB), A hat also nicht ohne Vertretungsmacht gehandelt. Für die BGB-Gesellschaft (§§ 705 ff. BGB) enthält § 729 BGB eine inhaltsgleiche Regelung. Beachte: Gem. § 169 BGB gilt die Fiktion der §§ 674, 729 BGB aber nur dann, wenn der Dritte (Geschäftspartner) das Erlöschen weder kannte noch kennen mußte. Anderenfalls entfällt gem. § 168 S. 1 BGB die Vertretungsmacht des Vertreters: Das ist jedoch für ihn deshalb unschädlich, weil in diesem Fall seine Eigenhaftung gem. § 179 III 1 BGB ausscheidet.

bb) Der Widerruf

410 Unabhängig vom Fortbestand des Grundverhältnisses kann die Vollmacht auch durch Widerruf erlöschen (§ 168 S. 2, 3 BGB).

Beispiel: Ein Arbeitgeber kann die Vollmacht seines Arbeitnehmers auch dann gem. § 168 S. 2 BGB widerrufen, wenn eine Kündigung des Arbeitsverhältnisses nicht möglich ist.

α) Der Widerruf ist eine einseitige, empfangsbedürftige Willenserklärung (Rdn. 32) und kann entweder gegenüber dem Bevollmächtigten oder gegenüber dem Dritten ausgesprochen werden, und zwar ohne Rücksicht darauf, ob die Vollmacht als Innen- oder Außenvollmacht erteilt wurde[61]. Gem. § 168 S. 2 BGB ist die Vollmacht grundsätzlich frei widerruflich, wenn nicht die Auslegung des Grundverhältnisses etwas anderes ergibt (vgl. § 168 S. 2 BGB am Ende): So beispielsweise, wenn die Vollmacht auch im Interesse

60 Nach *D. Medicus*, AT § 57 II 4 (Rdn. 939).
61 *H. Brox*, AT Rdn. 511.

des Bevollmächtigten erteilt wurde[62], etwa weil dieser am Geschäftserlös beteiligt ist[63]. Die Annahme einer sog. unwiderruflichen Vollmacht ist jedoch nur dann gerechtfertigt, wenn das Interesse des Bevollmächtigten dem des Vollmachtgebers wenigstens gleichwertig ist[64].

β) Strittig ist, ob die Unwiderruflichkeit der Vollmacht vertraglich vereinbart sein muß[65], oder ob daneben die Möglichkeit des Vollmachtgebers besteht, einseitig auf die Widerruflichkeit zu verzichten[66]. Da die Unwiderruflichkeit sich aber regelmäßig aus dem Grundverhältnis ergibt, ist der Streit ohne praktische Bedeutung[67]. Beachte: ein Widerruf aus wichtigem Grund (z.B. bei grober Pflichtverletzung) bleibt auch im Falle der unwiderruflichen Vollmacht möglich[68].

γ) Eine Vollmacht, der kein Kausalverhältnis zugrunde liegt (sog. isolierte Vollmacht), ist auch dann frei widerruflich, wenn sie als „unwiderrufliche" Vollmacht erteilt wurde: In diesem Fall fehlt nämlich mangels eines Grundverhältnisses auch der Beurteilungsmaßstab für die Frage, wann ein wichtiger Grund zum Widerruf vorliegt[69]. Mit Rücksicht auf das Prinzip der Privatautonomie (Rdn. 5) kann auch die Generalvollmacht (Rdn. 396), ebenso wie die isolierte Vollmacht, nur widerruflich erteilt werden, und zwar auch dann, wenn ihr ein Kausalverhältnis zugrunde liegt[70].

cc) Sonstige Gründe für das Ende einer Vollmacht

Neben den in § 168 BGB genannten Gründen kommt das Erlöschen der Vollmacht auch dann in Betracht, wenn dies ihrem Inhalt entspricht: Die Vollmacht kann beispielsweise unter einer Bedingung oder Befristung erteilt werden (Rdn. 96 ff.). Außerdem 411

62 BGH, 8.2.1985 V ZR 32/84 WM 1985, 646 (647).
63 *O. Palandt* (– *H. Heinrichs*) Rdn. 6 zu § 168 BGB.
64 BGH, 13.5.1971 VII ZR 310/69 WM 1971, 956 (957 links).
65 So RG, 13.12.1924 V 665/23 RGZ 109, 331 (333); *O. Palandt* (– *H. Heinrichs*) Rdn. 6 zu § 168 BGB.
66 So *H. Hübner*, AT § 47 A V 4 (Rdn. 660); MünchKomm (– *W. Thiele*) Rdn. 31 zu § 168 BGB.
67 *H. Hübner*, AT § 47 A V 4 (Rdn. 660).
68 BGH, 26.2.1988 V ZR 231/86 NJW 1988, 2603 (2603); 8.2.1985 V ZR 32/84 WM 1985, 646 (647 links); 12.5.1969 VII ZR 15/67 WM 1969, 1009 (1009 rechts).
69 So BGH, 26.2.1988 V ZR 231/86 NJW 1988, 2603 (2604 links).
70 *J. v. Staudinger* (– *H. Dilcher*) Rdn. 9 zu § 168 BGB; *H. Th. Soergel* (– *U. Leptien*) Rdn. 25 zu § 168 BGB.

erlischt die Vollmacht regelmäßig bei Zweckerreichung (das Vertretergeschäft ist vorgenommen).

dd) Folgen des Erlöschens der Vollmacht

412 Ist die Vollmacht aus einem der oben genannten Gründe erloschen, so erfolgt jedes weitere Handeln des Vertreters im Namen des Vollmachtgebers grundsätzlich *ohne* Vertretungsmacht. Dies gilt uneingeschränkt für die bloße Innenvollmacht. Ausnahmen von diesem Grundsatz gelten jedoch im Interesse des Geschäftspartners, der das Erlöschen weder kennt noch kennen muß. Die §§ 170-173 BGB regeln die Fortgeltung einer Vollmacht, die nach § 168 BGB bereits erloschen ist, nach Rechtsscheinsgrundsätzen[71]: Das Weiterbestehen der Vertretungsmacht nach Maßgabe der §§ 170-172 BGB kommt deshalb dann nicht in Betracht, wenn der Dritte das Erlöschen der Vertretungsmacht bei der Vornahme des Rechtsgeschäfts kennt oder kennen muß (§ 173 BGB).

α) Außenvollmacht

413 Gem. § 170 BGB bleibt die Außenvollmacht dem Dritten gegenüber solange in Kraft, bis ihm das Erlöschen von dem Vollmachtgeber angezeigt wird.

Beispiel: A erklärt gegenüber den Gebrauchtwagenhändlern C und D, daß B ermächtigt sein solle, in A's Namen mehrere Autos zu kaufen. Sodann erteilt er B einen entsprechenden Auftrag. Nachdem B als Vertreter des A bei C einen Wagen gekauft hat, A jedoch mit der von B getroffenen Wahl nicht zufrieden ist, verbietet A dem B das weitere Tätigwerden. Nunmehr kauft B im Namen des A bei D ein weiteres Auto. Hier erlosch die Vollmacht des B gem. § 168 BGB; solange aber A dem D das Erlöschen der Vollmacht nicht angezeigt hatte, war B gem. § 170 BGB weiterhin vertretungsberechtigt. Da auch kein Anhaltspunkt dafür besteht, daß D im Sinne des § 173 BGB bösgläubig war, ist A von B wirksam vertreten worden.

β) Nach außen mitgeteilte Innenvollmacht

414 Hier muß gem. § 177 II BGB die Kundgabe in *derselben* Weise, wie sie erfolgt ist, widerrufen werden, und zwar unabhängig von der Form der besonderen Mitteilung: Eine schriftliche Mitteilung kann

[71] H.M.: MünchKomm (– *W. Thiele*) Rdn. 1 ff. zu § 170 BGB; a.A.: *W. Flume*, AT § 51.9.

demzufolge auch mündlich widerrufen werden[72]. Bei Kundgabe durch öffentliche Bekanntmachung hat der Widerruf derart zu erfolgen, daß er möglichst demselben Personenkreis bekannt wird. Die Vertretungsmacht endet in dieser Konstellation mit der Möglichkeit der Kenntnisnahme durch den Adressatenkreis[73].

γ) Vollmachtsurkunde

(1) Gem. § 172 I BGB steht es der besonderen Mitteilung einer 415
Bevollmächtigung durch den Vollmachtgeber gleich, wenn der Vollmachtgeber dem Vertreter eine Vollmachtsurkunde ausgehändigt hat, und der Vertreter sie dem Dritten vorlegt. Die Vollmacht wirkt gem. § 172 II BGB bis zur Rückgabe der Urkunde fort. Allerdings greift § 172 BGB nur bei willentlicher Übergabe der Urkunde an den Vertreter und nicht, wenn sie abhandengekommen ist.

Beispiel[74]: Ehefrau F erteilt ihrem Mann M Vollmacht zum Erwerb eines Grundstückes in ihrem Namen. Sie stellt M eine entsprechende Urkunde aus. Weil sich das eheliche Verhältnis jedoch alsbald verschlechtert und F sich nun nicht mehr von M vertreten lassen will, widerruft sie die Vollmacht und läßt sich von M die Urkunde zurückgeben, die sie in den Papierkorb wirft. Als M das Schriftstück am nächsten Tag unversehrt im Papierkorb sieht, nimmt er es wieder an sich und schließt unter Vorlage der Urkunde mit D im Namen der F einen notariellen Grundstückskaufvertrag. Hatte M Vertretungsmacht? Mit dem Widerruf (§ 168 BGB) und der Zurücknahme der Urkunde (§ 172 II BGB) erlosch die Vertretungsmacht des M. Allerdings hat es F dem M fahrlässig ermöglicht, erneut in den Besitz der Urkunde zu gelangen. Dieses Verschulden rechtfertigt jedoch nicht die entsprechende Anwendung des § 172 I BGB mit der Folge der wirksamen Stellvertretung: Auch eine schriftliche Vertragsofferte, die nicht wirksam abgegeben wurde, vermag den Aussteller nicht zu binden; ebenso muß es im Falle der abhandengekommenen Vollmachtsurkunde sein: Das Vertretergeschäft ist schwebend und ohne Genehmigung des zu Unrecht Vertretenen endgültig unwirksam (§ 177 I BGB), m.a.W. nichtig[75]. In Betracht kommt jedoch ein auf das negative

[72] *W. Erman* (– *H. Brox*) Rdn. 7 zu § 171 BGB.
[73] *W. Erman* (– *H. Brox*) Rdn. 8 zu § 171 BGB.
[74] Nach BGH, 30.5.1975 V ZR 206/73 BGHZ 65, 13; vgl. auch *H. Köhler*, PdW BGB AT Fall 134 (S. 189-190).
[75] *O. Jauernig*, Anm. 3d vor § 104 BGB.

Interesse (Vertrauensschaden) gerichteter Schadenersatzanspruch (Rdn. 256) des D gegen F aus *culpa in contrahendo* (Rdn. 91)[76] bzw. § 122 BGB (Rdn. 255) analog[77].

(2) Weitere Voraussetzungen für das Eingreifen des Vertrauensschutzes gem. § 172 BGB sind erstens die Vorlage der den Rechtsschein erzeugenden „Urkunde" selbst[78] und zweitens die „Vorlage" der Urkunde an den Dritten. Dafür ist nicht notwendigerweise die tatsächliche Einsichtnahme des Dritten erforderlich; es genügt, wenn der Vertreter die Urkunde der sinnlichen Wahrnehmung des Dritten zugänglich macht und den Dritten so in die Lage versetzt, sich unmittelbar Kenntnis von der Urkunde zu verschaffen, mag er dann auch von einer tatsächlichen Einsichtnahme absehen[79]. Nach § 172 II BGB bleibt die Vertretungsmacht bestehen, bis die Vollmachtsurkunde dem Vollmachtgeber zurückgegeben oder für kraftlos erklärt wird. Die Kraftloserklärung erfolgt nach Maßgabe des § 176 BGB[80].

416 δ) Nach dem Wortlaut des § 173 BGB beziehen sich die Rechtsscheinwirkungen der §§ 170 ff. BGB nur auf den Fall des Erlöschens einer einmal wirksam erteilten Vollmacht. Darüberhinaus sind die Vorschriften aber auch dann anwendbar, wenn eine Vollmacht gar nicht wirksam entstanden ist[81]. Geschützt ist damit neben dem Vertrauen in den *Fortbestand* einer Vollmacht auch das Vertrauen in die *Entstehung* der Vertretungsmacht. Ist beispielsweise eine Bevollmächtigung zum Erwerb eines Grundstücks wegen Formmangels (§§ 313 S. 1, 125 BGB) nichtig (etwa, weil sich aus dem Grundverhältnis die Unwiderruflichkeit der Vollmacht ergab),

[76] *BGH, 23.10.1985 VIII ZR 210/84 NJW 1986, 586; generell lesenswert *K. Ballerstedt*, „Zur Haftung für culpa in contrahendo bei Geschäftsabschluß durch Stellvertreter", AcP 151 (1951) 501-531.

[77] So auch BGH, 30.5.1975 V ZR 206/73 BGHZ 65, 13 (15).

[78] Urschrift oder (bei notariell beurkundeter Vollmacht auch ordnungsgemäße) notarielle Ausfertigung; eine bloße Abschrift reicht dagegen regelmäßig nicht aus: BGH, 15.10.1987 III ZR 235/86 BGHZ 102, 60 (63).

[79] So BGH, 20.12.1979 VII ZR 77/78 BGHZ 76, 76 (78); *15.10.1987 III ZR 235/86 BGHZ 102, 60 (63); *O. Palandt* (– *H. Heinrichs*) Rdn. 6 zu §§ 170-173 BGB; *H. Th. Soergel* (– *U. Leptien*) Rdn. 4 zu § 172 BGB; a.A. *W. Erman* (– *H. Brox*) Rdn. 9 zu § 172 BGB, der eine tatsächliche Kenntnisnahme vom Urkundsinhalt für erforderlich hält.

[80] Einzelheiten dazu bei: MünchKomm (– *W. Thiele*) Rdn. 2-6 zu § 176 BGB.

[81] BGH, 8.11.1984 III ZR 132/83 NJW 1985, 730 (730 rechts); *O. Palandt* (– *H. Heinrichs*) Rdn. 1 zu §§ 170-173 BGB.

aber gleichwohl eine Urkunde ausgestellt worden, aus der sich die Formbedürftigkeit der Bevollmächtigung nicht ersehen läßt, so wird der gutgläubige (§ 173 BGB) Dritte durch § 172 BGB geschützt[82].

3. Duldungs- und Anscheinsvollmacht

Bereits oben wurde dargestellt, daß trotz Erlöschens der erteilten Vollmacht aus Gründen des *Vertrauensschutzes* noch nach Maßgabe der §§ 170 ff. BGB eine wirksame Vertretung stattfinden kann. Dieser Gedanke bildet die Grundlage für die Anerkennung von zwei weiteren *Rechtsscheinsvollmachten*, der Duldungs- und der Anscheinsvollmacht[83]. 417

a) Duldungsvollmacht

Eine Duldungsvollmacht liegt vor, wenn ein Unbefugter wiederholt als Vertreter aufgetreten ist, der Vertretene dieses Verhalten *kennt* und duldet und sich daraus der Rechtsschein einer Bevollmächtigung ergibt[84]. Der Geschäftsgegner muß also die Duldung des Vertretenen dahin werten – und nach Treu und Glauben (§ 242 BGB) auch dahin werten dürfen –, daß der Handelnde Vollmacht habe[85]. 418

Beispiel: B, der im Lager des Spielwarengeschäfts des A tätig ist, ohne jedoch zur Vertretung befugt zu sein, hat mehrfach namens des A Bestellungen bei Großhändler C vorgenommen. Die entsprechenden Lieferungen wurden von A trotz Kenntnis der Umstände jeweils angenommen und bezahlt, weil er wegen der „Kleinigkeiten" keinen Ärger haben wollte. Eines Tages jedoch bestellt B erneut Ware bei C, und zwar in größerem Umfang als bisher. Bei Lieferung verweigert A die Zahlung mit der Begründung, B sei zur Warenbestellung nicht bevollmächtigt gewesen. Muß A dennoch zahlen? Eine ausdrückliche Vollmacht wurde dem B nicht erteilt; es liegt auch keine Bevollmächtigung durch schlüssiges Verhalten vor: Die Bezahlung der bisherigen Lieferungen ist jeweils als Genehmigung des vollmachtlosen Handelns anzusehen (§ 177 I BGB), darin liegt jedoch keine konkludente Bevollmächtigung. Ebenso greift die

[82] BGH, 25.11.1964 V ZR 159/62 MDR 1965, 282 (283).

[83] *K. Larenz*, AT § 33 I a (S. 635-642); *D. Medicus*, AT § 57 II 2 (Rdn. 930), § 58 I (Rdn. 969); *J. v. Staudinger* (– *H. Dilcher*) Rdn. 28-45 zu § 167 BGB.

[84] Vgl. MünchKomm (– *W. Thiele*) Rdn. 36 zu § 167 BGB.

[85] BGH, 5.11.1962 VII ZR 75/61 LM Nr. 13 zu § 167 BGB.

unwiderlegliche Vermutung einer Vertretungsmacht gem. § 56 HGB nicht ein: Die Vorschrift gilt nur für den Verkauf, nicht aber auch für den Ankauf von Ware[86]. Gleichwohl aber wurde A von B wirksam vertreten: Die Vertretungsmacht ergibt sich aus den Rechtsscheinsvoraussetzungen der Duldungsvollmacht. A wußte vom Verhalten des B, ohne dagegen einzuschreiten. Daraus mußte C den Schluß ziehen, daß B zur Vornahme von Bestellungen berechtigt sei. Also ist A gem. § 433 II BGB zur Kaufpreiszahlung verpflichtet.

419 aa) Teilweise wird die Duldungsvollmacht nicht als Rechtsscheinstatbestand, sondern als schlüssige Willenserklärung angesehen[87]. Das hätte jedoch zur Voraussetzung, daß der Erklärungsempfänger das Dulden als Bevollmächtigung ansehen kann. Erklärungsempfänger wird aber regelmäßig nur der Vertreter sein, da Fälle der Erteilung einer Außenvollmacht durch Duldung kaum denkbar sind. Der Vertreter selbst aber wird dem Dulden keine Bevollmächtigung für die Zukunft entnehmen können und dürfen, daher ist hier wohl trotz einer neueren BGH-Entscheidung, wonach auch schlüssiges Verhalten ohne Erklärungsbewußtsein als wirksame Willenserklärung zu werten sein kann[88], daran festzuhalten, daß es sich bei der Duldungsvollmacht um einen Rechtsscheinstatbestand handelt.

Beachte: Die Wirkung der Rechtsscheinsvollmacht kann nicht rückwirkend durch Anfechtung wegen Willensmängeln beseitigt werden, da weder eine Willenserklärung noch eine rechtsgeschäftsähnliche Handlung vorliegt, so daß auch die §§ 119 ff. BGB nicht zur Anwendung kommen[89].

420 bb) Die Zurechnung einer Rechtsscheinsvollmacht kommt nur bei voll Geschäftsfähigen in Betracht, der Zurechnung an nicht voll Geschäftsfähige steht die Wertung der §§ 104 ff. BGB entgegen (Rdn. 118, 124, 329)[90].

86 BGH, 4.5.1988 VIII ZR 196/87 NJW 1988, 2109-2110.

87 So noch BGH, 10.3.1953 I ZR 76/52 LM Nr. 4 zu § 167 BGB; ebenso *O. Palandt* (– *H. Heinrichs*) Rdn. 10 zu §§ 170-173 BGB, für Rechtsschein; dagegen: BGH, 4.5.1971 VI ZR 126/69 LM Nr. 34 zu § 164 BGB; *H. Brox*, AT Rdn. 521; *H. Th. Soergel* (– *U. Leptien*) Rdn. 17 zu § 167 BGB.

88 *BGH, 2.11.1989 IX ZR 197/88 BGHZ 109, 171.

89 So auch *O. Palandt* (– *H. Heinrichs*) Rdn. 17 zu §§ 170-173 BGB; *H. Th. Soergel* (– *U. Leptien*) Rdn. 22 zu § 167 BGB; a.A. MünchKomm (– *W. Thiele*) Rdn. 41 zu § 167 BGB.

90 Allg. Meinung: vgl. *W. Erman* (– *H. Brox*) Rdn. 19 zu § 167 BGB.

b) Anscheinsvollmacht

421 Eine Anscheinsvollmacht liegt vor, wenn der Vertretene das Handeln seines angeblichen Vertreters zwar *nicht kannte*, es aber bei Anwendung pflichtgemäßer Sorgfalt hätte erkennen und verhindern können und dadurch zurechenbar den Rechtsschein einer Bevollmächtigung setzt[91]. Eine Zurechnung des Rechtsscheins kann nur dann erfolgen, wenn der Geschäftspartner selbst ohne Fahrlässigkeit annehmen darf, daß der Vertretene das Handeln kenne und dulde[92].

Beispiel[93]: Der Handlungsbevollmächtigte (§§ 54 ff. HGB) H der X-GmbH, der, von den Geschäftsführern der GmbH unbeaufsichtigt, bereits seit Jahren nach seinem Belieben „schalten und walten" konnte, erteilte dem Rechtsanwalt R Prozeßvollmacht (§§ 80 ff. ZPO) für einen Rechtsstreit der GmbH, ohne dafür besonders bevollmächtigt zu sein. R schloß alsbald mit der gegnerischen Prozeßpartei in Anwesenheit und mit Billigung des H einen Vergleich. Gegenüber der Prozeßpartei war anläßlich früherer Geschäftsverbindungen immer nur H als alleiniger Vertreter aufgetreten. Ist der Vergleich wirksam? Die Wirksamkeit des Vergleichs setzt Vertretungsmacht des R und diese wiederum Vertretungsmacht des H bezüglich der Bevollmächtigung zur Prozeßführung voraus. Da gem. § 54 II HGB ein Handlungsbevollmächtigter nur dann prozeßführungsbefugt ist, wenn er dazu ausdrücklich ermächtigt ist, kommt eine Vertretungsmacht des H nur unter den Voraussetzungen der Anscheinsvollmacht in Betracht. Hätten die Geschäftsführer der GmbH den H ordnungsgemäß beaufsichtigt, so hätten sie erkennen müssen, daß sich H gegenüber den Geschäftspartnern insbesondere im Prozeß als umfassend vertretungsberechtigt darstellt. Auf diese Sorgfaltswidrigkeit ist es zurückzuführen, daß die Vergleichspartei von einer entsprechenden Bevollmächtigung des H ausgehen mußte. Nach den Grundsätzen der

[91] BGH, 12.3.1981 III ZR 60/80 NJW 1981, 1727 (1728 rechts).

[92] BGH, 15.2.1982 II ZR 53/81 NJW 1982, 1513 (1513 rechts); der Geschäftsgegner kann sich nach h.A. aber nicht aussuchen, ob er den vollmachtlosen Vertreter selbst (gem. § 179 I BGB) oder den Vertretenen (über die Anscheinsvollmacht) in Anspruch nehmen will; auch die Anscheinsvollmacht ist Vollmacht; deshalb scheidet eine Haftung des Vertreters nach § 179 BGB aus, wenn der Vertretene aufgrund Anscheinsvollmacht in Anspruch genommen werden kann: *BGH, 20.1.1983 VII ZR 32/82 BGHZ 86, 273 (275).

[93] Nach BGH, 24.9.1969 VIII ZR 49/68 LM Nr. 7 zu § 167 BGB.

Anscheinsvollmacht ist die GmbH daher beim Vergleich wirksam vertreten worden.

422 aa) Von einer gewichtigen Minderheitsauffassung[94] wird jedoch die Figur der Anscheinsvollmacht *abgelehnt*: Eine Sorgfaltswidrigkeit könne zwar zu einer Haftung auf das negative Interesse führen (Schadenersatzanspruch aus *culpa in contrahendo*, Rdn. 91), nicht aber zu vertraglichen Erfüllungsansprüchen. Dem ist jedoch entgegenzuhalten, daß auch die §§ 170 ff. BGB sowie § 56 HGB eine wirksame Stellvertretung selbst dann ermöglichen, wenn die einmal erteilte Vollmacht erloschen ist: Vertragliche Erfüllungsansprüche als Konsequenz des Vertrauensschutzes sind unserer Rechtsordnung also durchaus nicht fremd[95]. Der Anerkennung der Anscheinsvollmacht stehen daher jedenfalls keine dogmatischen Einwände entgegen[96].

423 bb) Für die Anfechtbarkeit des Rechtsscheins sowie für die Zurechnung an nicht voll Geschäftsfähige gilt das zur Duldungsvollmacht Ausgeführte (Rdn. 420).

V. Willensmängel und Wissenszurechnung beim Vertretergeschäft (§ 166 BGB)

424 § 164 BGB regelt die Zurechnung von Willenserklärungen. Diese Zurechnung wird durch § 166 BGB auch auf diejenigen Umstände erweitert, die die Willenserklärung begleiten. § 166 I BGB gilt nicht nur für die gewillkürte Stellvertretung, sondern auch für die gesetzliche einschließlich der organschaftlichen Vertretung[97].

1. Willensmängel

425 „Soweit die rechtlichen Folgen einer Willenserklärung durch Willensmängel (...) beeinflußt werden, kommt nicht die Person des

94 *W. Flume*, AT § 49.4 (S. 832 ff.); *K. Larenz*, AT § 33 I a (S.639-640); *D. Medicus*, AT § 58 I 2 (Rdn. 971).

95 *W. Erman* (– *H. Brox*) Rdn. 7 zu § 167 BGB.

96 Auch das Urteil des BGH vom 30.5.1975 V ZR 206/73 BGHZ 65, 13 kann nicht gegen das Institut der Anscheinsvollmacht angeführt werden: In dieser Entscheidung hatte der BGH sehr wohl die Möglichkeit einer Anscheinsvollmacht in Erwägung gezogen, nur deren Voraussetzungen im konkreten Fall verneint: siehe dazu die Parallelfundstelle NJW 1975, 2101 (2103) (insoweit nicht in BGHZ 65, 13 ff. abgedruckt).

97 *H. Th. Soergel* (– *U. Leptien*) Rdn. 4 zu § 166 BGB.

Vertretenen, sondern die des Vertreters in Betracht“ (lies § 166 I BGB).

a) Der *Grundgedanke*, der zu dieser Vorschrift geführt hat, ist einleuchtend: Da im Falle der Vertretung nur der *Vertreter* eine Willenserklärung abgibt, kann es nur darauf ankommen, ob in *seiner* Person ein Willensmangel vorlag (§§ 116 ff. BGB), ob er sich z.B. in einem rechtlich erheblichen Irrtum (§§ 119 ff. BGB) befand. *Anfechtungsberechtigt* ist dagegen der *Vertretene*, da nur er durch die fehlerhafte Willenserklärung verpflichtet wird (§ 164 I BGB). Allerdings wird in der Regel die Vertretungsmacht des Vertreters auch die Rechtsmacht umfassen, im Namen des Vertretenen die Anfechtung zu erklären. 426

Beispiel: Der Prokurist P des Kaufmanns K bestellt beim Computerhersteller C schriftlich 52 PC's. Tatsächlich wollte P jedoch nur 25 Computer kaufen: Beim Ausfertigen der Bestellung hatte P sich verschrieben. Die Willenserklärung des P wirkt unmittelbar für und gegen K. K kann die irrtumsbehaftete Erklärung des P jedoch gem. § 119 I, 2. Alt. BGB (Erklärungsirrtum, Rdn. 217) anfechten. Stellvertretend für den berechtigten K kann aber auch P (namens des K) die Anfechtung erklären.

b) Auf § 166 I BGB kommt es jedoch nicht an, wenn der Vertreter durch seinen Irrtum zum *falsus procurator* (Vertreter ohne Vertretungsmacht, Rdn. 447 ff.) wird: In diesem Fall wirkt die Erklärung nicht für und gegen den Vertretenen; eine Anfechtung ist daher entbehrlich. 427

Beispiel: V wurde von A bevollmächtigt, beim Maler M ein Bild bis zum Preis von DM 1.500,-- zu kaufen. Beim Kauf verspricht sich V und bietet DM 2.100,-- statt wie gewollt DM 1.100,--. Hier war der Kauf eines Gemäldes für DM 2.100,-- nicht von der Vertretungsmacht gedeckt: A wurde durch die Erklärung nicht gebunden, eine Anfechtung ist nicht erforderlich.

2. Kenntnis bzw. Kennenmüssen von Umständen

a) Gem. § 166 I BGB kommt es auch dann, wenn die Kenntnis oder das Kennenmüssen von Umständen von Bedeutung ist, *grundsätzlich* auf die Person des *Vertreters* an: So hängt beispielsweise die Haftung des Vertretenen nach § 307 BGB bei einem auf eine objektiv unmögliche Leistung gerichteten Vertrage von der entsprechenden Kenntnis (bzw. dem Kennenmüssen) des Vertreters ab (§ 166 I BGB). Insbesondere ist die Vorschrift aber beim gutgläubigen Erwerb (§§ 932, 892 BGB usw.) bedeutsam. 428

Beispiel: Der im Trödelladen des A angestellte V kauft von B eine Skulptur an. B hatte sich diese Skulptur jedoch von C nur geliehen, was zwar A, nicht jedoch V wußte. Hat A das Eigentum an der Skulptur erlangt? In Betracht kommt nur ein gutgläubiger Erwerb gem. §§ 929 S. 1, 932 I BGB. Die dingliche Einigung hat V als Vertreter des A wirksam vorgenommen, bezüglich der Übergabe fungierte V als Besitzdiener (§ 855 BGB) des A. Für den Gutglaubenstatbestand ist gem. § 166 I BGB auf den Vertreter V abzustellen: Der jedoch war gutgläubig, da er den B für den Eigentümer der Skulptur gehalten hatte. A hat folglich das Eigentum gem. §§ 929 S. 1, 932 I BGB gutgläubig erworben, obwohl er selbst bösgläubig war. Wäre dagegen V bösgläubig und A gutgläubig gewesen, so wäre gem. § 166 I BGB ein Erwerb des A gescheitert.

429 b) § 166 II BGB enthält aber eine zur Vermeidung von Mißständen notwendige *Ausnahme vom Grundsatz* des § 166 I BGB: Hat bei gewillkürter Stellvertretung der Vertreter auf Weisung des Vertretenen gehandelt, so ist das Wissen des *Vertretenen* maßgeblich.

Beispiel (wie Rdn. 428): Der bösgläubige A, dem am Erwerb der Skulptur gelegen ist, bittet den gutgläubigen V darum, die Skulptur von B zu kaufen. Würde es hier bei der Regelung des § 166 I BGB bleiben, so könnte jeder Bösgläubige durch Einschaltung eines gutgläubigen Vertreters erwerben. Daher stellt § 166 II BGB für die Kenntnis und das Kennenmüssen ausnahmsweise dann auf die Person des Vertretenen ab, wenn der Vertreter auf dessen Weisung gehandelt hat. Im abgewandelten Beispiel konnte A also wegen § 166 II BGB nicht gutgläubig erwerben.

430 c) Eine Besonderheit bezüglich der *Wissenszurechnung* gilt bei *juristischen* Personen (z.B.: e.V., AG, GmbH): Der juristischen Person, die ja nur durch ihre Organe handlungsfähig ist, wird auch das Wissen derjenigen Organmitglieder zugerechnet, die nicht am Zustandekommen eines Geschäfts mitgewirkt haben[98]. Das gilt auch dann, wenn das betreffende Mitglied später ausgeschieden ist[99]. Merksatz: „Ein faules Ei verdirbt den Brei." *Beachte:* Diese Besonderheit gilt nur für juristische Personen; sie läßt sich nicht auf die Personengesellschaften (BGB-Gesellschaft, OHG, KG) erweitern[100].

[98] BayObLG, 10.5.1989 BReg. 2 Z 118/88 NJW-RR 1989, 907 (910); MünchKomm (– *W. Thiele*) Rdn. 19 zu § 166 BGB.

[99] BGH, 23.10.1958 II ZR 127/57 WM 1959, 81 (84 links).

3. Exkurs: Wissenszurechnung (§ 166 BGB) als allgemeiner Rechtsgedanke

a) Entsprechende Anwendung von § 166 I BGB

§ 166 I BGB wird bei der Wissenszurechnung als allgemeiner 431
Rechtsgedanke aufgefaßt[101]. Die Vorschrift findet demzufolge auch auf Konstellationen *entsprechende* Anwendung, bei denen die Voraussetzungen der rechtsgeschäftlichen Stellvertretung nicht vorliegen. Jeder, der einen anderen mit der Erledigung bestimmter Angelegenheiten in eigener Verantwortung betraut, muß sich das in diesem Rahmen erlangte Wissen des anderen zurechnen lassen[102]: So wird im Falle des § 990 BGB die Bösgläubigkeit des Besitzdieners dem Besitzer[103] und im Falle des Überbaus (§ 912 BGB) das Verschulden des Architekten dem Bauherren[104] zugerechnet.

b) Entsprechende Anwendung von § 166 II BGB

Nach seinem Wortlaut bezieht sich § 166 II BGB nur auf die durch 432
Rechtsgeschäft erteilte Vertretungsmacht (Vollmacht): Wenn aber im Einzelfall der *gesetzliche* Vertreter wie ein weisungsgebundener Bevollmächtigter handelt, ist die Vorschrift auch auf ihn entsprechend anwendbar[105].

Beachte: Diese Analogie kann jedoch nur dann eingreifen, wenn der gesetzliche Vertreter, wie z.B. im Falle des Ergänzungspflegers (§ 1909 BGB), auf die Vornahme eines einzelnen Rechtsgeschäfts bestimmten Inhalts festgelegt ist, denn nur dann ist er mit dem weisungsgebundenen Bevollmächtigten vergleichbar[106].

aa) § 166 II BGB ist weiterhin entsprechend anwendbar, wenn der durch einen falsus procurator *Vertretene* das schwebend unwirksame Geschäft gem. § 177 I BGB *genehmigt*, denn der zu Unrecht Vertretene soll sich, sofern er selbst zum Zeitpunkt der Genehmigung bösgläubig ist, nicht auf die Gutgläubigkeit des vollmachtlosen

100 So MünchKomm (– *W. Thiele*) Rdn. 20 zu § 166 BGB; *H. Th. Soergel* (– *U. Leptien*) Rdn. 5 zu § 166 BGB.

101 *O. Palandt* (– *H. Heinrichs*) Rdn. 1 zu § 166 BGB.

102 BGH, 25.3.1982 VII ZR 60/81 BGHZ 83, 293 (296); *O. Palandt* (– *H. Heinrichs*) Rdn. 6 zu § 166 BGB.

103 BGH, 10.12.1973 II ZR 138/72 NJW 1974, 458 (459 links); a.A. *D. Medicus*, AT § 57 II 4 (Rdn. 939).

104 BGH, 24.6.1964 V ZR 162/61 BGHZ 42, 63 (69); a.A.: *H. Th. Soergel* (– *U. Leptien*) Rdn. 15 zu § 166 BGB.

105 BGH. 10.10.1962 VIII ZR 3/62 BGHZ 38, 65 (68-69).

106 So auch BGH, 10.10.1962 VIII ZR 3/62 BGHZ 38, 65 (68-69).

Vertreters berufen können[107]: Sowohl im Falle des Handelns nach Weisung als auch im Falle der Genehmigung liegt die Willensentscheidung über die Wirksamkeit des Geschäfts -wenigstens auch- beim Vertretenen; es kommt daher analog § 166 II BGB auch auf seine Kenntnis an.

bb) § 166 II BGB, der sich im Gegensatz zu § 166 I BGB ausdrücklich nur auf die Kenntnis und das Kennenmüssen bestimmter Umstände bezieht, ist in engen Grenzen analog auch auf *Willensmängel* anwendbar. So ist ein Rechtsgeschäft in entsprechender Anwendung der Vorschrift gem. § 123 BGB anfechtbar, wenn der Geschäftsgegner durch arglistige Täuschung oder widerrechtliche Drohung den Vertretenen dazu bestimmt, seinem Vertreter die Weisung zum Geschäftsabschluß zu erteilen[108]: Hier beruht die Willenserklärung des Vertreters allein auf dem Geschäftswillen des Vertretenen. Außerdem wäre der Ausschluß der Anfechtbarkeit ein unerträgliches Ergebnis, so daß der Willensmangel des Vertretenen ausnahmsweise[109] beachtlich ist.

VI. Willensmängel bei der Bevollmächtigung

433 Die Bevollmächtigung ist Willenserklärung (Rdn. 32). Sie unterliegt daher auch den allgemeinen Vorschriften über Willensmängel.

Beachte: Willensmängel bei der Bevollmächtigung sind streng zu unterscheiden von Willensmängeln beim Vertretergeschäft: Es handelt sich um zwei verschiedene Rechtsgeschäfte! Haftet der Erteilung der Vollmacht ein zur Anfechtung berechtigender Irrtum an, so ergeben sich keine praktischen Probleme, solange der Bevollmächtigte noch kein Vertretergeschäft vorgenommen hat: Die Vollmacht kann gem. § 168 S. 2 BGB jederzeit mit der Folge ihres Erlöschens widerrufen werden; daneben besteht die Möglichkeit der Anfechtung[110].

[107] BGH, 17.2.1965 VIII ZR 75/63 BB 1965, 435; RG, 12.8.1939 II 67/39 RGZ 161, 153 (161-162).

[108] BGH, 24.10.1968 II ZR 214/66 BGHZ 51, 141 (147); beachte auch *H. Köhler*, PdW BGB AT Fall 129 (S. 181-182).

[109] MünchKomm (– *W. Thiele*) Rdn. 41 zu § 166 BGB erweitert diese Analogie auch auf andere Willensmängel; gegen ihn: *W. Erman* (– *H. Brox*) Rdn. 14 zu § 166 BGB.

[110] MünchKomm (– *W. Thiele*) Rdn. 82 zu § 167 BGB.

1. Ausgeübte Außenvollmacht

Die Anfechtung einer Außenvollmacht, von der bereits Gebrauch gemacht wurde, regelt sich wie folgt: Anfechtungsgegner ist gem. § 143 III 1 BGB der Geschäftspartner. Die Rückwirkung der Anfechtung (§ 142 I BGB) läßt die Wirksamkeit der Bevollmächtigung und damit auch die Wirksamkeit des Vertretergeschäfts von Anfang an entfallen. Den durch die Anfechtung entstandenen Vertrauensschaden hat der Anfechtende dem Geschäftsgegner gem. § 122 BGB zu ersetzen (Rdn. 255): Eine Haftung des Vertreters aus § 179 BGB entfällt[111]. 434

2. Ausgeübte Innenvollmacht

Problematischer ist dagegen die Anfechtung der bereits ausgeübten Innenvollmacht. 435

Beispiel: A erteilt V eine schriftliche Innenvollmacht zum Kauf eines Gebrauchtwagens. Dabei verschreibt er sich und legt als Höchstpreis statt DM 2.400,-- irrtümlich DM 4.200,-- fest. V kauft daraufhin als Vertreter des A bei D einen Wagen zum Preis von DM 4.000,--. Wem gegenüber und mit welchen Haftungsfolgen kann A anfechten? Das Vertretergeschäft selbst (Abschluß des Kaufvertrages) ist nicht irrtumsbehaftet. Allerdings befand sich A bei der Erteilung der (reinen) Innenvollmacht in einem Erklärungsirrtum (§ 119 I, 2. Alt. BGB). Fraglich ist, wer der Erklärungsgegner einer möglichen Anfechtung ist: In Betracht kommen dafür sowohl V als auch D. Nach dem Gesetzeswortlaut (§§ 167, 143 III BGB) wäre Anfechtungsgegner der Vertreter V, denn ihm gegenüber wurde die Bevollmächtigung erklärt (§ 167 I, 1. Alt. BGB). Durch die Anfechtung würde die Vertretungsmacht rückwirkend (§ 142 I BGB) beseitigt, dadurch stünde V im nachhinein als *falsus procurator* da. D hätte gem. § 179 II BGB gegen V und dieser wiederum gem. § 122 BGB gegen A einen Anspruch auf Ersatz eines möglichen Vertrauensschadens. Unter der Voraussetzung, daß sowohl V als auch A zahlungsfähig sind, bereitet diese Lösung keine Probleme. Was aber, wenn einer der beiden nicht zahlen kann? Bei Zahlungsunfähigkeit des V bliebe der Schaden bei D und bei Zahlungsunfähigkeit des A bei V. Um dieses Ergebnis zu vermei-

111 MünchKomm (– *W. Thiele*) Rdn. 84 zu § 167 BGB; a.A. *H. Th. Soergel* (– *U. Leptien*) Rdn. 22 zu § 166 BGB.

den, wird teilweise[112] dem Geschäftspartner (D) neben dem Anspruch aus § 179 II BGB gegen den Vertreter (V) auch ein Anspruch aus § 122 BGB analog gegen den Anfechtenden (A) zugebilligt. Es erscheint jedoch ein anderer Weg vorzugswürdig: Bevollmächtigung und Vertretergeschäft stehen zueinander in einem inneren Zusammenhang: Materiell betrachtet ficht A also letztlich das Vertretergeschäft an; daher erscheint es gerechtfertigt, daß er seine Anfechtungserklärung an D richten muß mit der Folge, daß allein A dem D aus § 122 BGB haftet. Eine Haftung des V gem. § 179 II BGB entfällt[113]. Dieses Ergebnis ist sachgerecht, da auf diese Weise in jedem Fall derjenige den Vertrauensschaden zu ersetzen hat, der ihn durch seinen Irrtum verursacht hat.

3. Ausgeübte mitgeteilte Innenvollmacht

436 Äußerst umstritten ist auch die Frage, ob die besondere Mitteilung bei nach außen kundgemachter Innenvollmacht (§§ 171, 172 BGB) anfechtbar ist. Problematisch ist das schon deshalb, weil die Mitteilung über die Erteilung einer Innenvollmacht keine Willenserklärung darstellt; die Rechtsfolge der Bevollmächtigung tritt bereits durch die Erteilung im Innenverhältnis ein, die nachfolgende Mitteilung nach außen ist deshalb nur eine Wissenserklärung. Aus diesem Grund tritt eine verbreitete Auffassung dafür ein, daß die Mitteilung nicht anfechtbar sei[114]. Dem ist jedoch entgegenzuhalten, daß für eine Bevorzugung des Dritten im Falle der kundgemachten Innenvollmacht gegenüber dem Dritten im Falle der anfechtbaren Außenvollmacht kein Grund ersichtlich ist: Die Mitteilung ist, wenn sie auch keine Willenserklärung darstellt, doch wenigstens als eine geschäftsähnliche Handlung anzusehen, auf die die Vorschriften über Willensmängel entsprechende Anwendung finden. Auch die vom Willensmangel behaftete Mitteilung ist daher anfechtbar[115]. Die Haftungsfolgen sind dabei dieselben wie in den oben (Rdn. 434/435) genannten Fällen.

112 MünchKomm (– *W. Thiele*) Rdn. 85 zu § 167 BGB.

113 So auch *W. Flume*, AT § 52.5c; *D. Medicus*, AT § 57 II 4b (Rdn. 945); *K. Larenz*, AT § 31 II (S. 621-622).

114 *J. v. Staudinger* (– *H. Dilcher*) Rdn. 9 zu § 171 BGB; *O. Palandt* (– *H. Heinrichs*) Rdn. 1 zu §§ 170-173 BGB; *W. Erman* (– *H. Brox*) Rdn. 3 zu § 171 BGB.

115 *W. Flume*, AT § 49.2c; *K. Larenz*, AT § 33 I a (S. 637); *D. Medicus*, AT § 57 II 5b (Rdn. 947); MünchKomm (– *W. Thiele*) Rdn. 7 zu § 171 BGB.

VII. Grenzen der Vertretungsmacht

Grundsätzlich treten die Wirkungen der Stellvertretung für jedes Vertretergeschäft ein, das sich im Rahmen der Vertretungsmacht (Außenverhältnis) hält und zwar auch dann, wenn der Vertreter damit seine Befugnis im Innenverhältnis überschreitet. Von diesem Grundsatz gibt es jedoch zwei Ausnahmen: Die Kollusion und (eingeschränkt) auch der Mißbrauch der Vertretungsmacht (nachfolgend Rdn. 438-440). 437

1. Kollusion

Wirken der Vertreter und der Geschäftspartner bewußt zum Nachteil des Vertretenen zusammen, so treten die Wirkungen der Stellvertretung nicht ein. Ein solches Rechtsgeschäft ist wegen Verstoßes gegen die guten Sitten nach § 138 BGB nichtig (Rdn. 183). 438

Beispiel: Der Prokurist P einer GmbH verkauft seiner Freundin mehrere wertvolle Computer des Unternehmens zum Preis von DM 100,--. Eine kollusive Absprache als Teil eines Rechtsgeschäfts führt zur Sittenwidrigkeit des gesamten Rechtsgeschäfts (§ 138 BGB)[116].

2. Mißbrauch der Vertretungsmacht

a) Der Vertretene ist aber auch dann nicht gebunden, wenn zwar keine beiderseitige Schädigungsabsicht vorlag, aber die Überschreitung des rechtlichen Dürfens für den Geschäftsgegner evident war oder dieser den Mißbrauch kannte. Ein evidenter Mißbrauch liegt vor, wenn sich die Überschreitung dem Geschäftsgegner aufdrängen mußte[117]. Die Abstraktheit von Außen- und Innenverhältnis wird dann im Interesse des Vertretenen in Anwendung von § 242 BGB *durchbrochen.* Der Vertretene hat aber dennoch die Möglichkeit, das Geschäft durch Genehmigung an sich zu ziehen. Für die Genehmigung findet in diesem Fall § 177 I BGB entsprechende Anwendung (nur entsprechende Anwendung deshalb, weil sich der Regelungsbereich der §§ 177 ff. BGB auf ein Handeln ohne 439

[116] BGH, 17.5.1988 VI ZR 233/87 NJW 1988, 26 (27).
[117] BGH, 27.3.1985 VIII ZR 5/84 BGHZ 94, 132 (138).

Vertretungsmacht bezieht, während im Mißbrauchsfall ja Vertretungsmacht besteht).

440 b) Nach Auffassung des Bundesgerichtshofs soll in den Fällen, in denen das Gesetz die Unbeschränkbarkeit der Vertretungsmacht im Verhältnis zu Dritten anordnet (z.B. §§ 50 I, 126 II HGB), die Vertretungswirkung nur dann entfallen, wenn der Vertreter den evidenten Mißbrauch bewußt vornimmt[118]. Eine solche Einschränkung ist jedoch nicht notwendig: Die Unbeschränkbarkeit der Vertretungsmacht (z.B. bei der Prokura) durch Gesetz dient dem Schutz des Dritten. Seine Schutzbedürftigkeit hängt jedoch nicht von der Willensrichtung des Vertreters, sondern allein von der Evidenz des Mißbrauchs ab; daher sollte auf die Voraussetzung des bewußten Mißbrauchs verzichtet werden[119].

3. Das Insichgeschäft (§ 181 BGB)

a) Die Regel

441 Der Zweck dieser Vorschrift besteht darin, Interessenkonflikte zu vermeiden, die durch die Mitwirkung derselben Person auf beiden Seiten des Rechtsgeschäfts entstehen können[120]. § 181 BGB (lesen!) erfaßt zwei Fallgruppen, das Selbstkontrahieren und die Mehrvertretung. Unter Selbstkontrahieren versteht man ein Rechtsgeschäft des Vertreters mit sich selbst (§ 181, 1. Alt. BGB).

Beispiel: A, die von B bevollmächtigt wurde, sein Auto zu verkaufen, verkauft und übereignet es als Vertreterin des B an sich selbst.

Dagegen ist die Mehrvertretung ein Rechtsgeschäft des Vertreters mit einem von ihm selbst vertretenen Dritten.

Beispiel (wie oben): A wurde zusätzlich von C bevollmächtigt, in seinem Namen ein Auto zu kaufen. A verkauft und übereignet nun als Vertreterin des B das Auto an C als dessen Vertreterin.

§ 181 BGB stellt eine Beschränkung sowohl der rechtsgeschäftlichen als auch der gesetzlichen Vertretungsmacht dar[121]. Ein Verstoß

[118] BGH, 25.3.1968 II ZR 208/64 BGHZ 50, 112 (114).

[119] So auch *K. Larenz*, AT § 30 II a (S. 599 Fn.50); *D. Medicus*, AT § 57 IV 3 (Rdn. 968); MünchKomm (– *W. Thiele*) Rdn. 103 zu § 164 BGB.

[120] Lesenswert: *U. Hübner*, „Grenzen der Zulässigkeit von Insichgeschäften", Jura 1981, 288-299.

[121] *K. Larenz*, AT § 30 II a (S. 595).

gegen § 181 BGB führt zur schwebenden Unwirksamkeit des Geschäfts (§ 177 I BGB) und nicht etwa zur Nichtigkeit.

b) Gesetzliche Ausnahmen

aa) Ist dem Vertreter das Insichgeschäft gestattet, so hat der Vertretene bewußt auf Schutz verzichtet; Selbstkontrahieren und Mehrvertretung sind dann voll wirksam. Im Falle der Mehrvertretung ist jedoch zu beachten, daß die Gestattung von beiden Vertretenen erforderlich ist! 442

bb) Zum zweiten ist das Insichgeschäft erlaubt, wenn es „ausschließlich in der Erfüllung einer Verbindlichkeit besteht". Der Sinn dieser Ausnahme liegt auf der Hand: Bei der Erfüllung einer Verbindlichkeit besteht kein Gestaltungsspielraum, aus dem sich ein Interessenkonflikt ergeben könnte, daher darf eine Vertretung in diesem Fall nicht an § 181 BGB scheitern.

Beispiel: Der Geschäftsführer einer GmbH zahlt sich selbst aus Mitteln der GmbH die ihm zustehende Vergütung aus.

Die Ausnahme „Erfüllung einer Verbindlichkeit" liegt allerdings nur dann vor, wenn die Verbindlichkeit bereits voll wirksam ist[122]. Sie kommt dagegen nicht in Betracht, wenn die Formunwirksamkeit der Verbindlichkeit erst durch das Erfüllungsgeschäft selbst geheilt wird[123]: Das gilt insbesondere in den Fällen der §§ 313 S. 2, 518 II BGB.

c) Teleologische Reduktion des § 181 BGB

Nach h.M. greift § 181 BGB grundsätzlich auch dann ein, wenn im konkreten Einzelfall keine Interessenkollision vorliegt: Insofern ist die Anwendung der Vorschrift gegenüber ihrem Normzweck verselbständigt[124], § 181 BGB wird deshalb weitgehend als formale Ordnungsvorschrift verstanden[125]. 443

aa) Von diesem Grundsatz ist jedoch eine wichtige Ausnahme zu machen, wenn eine Interessenkollision gar nicht entstehen kann: Das ist immer dann der Fall, wenn das Insichgeschäft dem Vertrete-

122 *O. Palandt* (– *H. Heinrichs*) Rdn. 22 zu § 181 BGB.

123 RG, 13.11.1918 Rep V 294/18 RGZ 94, 147 (150).

124 *O. Palandt* (– *H. Heinrichs*) Rdn. 2 zu § 181 BGB; krit.: *H. Brox*, AT Rdn. 544.

125 BGH, 23.2.1968 BGHZ 50, 8 (11); 27.2.1980 V ZB 15/79 BGHZ 77, 7 (9); vgl. dazu auch *K. Larenz*, AT § 30 II a (S. 596); *H. Th. Soergel* (– *U. Leptien*) Rdn. 4 zu § 181 BGB.

nen lediglich einen rechtlichen Vorteil bringt[126] (Gedanke des § 107 BGB).

Beispiel: Die Eltern E des fünfjährigen S schenken diesem ein Fahrrad. Die E sind gem. §§ 1626 I, 1629 I BGB gesetzliche Vertreter des S. Gem. § 1629 II i.V.m. § 1795 II BGB ist § 181 BGB anwendbar. Der geschäftsunfähige S kann das Eigentum am Fahrrad nur durch Insichgeschäft seiner Eltern erwerben. Die wortlautgetreue Auslegung des § 181 BGB würde hier aber dazu führen, daß die E ihrem Sohn keine Geschenke machen könnten. Sie müßten dazu jeweils einen Ergänzungspfleger (§ 1909 BGB!) bestellen. Um dieses widersinnige Ergebnis zu vermeiden, wird § 181 BGB bei für den Vertretenen lediglich rechtlich vorteilhaften Rechtsgeschäften (Rdn. 316, 319) teleologisch reduziert: damit ist das Insichgeschäft zulässig.

bb) Neben dem Fall des rechtlichen Vorteils war in der früheren Rechtsprechung[127] ein weiterer Fall der teleologischen Reduktion des § 181 BGB anerkannt: das Rechtsgeschäft des geschäftsführenden Alleingesellschafters einer GmbH mit sich selbst. Diese Rechtsprechung ist aber inzwischen durch den neuen § 35 IV GmbHG, der § 181 BGB in diesem Fall ausdrücklich für anwendbar erklärt, überholt. Die Anwendbarkeit des § 181 BGB soll die Gläubiger der GmbH schützen: Eine Gestattung des Insichgeschäfts bleibt zwar nach wie vor möglich, nur muß sie im Gesellschaftsvertrag festgelegt sein und gem. § 10 I HGB ins Handelsregister eingetragen werden: Wer mit einer Einmann-GmbH abschließen will, kann sich also durch Einblick ins Handelsregister vergewissern, ob die Möglichkeit der Vermögensverschiebung zwischen der GmbH einerseits und dem Alleingesellschafter andererseits besteht[128].

d) Teleologische Erweiterung des § 181 BGB

444 § 181 BGB greift nach seinem Wortlaut nur ein, wenn sich ein Rechtsgeschäft gewissermaßen nur im Gehirn einer Person vollzieht[129] (Personenidentität). Ein Interessenkonflikt ist aber ebenso auch in anderen Fällen denkbar:

126 *K. Larenz*, AT § 30 II a (S. 596); aus der Rechtsprechung vgl. etwa BGH, 25.4.1985 IX ZR 141/84 BGHZ 94, 232 (234-236); 8.6.1989 IX ZR 234/87 NJW 1989, 2542 (2543 links unten).

127 BGH, 19.4.1971 II ZR 98/68 BGHZ 56, 97 (101).

128 Lesenswert: *U. Hübner*, „Selbstkontrahieren des Einmanngesellschafters", Jura 1982, 85-88.

129 So *D. Medicus*, AT § 57 IV 1 (Rdn. 954).

Beispiel: Der alleinige Geschäftsführer einer GmbH veräußert ein der GmbH gehöriges Grundstück an sich selbst. Auf Erwerberseite läßt er sich jedoch durch seine Ehefrau vertreten. Hier hat der Geschäftsführer die Personenidentität beim Vertragsschluß durch einen Kunstgriff umgangen, § 181 BGB ist daher analog anzuwenden[130]. Dasselbe gilt, wenn der Geschäftsführer zwar auf Erwerberseite für sich selbst handelt, aber auf der Veräußererseite für sich einen Unterbevollmächtigten bestellt[131]. Eine analoge Erstreckung des § 181 BGB auf Rechtsgeschäfte ohne Personenidentität bei den Vertragserklärungen ist jedoch an die Voraussetzung geknüpft, daß es sich bei dem betreffenden Rechtsgeschäft um einen Umgehungsversuch handelt, eine allgemeine Analogie für alle Fälle einer möglichen Interessenkollision ist daher abzulehnen[132].

e) Abschließendes Beispiel[133] zu § 181 BGB (für Vorgerückte):

V, dessen Ehefrau kürzlich verstorben ist, schenkt seinem achtjährigen Sohn S durch notariellen Schenkungsvertrag eine Eigentumswohnung. Die dingliche Einigung (Auflassung, §§ 873, 925 BGB) nimmt er einige Zeit später als Vertreter des S mit sich selbst formgerecht vor. S wird daraufhin als Eigentümer im Grundbuch eingetragen. Ist S Eigentümer der Wohnung geworden? S ist Eigentümer geworden, wenn die Auflassung wirksam war. Das setzt voraus, daß S von seinem Vater V wirksam vertreten wurde. Wegen des Todes der Mutter war V gem. § 1681 I 1 i.V.m. § 1629 I BGB alleiniger gesetzlicher Vertreter des S. Allerdings könnte der gem. §§ 1629 II, 1795 II BGB anwendbare § 181 BGB einer wirksamen Auflassung entgegengestanden haben. Das Vertretungsverbot des § 181 BGB greift indessen nicht ein, wenn ein Insichgeschäft „ausschließlich in der Erfüllung einer Verbindlichkeit besteht". Hier könnte die Auflassung die Erfüllung des Schenkungsvertrages sein. Das setzt jedoch voraus, daß der Schenkungsvertrag voll wirksam war; das ist aber der Fall: Die Form der §§ 518, 313 BGB wurde gewahrt. Die Wirksamkeit des Schenkungsvertrages scheitert auch nicht an § 107 BGB, da die Schenkung aus der Sicht des S lediglich rechtlich vorteilhaft ist. Nach allem scheint also die „Erfüllung einer Verbindlichkeit" hier vorzuliegen. Dieses Ergebnis ist jedoch unbefriedigend, da durch die Übereignung von Woh- 445

130 OLG Hamm, 2.10.1980 15 W 117/80 NJW 1982, 1105 (1105).
131 OLG Frankfurt a.M., 22.1.1974 20 W 810/73 OLGZ 1974, 347 (349).
132 *D. Medicus*, AT § 57 IV 1c (Rdn. 963).
133 Beispiel nach *BGH, 9.7.1980 V ZB 16/79 BGHZ 78, 28.

nungseigentum sehr wohl rechtliche Nachteile für den Erwerber entstehen können: Er tritt nämlich mit dem Erwerb in die Gemeinschaft der Wohnungseigentümer ein, woraus ihm die (persönlichen) Pflichten der §§ 10 ff. WEG erwachsen, die sogar durch die konkrete Ausgestaltung der Gemeinschaftsordnung verschärft werden können. Sieht man also die Übereignung als Erfüllung einer Verbindlichkeit im Sinne des § 181 BGB an, so wird man dem Minderjährigenschutz nicht gerecht. Der Bundesgerichtshof trennt daher in diesem Fall (wie auch bei der Übereignung von Grundstükken[134]) nicht scharf zwischen obligatorischem und dinglichem Rechtsgeschäft, sondern stellt eine (wegen des Abstraktionsprinzips nicht unbedenkliche) Gesamtbetrachtung an[135]: Ergibt die Gesamtbetrachtung, daß kein lediglich rechtlicher Vorteil vorliegt, so muß ein Ergänzungspfleger (§ 1909 BGB) zur Vornahme der Übereignung bestellt werden; anderenfalls ist die Übereignung ohne weiteres wirksam. Nach Auffassung des BGH liegt danach jedenfalls dann ein rechtlicher Nachteil vor, wenn die Gemeinschaftsordnung der Wohnungseigentümer schärfere Verpflichtungen der Eigentümer vorsieht als das WEG[136]. Geht man von einer solchen Verschärfung aus (Tatfrage), so konnte V die Auflassung wegen Verstoßes gegen § 181 BGB nicht wirksam vornehmen. S ist dann nicht Eigentümer geworden[137]. Auch wenn V die Auflassungserklärung nicht als Vertreter des S entgegengenommen hätte, sondern in Anwesenheit seines Sohnes die Zustimmung zur Auflassung gem. §§ 107, 108 I BGB erklärt hätte, so wäre § 181 BGB auf diese Zustimmung in demselben Sinne anwendbar gewesen[138].

4. Weitere gesetzliche Beschränkungen der Vertretungsbefugnis

446 Weitere gesetzliche Beschränkungen der Vertretungsbefugnis enthalten die §§ 1641, 1801 und 2205 S. 3 BGB für Schenkungen von

[134] *BGH, 10.11.1954 II ZR 165/53 BGHZ 15, 168.

[135] BGH, 9.7.1980 V ZB 16/79 BGHZ 78, 28-35 (35); nicht unbedenklich, weil Verpflichtungs- und Verfügungsgeschäft streng voneinander getrennt zu halten sind: *O. Jauernig*, Anm. 2 zu § 107 BGB (Grund: Abstraktionsprinzip!).

[136] BGH, 9.7.1980 V ZB 16/79 BGHZ 78, 28-35 (32).

[137] Kritisch gegenüber der Gesamtbetrachtung des BGH: *O. Jauernig*: „Noch einmal: Die geschenkte Eigentumswohnung – BGHZ 78, 28", JuS 1982, 576-577.

[138] Vgl. dazu einerseits *O. Werner*, 20 Probleme 17 ff., 21 ff. (Fälle 2 und 3), andererseits *H. Köhler*, AT § 17 III 1 (bes. S. 183).

Eltern, Vormund und Testamentsvollstrecker als Vertreter: Ein Verstoß gegen diese Vorschriften führt zur Nichtigkeit gem. § 134 BGB. Der Vormund ist durch § 1795 BGB in seiner Vertretungsmacht beschränkt. § 1795 BGB gilt gem. § 1629 II BGB auch für die Eltern. Eine Zuwiderhandlung führt aber nicht zur Nichtigkeit, sondern nur zur schwebenden Unwirksamkeit gem. § 177 I BGB. Der Vormund bedarf nach den §§ 1819 ff. BGB für eine Reihe von Geschäften der vormundschaftsgerichtlichen Genehmigung. Das gilt nach § 1643 I BGB eingeschränkt auch für die Eltern.

VIII. Vertretung ohne Vertretungsmacht 447

1. Folgen für das Vertretergeschäft

Hat jemand als Vertreter ohne die entsprechende Vertretungsmacht für einen anderen ein Rechtsgeschäft vorgenommen, so ist der Vertretene dadurch nicht gebunden, der Tatbestand des § 164 BGB ist nicht erfüllt. Dennoch aber besteht auch in einem solchen Fall für den Vertretenen die Möglichkeit, das Rechtsgeschäft durch Genehmigung (§ 177 I BGB) an sich zu ziehen. Das Geschäft eines *falsus procurator* ist also nicht etwa nichtig, sondern nur schwebend unwirksam[139].

Beachte jedoch: Auch im Falle einer Duldungs- oder Anscheinsvollmacht liegt *Vertretungsmacht* vor. Umstritten ist aber im Bereich der Anscheinsvollmacht deren Verhältnis zur Haftung des Vertreters ohne Vertretungsmacht. Nach der einen Ansicht liegt es allein in der Hand des Geschäftsgegners, auf welchen der beiden Vertrauenstatbestände (Anscheinsvollmacht *oder* § 179 I BGB) *er* sich berufen will[140]. Dagegen lehnt die h.A. die Anwendung der §§ 177 ff. BGB (und deshalb auch des § 179 I BGB) ab, wenn sich der Vertretene den Vertrag nach den Grundsätzen einer Anscheinsvollmacht anrechnen lassen muß[141].

Bezüglich der Folgen des Vertreterhandelns ohne Vertretungs-

[139] *K. Larenz*, AT § 32; *D. Medicus*, AT § 59; es *wird* indes nichtig, wenn die Genehmigung nicht mehr eintreten kann: *O. Jauernig*, Anm. 3d vor § 104 BGB; allgemein zur schwebenden Unwirksamkeit vgl. Rdn. 308 ff.

[140] So *C.-W. Canaris*, Die Vertrauenshaftung im deutschen Privatrecht (München 1971) 518, 520; MünchKomm (– *W. Thiele*) Rdn. 72 zu § 167 BGB.

[141] BGH, 25.6.1973 II ZR 133/70 BGHZ 61, 59 (68-69); *20.1.1983 VII ZR 32/82 BGHZ 86, 273 (275); vgl. auch Rdn. 421-423.

macht unterscheidet das Gesetz zwischen Verträgen (§§ 177, 178 BGB) und einseitigen Rechtsgeschäften (§ 180 BGB). Dazu im einzelnen:

a) Verträge

448 Schließt jemand ohne Vertretungsmacht im Namen eines anderen einen Vertrag, so hängt die Wirksamkeit des Vertrags für und gegen den Vertretenen von dessen Genehmigung ab (§ 177 I BGB). Bis dahin ist der Vertrag *schwebend unwirksam*. Für die Genehmigung gelten die §§ 182, 184 BGB: Sie kann gem. § 182 I BGB entweder gegenüber dem *falsus procurator* oder gegenüber dem Dritten erklärt werden und wirkt auf den Zeitpunkt der Vornahme des Rechtsgeschäfts zurück (§ 184 I BGB: *ex-tunc*-Wirkung). Die Verweigerung der Genehmigung führt dagegen zur endgültigen Unwirksamkeit (Nichtigkeit) des Vertrages[142].

aa) Die Form der Genehmigung[143]

449 Gem. § 182 II BGB bedarf die Zustimmung (Einwilligung/Genehmigung) nicht der für das Rechtsgeschäft bestimmten Form. Umstritten ist, ob dennoch für die Genehmigung eine Einschränkung der Formfreiheit, ähnlich wie bei § 167 II BGB, zu fordern ist.

Beispiel: Genehmigung eines zwar notariell beurkundeten, aber ohne Vertretungsmacht geschlossenen Grundstückskaufvertrages durch den Vertretenen.

Eine Minderheitsauffassung[144] bejaht trotz des eindeutigen Wortlauts des § 182 II BGB die Formbedürftigkeit der Genehmigung, wenn die Warnfunktion der Formvorschrift dies erfordert (§§ 518 I, 313 S. 1, 766 BGB). Demgegenüber wendet die h.M.[145] den § 182 II BGB streng wortgetreu an: Die Genehmigung stellt

142 *O. Jauernig*, Anm. 3d vor § 104 BGB.

143 Ausführlich dazu: *E. Wufka*: „Formfreiheit oder Formbedürftigkeit der Genehmigung von Grundstücksverträgen, der Ausübung von Wiederkaufs-, Vorkaufs- und Optionsrechten, sowie der Anfechtung, des Rücktritts und der Wandelung?“, in: DNotZ 1990, 339-355.

144 *W. Flume*, AT § 54.6b; *D. Medicus*, AT § 59 I 1 (Rdn. 976).

145 BGH, 15.12.1980 II ZR 52/80 DNotZ 1981, 485 (487); *O. Palandt* (– *H. Heinrichs*) Rdn. 2 zu § 182 BGB; *H. Th. Soergel* (– *U. Leptien*) Rdn. 4 zu § 182 BGB; *E. Wufka*, „Formfreiheit oder Formbedürftigkeit der Genehmigung von Grundstücksverträgen, der Ausübung von Wiederkaufs-, Vorkaufs- und Optionsrechten, sowie der Anfechtung, des Rücktritts und der Wandelung?“, DNotZ 1990, 339-355 (341); unentschieden allerdings BGH, 23.6.1988 III ZR 84/87 NJW 1989, 164 (165 rechts).

eine selbständige Willenserklärung dar, die dogmatisch nicht als Tatbestandselement des Vertretergeschäfts angesehen werden kann; daher sind auch die Formvorschriften des Vertretergeschäfts nicht anwendbar[146].

bb) Gestaltungsmöglichkeiten des Dritten

Während des Schwebezustandes befindet sich der Dritte im Zustand 450
der Ungewißheit über die Geltung bzw. Nichtgeltung des Rechtsgeschäfts: Seine Lage gleicht derjenigen des Vertragspartners eines beschränkt Geschäftsfähigen; daher entsprechen die Vorschriften der §§ 177, 178 BGB denen der §§ 108, 109 BGB. Der Dritte hat danach zwei Gestaltungsmöglichkeiten:

α) Er kann – mit den in § 178 BGB genannten Ausnahmen – durch Widerruf (§ 178 BGB) selbst den Schwebezustand beseitigen und die endgültige Unwirksamkeit herbeiführen. Der Widerruf kann neben dem Vertretenen auch dem Vertreter erklärt werden (§ 178 S. 2 BGB).

β) Der Dritte hat auch die Möglichkeit, den Vertretenen zur Erklärung über die Genehmigung aufzufordern (§ 177 II BGB): Danach kann die Genehmigung nur noch gegenüber dem Dritten erklärt werden (§ 177 II 1 BGB), vor allem aber bewirkt die Aufforderung, daß von ihrem Zugang an die Genehmigung nur noch bis zum Ablauf von zwei Wochen erklärt werden kann (§ 177 II 2 BGB). Mit Ablauf dieser Frist gilt die Genehmigung als verweigert, der Schwebezustand ist beendet.

Beispiel: A, der weiß, daß sein Freund F sich für einen bestimmten HiFi-Turm interessiert, sieht ein entsprechendes Sonderangebot bei Händler H. A kauft am 1.3. namens des F, ohne aber dazu bevollmächtigt zu sein, den HiFi-Turm, der einen Monat später geliefert werden soll. Als A dem F am 2.3. berichtet, ist dieser hocherfreut und einverstanden. H allerdings erfährt am 5.3. durch Zufall, daß A ohne Vollmacht gehandelt hat. Er fordert daher den F schriftlich zur Erklärung über die Genehmigung auf. F entnimmt den Brief am 7.3. seinem Briefkasten, hält das Schreiben aber infolge einer Unaufmerksamkeit für eine Werbewurfsendung und wirft es in den Müll. Zum Lieferungszeitpunkt verlangt F Lieferung. H meint, er sei nicht gebunden. Wer hat Recht? Der Vertrag, den A

[146] So zutr. *E. Wufka*, „Formfreiheit oder Formbedürftigkeit der Genehmigung von Grundstücksverträgen, der Ausübung von Wiederkaufs-, Vorkaufs- und Optionsrechten, sowie der Anfechtung, des Rücktritts und der Wandelung?“, DNotZ 1990, 339-355 (341).

als Vertreter des F geschlossen hat, war wegen fehlender Vertretungsmacht schwebend unwirksam (§ 177 BGB). Durch Genehmigung des F gegenüber A ist gem. §§ 177 I, 182 I, 184 BGB *ex tunc* die Wirksamkeit des Vertrages herbeigeführt worden. Durch den Zugang der Aufforderung zur Erklärung vom 7.3. (beim Zugang ist tatsächliche Kenntnisnahme nicht erforderlich!) wurde diese Genehmigung jedoch wieder unwirksam (§ 177 II 1, 2. Hs. BGB), der Schwebezustand trat wieder ein. F hätte also gegenüber H innerhalb der Frist des § 177 II 2 BGB (bis zum 21.3.) die Genehmigung erklären müssen. Da er das nicht getan hat, gilt seine Genehmigung als verweigert (§ 177 II 2, 2. Hs. BGB), der Kaufvertrag ist endgültig unwirksam. Ein Anspruch des F gegen H aus § 433 I BGB besteht daher nicht.

b) Einseitige Rechtsgeschäfte

451 Gem. § 180 BGB ist bei einseitigen Rechtsgeschäften die Vertretung ohne Vertretungsmacht grundsätzlich unzulässig.

Beispiel: Der Rentnerin R ist ihr Hund entlaufen. Im Namen der R verspricht ihre Freundin F durch Anschlag an mehreren Straßenbäumen jedem, der den Hund der R zurückbringt, eine Belohnung von DM 50,--. F war dazu von R nicht ermächtigt. Ist das Geschäft genehmigungsfähig ? Nein: Die Auslobung (§ 657 BGB) ist ein einseitiges nicht empfangsbedürftiges Rechtsgeschäft, für die Vertretung ohne Vertretungsmacht gilt daher ausschließlich § 180 S. 1 BGB. Die Auslobung ist nichtig, R kann nicht genehmigen.

aa) Bei empfangsbedürftigen einseitigen Willenserklärungen ist gem. § 180 S. 2 BGB das einseitige Rechtsgeschäft nur schwebend unwirksam, wenn der Dritte (Erklärungsempfänger) die vom Vertreter behauptete Vertretungsmacht nicht beanstandet hat. Die Beanstandung entspricht dabei der Zurückweisung des Geschäfts gem. §§ 111 S. 2, 174 BGB. Es ist dafür erforderlich, daß der Erklärungsempfänger das Rechtsgeschäft gerade wegen der bezweifelten Vertretungsmacht nicht gelten lassen will[147].

Beispiel: Als vollmachtloser Vertreter des Vermieters K kündigt V dem Mieter M. M will das Geschäft nicht gegen sich gelten lassen, weil er der Auffassung ist, dem K stehe kein Kündigungsrecht zu. Ist die Kündigung genehmigungsfähig? Der Genehmigungsfähigkeit der einseitig empfangsbedürftigen Kündigungserklärung steht § 180 S. 2 BGB nicht entgegen, da M sich nicht auf die fehlende Vertretungsmacht des V berufen, sondern nur ein Kündigungsrecht

[147] MünchKomm (– *W. Thiele*) Rdn. 6 zu § 180 BGB.

des K bestritten hat. Die Kündigung ist folglich gem. §§ 180 S. 2, 177 I BGB genehmigungsfähig.

bb) Nach § 180 S. 2 und S. 3 BGB gelten außerdem die §§ 177 ff. BGB entsprechend, wenn der Erklärungsgegner mit dem vollmachtlosen Handeln des Vertreters einverstanden ist bzw. ein vollmachtloser Empfangsvertreter mit der Vornahme des Rechtsgeschäfts ihm gegenüber einverstanden war.

2. Die Haftung des *falsus procurator*

Bleibt eine Genehmigung des zu Unrecht Vertretenen aus, entfallen 452
vertragliche Ansprüche des Dritten gegen den Vertretenen. In diesem Fall muß der Dritte, dessen Vertrauen auf das wirksame Zustandekommen eines Rechtsgeschäfts enttäuscht wurde, die Möglichkeit haben, Ansprüche gegen den *falsus procurator* geltend zu machen, da dieser die Enttäuschung -bewußt oder unbewußt- verursacht hat. Diese Haftung des vollmachtlosen Vertreters gegenüber dem Dritten regelt § 179 BGB: Die Vorschrift differenziert dabei nach der Redlichkeit und Schutzwürdigkeit des vollmachtlosen Vertreters einerseits und nach dem Schutzbedürfnis des Dritten andererseits. Im einzelnen:

a) Die Haftung des Vertreters bei Kenntnis vom Fehlen der Vertretungsmacht (§ 179 I BGB)

Wußte der Vertreter beim Vertragsschluß, daß sein Handeln 453
nicht von entsprechender Vertretungsmacht gedeckt war, ist er nicht schutzwürdig, denn er hat ja ganz bewußt dem Geschäftsgegner das Risiko der schwebenden Unwirksamkeit aufgelastet: Daher ist der Vertreter bei Verweigerung der Genehmigung dem Geschäftsgegner gegenüber nach dessen Wahl zur Erfüllung oder zum Schadenersatze verpflichtet (§ 179 I BGB).

Beispiel: A bittet seinen Freund, den HiFi-Fan F, sich nach einem günstigen Angebot für einen guten CD-Spieler umzusehen, ohne dem F jedoch Vollmacht zum Kauf zu erteilen. F, der bei Händler H ein gutes Angebot sieht, kauft dort einen CD-Spieler namens des A in der Hoffnung, dieser werde wohl einverstanden sein. A allerdings verweigert die Genehmigung. Hier hat H die Wahl: Er kann von F Schadenersatz in Höhe des Erfüllungsinteresses (des entgangenen Verkaufsgewinns) fordern (§ 179 I BGB). Er kann aber auch die „Erfüllung" verlangen: In diesem Fall müßte F an H den vollen Kaufpreis zahlen (§ 433 II BGB). Im Gegenzug hätte dann aber auch F gegen H den Anspruch auf Übereignung des CD-Spielers (§ 433 I BGB): Dem F stünden dann auch alle Rechte des Käufers zur Seite (z.B. Sachmängelgewährleistung: §§ 459 ff. BGB).

aa) Obwohl § 179 I BGB von „Erfüllung" spricht, handelt es sich nicht um einen vertraglichen, sondern um einen *gesetzlichen* Anspruch, der nur den Inhalt eines vertraglichen Erfüllungsanspruchs hat[148]. Daraus folgt, daß der Vertreter nicht die Möglichkeit hat, auf Erfüllung zu klagen: Er ist nicht Vertragspartner und muß daher warten, bis er von dem Dritten in Anspruch genommen wird. Erst dann kann er gem. § 320 BGB einredeweise seinerseits die Gegenleistung fordern[149].

bb) Ein besonderes Problem des § 179 I BGB ist die Frage, ob der Dritte gegen den Vertreter nach § 179 I BGB selbst dann vorgehen kann, wenn der Vertretene wegen Konkurses nicht hätte erfüllen können. Eine Minderheitsauffassung[150] hält es für unbeachtlich, ob gegebenenfalls auch der Geschäftsherr den Vertrag hätte erfüllen können. Demgegenüber geht die h.M.[151] im Falle der Vermögenslosigkeit des Vertretenen davon aus, daß auch der *falsus procurator* nicht gem. § 179 I BGB haftet: Der Dritte soll nicht besser stehen als bei Wirksamkeit des Vertrages.

b) Die Haftung des Vertreters bei Unkenntnis von der fehlenden Vertretungsmacht (§ 179 II BGB)

454 Wußte der Vertreter beim Abschluß des Rechtsgeschäfts nicht, daß er ohne Vertretungsmacht handelt, trifft ihn nicht die strenge Haftung des § 179 I BGB auf das Erfüllungsinteresse: Er haftet gem. § 179 II BGB nur auf das negative Interesse. Wie bei § 122 BGB (Rdn. 256), so ist auch in diesem Fall der Anspruch durch die Höhe des Erfüllungsinteresses begrenzt[152].

c) Der Ausschluß der Haftung (§ 179 III BGB)

455 Wenn der Dritte den Mangel der Vertretungsmacht bei der Vornahme des Rechtsgeschäfts kannte oder kennen mußte, ist er

148 MünchKomm (– *W. Thiele*) Rdn. 28 zu § 179 BGB.

149 *D. Medicus*, AT § 59 II 1 (Rdn. 986); MünchKomm (– *W. Thiele*) Rdn. 28 zu § 179 BGB.

150 So mit beachtlichen prozessualen und konkursrechtlichen Argumenten: *N. Hilger*: „Zur Haftung des falsus procurator", NJW 1986, 2237-2239 (2238 rechts); ebenso *H. Köhler*, AT § 18 VII 2a (S. 206).

151 *W. Erman* (– *H. Brox*) Rdn. 8 zu § 179 BGB; *W. Flume*, AT § 47.3b; MünchKomm (– *W. Thiele*) Rdn. 30 zu § 179 BGB.

152 *D. Medicus*, AT §§ 49 V 2 (Rdn. 784), 59 II 2 (Rdn. 989).

nicht schutzbedürftig; daher scheidet in diesem Fall gem. § 179 III 1 BGB eine Haftung des *falsus procurator* aus. Nach § 179 III 2 BGB haftet der beschränkt geschäftsfähige Vertreter nur dann aus § 179 I oder II BGB, wenn er mit Zustimmung seines gesetzlichen Vertreters gehandelt hat: Diese Vorschrift ist im Schutzinteresse der beschränkt Geschäftsfähigen erforderlich, da § 165 BGB ihnen das Auftreten als Vertreter ermöglicht (Rdn. 374) und damit zugleich die Gefahr einer Eigenhaftung begründet.

d) Beweislastverteilung bei § 179 BGB

Die Verteilung der Beweislast bei Klagen des Dritten gegen den 456
Vertreter ergibt sich aus der Formulierung des § 179 BGB:

aa) Geht der Dritte gem. § 179 I BGB gegen den Vertreter vor, so ist der Dritte beweispflichtig für den Vertragsschluß und die Verweigerung der Genehmigung. Von der Haftung kann sich der Vertreter befreien, indem er seinerseits folgende Voraussetzungen beweist: (1) seine Vertretungsmacht (§ 179 I BGB: „sofern er nicht seine Vertretungsmacht nachweist“); (2) Kenntnis oder Kennenmüssen vom Mangel der Vertretungsmacht auf Seiten des Dritten (§ 179 III 1 BGB: „Der Vertreter haftet nicht...“); (3) seine beschränkte Geschäftsfähigkeit (§ 179 III 2 BGB: „Der Vertreter haftet auch dann nicht...“), allerdings gewinnt der Dritte den Prozeß in diesem Fall dennoch, wenn er die Zustimmung des gesetzlichen Vertreters nachweist (§ 179 III 2 BGB: „ es sei denn, daß...“); (4) seine Unkenntnis vom Mangel der Vertretungsmacht: Hier bleibt aber die mildere Haftung aus § 179 II BGB.

e) Haftung im Falle der Untervollmacht

Der Untervertreter haftet dem Dritten jedenfalls aus § 179 BGB, 457
wenn er seine eigene Untervollmacht überschreitet.

aa) Umstritten ist die Haftungsfrage dagegen, wenn der Untervertreter sich zwar im Rahmen der Untervollmacht hält, aber die Vertretungsmacht des Hauptvertreters nicht bestand: Der Bundesgerichtshof[153] macht die Haftung des Untervertreters von dessen Auftreten gegenüber dem Dritten abhängig: (1) Tritt der Untervertreter unmittelbar im Namen des Geschäftsherren auf, ohne also die mehrstufige Vertretung aufzudecken, so haftet er voll nach § 179 BGB: Der Unterbevollmächtigte hat hier nämlich das Vertrauen erweckt, er leite seine Vertretungsmacht unmittelbar vom Geschäftsherren her. (2) Handelt der Untervertreter dagegen als Vertreter

153 BGH, 25.5.1977 VIII ZR 18/76 BGHZ 68, 391 (393 ff.).

des Hauptvertreters, so verneint der BGH[154] eine Haftung des Untervertreters mit dem Argument, daß der Unterbevollmächtigte die Vertretungsmacht des Hauptbevollmächtigten nicht leichter prüfen könne als der Geschäftspartner; daher haftet dann nur der Hauptbevollmächtigte dem Dritten aus § 179 BGB[155].

bb) Nach der Gegenansicht[156] haftet der Untervertreter auch dann, wenn die Hauptvollmacht nicht bestand. Zur Begründung wird angeführt, daß § 179 BGB nicht danach differenziere, aus welchem Grund die Vertretungsmacht fehle[157]. Diese Auffassung führt zu einer Haftung des Unterbevollmächtigten aus § 179 BGB, der seinerseits aus § 179 BGB gegen den Hauptvertreter vorgehen kann.

154 BGH, 25.5.1977 VIII ZR 18/76 BGHZ 68, 391 (394); 5.5.1960 III ZR 83/59 BGHZ 32, 250 (254).

155 So im Ergebnis auch: *K. Larenz*, AT § 32 II (S. 632-633); *D. Medicus*, AT § 59 II 5 (Rdn. 996), beide allerdings mit Kritik an der dogmatischen Herleitung des BGH.

156 *H. Brox*, AT Rdn. 504; MünchKomm (– *W. Thiele*) Rdn. 76 zu § 167 BGB.

157 MünchKomm (– *W. Thiele*) Rdn. 76 zu § 167 BGB.

Schrifttum

Baur, Fritz — Lehrbuch des Sachenrechts (15. Aufl. München 1989) [zitiert: *F. Baur*, SachenR]

Boehmer, Gustav — Einführung in das Bürgerliche Recht (2., durchgearbeitete und ergänzte Aufl. Tübingen 1965) [zitiert: *G. Boehmer*, Einführung]

Brox, Hans — Allgemeiner Teil des Bürgerlichen Gesetzbuchs (14., verbesserte Aufl. Köln, Berlin, Bonn, München 1990) [zitiert: *H. Brox*, AT]

Brox, Hans — Allgemeines Schuldrecht (17., verbesserte Aufl. München 1989) [zitiert: *H. Brox*, SchuldR AT]

Brox, Hans — Besonderes Schuldrecht (16., verbesserte Aufl. München 1990) [zitiert: *H. Brox*, SchuldR BT]

Diederichsen, Uwe — Der Allgemeine Teil des Bürgerlichen Gesetzbuches für Studienanfänger (5. Aufl. Heidelberg 1984) [zitiert: *U. Diederichsen*, AT]

Dilcher, Hermann — Sachenrecht in programmierter Form (5., neubearbeitete Aufl. Berlin, New York 1990) [zitiert: *H. Dilcher*, SachenR]

Enneccerus, Ludwig/ Hans-Carl Nipperdey — Allgemeiner Teil des Bürgerlichen Rechts. Ein Lehrbuch, Erster Band, Zweiter Halbband (15. Aufl. Tübingen 1960) [zitiert: *L. Enneccerus/ H.C. Nipperdey*, AT]

Erman, Walter — Handkommentar zum Bürgerlichen Gesetzbuch, Band 1: §§ 1-853, u.a. bearbeitet von *Hans Brox* (8. Aufl. Münster 1989) [zitiert: *W. Erman (– H. Brox)*]

Esser, Josef/Eike Schmidt — Schuldrecht – Band I: Allgemeiner Teil. Ein Lehrbuch (7., völlig neubearbeitete Aufl. Heidelberg 1991) [zitiert: *J. Esser/E. Schmidt*]

Esser, Josef/ Hans-Leo Weyers — Schuldrecht – Band II: Besonderer Teil. Ein Lehrbuch (6., völlig neubearbeitete Aufl. Heidelberg 1984) [zitiert: *J. Esser/H.-L. Weyers*]

Flume, Werner — Allgemeiner Teil des Bürgerlichen Rechts. Zweiter Band: Das Rechtsgeschäft (3., ergänzte Aufl. Berlin, Heidelberg, New York 1979) [zitiert: *W. Flume*, AT]

Hübner, Heinz — Allgemeiner Teil des Bürgerlichen Gesetzbuchs (Berlin, New York 1985) [zitiert: *H. Hübner*, AT]

Jauernig, Othmar (Hg.) Bürgerliches Gesetzbuch mit Gesetz zur Regelung der Allgemeinen Geschäftsbedingungen, erläutert v. *Othmar Jauernig, Peter Schlechtriem, Rolf Stürner, Arndt Teichmann* und *Max Vollkommer* (5., neubearbeitete Aufl. München 1990) [zitiert: *O. Jauernig* (– Bearbeiter)]

Köhler, Helmut BGB – Allgemeiner Teil (20., völlig neubearbeitete Aufl. München 1989) [zitiert: *H. Köhler*, AT]

Köhler, Helmut Prüfe dein Wissen. Rechtsfälle in Frage und Antwort. BGB – Allgemeiner Teil (15., völlig neubearbeitete Aufl. München 1989) [zitiert: *H. Köhler*, PdW BGB AT]; BGB – Recht der Schuldverhältnisse I: Allgemeiner Teil (13., neubearbeitete Aufl. München 1989) [zitiert: *H. Köhler*, PdW SchuldR AT]; BGB – Recht der Schuldverhältnisse II: Einzelne Schuldverhältnisse (12., völlig neubearbeitete Aufl. München 1990) [zitiert: *H. Köhler*, PdW BGB SchuldR BT]

Larenz, Karl Allgemeiner Teil des deutschen Bürgerlichen Rechts (7., neubearbeitete Aufl. München 1989) [zitiert: *K. Larenz*, AT]

Larenz, Karl Lehrbuch des Schuldrechts. Erster Band: Allgemeiner Teil (14., neubearbeitete Aufl. München 1987) [zitiert: *K. Larenz*, SchuldR AT]

Larenz, Karl Lehrbuch des Schuldrechts. Zweiter Band: Besonderer Teil (12., völlig neubearbeitete Aufl. München 1981) sowie 1. Halbband (13., völlig neubearbeitete Aufl. München 1986) [zitiert: *K. Larenz*, SchuldR BT]

Medicus, Dieter Allgemeiner Teil des BGB. Ein Lehrbuch (4., neubearbeitete Aufl. Heidelberg 1990) [zitiert: *D. Medicus*, AT]

Medicus, Dieter Bürgerliches Recht. Eine nach Anspruchsgrundlagen geordnete Darstellung zur Examensvorbereitung (15., neubearbeitete Aufl. Köln, Berlin, Bonn, München 1991) [zitiert: *D. Medicus*, BürgerlR]

Medicus, Dieter Schuldrecht I – Allgemeiner Teil. Ein Studienbuch (5., neubearbeitete Aufl. München 1990) [zitiert: *D. Medicus*, SchuldR AT]

Medicus, Dieter Schuldrecht II – Besonderer Teil. Ein Studienbuch (4., neubearbeitete Aufl. München 1990) [zitiert: *D. Medicus*, SchuldR BT]

Münchener Kommentar — Band 1: Allgemeiner Teil (§§ 1-240) und AGB-Gesetz, zum Bürgerlichen Gesetzbuch, hgg. *Franz Jürgen Säcker*, bearbeitet u.a. von *Hermann Förschler Wolfgang Gitter*, *Ernst Kramer*, *Theo Mayer-Maly*, *Wolfgang Thiele* (2. Aufl. München 1984); Band 2: Schuldrecht – Allgemeiner Teil (§§ 241-432), hgg. *Helmut Heinrichs*, bearbeitet u.a. von *V. Emmerich*, *P. Gottwald*, *W. Grunsky*, *E.A. Kramer*, *R. Kanzleiter* (2. Aufl. München 1985) [zitiert: MünchKomm (– Bearbeiter)]

Palandt, Otto — Bürgerliches Gesetzbuch mit Einführungsgesetz ..., bearbeitet u.a. von *Peter Bassenge*, *Uwe Diederichsen*, *Helmut Heinrichs*, *Hans Putzo* und *Heinz Thomas* (50. Aufl. München 1991) [zitiert: *O. Palandt* (– Bearbeiter)]

Rehbinder, Manfred — Einführung in die Rechtswissenschaft. Grundfragen, Grundlagen und Grundgedanken des Rechts (6., neubearbeitete Aufl. Berlin, New York 1988) [zitiert: *M. Rehbinder*, Einführung]

Rüthers, Bernd — Allgemeiner Teil des BGB (7. Aufl. München 1989) [zitiert: *B. Rüthers*, AT]

Schwab, Dieter — Einführung in das Zivilrecht (8., neubearbeitete Aufl. Heidelberg 1989) [zitiert: *D. Schwab*, ZivilR]

Schwab, Karl Heinz/ Hanns Prütting — Sachenrecht (23., neuberabeitete Aufl. München 1991) [zitiert: *K.H. Schwab / H. Prütting*], SachenR]

Soergel, Hans Theodor — Bürgerliches Gesetzbuch mit Einführungsgesetz und Nebengesetzen. Band 1: Allgemeiner Teil (§§ 1-240) hgg. von *Manfred Wolf*, u.a. bearbeitet von *W. Hefermehl*, *Manfred Wolf*, *Ulrich Leptien* (12., neubearbeitete Aufl. Stuttgart, Berlin, Köln, Mainz 1988); Band 4: Schuldrecht III (§§ 705 -853), hgg. von *Otto Mühl*, u.a. bearbeitet von *Otto Mühl*, *Albrecht Zeuner* (11., neubearbeitete Aufl. Stuttgart, Berlin, Köln, Mainz 1985) [zitiert: *H. Th. Soergel* (– Bearbeiter)]

von Staudinger, Julius — Kommentar zum Bürgerlichen Gesetzbuch mit Einführungsgesetz und Nebengesetzen. Erstes Buch: Allgemeiner Teil, §§ 90-240, erläutert von Hermann Dilcher (12., neubearbeitete Aufl. Berlin 1980) [zitiert: *J. v. Staudinger (– H. Dilcher)*]; Zweites Buch: Recht der

	Schuldverhältnisse, §§ 741-822, erläutert u.a. von *Werner Lorenz* (12., neubearbeitete Aufl. Berlin 1986): [zitiert: *J. v. Staudinger* (– *W. Lorenz*)]
Werner, Olaf	20 Probleme aus dem BGB – Allgemeiner Teil (5. Aufl. Frankfurt/M. 1987) [zitiert: *O. Werner*, 20 Probleme]
Westermann, Harm Peter	Grundbegriffe des BGB. Eine Einführung an Hand von Fällen, begründet von *Harry Westermann* (12., völlig überarbeitete und erweiterte Aufl. Stuttgart, Berlin, Köln, Mainz 1988) [zitiert: *H.P. Westermann*, Grundbegriffe]
Wieacker, Franz	Privatrechtsgeschichte der Neuzeit unter besonderer Berücksichtigung der deutschen Entwicklung (2., neubearbeitete Aufl. Göttingen 1967) [zitiert: *F. Wieacker*, Privatrechtsgeschichte]

Stichwortverzeichnis

Die folgenden Zahlenangaben verweisen auf die Randziffern.

Neuauflage

Dieter Henrich

Familienrecht

4., neubearbeitete Auflage

de Gruyter Lehrbuch

Oktav. XIV, 329 Seiten. 1991. Kartoniert. DM 39,80 ISBN 3 11 012813 6

Das 'Familienrecht' wird hier in einer völlig neuen Bearbeitung vorgelegt. Zehn Jahre sind seit dem Erscheinen der Vorauflage vergangen. Das ist für eine Materie, die sich mit außerordentlicher Dynamik entwickelt, eine lange Zeit. Vieles ist seither geschehen: Der Gesetzgeber hat das Unterhaltsrecht, das Recht des Versorgungsausgleichs und das Kinder- und Jugendhilferecht geändert, das Bundesverfassungsgericht hat einige familienrechtliche Vorschriften für verfassungswidrig erklärt, andere neu interpretiert. Zweifel an der Verfassungsmäßigkeit weiterer Normen sind neu entstanden. Die Zahl der nichtehelichen Gemeinschaften hat weiter zugenommen. Der Deutsche Juristentag und der Deutsche Familiengerichtstag haben den Gesetzgeber zum Handeln aufgefordert. Rechtsvergleichende Untersuchungen haben auf Mängel des geltenden Rechts aufmerksam gemacht. Zuletzt war es die Wiedervereinigung, die neue Anstöße zu einer Reform gegeben hat. Alle diese Entwicklungen haben Eingang in die Neuauflage gefunden.

Das Lehrbuch wendet sich in erster Linie an Studenten.In der Neuauflage ist unnötiger Ballast weggelassen, dort indessen, wo es um Probleme geht, die erfahrungsgemäß in der Prüfung eine Rolle spielen oder die die Grundlagen des Familienrechts berühren, findet eine vertiefte Erörterung statt. Jedoch soll nicht nur Prüfungswissen vermittelt werden; der Leser soll auch die Dynamik spüren, die diese Materie kennzeichnet. Die Auswirkungen des gesellschaftlichen Wandels auf das Familienrecht werden deutlich gemacht, Entwicklungslinien nachgezeichnet, zahlreiche rechtsvergleichende Hinweise sollen zu einem kritischen Nachdenken über das geltende Recht anregen.

Preisänderung vorbehalten

Bei Fragen zur Produktsicherheit wenden Sie sich bitte an:
If you have any questions regarding product safety,
please contact:

Walter de Gruyter GmbH
Genthiner Straße 13
10785 Berlin
productsafety@degruyterbrill.com